财政部规划教材
全国高职高专院校财经类教材

企业税务管理

（第二版）

主　编　茹　燕　刘会平　戴文琛
副主编　谭　玲　刘　杰　雷　琼

中国财经出版传媒集团
中国财政经济出版社
·北京·

图书在版编目（CIP）数据

企业税务管理/茹燕，刘会平，戴文琛主编．
2版．-- 北京：中国财政经济出版社，2024．8．
（财政部规划教材）（全国高职高专院校财经类教材）．
ISBN 978-7-5223-3305-2

Ⅰ．F812．423

中国国家版本馆CIP数据核字第2024P8V549号

责任编辑：钱红叶　唐　堂　　责任校对：徐艳丽
封面设计：卜建辰　　责任印制：张　健

企业税务管理（第二版）
QIYE SHUIWU GUANLI（2）

中国财政经济出版社 出版
URL：http：//www.cfeph.cn
E-mail：cfeph@cfeph.cn

社址：北京市海淀区阜成路甲28号　邮政编码：100142
营销中心电话：010-88191522
天猫网店：中国财政经济出版社旗舰店
网址：https：//zgczjjcbs.tmall.com
北京密兴印刷有限公司印刷　各地新华书店经销
成品尺寸：185mm×260mm　16开　26.5印张　546 000字
2024年8月第2版　2024年8月北京第1次印刷
定价：76.00元
ISBN 978-7-5223-3305-2
（图书出现印装问题，本社负责调换，电话：010-88190548）
本社质量投诉电话：010-88190744
打击盗版举报热线：010-88191661　QQ：2242791300

编 委 会

主　编：茹　燕　刘会平　戴文琛

副主编：谭　玲　刘　杰　雷　琼

参　编：刘　赛　李晓琴　蒋丽华　贺嘉文　李嘉佩

龙　雯　马叶琳　刘　飘　陈俊杰

审　定：何万能　王志伟

编写说明

本书为财政部规划教材，全国高职高专院校财经类教材，由财政部教材编写委员会审定。

税收是国家组织财政收入的主要形式，也是国家进行宏观调控的重要经济手段，在国民经济的发展中具有十分重要的地位和作用。本次教材修订深入贯彻党的二十大精神，把全面贯彻习近平新时代中国特色社会主义思想和党的二十大精神进教材作为当前和今后一个时期的重要政治任务，结合学科特点，充分发挥教材的铸魂育人功能，将思想建设、岗位知识和岗位能力有机结合，以强化纳税人主人翁意识为抓手，以提高社会税收遵从度为目标，为培养德智体美劳全面发展的社会主义建设者和接班人奠定坚实基础。

企业视角的税务管理和纳税实务是高等院校财经类专业的必修内容。本教材内容涵盖了税收的基本理论、基本知识和从事税收工作所必需的基本技能，覆盖面广、政策性强，涉及税收领域的新政策、新方法、新技术，在教学上有较高的要求。为了使学生掌握税收理论、政策、法规及税收筹划方法和纳税申报流程，并有助于学生财经领域各类资格考试，我们特编写此书。

本教材以最新税收政策（截至2024年8月）为各个项目的基底，以税费计算为项目起点，以税收筹划为项目场景，以纳税申报为项目实践，以智慧税务为项目引擎，全面展现企业税务管理所涉及的方方面面。在编写过程中，我们坚持精练理论、削枝强干、突出实务的原则，注重教材的应用性、实践性和可操作性，尽量丰富实例和实训，旨在帮助学生更好地掌握和理解教学内容，增强学生的分析能力、理解能力和动手能力。

本教材在曹鑫、胡智清、何万能、王志伟等教授指导下，由茹燕、刘会平、戴文琛、谭玲、刘杰、雷琼、刘赛、李晓琴、蒋丽华、贺嘉文、李嘉佩、龙雯、马叶琳、刘飘、陈俊杰共同编写，其中茹燕、刘会平、戴文琛任主编，谭玲、刘杰、雷琼任副主编，全书由何万能、王志伟审定。

为与国家最新税收政策、法规保持一致，本教材先后进行了多次修订。由于编写水平有限，书中不足之处恳请读者谅解，并予以批评指正。

编者

2024年8月

目 录

项目 1

概论：从税费计算到税收筹划

核心目标

知识目标

- 了解税收、税法、税收制度和纳税申报的基本概念
- 熟悉税收的分类、我国现行税法体系以及税收筹划的原理
- 掌握税收制度的构成要素

能力目标

- 能正确对各税种的基本要素进行分析
- 能把握基本的税收筹划思路

素质目标

- 具有依法纳税的意识，坚持公平与法治

核心概念

税收、税法、税收制度、纳税申报、税收筹划任务

思政案例

“税收政策给力，办税服务暖心。”近日，湖南冯河大龙山茶业有限公司法人代表伍燕林对前来宣讲税惠政策的江华县税务局干部说道。

作为一家集茶业茶苗繁育、种植、加工、销售、科研和茶文化传播于一体的省级农业

产业化龙头企业，大龙山茶业深耕瑶乡优质茶园，创新茶叶加工技术，带动当地500余户农户参与茶叶种植、管理和加工，使得种植技术和品牌塑造等方面都得到了显著提升，今年上半年享受增值税小规模纳税人、六税两费等税费减免6.47万元。

“在公司创新发展过程中，税费优惠是强大动力。”伍燕林说，在去年“6·22”洪水灾难中，公司茶园损失惨重，产品研发脚步无奈放缓。在了解到这一情况后，江华县税务局的“税管家”第一时间上门辅导，送来税收政策“套餐”，帮助企业办理“税银贷”250万元，享受增值税减免13.37万元。他认为，暖心的涉税服务起到了减负担、助发展、强信心的重要作用。

伍燕林介绍，流动资金的增加坚定了企业持续投入的信心，并通过技改实现茶叶品质和产量双双提升。在湖南省农业科学院的技术指导下，该公司添置全新制茶设备，建成加工厂1座，升级江华苦茶加工生产线2条、金钱柳加工生产线1条，茶叶品质得到进一步提升，售价提高了18%。“这期间，手机上领发票、开发票，网上税收政策解答等服务给予了很大的帮助和支持！”伍燕林说道。

1.1 税收的概念及分类

引例

老王在体彩中心买彩票中了20万元大奖，需要缴纳4万元的个人所得税，他有三个疑问：一是他不缴4万元税行不行？二是缴了4万元税后，对他个人有没有直接的好处？三是他能不能与体彩中心协商一下，把税率降低点，少缴点税？

【分析】 我国税收具有强制性、无偿性和固定性三个特征：强制性约束了老王必须得缴税；无偿性表明老王即使交了税也得不到直接的好处；固定性意味着体彩中心没有调整税率的权限，老王应当按照税法规定的税率缴纳个人所得税。

1.1.1 税收的概念、特征和分类

1.1.1.1 税收的概念

税收是国家为了实现其职能，凭借政治权力，按照法律规定的标准和程序，参与社会产品或国民收入分配，强制、无偿地取得财政收入的一种分配形式。

税收的概念可以从以下三个方面理解：

（1）国家征税的意图是为行使公共职能。国家为了行使其职能，保证国家机器的正常运转，必然会消耗一定的物资和资金，而税收正是国家获得财政收入的一种重要形式。

（2）国家征税凭借的是其政治权力。国家凭借政治权力（也称公共权力）获得税收收入，相对应地，国家运用税收进行再次分配，向社会提供公共产品。

（3）税收属于一种分配形式。税收就是把一部分社会商品从单个的社会成员处强制转移变为国家所有，再由国家进行分配运用。

1.1.1.2 税收的特征

税收区别于其他财政收入的组成形式，包括强制性、无偿性、固定性三个特征。其中，无偿性是核心，强制性是保障。

（1）强制性，是指税收是依国家的政治权力而强制征收的。

（2）无偿性，是指国家取得的税收收入，既不需要返还，也不需要向纳税人付出任何代价。但由于税收的去向是履行公共职能，向社会提供公共服务和公共产品，又体现出其整体有偿性。

（3）固定性，是指国家在征税前通过法律的形式，预先规定征收对象和征收数额，不得任意变更。

1.1.1.3 税收的分类

税收的分类具体见表1－1。

表1－1　　税收的分类

标准	分类	
	类别	含义
征税对象	流转税	以货物或劳务的流转额为征税对象，如增值税、消费税、关税等
	所得税	以纳税人的各种所得额为征税对象，如企业所得税和个人所得税等
	财产税	以纳税人所拥有或支配的特定财产为征税对象，如房产税、车船税等
	资源税	以自然资源和某些社会资源作为征税对象，如资源税和城镇土地使用税等
	行为税	国家为了实现特定目的，以纳税人的某些特定行为为征税对象，如车辆购置税、耕地占用税和城市维护建设税等
收入支配权限	中央税	由中央政府征收、使用或者地方政府征税后全部划归中央，由中央支配，包括消费税、车辆购置税、关税和海关代征的进口环节增值税等
	地方税	由地方政府征收、管理和支配，如土地增值税、耕地占用税和房产税等
	共享税	税收收入由中央和地方政府按比例分享，包括增值税、企业所得税、个人所得税、资源税、城市维护建设税和印花税等
计税标准	从价税	以课税对象的价格作为计税依据，如增值税等
	从量税	以课税对象的实物量作为计税依据，如耕地占用税等
	复合税	对征税对象采用从价和从量相结合的计税方法，如对卷烟和白酒征收的消费税等
税负能否转嫁	直接税	纳税人直接承担税负，税负不易转嫁，如企业所得税、个人所得税等
	间接税	纳税人可将税负转嫁给他人承担，如增值税、消费税等
与价格的关系	价外税	税金是价格的附加值，应按不含税价格计税，如增值税等
	价内税	税金是价格的组成部分，应按含税价格计税，如消费税等

勤思考 1－1

1. 房产税、车船税、船舶吨税和车辆购置税都属于财产税吗？
2. 增值税、消费税、关税和个人所得税都属于间接税吗？
3. 消费税、增值税、车辆购置税和关税都属于中央政府固定收入吗？

【解析】

1. 车辆购置税属于行为税。
2. 个人所得税属于直接税。
3. 增值税属于中央地方共享税。

1.1.2 税法的概念及体系

1.1.2.1 税法的概念

税法是税收的法律表现形式，是国家权力机关或授权行政机关制定的用以调整税收关系中征纳双方权利及义务的法律规范的总称，对税收的有序进行和税收目的的有效实现起着重要的法律保障作用。

1.1.2.2 我国现行税法体系

我国现行税法体系包括税收法律、税收法规、税收规章和税收规范性文件，如表 1－2 所示。

表 1－2　我国现行税法体系

分类	制定机关	体现形式	举例
税收法律	全国人大及其常委会	法律	《企业所得税法》《个人所得税法》《车船税法》《税收征收管理法》 《烟叶税法》《船舶吨税法》 《环境保护税法》《耕地占用税法》 《车辆购置税法》《资源税法》《契税法》 《城市维护建设税法》《印花税法》《关税法》（2024 年 12 月 1 日施行）
税收法规	国务院（行政法规）	暂行条例	《增值税暂行条例》《消费税暂行条例》 《土地增值税暂行条例》《进出口关税条例》 《房产税暂行条例》 《城镇土地使用税暂行条例》
		实施条例、实施细则	《企业所得税法实施条例》 《个人所得税法实施条例》 《环境保护税法实施条例》 《车船税法实施条例》 《税收征收管理法实施细则》

续表

分类	制定机关	体现形式	举例
税收规章	国务院财税主管部门——财政部、国家税务总局、海关总署（部门规章）	办法、细则、规定	《增值税暂行条例实施细则》 《税务代理试行办法》
	省、自治区、直辖市地方政府（地方规章）		《房产税暂行条例实施细则》
税收规范性文件	财政部、国家税务总局等部门	公告、文件、通知、意见……	《财政部 国家税务总局 关于实施小微企业普惠性税收减免政策的通知》 《国家税务总局 关于小规模纳税人免征增值税政策有关征管问题的公告》

勤思考1－2

《中华人民共和国企业所得税法》《中华人民共和国增值税暂行条例》《中华人民共和国房产税暂行条例》《中华人民共和国消费税暂行条例实施细则》是否都是部门规章？

【解析】

《中华人民共和国企业所得税法》属于全国人大及其常委会制定的税收法律，《中华人民共和国增值税暂行条例》《中华人民共和国房产税暂行条例》属于国务院制定的税收行政法规，只有《中华人民共和国消费税暂行条例实施细则》是部门规章。

1.2 税收制度的构成要素

引例

近期在财经新闻中，个税改革所占篇幅不小，有报道称“关于个税改革，人们最先想到的问题就是起征点，在个税改革中，提高起征点成为主要的改革内容。截至目前，个税起征点分别在2006年、2008年、2011年和2018年提高过4次，由800元一路调高至5 000元。”这种说法准确吗？

【分析】起征点是指税法规定对征税对象开始征税的起点数额。征税对象的数额未达到起征点的不征税，达到起征点的就全部数额征税。而个人所得税中规定的5 000元对于计税的影响在于，个人月工资低于5 000元不需缴税，超过5 000元的仅需就超过部分缴税，这并非起征点的概念，而是属于免征额的范畴。

税收制度是国家以法律规范的形式对税收活动进行的一系列规定的总称，它是国家向个人征税的法律依据和工作规程，规定了国家和纳税人之间的征纳关系。税收制度不仅包括税法，而且包括一些没有经过立法和批准但与税法具有同等效力的税收规定，而税收制度的核心是税法。由于各国所处区域和政治、经济条件各不相同，各国的税收制度也存在一定的差异，但其基本构成要素是大同小异的。我国税收制度的构成要素一般包括征税人、纳税义务人、征税对象、税目、计税依据、税率、纳税环节、纳税期限、纳税地点、减免税和法律责任 11 个项目。其中，纳税义务人、征税对象和税率是构成税法的最基本要素，又称税收三大要素。

1.2.1 征税人

征税人又称征税主体，是指代表国家直接行使税收征管职权的国家各级税务机关和其他征收机关。因税种的差异征税人可能有所不同。在我国的各实体税法中，都有关于征税主体的规定。目前，我国的征税机关主要包括税务机关和海关，如土地增值税的征税主体是税务机关，关税的征税主体为海关。

1.2.2 纳税义务人

纳税义务人简称纳税人，又称为纳税主体，体现了对谁征税。其是指税法上规定的直接负有纳税义务的单位和个人，也称纳税主体。纳税人可以是自然人，也可以是法人。

与纳税人既有联系又相区别的一个税收概念是“负税人”。负税人是税款的实际承担者，而纳税人只是负担缴纳税款义务的法律主体。纳税人与负税人可能是同一人，也可能相分离，取决于纳税人缴纳的税款或承担的税收负担能否进行转嫁，具体见表 1－3。

表 1－3　　纳税人与负税人的区别

纳税人与负税人是否相同	税务能否转嫁	所属税收种类	举例
纳税人与负税人合一	税务不能转嫁	直接税类	企业所得税
纳税人与负税人分离	税负可以转嫁	间接税类	增值税

在某些特殊场合，为加强税收的源泉控制，简化征收手续，纳税人并不直接向税务机关缴纳税款，而是由税法规定的扣缴义务人代为缴纳。扣缴义务人包括代扣代缴义务人和代收代缴义务人，具体见表 1－4。

表 1－4　　扣缴义务人的类型

扣缴义务人类型	含义	举例
代扣代缴义务人	在向纳税人支付款项时，代扣代缴税款	企业向员工支付工资时代扣代缴个人所得税
代收代缴义务人	在向纳税人收取款项时，代收代缴税款	应税消费品在委托加工完成后，由受托方向委托方代收代缴消费税

1.2.3 征税对象

征税对象，又称课税对象，表明对什么征税。它确定了征税范围，体现了征税的广度，是征纳税双方权利义务共同指向的客体和标的物。每一个具体的税种都有特定的征税对象，凡属于征税对象的，就征税；不属于征税对象的，就不征税。所以，征税对象是一种税区别于另一种税的重要标志。

征税对象可以是商品、所得、财产，也可以是资源、行为等。通常也因征税对象的不同性质将税收分为五大类：流转税、所得税、财产税、资源税和行为税。

1.2.4 税目

税目是征税对象的具体化，反映具体的征税范围，并对不同的征税对象加以区分。不同税种确定税目的方法各不相同，且并非所有的税种都有税目，如消费税按照不同的商品设置税目，个人所得税按照不同类型的所得设置税目，而企业所得税并未设置税目。

1.2.5 计税依据

计税依据又称税基，是计算应纳税额的根据，是对征税对象的量化。征税对象解决对什么征税的问题，计税依据解决如何对征税对象进行计量的问题。计税依据是征税对象的征收标准。

计税依据分为两类：一类是以计税金额为计税依据，是对征税对象的价值形态进行计量；另一类以计税数量、重量、体积为计税依据，是对征税对象的物理形态进行计量。

1.2.6 税率

税率，是指应纳税额与计税依据之间的比例，体现了征税的深度。它是计算应纳税额的尺度。税率的高低直接关系到国家税收收入的多少和纳税义务人的税负轻重，是税制的核心要素。

税率一般可以分为三类，即比例税率、累进税率和定额税率，具体见表1－5。

表1－5　税率的种类

<table>
<tr><th>税率形式</th><th>含义</th><th colspan="2">分类</th><th>举例</th></tr>
<tr><td rowspan="5">比例税率</td><td rowspan="5">对同一征税对象，不论其数量多少，数额大小，都按同一个比例征税</td><td colspan="2">单一比例税率</td><td>企业所得税</td></tr>
<tr><td rowspan="3">差别比例税率</td><td>行业差别比例税率</td><td>增值税中的应税服务</td></tr>
<tr><td>产品差别比例税率</td><td>消费税</td></tr>
<tr><td>地区差别比例税率</td><td>城市维护建设税</td></tr>
<tr><td colspan="2">幅度比例税率</td><td>契税</td></tr>
<tr><td rowspan="3">定额税率</td><td rowspan="3">按征税对象确定的计量单位，直接规定固定的单位税额</td><td colspan="2">地区差别定额税率</td><td>城镇土地使用税</td></tr>
<tr><td colspan="2">幅度定额税率</td><td>资源税</td></tr>
<tr><td colspan="2">分类分级定额税率</td><td>车船税</td></tr>
<tr><td rowspan="3">累进税率</td><td rowspan="3">征税对象按数额（或相对率）的大小分成若干等级，分别规定不同的税率，等级越高，税率越高</td><td colspan="2">全额累进税率</td><td>目前我国未采用</td></tr>
<tr><td colspan="2">超额累进税率</td><td>个人所得税中的综合所得</td></tr>
<tr><td colspan="2">超率累进税率</td><td>土地增值税</td></tr>
</table>

【学中练 1－1】

参考表 1－6，试答全额累进税率与超额累进税率的区别。

表 1－6　　累进税率表

级数	月应纳税所得额	税率（%）	速算扣除数
1	不超过 3 000 元的部分	3	0
2	超过 3 000 元至 12 000 元的部分	10	210
3	超过 12 000 元至 25 000 元的部分	20	1 410
4	超过 25 000 元至 35 000 元的部分	25	2 660
5	超过 35 000 元至 55 000 元的部分	30	4 410
6	超过 55 000 元至 80 000 元的部分	35	7 160
7	超过 80 000 元的部分	45	15 160

【解析】

首先，我们来了解全额累进税率，在该种累进税率形式下，征税对象的全部金额按照与之对应的税率征税。全额累进税率计算应纳税额的计算公式为：

应纳税额＝计税依据×适用税率

假设纳税人当期的应纳税所得额为 2 999 元，其应纳税额＝2 999×3%＝89.97（元），但若其应纳税所得额为 3 001 元，应纳税额＝3 001×10%＝300.1（元）

我们可以看出，在全额累进税率形式下，计算本质上与比例税率一致，较为简单；但在级距临界点附近，税负会呈现“跳跃式”变化，容易出现税负增长超过所得增长的不合理现象。我国在 20 世纪 50 年代初，曾对私营工商企业征收过全额累进所得税。1980 年后已不再采用这种税率形式。

而对于超额累进税率形式而言，只就征税对象超过对应级次部分金额按照高一级的税率征税，分段计算应纳税额，相加后得出实际税额。

以表 1－6 为税率标准，假设纳税人当期应纳税所得额为 2 999 元，处于第一级次，应纳税额＝2 999×3%＝89.97（元）。若当期应纳税所得额升至 3 001 元，分属第一级次、第二级次，其应纳税额＝3 000×3%＋1×10%＝90.1（元）。在这种累进税率形式下，合理避免了税负增长超过所得增长的不合理现象，但其计算略显复杂。在此我们引入速算扣除数的概念：速算扣除数即按全额累进方法计算的税额与按超额累进方法计算的税额之间的差额。故而，按超额累进税率计算应纳税额的公式为：

应纳税额＝计税依据×适用税率－速算扣除数

沿用前例，若纳税人当期的应纳税所得额为 3 001 元，其应纳税额＝3 001×10%－210＝90.1（元）。速算扣除数的引入，解决了超额累进税率计算过程复杂的问题。

较之于全额累进税率，超额累进税率税负升高较为缓和合理，是世界各国普遍采用的一种税率形式。

1.2.7 纳税环节

纳税环节，是税法规定的征税对象从生产到消费的流转过程中应当缴纳税款的环节。商品从生产到消费要经过许多流转环节，在税收上既可以选择在不同的环节缴纳税款，也可以选择一个或多个环节缴纳税款。例如，所得税在分配环节纳税，流转税在生产和流通环节纳税。流转税中，增值税每个流通环节都要交税，而消费税一般只在生产环节交税。

1.2.8 纳税期限

纳税期限，是指根据税法规定，纳税人发生纳税义务后，向国家缴纳税款的期限。它是税收固定性在时间上的体现。纳税期限包括按期纳税和按次纳税。按期纳税，是以纳税人发生纳税义务的一定时间作为纳税期限。例如，我国增值税、消费税规定以1天、3天、5天、10天、15天或1个月为一个纳税期。不能按照固定期限纳税的，可以按次纳税，如我国对个人分次取得的某些收入征收个人所得税时，规定在发生纳税义务后按次缴纳。

另外，还有如下三个与期限有关的概念：

（1）纳税义务发生时间，即纳税人发生应税义务应当承担纳税义务的起始时间。

（2）纳税期限，即纳税人结算应纳税款的期限或税收所属期限。

（3）缴款期限，即税法规定的纳税期满后，纳税人将应纳税款缴入国库的期限。

例如，某增值税纳税人的纳税期限为1个月，其于2023年8月8日销售一批货物并开具发票，其纳税义务发生时间为2023年8月8日，归属于2023年8月这一纳税期限，并应在月度终了之日起15日内进行纳税申报并缴纳税款，即其缴款期限为2023年9月15日前。

1.2.9 纳税地点

纳税地点，是指税法规定纳税人缴纳税款的地点。它是根据各个税种的纳税环节和有利于对税源进行控制而规定的纳税人（包括扣缴义务人）的具体纳税地点。

1.2.10 减免税

减免税，是指国家对某些纳税人或征税对象给予鼓励和照顾的一种特殊规定。制定这种特殊规定，一方面是为了鼓励和支持某些行业或项目的发展；另一方面是为了照顾某些纳税人的特殊困难。减免税主要包括以下三个方面的内容：

1. 减税和免税

减税，是指减少一部分应征税额；免税，则是指免除全部应征税额。减免税既包括长期的减免税优惠，如农、林、牧、渔行业的企业所得税优惠；也包括一定期限内的减免税优惠，如对环境保护和节能节水项目的经营所得实行“三免三减半”的优惠政策。

2. 起征点

起征点，是指税法规定对征税对象开始征税的数额界限。征税对象的数额没有达到起征点的不征税；征税对象的数额达到或超过起征点的，应就其征税对象全额计算应纳税额。起征点体现了税收的重点照顾政策，如对增值税的个人纳税人制定了 5 000—20 000 元的起征点。

3. 免征额

免征额，是指税法规定征税对象总额中免于征税的数额。免征额部分一律不征税，仅就超过免征额的部分计税。免征额体现了税收的普遍照顾政策，如对所有取得综合所得的个人均给予每年 60 000 元的免征额。

1.2.11 法律责任

法律责任体现的是国家对纳税人发生违法违规行为所采取的一系列惩罚性措施。纳税人发生税收违法行为，均应依照税法有关规定进行处理。纳税人因违反税法行为应承担的法律责任包括行政责任和刑事责任。税务机关对违法行为进行处置的主要措施有：加收滞纳金、处罚罚款、罚没并处、税收保全措施、强制执行措施、移送司法机关处理等。

勤思考 1－3

1. 有人说“纳税人就是负税人”，这种说法是否正确？

2. 采用超率累进税率征收的税种是土地增值税还是个人所得税？

3. 构成税法的基本要素有什么？

4. 如果税法规定某一税种的起征点是 800 元，那么超过起征点时，是否仅就超过 800 元的部分征税？

【解析】

1. 纳税人和负税人有时一致，有时不一致。

2. 土地增值税适用超率累进税率。

3. 纳税义务人、征税对象和税率是构成税法的最基本要素。

4. 超过起征点时，就全额征税。

1.3 纳税申报与筹划

引例

某卷烟厂生产出一种新型号卷烟，正在制订该种新产品的出厂价。销售经理依据以往的销售经验，提出每条卷烟定价在80元（含税）左右比较合适，其财务经理则提出了不同意见，认为每条卷烟定价80元不如定价60元（含税）所获得的利润高，建议把每条卷烟的出厂价定在60元左右。

【分析】对于一般商品来说，在销售量一定的情况下，商品的售价越高，其获得的利润越多。但对于卷烟生产企业而言，由于消费税政策的影响，在某一临界点附近的一定范围内，卷烟产品售价提高会出现利润不但不增加反而下降的现象。这就涉及企业税收筹划方法的选择，即企业应当如何进行税收筹划。

1.3.1 纳税申报流程

1.3.1.1 纳税申报的概念

纳税申报，是指纳税人、扣缴义务人按照法律法规的规定，在申报期限内就纳税事项向税务机关提交书面申报的一种法定手续。实行纳税申报制度有利于培养纳税人主动申报纳税的意识，明确了纳税人的申报义务和征纳双方的法律责任，并对不依法申报的行为予以处罚，从而通过法律手段强化纳税申报，创造纳税人自觉纳税申报的良好环境。

1. 纳税申报的对象

纳税申报的对象为纳税人和扣缴义务人。纳税人、扣缴义务人必须按照税法规定的期限申报纳税。纳税人在纳税期内没有应纳税款的，也应当按照规定办理纳税申报。纳税人享受减税、免税待遇的，在减税、免税期间应当按照规定办理纳税申报。

2. 纳税申报的内容

纳税人的纳税申报和扣缴义务人的代扣代缴、代收代缴税款报告表的主要内容包括：税种、税目，应纳税项目或者应代扣代缴、代收代缴税款项目，计税依据，扣除项目及标准，适用税率或者单位税额，应税项目及税额、应减免税项目及税额，应纳税额或者应代扣代缴、代收代缴税额，税款所属期限、延期缴纳税款、欠税、滞纳金等。

3. 纳税申报的期限

纳税申报的期限有两种确定方式：一种是由法律、行政法规明确规定；另一种是由税务机关按照法律、行政法规的原则，结合纳税人生产经营的实际情况及其所应缴纳的税种等相关问题予以确定。纳税人、扣缴义务人都必须按照法定的期限办理纳税申报。

勤思考1－4

下岗女工王某开办了一个商品经销部，按规定享有一定期限的免税优惠。王某在享受免税优惠期间，是否还需要办理纳税申报？

【解析】王某在享受免税优惠期间，仍然需要办理纳税申报。法律如此规定，既有助于提高国民的纳税意识，也有利于税务机关及时掌握、分析税源情况。

1.3.1.2 纳税申报的方式

纳税申报方式，是指纳税人、扣缴义务人在发生纳税义务和代扣代缴、代收代缴义务后，在其申报期限内，依照税收法律、行政法规的规定到指定税务机关进行申报纳税的形式。

目前，纳税申报的形式主要有以下几种：

1. 直接申报

直接申报，又称上门申报，是指纳税人、扣缴义务人自行到税务机关办理纳税申报或者报送代扣代缴、代收代缴税款报告表。这是税收征管改革前一种常采用的、传统的申报方式。

2. 邮寄申报

纳税人采取邮寄方式办理纳税申报的，应当使用统一的纳税申报专用信封，并以邮政部门收据作为申报凭据。邮寄申报以邮政部门收寄的日戳日期为实际申报日期。

3. 数据电文申报

数据电文申报，又称电子申报，是指经税务机关确定的通过电话语音、电子数据交换或网络传输等电子方式办理的纳税申报。目前纳税人采用的网上申报，就是数据电文申报方式的一种形式。数据电文申报是目前国际上正在兴起的纳税申报方式之一，具有准确、快捷、方便等特点，已越来越受到人们的重视。

1.3.1.3 纳税申报的流程

我国目前的纳税申报形式多采用网上申报，以增值税一般纳税人为例，每月的增值税申报工作要在次月的15日之前完成，当月若要抵扣进项税额，必须在月底前完成增值税专用发票的勾选认证，并在次月月初到税务局完成抄税工作，核对当月开出的所有增值税专用发票，进行报税处理，在抄报税工作完成后，方可进行纳税申报。网上报税还需报送作为财务分析依据的财务报表，以验证报表的平衡及钩稽关系。在网上进行纳税申报后，系统会将纳税申报数据发送至税务局的服务器，纳税人可自行打印纳税凭证并至开户行缴纳税款，或由税务局将纳税人的申报信息传递至纳税人的开户行，通过签约账户直接进行划缴。

1.3.2 税收筹划的概念

1.3.2.1 税收筹划的定义

税收筹划，是指纳税人通过对经济活动的事先安排，充分利用税收法律法规所提供的一切优惠政策，合法运用税法中的非禁止事项，在多种可供选择的纳税方案中，选取使其税收负担最轻的一种，从而享有最大的税收效益。税收筹划与偷税、漏税、抗税有着本质的不同，它不是对法律的违背和践踏，而是以尊重税法、遵守税法为前提，以对税法的理解、分析和研究为基础，对现行税法的合理利用。市场经济条件下，税收筹划是企业的必然选择。

1.3.2.2 税收筹划的特点

税收筹划的特点见表1－7。

表1-7　税收筹划的特点

特点	含义
非违法性	一是遵守税法，二是不违反税法
事先性	税收筹划是在纳税义务发生之前对涉税事项所做的规划和安排
目的性	以盈利为最终目的，追求纳税人价值最大化，而不仅仅是减少税收支出
专业性	要求从事税收筹划的工作人员具备税法、经济法、会计学、财务管理等多方面的专业素养，对人才的综合性要求较高
多变性	筹划方案要随着时间和地区的变化进行有针对性和时效性的调整
风险性	由于税收筹划是在纳税义务发生之前进行的，若国家宏观经济形势发生变化或国家税收政策进行调整，使得最终的筹划效果存在极大的不确定性，隐含较大风险

1.3.3　税收筹划的原理

根据纳税人所能获得的筹划效益进行划分，可以将税收筹划的原理分为绝对节税原理和相对节税原理，具体见表1-8。

表1-8　税收筹划的分类

<table>
<tr><th colspan="2">分类</th><th>筹划效果</th><th>举例</th></tr>
<tr><td rowspan="2">绝对节税（少缴税）</td><td>直接节税</td><td>直接减少纳税人的税收支出金额</td><td>纳税人选择投资于国债</td></tr>
<tr><td>间接节税</td><td>纳税人的税收支出金额没有减少，但间接减少了其他关联纳税人的税收支出金额</td><td>在有遗产税的地区减少遗赠次数</td></tr>
<tr><td colspan="2">相对节税（晚缴税）</td><td>一定时期的税收支出金额没有减少，但因各个纳税期税收支出金额的变化而使税收支出金额总额的相对额减少（从资金的时间价值角度考虑，即现值减少）</td><td>企业对固定资产采用双倍余额递减法计提折旧</td></tr>
</table>

1.3.4　税收筹划的方法

税收计算中的基本公式为：

应纳税额 = 税基（计税依据）× 税率

而税收筹划的方法也将从这个公式中展开。筹划，通俗来讲，是纳税人希望在不违法的前提下减少自己的税收支出，以获得更大的利益。要减少应纳税额无外乎从以下三个方面进行：税基、税率以及税额。以下就从筹划角度出发，介绍几类主要的筹划方法。

1.3.4.1　以税基为基础的筹划方法

1. 控制税基

为避免增加额外的税收负担，一些纳税人可能会选择将自己的计税依据控制在一定的范围之内。如增值税个人纳税人为避免缴纳增值税，在应税销售额于起征点上下浮动时，会将自己的销售额控制在起征点以内。

2. 转移税基

转移税基，指将计税依据在不同的纳税人之间进行转移以减少最终的应纳税额。该种筹划方法在消费税和企业所得税中较为常见，又称为转移定价。例如，消费税纳税人将自己的计税依据转移至不需缴纳消费税的下游经销商，企业所得税纳税人将自己的应税所得转移至税率更低的关联企业等。转移定价的方式不仅仅包括商品购销中的转移定价，还包括资金占用、费用分摊以及资产转让与租赁等方面。

勤思考 1－5

某酒厂主要生产粮食白酒，产品销往全国各地的批发商，每箱不含税批发价为 350 元。同时本市的一些商业零售户、酒店、消费者每年到工厂零星购买白酒，每箱不含税零售价 480 元。酒厂应如何筹划，以降低消费税负担?

【解析】 消费税的征税环节一般在生产环节，酒厂销售白酒需要缴纳生产环节的消费税，而白酒在后续的流通环节均不需再缴纳消费税。因此，酒厂可在本市设立一家独立核算的白酒经销公司，并按照销售给其他批发商的产品价格与经销公司结算，每箱 350 元，经销公司再以每箱 480 元的价格对外销售，由此缩小本市零售白酒的计税依据，降低消费税支出。但值得注意的是，酒厂与经销公司的结算价格并不能无限制地降低，根据税法相关规定，若酒厂生产的白酒的销售价格过低，将由税务机关进行计税依据的核定。

【知识链接】

《税基侵蚀和利润转移行动计划（BEPS）》的出台

随着经济全球化的深入发展，跨国企业全球一体化经营模式的出现，各国税制之间的差异，加上筹划地、低税地的存在，很多企业通过关联交易以及实行内部交易定价，使利润从高税率企业转移到低税率企业，以降低企业集团的整体税负。一些跨国公司甚至为了避税而专门在特定国家和地区设立关联企业，将大量利润转移到海外低税负国家，逃避在本国缴纳税收。2012 年，Google、Facebook、亚马逊和星巴克等大型跨国公司被曝在英国获得大笔收入，却未能支付应缴税费，引发了国际社会的强烈质疑。根据统计，全球每年有 4%—10% 的企业所得税因跨境避税流失，每年税收损失为 1 000 亿—2 400 亿美元。各国难以依靠单边行动和双边协调解决国际避税行为，必须借助于多边税收合作。针对跨国公司近年来愈演愈烈的避税行为，2013 年 7 月 19 日，经济合作与发展组织（简称“OECD”）公布了就有关税基侵蚀和利润转移（简称“BEPS”）问题开展多边合作的行动计划。

3. 分散税基

顾名思义，分散税基即将计税依据在不同的纳税人之间进行分配，达到降低整体税负的目的。例如，增值税纳税人通过分立企业的方式将销售额分散，避免成为增值税一般纳税人；合伙企业通过增设合伙人的方式将应纳税所得额分散，避免承担更高的个人所得税税负等。

1.3.4.2 以税率为基础的筹划方法

1. 临界点判断

消费税中存在一类特殊的商品：卷烟。其以每标准条调拨价 70 元为界限，低于该标准的卷烟适用 36% 的比例税率，高于等于该标准的卷烟适用 56% 的比例税率。在该税率背景下，卷烟的价格制定就需要权衡了。价格定低了，不能为企业带来更多的收入和效益；价格定高了，又担心过多的消费税反而会增加企业负担。那么，卷烟的价格究竟怎么制定才最为合适呢？这就涉及税率的临界点判断。

【学中练 1-2】

某卷烟厂每标准条卷烟对外调拨价为 68 元，现销售一标准箱卷烟，其成本为 8 500 元。因产品供不应求，厂家决定将每标准条卷烟价格提高至 76 元，其他条件均不变。已知一标准箱卷烟包含 250 标准条卷烟，每标准箱卷烟的单位税额为 150 元。

思考：请比较提价前后烟厂的利润（不考虑城建税和教育费附加），判断该厂的提价决策是否正确。如果要提价，烟厂应如何提价？

【解析】 提价前的卷烟为乙类卷烟，适用 36% 的比例税率；提价后的卷烟为甲类卷烟，适用 56% 的比例税率。由于支出的消费税增加，对于烟厂来说，提价并非一定是最佳选择，我们可以通过提价前后的利润来进行简单比较。

提价前该烟厂利润 $=68\times250-8\ 500-68\times250\times36\%-150=2\ 230$（元）

提价后该烟厂利润 $=76\times250-8\ 500-76\times250\times56\%-150=-290$（元）

由上述计算可知，提价之后烟厂的销售收入虽有所增长，但企业整体利润不但没有增加，反而减少了，甚至达到了亏损的地步。原因就在于卷烟价格的提升导致企业的消费税支出大大增加，使得企业利润大幅度下降。

如果要提价，也应使烟厂的利润至少不低于提价之前。我们可假定一个未知的价格 P，列出等式：$P-P\times56\%=69-69\times36\%$，计算得出 $P=100.36$ 元。也就意味着，烟厂如果要提价，要么将价格提升至 69 元，维持其乙类卷烟的税率不变；要么将价格提升至 100.36 元，使得提价后增加的收入与消费税能互相抵销，确保其利润不降低。70 元至 100.36 元这一价格区间其实就是烟厂在对卷烟定价中应当注意避免的价格禁区。当然，我们在此并未考虑到城建税和教育费附加的影响，否则此价格区间还会有所变动，具体计算过程不再赘述。

在增值税中，我们了解到从一般纳税人处购进商品可以取得增值税专用发票，在计算增值税应纳税额时可以抵扣进项税，减少最终的应纳税额。那么在购进同型号商品时，在其他条件相同的情况下，报价 120 元的一般纳税人供应商和报价 100 元的小规模纳税人供应商，我们究竟选择谁？是选择价格更低的小规模纳税人还是选择可以抵扣进项税的一般纳税人？这也与我们的临界点判断有关。

【学中练 1－3】

甲公司为增值税一般纳税人，其产品年应税销售额为 600 万元（不含税）。该公司一直从小规模纳税人 A 处进货，年进货 450 万元（含税）。现有一般纳税人 B 与甲公司接洽，愿以 540 万元的含税价格提供同种规模质量、同样数量的商品，并开具 13% 的专用发票。甲公司适用增值税率 13%，城建税率和教育费附加征收率合计 10%。试通过比较相关收益为甲公司做出决策（不考虑其他因素）。

【解析】

从小规模纳税人 A 处进货的利润＝销售收入－销售成本－税金及附加

$$=600-450-600\times13\%\times10\%$$

$$=142.2\text{（万元）}$$

从一般纳税人 B 处进货的利润＝销售收入－销售成本－税金及附加

$$=600-540\div(1+13\%)-[600-540\div(1+13\%)]\times13\%\times10\%$$

$$=120.54\text{（万元）}$$

从这个案例中我们可以看出，即便从一般纳税人处购进货物可以取得增值税专用发票用以抵扣增值税的进项税额，我们也并非一定会选择一般纳税人。在进行筹划选择的过程中，我们要考虑的往往不仅仅只是纳税人的税收负担，还要考虑纳税人的整体效益——从小规模纳税人 A 处进货相关收益大，不考虑其他因素时，甲公司不应更换供应商，不能捡了芝麻丢了西瓜。

2. 降低适用税率

《中华人民共和国消费税暂行条例》第三条规定：“纳税人兼营不同税率的应当缴纳消费税的消费品（以下简称“应税消费品”），应当分别核算不同税率应税消费品的销售额、销售数量；未分别核算销售额、销售数量，或者将不同税率的应税消费品组成成套消费品销售的，从高适用税率。”为规范纳税人的财务核算程序，税法中诸如此类的规定还有很多，为避免纳税人税率从高，减轻纳税人的税收负担，纳税人应当在财务核算之初就将不同税率的应税消费品分别核算，降低适用税率，减少税收支出。

1.3.4.3 以税额为基础的筹划方法

1. 税收优惠的应用

我国税法以法律的形式规定了各种税收优惠政策。例如，高新技术开发区的高新技术企业按 15% 的税率征收企业所得税；在国家认定的高新技术产业区、保税区设立的生产、经营、服务型企业和从事高新技术开发的企业，都可享受较大程度的税收优惠。中小企业在选择投资地点时，可以有目的地选择以上特定区域从事投资和生产经营。而在我国现行的税法中，关于行业的税收优惠比区域优惠更多，企业在投资之初即可考虑好投资方向，尽量使自己享受更多的税收优惠。

以上介绍的几类筹划方法仅仅只是沧海一粟，在现实工作和生活中，每一个具体的案例均可采用不同的筹划方法，我们需要了解的是筹划的思路而非拘泥于某些形式。筹划思路即我们在接触到一个税收案例时，应当从哪些方面思考可能的筹划方案来减少纳税人的税收支出，这又回到了我们最原始的算式上来——税基、税率、税额——任何一种筹划方法都是基于这一原始的算式，万变不离其宗。

职业道德与素质

【案例背景】

2006 年 6 月，初为人母的张黎开始在网上购买婴儿用品，她惊讶地发现，婴儿用品在网上非常热销。于是她也开始在网上销售奶粉和尿布料，并用自己所开设市场策划公司的名义在淘宝网上开设了一家商铺。后来，张黎的生意日渐兴旺，在累积了一定的客户群后，她又用公司的名义自建了一个销售婴儿用品的网站——“彤彤屋”。半年来，“彤彤屋”生意越做越大，销售了价值 280 多万元的商品。由于之前有网上购物经验，张黎了解到网上交易几乎都不开发票。在和其他卖家交流之中，她也掌握了一套逃税方法，比如不开具发票、不记账等。“网上所有的人都是这样交易。”张黎在庭审时说。就这样，公司于 2006 年 6 月至 12 月销售的货物，含税金额人民币 289.5 万多元，不含税销售金额人民币 278.4 万多元，应缴增值税人民币 11 万多元。黎依公司的偷税行为在警方侦查一起诈骗案时意外被发现了。这起全国首例网络交易偷税案——“彤彤屋”案在上海市普陀区法院宣判：上海黎依市场策划有限公司以偷税罪判处罚金 10 万元，同时以偷税罪判处张黎有期徒刑 2 年，缓刑 2 年，罚金 6 万元。

在实体交易中，也常出现通过不开发票或虚开发票的方式偷逃税款的行为，实体交易如此，更不用说网络交易了。那么电子商务企业究竟是否需要缴税呢？

【分析】

这种网店式的“网络逃税天堂”状况早已引起相关部门的注意。2007 年 3 月 6 日，商务部发布的《关于网上交易的指导意见（暂行）》中指出，法律规定从事商品和服务交易须具备相应资质，应当经过工商管理机关和其他主管部门审批；交易双方都应保存网上交易记录。随着网络交易量日益增大、法律监管规定逐渐明晰，特别是随着 2019 年 1 月 1 日《中华人民共和国电子商务法》的正式实施，对电子商务行业的经营资质等进行了立法规定，电子商务纳税时代必将全面到来。

项目小结

任务	学习目标	重难点
税收的概念与分类	了解税收和税法的概念，熟悉税收的分类以及我国现行的税法体系	税收的分类、我国现行税法体系
税收制度的构成要素	了解税收制度的概念，熟悉税收制度的各构成要素，掌握纳税人、征税对象和税率这三大基本要素	纳税人、征税对象和税率
纳税申报与筹划	了解企业的纳税申报流程和税收筹划的概念，熟悉税收筹划的原理，掌握税收筹划的基本方法	税收筹划的原理与方法

专业能力评价

评价内容	权重	考核点	考核得分		
			小组评价	教师评价	综合得分
职业素养（20分）	10	了解纳税申报流程			
	10	在税收筹划的过程中，采用合理、合法的途径进行筹划，禁止涉及违法行为			
案例分析（80分）	80	能对各税种进行相关分类，准确判断不同税法所属的法律级次，熟练掌握不同的税制构成要素，对相应的筹划案例清楚区分对应的筹划原理和筹划方法			
组长签字：		教师签字：	20　年　月　日		

职业能力训练

（一）单项选择题

1. 下列税种中，（　　）属于价外税。

A. 消费税　　B. 关税

C. 资源税　　D. 增值税

2. （　　）是指对同一征税对象或同一税目，不论数额大小只规定一个百分比的税率。

A. 比例税率　　B. 超额累进税率

C. 超率累进税率　　D. 定额税率

3. 体现征税深度的税制要素是（　　）。

A. 征税对象　　B. 税率

C. 纳税人　　D. 纳税环节

4. （　　）是征税的具体根据，规定了征税对象的具体范围。

A. 税目　　B. 计税依据

C. 税率　　D. 纳税环节

5. 在下列税类中，其计税依据受价格影响较大的税类是（　　）。

A. 流转税类　　B. 所得税类

C. 资源税类　　D. 财产税类

6. 在我国现行的下列税种中，适用超率累进税率的是（　　）。

A. 增值税　　B. 消费税

C. 土地增值税　　D. 城市维护建设税

7. 对纳税对象中的一定数额给予减免，只就减除后的剩余部分计征税款，这一数额为（　　）。

A. 起征点　　B. 征税标准

C. 减征额　　D. 免征额

8. 税法上规定的纳税人是指（　　）的单位和个人。

A. 负有纳税义务　　B. 最终负担税款

C. 代收代缴税款　　D. 承担纳税担保

9. 税法构成要素中，用以区分不同税种的是（　　）。

A. 纳税义务人　　B. 征税对象

C. 税目　　D. 税率

10. 下列有权制定税收法律的机关是（　　）。

A. 全国人民代表大会　　B. 地方人大常委会

C. 国务院　　D. 财政部

（二）多项选择题

1. 根据有关法律规定，下列税种中，属于中央地方共享税的有（　　）。

A. 资源税　　B. 增值税

C. 土地增值税　　D. 企业所得税

2. 我国现行税制的纳税期限主要有（　　）形式。

A. 按期纳税　　B. 按次纳税

C. 按年计征，分期交纳　　D. 预提税

3. 在我国现行的下列税种中，属于流转税类的有（　　）。

A. 增值税　　B. 消费税

C. 印花税　　D. 关税

4. 下列税种中，属于直接税的有（　　）。

A. 增值税　　B. 企业所得税

C. 财产税　　D. 消费税

5. 我国现行的税制中，属于中央税的有（　　）。

A. 车辆购置税　　B. 消费税

C. 城市维护建设税　　D. 关税

6. 下列各项中，不属于税制要素的有（　　）。

A. 纳税担保人　　B. 纳税义务人

C. 征税人　　D. 税务代理人

7. 根据有关法律规定，有权参与税收立法和政策制定的机关有（　　）。

A. 财政部　　B. 国务院

C. 国家税务总局　　D. 工商局

8. 税收具有（　　）的特征。

A. 强制性　　B. 无偿性

C. 固定性　　D. 有偿性

9. 下列关于税收制度构成要素的说法中，正确的有（　　）。

A. 纳税人是税法规定的直接负有纳税义务的单位和个人，是实际负担税款的单位和个人

B. 征税对象是税法中规定的征税的标的物，是国家征税的依据

C. 税率规定征税对象的征收比例或征收额度，是计算税额的尺度

D. 税目是征税对象的具体化，反映征税对象质的规定

10. 我国现行税法按照征税对象进行分类可以分为（　　）。

A. 流转税　　B. 所得税

C. 财产税　　D. 直接税

技能强化训练

请说明纳税人进行纳税申报需要准备什么资料、进行哪些前期准备工作。请对纳税人的纳税申报过程进行流程说明（须注明各时间节点）。

项目 2

增值税计算与筹划

核心目标

知识目标

- 了解增值税的征收制度
- 重点掌握增值税的销售额、销项税额、进项税额与应纳税额的计算
- 掌握增值税出口退（免）税的范围和计算
- 熟悉增值税税款的缴纳与申报

能力目标

- 具备准确计算企业涉税业务应纳税额与税款申报的能力
- 具备针对企业实际情况进行税收筹划的能力

素质目标

- 具有不偷税、不漏税，按期计算缴纳税款的职业素养
- 具有遵纪守法、维护国家利益的道德素养

核心概念

增值额、视同销售、销项税、进项税、出口退税

思政案例

案例：在疫情暴发初期。为保障一线医疗人员的防护需求，某医疗器械生产企业加班加点生产口罩和防护服。根据政策，该企业生产的口罩和防护服属于疫情防控物资，可以

享受免税政策。

解析：在此案例中，该医疗器械生产企业可以免除相关产品的增值税，从而降低了企业的成本，有利于扩大再生产。同时，也能在一定程度上缓解疫情期间医疗物资紧缺的情况。

总结：疫情期间，为支持疫情防控工作，为贯彻落实党中央、国务院决策部署，进一步鼓励企业和复工复产，缓解其经营资金压力，更大力度帮助企业渡难关，国家针对不同行业和领域的企业出台了一系列增值税优惠政策，这些政策措施有助于减轻企业的负担，提高其抗风险能力和创新能力，同时也为疫情防控工作提供了有力的支持。企业应当关注政策变化，合理利用政策优惠来降低成本、提高效益。

背景资料

我国增值税发展历程

我国从1979年开始增值税试点，1993年12月13日，国务院发布了《中华人民共和国增值税暂行条例》（以下简称《增值税暂行条例》）2008年，为了积极应对国际金融危机对我国经济的影响，国务院决定全面实施增值税转型改革，修订了《增值税暂行条例》，2008年11月5日经国务院第34次常务会议审议通过，2009年1月1日起施行。

为了进一步完善增值税制，消除重复征税，促进经济结构优化，经国务院常务会议决定，自2012年1月1日起，在上海开展交通运输业和部分现代服务业营业税改征增值税试点。自2013年8月1日起，交通运输业和部分现代服务业营业税改征增值税试点范围扩大到全国。自2014年1月1日起，将铁路运输和邮政业纳入试点范围，2014年6月1日，将电信业纳入试点范围。

经国务院批准，自2016年5月1日起，在全国范围内全面推开"营改增"试点，将建筑业、房地产业、金融业、生活服务业等全部营业税纳税人纳入试点范围，由缴纳营业税改为缴纳增值税。2017年11月19日，国务院再次修订《增值税暂行条例》，2018年下调增值税税率，2019年按照"减税降费"的总体部署，推进增值税制度改革，完成了增值税率4档减并为3档、总体小规模纳税人起征点进一步提高等一系列政策调整，具体内容将在本项目中体现。

知识准备

1. 增值税的概念

增值税，是以商品（包括应税劳务及应税服务）在流转过程中产生的增值额作为计税依据而征收的一种流转税。

2. 增值税的类型

作为增值税计税依据的增值额，在各国增值税制度中，其内涵和外延不尽相同。这种差异主要源于各国对外购投入物品的减除或抵扣规定不尽一致。一般地，投入物品中的非固定资产项目，如原材料及辅助材料、燃料动力、包装物品、低值易耗品、外购劳务等资产的价值允许从商品和劳务的销售额中扣除，但外购固定资产价值的扣除处理，则因国情而异，有的允许全额抵扣，有的允许部分抵扣，有的则不予抵扣。由此，各国增值税可以分为三种类型：

（1）生产型增值税，即计算增值税时，不允许扣除任何外购固定资产的价值。

（2）收入型增值税，即在计算增值税时，只允许扣除当期固定资产折旧部分的价值。

（3）消费型增值税，即在计算增值税时，允许将外购固定资产价值在购入的当期一次性全部扣除。

世界上实行增值税的国家普遍选择消费型或收入型增值税，并且以消费型增值税为最多。其中欧洲经济共同体各国全面实行消费型增值税，发展中国家也大部分采取消费型增值税。阿根廷、摩洛哥及部分原实行计划经济的中东、欧洲国家实行收入型增值税。生产型增值税主要在经济不发达国家中采用，为数不多。

我国以前一直实行生产型增值税，2004 年 9 月在东北地区八大行业实行生产型增值税向消费型增值税转型试点，自 2009 年 1 月 1 日起在全国实行消费型增值税。

2.1 增值税征收制度

引例

某公司是一家物业管理公司，取得的停车费以及电梯内广告招租收入在征收增值税时应该按什么税目征税？

【分析】车辆停放服务、道路通行服务（包括过路费、过桥费、过闸费等）等按照不动产经营租赁服务缴纳增值税。将建筑物、构筑物等不动产或者飞机、车辆等有形动产的广告位出租给其他单位或者个人用于发布广告，按照经营租赁服务缴纳增值税。所以，均属于现代服务业的租赁服务。

2.1.1 增值税征税范围

凡在中华人民共和国境内销售货物、销售应税劳务、销售应税服务以及进口货物、销售无形资产、不动产的单位和个人，都属于增值税的征税范围。

2.1.1.1 征税范围的一般规定

1. 销售货物

货物，是指有形动产，包括电力、热力、气体在内。销售货物，是指有偿转让货物的所有权。有偿是指从购买方取得货币、货物或其他经济利益。

2. 销售劳务

销售劳务，是指有偿提供加工、修理修配劳务。其中：

- 加工，是指受托加工货物，即委托方提供原料及主要材料，受托方按照委托方的要求制造货物并收取加工费的业务。
- 修理修配，是指受托对损伤和丧失功能的货物进行修复，使其恢复原状和功能的业务。

单位员工为本单位提供的加工、修理修配劳务，不属于增值税的征税范围。

3. 进口货物

进口货物，是指进入中国关境的货物。必须缴纳增值税的进口货物有两个特点：一是应属于增值税应税货物，不包括增值税的免税项目；二是应属于报关进口的货物。

4. 提供应税服务

应税服务，是指提供交通运输服务、邮政服务、电信服务、建筑服务、金融服务、现代服务、生活服务。应税服务的类型及征税范围具体见表2－1。

表2－1　应税服务的类型及征税范围

服务类型	征税范围
交通运输服务	包括陆路运输、水路运输、航空运输和管道运输服务
邮政服务	包括邮政普通服务、邮政特殊服务和其他邮政服务
电信服务	包括基础电信服务和增值电信服务
建筑服务	包括工程服务、安装服务、修缮服务、装饰服务和其他建筑服务
金融服务	包括贷款服务、直接收费金融服务、保险服务和金融商品转让
现代服务	包括研发和技术服务、信息技术服务、文化创意服务、物流辅助服务、租赁服务、鉴证咨询服务、广播影视服务、商务辅助服务、其他现代服务
生活服务	包括文化体育服务、教育医疗服务、旅游娱乐服务、餐饮住宿服务、居民日常服务和其他生活服务

5. 销售无形资产

销售无形资产，是指转让无形资产的所有权或使用权的业务活动。无形资产，是指不具有实物形态，但能带来经济利益的资产，包括技术、商标、著作权、商誉、自然资源使用权和其他权益性无形资产。

技术，包括专利和非专利技术。

自然资源使用权，包括土地使用权、海域使用权、探矿权、采矿权、取水权和其他自然资源使用权。

其他权益性无形资产，包括基础设施资产经营权、公共事业特许权、配额、经营权、经销权、分销权、代理权、会员权、席位权、网络游戏虚拟道具、域名、名称权、冠名权、转会费等。

6. 销售不动产

销售不动产，是指转让不动产所有权的业务活动。不动产，是指不能移动或者移动后会引起性质、形状改变的财产，包括建筑物、构筑物等。

转让建筑物有限产权或永久使用权的，转让在建建筑物或构筑物所有权的，以及在转让建筑物和构筑物时一并转让其所占土地的使用权的，按照销售不动产缴纳增值税。

勤思考2－1

汽修厂员工甲某为汽修厂提供的汽车修理业务，是否需要征收增值税？

【解析】 不需要，单位员工为本单位提供加工、修理修配劳务，不属于增值税的征税范围。

【知识链接】

不征收增值税项目

1. 根据国家指令无偿提供的铁路运输服务、航空运输服务（属于《营业税改征增值税试点实施办法》规定的用于公益事业的服务）。

2. 存款利息。

3. 被保险人获得的保险赔付。

4. 房地产主管部门或者其指定机构、公积金管理中心、开发企业以及物业管理单位代收的住宅专项维修资金。

5. 在资产重组过程中，通过合并、分立、出售、转换等方式，将全部或者部分实物资产以及其相关联的债权、负债和劳动力一并转让给其他单位和个人，其中涉及的货物、不动产、土地使用权转让行为。

勤思考2－2

下列项目中，哪些属于增值税征税范围？

①境内单位在境内提供电信服务

②境内单位在境内销售无形资产

③境内单位在境外提供建筑服务

④境外单位在境外出租不动产

【解析】 答案为①②③。根据《营业税改征增值税试点实施办法》的规定，境内单位在境内提供电信服务、境内单位在境内销售无形资产和境内单位在境外提供建筑服务属于“营改增”征税范围，境外单位在境外出租不动产不征增值税。

2.1.1.2 属于增值税范围的特殊行为

1. 视同销售行为

单位或者个体工商户的下列行为，视同销售货物，征收增值税。

（1）将货物交付其他单位或者个人代销。

（2）销售代销货物。

（3）设有两个以上机构实行统一核算的纳税人，将货物从一个机构移送至其他机构用于销售，但相关机构设在同一县（市）的除外。

（4）将自产、委托加工的货物用于集体福利或者个人消费。

（5）将自产、委托加工或者购买的货物作为投资，提供给其他单位或个体工商户。

（6）将自产、委托加工或者购买的货物分配给股东或者投资者。

（7）将自产、委托加工或者购买的货物无偿赠送其他单位或者个人，但纳税人为推销货物，将少量货物作为商业样品提供给其他纳税人作为展览、试用的，不在此列。

（8）单位和个体工商户向其他单位或者个人无偿提供应税服务，但以公益活动为目的或者以社会公众为对象的除外。

（9）单位或者个人向其他单位或者个人无偿转让无形资产或者不动产，但用于公益事业或者以社会公众为对象的除外。

上述第（4）—（9）项视同销售行为，对自产货物处理是相同的，对购买的货物根据用途不同，处理也不同，见表2-2。

表2-2

来源用途	自制、委托加工收回的货物	外购货物
投资、分配、捐赠等（对外）	视同销售（计算销项税）	视同销售（计算销项税）
集体福利、个人消费等（对内）	视同销售（计算销项税）	不得抵扣进项税（进项税额转出）

【知识链接】

单位或者个人发生下列情形视同销售服务、无形资产或者不动产，征收增值税：

（1）单位或者个体工商户向其他单位或者个人无偿提供服务，但用于公益事业或者以社会公众为对象的除外。

（2）单位或者个人向其他单位或者个人无偿转让无形资产或者不动产，但用于公益事业或者以社会公众为对象的除外。

（3）财政部和国家税务总局规定的其他情形。

勤思考2-3

根据增值税法律制度相关规定，下列行为应视同销售货物征收增值税的有哪些？

①将外购的服装作为春节福利发给企业员工

②将委托加工收回的卷烟用于赠送客户

③将新研发的玩具交付某商场代为销售

④将外购的水泥用于本企业仓库的修建

【解析】 ②③属于视同销售，①④属于将外购的货物用于对内使用，不是视同销售的行为。

【想一想】 M商业企业（一般纳税人）为甲公司代销货物，按零售价的5%收取手续费5 000元，尚未收到甲公司开来的增值税专用发票，M商业企业代销业务是否应纳增值税？

2. 混合销售行为

一项销售行为如果既涉及货物又涉及服务，为混合销售。从事货物的生产、批发或者零售的单位和个体工商户的混合销售行为，按照销售货物缴纳增值税；其他单位和个体工商户的混合销售行为，按照销售服务缴纳增值税。

上述从事货物的生产、批发或者零售的单位和个体工商户，包括以从事货物的生产、批发或者零售为主，并兼营销售服务的单位和个体工商户在内。

自2017年5月起，纳税人销售活动板房、机器设备、钢结构件等自产货物的同时提供建筑、安装服务，不属于混合销售，应分别核算货物和建筑服务的销售额，分别适用不同的税率或者征收率。

例如，家电商场出售空调取得空调销售价款4 000元的同时收取安装费60元，这种行为属于混合销售行为，销售额4 060元（4 000＋60）按照销售货物缴纳增值税。再如，KTV提供KTV服务的同时销售酒水饮料，这种行为也属于混合销售行为，按照销售服务缴纳增值税。

【想一想】 你还能想到其他与我们生活息息相关的混合销售行为吗？

3. 兼营行为

纳税人销售货物、提供加工修理修配劳务、提供应税服务、转让无形资产或者销售不动产适用不同税率或者征收率的，应当分别核算适用不同税率或者征收率的销售额，未分别核算销售额的，按照以下方法适用税率或者征收率：

（1）兼有不同税率的销售货物、加工修理修配劳务、服务、无形资产或者不动产，从高适用税率。

（2）兼有不同征收率的销售货物、加工修理修配劳务、服务、无形资产或者不动产，从高适用税率。

（3）兼有不同税率和征收率的销售货物、加工修理修配劳务、服务、无形资产或者不动产，从高适用税率。

勤思考2-4

某农业机械厂既生产销售税率为9%的农机，又利用本厂设备从事加工、修理、修配业务。对于这种情况，农业机械厂应如何计征增值税?

【解析】 如果该农机厂分别核算销售额，则分别按照各自的税率计征增值税；如果未分别核算销售额，则应一律按照13%的税率计征增值税。

【知识链接】

混合销售的税收筹划

【筹划思考】按照增值税有关规定，从事货物的生产、批发或者零售的单位和个体工商户的混合销售行为，按照销售货物缴纳增值税，税率为13%或9%。这也就意味着从事货物的生产、批发或者零售的单位的混合销售行为中所收取的相关服务价款适用了较高的货物增值税税率，我们可以设法降低纳税人混合销售行为的增值税税负吗?

【筹划思路】

1. 若发生混合销售行为的企业主营业务未确定，可以通过改变主营业务的方法降低适用税率，使混合销售整体收入按照较低的服务增值税税率计算缴纳增值税，减轻纳税人税收负担。

2. 若发生混合销售行为的企业主营业务已确定，可以将混合销售业务中相关业务进行分离并分别核算，将混合销售变为混业经营，使纳税人提供的应税服务避免按照较高的货物增值税税率计税，适当减轻纳税人税收负担。

【筹划案例】某冶金公司与一家既有钢结构生产资质又有钢结构销售和安装资质的钢结构生产企业签订包工包料的合同1 000万元，其中材料600万元，劳务400万元，按照混合销售的原则，应按照销售货物13%的税率计算缴纳增值税。为帮助该冶金公司降低税收负担，应如何对该企业进行筹划?

【筹划分析】若钢结构、机电设备和材料销售收入占该企业全年营业收入的比重超过50%，则按照13%的税率计算缴纳增值税；若钢结构、机电设备和材料销售收入占该企业全年营业收入的比重未超过50%，则按照9%的税率计算缴纳增值税。该企业可考虑使钢结构销售收入在建筑集团全年收入中所占的比重低于50%，按9%的税率计算缴纳增值税，即企业销售钢结构和提供钢结构安装服务取得的全部按9%的税率缴纳增值税。

若无法实现，可考虑将安装业务独立出来，形成一家专门从事钢结构安装的建筑企业，生产企业与建筑企业分别缴纳各自增值税。

2.1.1.3 增值税的减免税

1. 免税项目

增值税具有链条机制的特点，即上一环节销售时向下一环节收取的税金，是下一环节的进项税额，下一环节计算增值税时可以将进项税额从本环节所发生的销项税额中扣除。这样，一环套一环，环环相扣，形成了增值税特有的链条机制。因此，增值税的这种内在机制是排斥免税的，但为了体现产业政策，目前下列项目免征增值税：

（1）农业生产者（种植业、养殖业、林业、牧业、水产业的从业人员）销售的自产农产品。

（2）避孕药品和用具。

（3）古旧图书。

（4）直接用于科学研究、科学试验和教学的进口仪器、设备。

（5）外国政府、国际组织无偿援助的进口物资和设备。

（6）由残疾人组织直接进口供残疾人专用的物品。

（7）个体经营者以外的个人销售自己使用过的物品。

（8）托儿所、幼儿园、养老院、残疾人福利机构提供的育养服务、婚姻介绍、殡葬服务。

（9）医院、诊所和其他医疗机构提供的医疗服务。

（10）学校和其他教育机构提供的教育服务，学生勤工俭学提供的服务。

（11）农业机耕、排灌、病虫害防治、植物保护、农牧保险以及相关技术培训业务，家禽、牲畜、水生动物的配种和疾病防治。

（12）纪念馆、博物馆、文化馆、文物保护单位管理机构、美术馆、展览馆、书画院、图书馆举办文化活动的门票收入，宗教场所举办文化、宗教活动的门票收入。

（13）境内保险机构为出口货物提供的保险产品。

（14）个人转让著作权。

（15）金融同业往来利息收入。

（16）对经营公租房所取得的租金收入，免征增值税。公租房经营管理单位应单独核算公租房租金收入，未单独核算的，不得享受免征增值税优惠政策。

纳税人销售货物或者应税劳务适用免税规定的，可以放弃免税，依照条例的规定缴纳增值税。放弃免税后，36 个月内不得再申请免税。

纳税人要求放弃免税权的，应当以书面形式提交放弃免税权声明，报主管税务机关备案。

纳税人自提交备案资料的次月起，其生产销售的全部增值税应税货物或劳务均应按照适用税率征税，不得选择某一免税项目放弃免税权，也不得根据不同的销售对象选择部分货物或劳务放弃免税权。

享受直接免税的纳税人，销售免税货物或劳务不得开具增值税专用发票，进项税额也不能抵扣。纳税人兼营免税项目的，应当单独核算免税项目的销售额，未单独核算销售额的，不得享受减免税照顾。

2. 起征点

《营业税改征增值税试点实施办法》规定，纳税人为个人时，销售额（不含税）未达到规定的增值税起征点的，免征增值税。增值税起征点的幅度规定如下：

（1）按期纳税的，为月销售额5 000—20 000元（含本数）。

（2）按次纳税的，为每次（日）销售额300—500元（含本数）。

省、自治区、直辖市财政厅（局）和税务局应在规定的幅度内，根据实际情况确定本地区适用的起征点，并报财政部、国家税务总局备案。

3. 小微企业免税规定

（1）自2023年1月1日至2027年12月31日，增值税小规模纳税人（以下简称“小规模纳税人”）发生增值税应税销售行为，合计月销售额未超过10万元（以1个季度为1个纳税期的，季度销售额未超过30万元，下同）的，免征增值税，其他个人，采取一次性收取租金形式出租不动产取得的租金收入，可在对应的租赁期内平均分摊，分摊后的月租金收入未超过10万元的，免征增值税。

小规模纳税人发生增值税应税销售行为，合计月销售额超过10万元，但扣除本期发生的销售不动产的销售额后未超过10万元的，其销售货物、劳务、服务、无形资产取得的销售额免征增值税。

按照现行规定应当预缴增值税税款的小规模纳税人，凡在预缴地实现的月销售额未超过10万元的，当期无须预缴税款。在预缴地实现的月销售额超过10万元的，适用3%预征率的预缴增值税项目，减按1%预征率预缴增值税。

（2）自2021年4月1日起，加大小微企业增值税期末留抵退税政策力度，将先进制造业按月全额退还增值税增量留抵税额政策范围扩大至符合条件的小微企业（含个体工商户，下同），并一次性退还小微企业存量留抵税额。

（3）自2021年4月1日起，加大“制造业”“科学研究和技术服务业”“电力、热力、燃气及水生产和供应业”“软件和信息技术服务业”“生态保护和环境治理业”和“交通运输、仓储和邮政业”（以下简称“制造业等行业”）增值税期末留抵退税政策力度，将先进制造业按月全额退还增值税增量留抵税额政策范围扩大至符合条件的制造业等行业企业（含个体工商户，下同），并一次性退还制造业等行业企业存量留抵税额。

勤思考2－5

某小规模纳税人2023年11月销售货物取得销售额4万元，提供服务取得销售额3万元，销售不动产取得销售额10万元。请问该小规模纳税人是否享受免征增值税？

【解析】自2023年1月1日至2027年12月31日，小规模纳税人发生增值税应税销售行为，合计月销售额超过10万元，但扣除本期发生的销售不动产的销售额后未超过10万元的，其销售货物、劳务、服务、无形资产取得的销售额免征增值税。

4. 增值税即征即退

（1）一般纳税人提供管道运输服务，对其增值税实际税负超过3%的部分实行增值税即征即退政策。

（2）经人民银行、银（保）监会或者商务部批准从事融资租赁业务的试点纳税人中的一般纳税人，提供有形动产融资租赁服务和有形动产融资性售后回租服务，对其增值税实际税负超过3%的部分实行增值税即征即退政策。

（3）增值税实际税负，是指纳税人当期提供应税服务实际缴纳的增值税额占纳税人当期提供应税服务取得的全部价款和价外费用的比例。

5. 其他方面涉增值税的规定

（1）金融企业发放贷款后，自结息日起90天内发生的应收未收利息按现行规定缴纳增值税，自结息日起90天后发生的应收未收利息暂不缴纳增值税，待实际收到利息时按规定缴纳增值税。

（2）北京市、上海市、广州市和深圳市之外的地区，个人将购买不足2年的住房对外销售的，按照5%的征收率全额缴纳增值税；个人将购买2年以上（含2年）的住房对外销售的，免征增值税。

北京市、上海市、广州市和深圳市的个人将购买不足2年的住房对外销售的，按照5%的征收率全额缴纳增值税；个人将购买2年以上（含2年）的非普通住房对外销售的，以销售收入减去购买住房价款后的差额按照5%的征收率缴纳增值税；个人将购买2年以上（含2年）的普通住房对外销售的，免征增值税。

深圳市自2020年7月15日起、上海市自2021年1月22日起、广州市9个区自2021年4月21日起，将个人住房转让增值税征免年限由2年调整为5年。

勤思考2－6

请问某短期教育培训机构向学生收取的学费是否属于免征增值税的范围？

【解析】不属于，非学历教育收取的学费不属于免征增值税的范围。

2.1.2 增值税纳税义务人

2.1.2.1 纳税义务人的基本规定

根据《增值税暂行条例》的规定，凡在中华人民共和国境内销售货物或者加工、修理修配劳务（简称“劳务”），销售服务、无形资产、不动产以及进口货物的单位和个人，为增值税的纳税义务人。

单位是指企业、行政单位、事业单位、军事单位、社会团体及其他单位。

个人是指个体工商户及其他个人。

中华人民共和国境外的单位或个人在境内提供应税劳务而在境内未设有经营机构的，以购买者为扣缴义务人。

在中华人民共和国境内销售货物或者加工、修理修配劳务，销售服务、无形资产、不动产以及进口货物，是指：

（1）销售货物的起运地或者所在地在境内。

（2）提供应税劳务发生在境内。

（3）销售服务或者无形资产的销售方或者购买方在境内。

（4）所销售或租赁的不动产在境内。

（5）所销售自然资源使用权的自然资源在境内。

（6）财政部和国家税务总局规定的其他情形。

下列情形不属于在境内销售服务或者无形资产：

（1）境外单位或个人向境内单位或个人销售完全在境外发生的服务。

（2）境外单位或个人向境内单位或个人销售完全在境外使用的无形资产。

（3）境外单位或个人向境内单位或个人出租完全在境外使用的有形资产。

（4）财政部和国家税务总局规定的其他情形。

2.1.2.2 纳税人的分类

增值税的纳税人按生产经营规模和会计核算健全程度的不同，增值税的纳税人可分为一般纳税人和小规模纳税人两种。

一般纳税人和小规模纳税人的确认有两个标准：

1. 经营规模——年应税销售额

纳税人在连续不超过 12 个月的经营期内累计应征增值税销售额，包括纳税申报销售额、稽查查补销售额、纳税评估调整销售额。销售服务、无形资产或者不动产有扣除项目的纳税人，其应税行为年应税销售额按未扣除之前的销售额计算。纳税人偶然发生的销售无形资产、转让不动产的销售额，不计入应税行为年应税销售额。具体见表 2－3。

2. 核算水平

年应税销售额未超过规定标准的纳税人，会计核算健全，能够提供准确税务资料的，可以向主管税务机关办理一般纳税人资格登记，成为一般纳税人。

会计核算健全是指能够按照国家统一的会计制度规定设置账簿，根据合法、有效凭证核算。

2018 年 5 月 1 日起，将工业企业和商业企业小规模纳税人的年应税销售额标准由 50 万元和 80 万元上调至 500 万元。已登记为增值税一般纳税人的单位和个人，转登记日前连续 12 个月（以 1 个月为 1 个纳税期）或者连续 4 个季度（以 1 个季度为 1 个纳税期）

累计应税销售额未超过500万元的一般纳税人，在2020年12月31日前，可选择转登记为小规模纳税人，让更多企业享受按较低征收率计税的优惠（见表2－3）。

表2－3 纳税人分类表

纳税人	小规模纳税人	一般纳税人
销售商品货物或其他资产，销售服务、无形资产、不动产的企业	年应税销售额在500万元以下（含500万元）	年应税销售额在500万元以上
其他个人、年应税销售额未超过小规模纳税人标准的非企业性单位、不经常发生应税行为的企业	按小规模纳税人纳税	—
年应税销售额超过小规模纳税人标准但不经常发生应税行为的单位和个体工商户	可选择按小规模纳税人纳税	—

3. 小规模纳税人与一般纳税人的区别

小规模纳税人销售货物或提供应税劳务不得使用专用发票，确需开具的，自2019年8月起，小规模纳税人（其他个人除外）发生增值税应税行为、需要开具增值税专用发票的，可以自愿使用增值税发票管理系统自行开具。

【注意】 国家税务总局公告2019年第8号文件规定：扩大小规模纳税人自行开具增值税专用发票试点范围。将小规模纳税人自行开具增值税专用发票试点范围由住宿业，鉴证咨询业，建筑业，工业，信息传输、软件和信息技术服务业，扩大至租赁和商务服务业，科学研究和技术服务业，居民服务、修理和其他服务业。上述8个行业小规模纳税人（以下称“试点纳税人”）发生增值税应税行为，需要开具增值税专用发票的，可以自愿使用增值税发票管理系统自行开具。自2020年2月1日起，除了个人以外的小规模纳税人可以使用增值税发票管理系统自行开具增值税专用发票，税务机关不再为其代开增值税专用发票。

试点纳税人销售其取得的不动产，需要开具增值税专用发票的，应当按照有关规定向税务机关申请代开。

《国家税务总局关于实施第二批便民办税缴费新举措的通知》（税总函〔2019〕243号）规定：全面推行小规模纳税人自行开具增值税专用发票。国家税务总局进一步扩大小规模纳税人自行开具增值税专用发票范围，小规模纳税人（其他个人除外）发生增值税应税行为、需要开具增值税专用发票的，可以自愿使用增值税发票管理系统自行开具。

小规模纳税人按简易办法计算应纳税额，不能抵扣进项税额。

一般纳税人实行登记制，除另有规定外，应当向税务机关办理登记手续。

下列纳税人不办理一般纳税人登记：

（1）按照政策规定，选择按照小规模纳税人纳税的。

（2）年应税销售额超过规定标准的其他个人。

纳税人自一般纳税人生效之日起，按照增值税一般计税方法计算应纳税额，并可以按照规定领用增值税专用发票，财政部、国家税务总局另有规定的除外。

纳税人登记为一般纳税人后，不得转为小规模纳税人，国家税务总局另有规定的除外。

4. 扣缴义务人

中华人民共和国境外的单位或者个人在境内销售应税劳务，在境内未设有经营机构的，以其境内代理人为扣缴义务人；在境内没有代理人的，以购买方为扣缴义务人。

勤思考 2－7

甲酒店为增值税小规模纳税人，其提供住宿服务需要开具增值税专用发票，是否可以自愿使用增值税发票管理系统自行开具？

【解析】 可以，小规模纳税人（其他个人除外）发生应税行为，需要开具增值税专用发票，可以自愿使用增值税发票管理系统自行开具。

【知识链接】

增值税纳税人身份选择的税收筹划

【筹划思考】企业在进行增值税纳税人身份登记时，是选择一般纳税人身份更有利还是选择小规模纳税人身份更有利？

【筹划思路】若企业希望通过对纳税人身份的选择使得自己税负减轻，首先需明确的问题是，企业是否可以自由选择增值税纳税人身份？

若企业的经营规模未超过小规模纳税人标准，按照税法规定纳税人可以向税务机关申请登记成为一般纳税人；若预计企业的经营规模当期即将超过小规模纳税人标准，而企业又不愿意按照一般纳税人纳税，可以通过企业分立选择成为小规模纳税人。

那么，我们所需思考的下一个问题就是究竟哪一类纳税人身份可以使纳税人税负更轻？对于一般纳税人和小规模纳税人而言，其在计税方面的相关规定各有优劣。具体情况如表 2－4 所示。

表 2－4　　一般纳税人和小规模纳税人计税规定对比

一般纳税人	小规模纳税人
实行税款抵扣制度，可抵扣增值税进项税额	不实行税款抵扣制度，不得抵扣增值税进项税额
税率分别为 13%、9%、6% 和零税率	征收率分别为 3%、5%
可开具增值税专用发票	不得开具增值税专用发票（符合条件可由税务机关代开）

从表 2－4 我们可以看出，一般纳税人与小规模纳税人适用的税率和计税方法是不同的。当销售额既定的情况下，小规模纳税人应纳税额即已确定；但一般纳税人的应纳税额还需依据其可抵扣的进项税额而定，可抵扣的进项税额越大，应纳税额越少；反之，可抵扣的进项税额越小，应纳税额越多。若要比较两类不同纳税人的税负轻重，

通常情况下，小规模纳税人的税负固定为征收率，而一般纳税人的税负由其所销售商品的增值率（即商品增值额在销售额中所占的比重）决定，如果增值率较高或购进的货物较难取得增值税发票，则按小规模纳税人纳税较能节约税收成本；反之，按一般纳税人纳税较能节约税收成本。因此在一般纳税人与小规模纳税人进行税负比较时，增值率就是一个关键因素。

我们可以寻找一个税负平衡点增值率，在该增值率水平上，按小规模纳税人纳税和按一般纳税人纳税其税负无差别。若低于该平衡点增值率，选择一般纳税人身份有利于减轻税负，反之则选择小规模纳税人身份有利于减轻税负。具体见表 2-5。

表 2-5　两类纳税人税负平衡点增值率一览表

税率（一般纳税人适用）	征收率（小规模纳税人适用）	不含税平衡点增值率	含税平衡点增值率
13%	3%	23.08%	25.32%
9%	3%	33.33%	35.27%
6%	3%	50.00%	51.46%

【学中练 2-1】

某生产企业为小规模纳税人，当年购进的不含税原材料 25 万元，实现不含税销售额 40 万元。2023 年 1 月主管税务机关开始新一年的纳税人登记工作，该企业依据税法认为自己虽然经营规模未达到一般纳税人的销售额标准，但会计核算制度健全，能提供准确的纳税资料，可以申请登记为一般纳税人。试从税收筹划的角度为该企业做出决策（该企业原材料及产品的适用税率均为 13%）。

【解析】实际不含税增值率 =（40 - 25）÷40 ×100% =37.5%

税负平衡点增值率 =3% ÷13% =23.08%

实际增值率大于平衡点增值率，一般纳税人税负要重于小规模纳税人。因此该企业不应申请登记为一般纳税人，而是维持小规模纳税人身份更为有利。

2.1.3　增值税税率和征收率

2.1.3.1　税率

1. 基本税率

增值税基本税率为 13%。除按规定适用低税率的货物以外，一般纳税人销售货物、劳务、有形动产租赁服务或者进口货物，适用 13% 税率。

2. 低税率

低税率又细分为 9% 和 6% 两个档次。

（1）适用 9% 档的有：

①粮食、食用植物油、鲜奶。

②自来水、暖气、冷气、热水、煤气、石油液化气、天然气、沼气、居民用煤炭制品。

③图书、报纸、杂志。

④饲料、化肥、农药、农机、农膜。

⑤国务院规定的其他货物，含农产品、音像制品、电子出版物、二甲醚、食用盐等。

⑥纳税人销售交通运输、邮政、基础电信、建筑、不动产租赁服务，销售不动产，转让土地使用权。

（2）适用6%档的有：

纳税人销售增值电信服务、金融服务、现代服务（不动产租赁除外）、生活服务，销售无形资产（转让土地使用权除外），适用税率6%。

3. 零税率

（1）纳税人出口货物，税率为零；但是，国务院另有规定的除外。

（2）境内单位和个人跨境销售国务院规定范围内的服务、无形资产，税率为零。包括：

①国际运输服务。

②航天运输服务。

③向境外单位提供的完全在境外消费的下列服务：研发服务、合同能源管理服务、设计服务、广播影视节目（作品）的制作和发行服务、软件服务、电路设计及测试服务、信息系统服务、业务流程管理服务、离岸服务外包业务、转让技术。

④国务院规定的其他服务。

2.1.3.2 征收率

1. 征收率的一般规定

考虑到小规模纳税人经营规模小，且会计核算不健全，难以按上述增值税税率计税和使用增值税专用发票抵扣进项税额，因此实行按销售额与征收率计算应纳税额的简易办法。增值税征收率适用于两种情况：一是小规模纳税人；二是一般纳税人发生应税销售行为按规定可以选择简易计税方法计税的。纳税人发生按简易计税方法计税的情形，除按规定适用5%征收率的以外，其应税销售行为均适用3%的征收率。

2. 征收率的特殊规定

（1）一般纳税人销售自己使用过的不得抵扣且未能抵扣进项税额的固定资产，按照简易办法依照3%征收率减按2%征收增值税。自己使用过的其他固定资产，2009年1月1日以前或纳入扩大增值税抵扣范围试点以前的纳税人购进或自制的，按3%的征收率减按2%征收增值税；2009年1月1日以后或纳入扩大增值税抵扣范围试点以后的纳税人购进或自制的，按适用税率征收增值税。自己使用过的除固定资产以外的物品，按适用税率征收增值税。

（2）小规模纳税人（除其他个人外，下同）销售自己使用过的固定资产，减按2%的征收率征收增值税。小规模纳税人销售自己使用过的除固定资产以外的物品，应按3%的征收率征收增值税。

（3）纳税人销售旧货，按照简易办法依照3%的征收率减按2%征收增值税。所称旧货，是指进入二次流通的具有部分使用价值的货物（含旧汽车、旧摩托车和旧游艇），但不包括自己使用过的物品。

上述纳税人适用简易办法依3%征收率减按2%征收增值税的，按下列公式确定销售额和应纳税额：

销售额 = 含税销售额 ÷ (1 + 3%)

应纳税额 = 销售额 × 2%

自2020年5月1日至2027年12月31日，从事二手车经销业务的纳税人销售其收购的二手车，由原按照简易办法依3%征收率减按2%征收增值税，改为减按0.5%征收增值税，并按下列公式计算销售额：

销售额 = 含税销售额 ÷ (1 + 0.5%)

（4）一般纳税人销售自产的下列货物，可选择按照简易办法依照3%征收率计算缴纳增值税：

①县级及县级以下小型水力发电单位生产的自产电力。

②自产建筑用和生产建筑材料所用的砂、土、石料。

③以自己采掘的砂、土、石料或其他矿物连续生产的砖、瓦、石灰（不含黏土实心砖、瓦）。

④用微生物、微生物代谢产物、动物毒素、人或动物的血液或组织制成的生物制品。

⑤自产的自来水。

⑥自产的商品混凝土（仅限于以水泥为原料生产的水泥混凝土）。

属于增值税一般纳税人的单采血浆站销售非临床用人体血液，可以按照简易办法依照3%征收率计算应纳税额，但不得对外开具增值税专用发票；也可以按照销项税额抵扣进项税额的办法依照增值税适用税率计算应纳税额。

一般纳税人选择简易办法计算缴纳增值税后，36个月内不得变更。

（5）一般纳税人销售货物属于下列情形之一的，暂按简易办法依照3%征收率计算缴纳增值税：

①寄售商店代销寄售物品（包括居民个人寄售的物品在内）。

②典当业销售死当物品。

此外，纳税人兼营不同税率的货物或者应税劳务，应分别核算不同税率货物或者应税劳务的销售额。未分别核算销售额的，从高适用税率。

【知识链接】

《关于增值税小规模纳税人减免增值税政策的公告》（财政部 税务总局公告2023年第19号）规定：至2027年12月31日，增值税小规模纳税人适用3%征收率的应税销售收入，减按1%征收率征收增值税；适用3%预征率的预缴增值税项目，减按1%预征率预缴增值税。

3. 征收率5%适用范围

（1）可以选择按5%的征收率计算应纳税额的情形：

①一般纳税人销售其2016年4月30日前取得的不动产。

②房地产开发企业中的一般纳税人销售自行开发的房地产老项目。

③一般纳税人出租其2016年4月30日前取得的不动产。

④一般纳税人提供人力资源外包服务。

⑤一般纳税人转让2016年4月30日前取得的土地使用权。

⑥一般纳税人2016年4月30日前签订的不动产融资租赁合同，或以2016年4月30日前取得的不动产提供的融资租赁服务。

（2）应该按5%的征收率计算应纳税额的情形：

①小规模纳税人销售其取得的不动产。

②房地产开发企业中的小规模纳税人销售自行开发的房地产项目。

③其他个人销售其取得（不含自建）的不动产（不含其购买的住房）。

④个人（含个体工商户）将购买不足2年的住房对外销售（适用于北京市、上海市、广州市、深圳市之外的地区）。

⑤个人（含个体工商户）将购买不足2年的住房对外销售（适用于北京市、上海市、广州市、深圳市）。

⑥个人（含个体工商户）将购买2年以上（含2年）的非普通住房对外销售（适用于北京市、上海市、广州市、深圳市）。

⑦小规模纳税人出租其取得的不动产（不含个人出租住房）。

⑧其他个人出租其取得的不动产（不含住房）。

⑨自2021年10月1日起，住房租赁企业中的增值税一般纳税人向个人出租住房取得的全部出租收入，可以选择适用简易计税方法，按照5%的征收率减按1.5%计算缴纳增值税，或适用一般计税方法计算缴纳增值税。住房租赁企业中的增值税小规模纳税人向个人出租住房，按照5%的征收率减按1.5%计算缴纳增值税。

勤思考2-8

根据增值税法律制度的规定，下列各项中，一般纳税人不能选择适用简易计税方法的情形有哪些?

A. 仓储服务 B. 收派服务 C. 劳务派遣服务 D. 餐饮服务

【解析】选项D，不能选择适用简易计税方法计税。选项AB，可以选择按照简易计税方法适用3%的征收率计税；选项C，可以选择按照简易计税方法适用5%的征收率计税。

2.2 增值税应纳税额的计算

引例

我公司是一家酒店，请问酒店业一般纳税人提供的单独收费的货物、服务如何征税?

【分析】(1) 长包房，餐饮，洗衣，商务中心的打印、复印、传真、秘书翻译、快递服务收入，按6%的税率计税；(2) 电话费收入按9%的税率计税；(3) 酒店商品部、迷你吧的收入按所售商品的适用税率计税；(4) 避孕药品和用具可免征增值税，应向主管税务机关办理备案，免税收入应分开核算，按规定进行申报，且不得开具增值税专用发票；(5) 接送客人取得的收入按9%的税率计税。

2.2.1 一般纳税人应纳税额的计算

增值税一般纳税人销售货物或者提供应税劳务的应纳税额，应该等于当期销项税额抵扣当期进项税额后的余额。其计算公式如下：

当期应纳税额 = 当期销项税额 − 当期进项税额

= 当期销售额 × 适用税率 − 当期进项税额

增值税一般纳税人当期应纳税额，取决于当期销项税额和当期进项税额两个因素。当期销项税额小于当期进项税额不足抵扣时，其不足部分可以结转下期继续抵扣。而当期销项税额的确定关键在于确定当期销售额。

2.2.1.1 销售额

1. 销售额的一般内涵

销售额是指纳税人销售货物或者提供应税劳务向购买方（承受应税劳务也视为购买方）收取的全部价款和价外费用。增值税为价外税，所以销售额不含向购买方收取的销项税额，但销售货物如果是消费税应税产品或进口货物，由于消费税和关税为价内税，则全部价款中包括消费税或关税。

价外费用包括价外向购买方收取的手续费、补贴、基金、集资费、返还利润、奖励费、违约金、滞纳金、延期付款利息、赔偿金、包装费、包装物租金、储备费、优质费、运输装卸费、代收款项、代垫款项及其他各种性质的价外收费。但下列项目不包括在内：

（1）受托加工应征消费税的消费品所代收代缴的消费税。比如A企业委托B企业加工一批卷烟，已知：A企业提供的材料成本为100万元，支付给B企业的加工费为40万元，消费税税率为30%。A企业（委托方）为消费税的纳税义务人，应纳消费税＝(100＋40)÷(1－30%)×30%＝60（万元），由受托方B企业代收代缴。B企业为增值税的纳税人（提供加工劳务），在计算增值税销项税额时，其代收代缴的60万元的消费税不属于价外费用。

（2）同时符合以下条件的代垫运费：

①承运者的运费发票开具给购货方。

②纳税人将该项发票转交给购货方。

比如A企业向B企业销售100万元（不含增值税）的小汽车，根据合同约定，10万元的运费由买方B企业负担。A企业将小汽车交给C运输公司时，应C公司的要求，甲企业先替B企业垫付了10万元的运费。C公司在开具运费发票时，将发票开具给B企业，同时A企业将该发票转交给了B企业。B企业在付款时，应向A企业支付123万元（价款100万元、增值税13万元、运费10万元），10万元运费不作价外费用。

（3）同时符合以下条件代为收取的政府性基金或者行政事业性收费：

①由国务院或者财政部批准设立的政府性基金，由国务院或者省级人民政府及其财政、价格主管部门批准设立的行政事业性收费。

②收取时开具省级以上财政部门印制的财政票据。

③所收款项全额上缴财政。

（4）销售货物的同时代办保险等而向购买方收取的保险费，以及向购买方收取的代购买方缴纳的车辆购置税、车辆牌照费。

凡随同销售货物或提供应税劳务向购买方收取的价外费用，无论其会计制度如何核算，均应并入销售额计算应纳税额。税法规定各种性质的价外费用都要并入销售额计税，目的是防止以各种名目收费，减少销售额，逃避纳税。

2. 含税销售额的换算

当纳税人销售货物或者提供应税劳务采用销售额和销项税额合并定价收取时，应将含增值税的销售额换算为不含税销售额。换算公式为：

不含税销售额＝含税销售额/(1＋税率)

在经济业务活动中，通常判定为含税定价的情形有：

①一般纳税人（包括纳税人自己或代其他部门）向购买方收取的价外费用和逾期包装物押金，应视为含税收入。

②一般纳税人将货物或应税劳务直接销售给消费者、小规模纳税人。

③小规模纳税人发生销售货物或应税劳务。

④混合销售中的“非增值税应税劳务”（如安装费）视为含税收入。

【学中练 2-2】

甲公司为增值税一般纳税人，主要从事专利申请代理业务。2022 年 10 月提供专利申请代理服务，取得含增值税服务费 371 万元、加急手续费 26.5 万元，另向委托方收取并代为支付专利申请费、发明专利申请审查费等行政事业性收费 84.8 万元。已知增值税税率为 6%，要求计算甲公司当月上述业务的增值税销售额。

【解析】该笔业务的销售额 = (371 + 26.5) ÷ (1 + 6%) × 6% = 22.5（万元）

3. 进口货物的销售额

纳税人进口货物，以组成计税价格为计算增值税的计税依据。其计算公式为：

（1）进口非应税消费品：

组成计税价格 = 关税完税价格 + 关税

= 关税完税价格 × (1 + 关税税率)

（2）进口应税消费品：

从价计征：

组成计税价格 = 关税完税价格 + 关税 + 消费税

= 关税完税价格 × (1 + 关税税率) ÷ (1 − 消费税税率)

从量计征：

组成计税价格 = 关税完税价格 + 关税 + 销售量 × 单位税额

复合计征：

组成计税价格 =（关税完税价格 + 关税 + 销售量 × 单位税额）/（1 − 消费税税率）

【学中练 2-3】

某公司为增值税一般纳税人，2 月份该公司进口生产家具用的木材一批，关税完税价格 8 万元，已纳关税 1 万元。要求计算该公司进口木材组成计税价格。

【解析】组成计税价格 = 关税完税价格 + 关税 = 8 + 1 = 9（万元）

4. 特殊销售方式下的销售额

（1）折扣销售。折扣销售是销售方在销售货物或应税劳务时，因购货方购货数量较大等原因而给予购货方价格优惠，如购买 5 件，价格折扣 10%；购买 10 件，折扣 20%。

税法规定：①如果销售额和折扣额在同一张发票上分别注明的，可按冲减折扣额后的销售额计征增值税；②如果将折扣额另开发票，不论其在财务上如何处理，均不得从销售额中减除折扣额。

【注意】折扣销售仅限于货物价格的折扣。如果折扣销售属于实物折扣的，则该实物款不能从货物销售额中减除，且该实物应按增值税条例“视同销售货物”中的“赠送他人”计算征收增值税。

【知识链接】

促销方式的税收筹划

【筹划思考】我们日常所常见的促销方式往往有直接打折和赠送礼品两种方式，直接打折就是这里说的折扣销售，赠送礼品即之前所学习过的视同销售，这两种方法哪一种更好呢？

【筹划思路】赠送礼品可以增加纳税人的销售收入，扩大销售规模，因此往往成为纳税人比较青睐的促销方式。但是因为视同销售需要另行计算缴纳增值税，会增加纳税人的税收负担，故而纳税人应尽量将赠送行为隐藏在销售行为之中，将实物折扣转化为折扣销售，为企业减轻税负。

【学中练 2-4】

假如某商场在国庆期间为庆祝开业 8 周年，决定开展一次促销活动，现有两种方案可供选择。

方案一：打 8 折，即原 100 元商品以 80 元售出；

方案二：赠送礼品，即购 100 元商品，可获得 20 元礼品。

暂不考虑城市维护建设税和教育费附加，假设商品毛利率为 30%，以上价格均为含税价格，请计算上述不同促销方案下公司的增值税以及利润，并提出筹划方案。

【筹划分析】

方案一：

应纳增值税 = [80 ÷ (1 + 13%) × 13%] − [70 ÷ (1 + 13%) × 13%] = 1.15（元）

利润 = [80 ÷ (1 + 13%)] − [70 ÷ (1 + 13%)] = 8.85（元）

方案二：

应纳增值税 = [100 ÷ (1 + 13%) × 13%] + [20 ÷ (1 + 13%) × 13%] − [70 ÷ (1 + 13%) × 13%] − [14 ÷ (1 + 13%) × 13%] = 4.14（元）

利润 = 100 ÷ (1 + 13%) − 70 ÷ (1 + 13%) − 14 ÷ (1 + 13%) − 20 ÷ (1 + 13%) × 13% = 11.86（元）

从以上分析可以看出，方案一所需缴纳的增值税较少，但方案二可获得的利润更高，我们可以将方案一与方案二相结合，提出筹划方案，即将该商场销售的商品与赠送的商品开在同一张发票上并且给予折扣。如此：

应纳增值税 = [100 ÷ (1 + 13%) × 13%] − [70 ÷ (1 + 13%) × 13%] − [14 ÷ (1 + 13%) × 13%] = 1.84（元）

利润 = 100 ÷ (1 + 13%) − 70 ÷ (1 + 13%) − 14 ÷ (1 + 13%) = 14.16（元）

经过筹划后，可使企业利润达到最高水平，税负居于方案一和方案二之间，实现税收筹划目的。

（2）销售折扣。折扣销售不同于销售折扣。鼓励购买方多买为折扣销售，鼓励购买方及早偿还货款为销售折扣。如 10 天内付款，货款折扣 2%；20 天付款，折扣 1%；30 天内全价付款，销售折扣发生在销售之后，是一种融资性质的理财费用，因此销售折扣不得从销售额中减除。

【知识链接】

销售折扣的税收筹划

【筹划思考】按照税法规定，销售折扣的折扣额不得从销售额中减除，意味着纳税人即使未收到折扣相应的货款，仍应对这部分金额计算缴纳增值税，这无疑会大大增加纳税人的税收负担，我们可以如何进行筹划？

【筹划分析】从企业税负角度考虑，折扣销售优于销售折扣。如果企业面对的是一个信誉良好的客户，销售货款回收风险较小，那么企业可以考虑通过修改销售合同，缩短还款期限，将销售折扣转换为折扣销售。但此项筹划的前提是，销售对象有较好的商业信用。

（3）销售折让。销售折让是货物销售后，由于其品种、质量等原因购货方未予退货，但销货方需给予购货方的一种价格折让。虽然两者都是发生在销售后，但销售折让是由于货物的品种和质量引起销售额的减少，因此，对销售折让可以折让后的货款为销售额。

（4）以旧换新。以旧换新是指纳税人在销售货物时，有偿收回同类旧货物。税法规定，采取以旧换新方式销售货物的，应按新货物的同期销售价格确定销售额，不得扣减旧货物的收购价格。但对金银首饰以旧换新业务，可以按照销售方实际收取的不含增值税的全部价款征收增值税。

（5）以物易物。以物易物是一种较为特殊的购销活动，是指购销双方不是以货币结算，而是以同等价款的货物相互结算，实现货物购销的一种方式。

税法规定：以物易物双方都应作购销处理，以各自发出的货物核算销售额并计算销项税额，以各自收到的货物按规定核算购货额并计算进项税额。双方应分别开具合法的票据，收到的货物无合法票据，不能抵扣进项税额。

（6）还本销售。还本销售是指纳税人在销售货物后，到一定期限由销售方一次或分次退还给购货方全部或部分价款。这种方式实际上是一种筹资，是货物换取资金的使用价值，到期还本付息的方法。

税法规定：采取还本销售方式销售货物，其销售额就是货物的销售价格，不得从销售额中减除还本支出。

（7）包装物押金的处理。具体见表 2－6。

表 2－6

所包装产品类型		包装物押金的税务处理
酒类	啤酒、黄酒	单独记账，未逾期（一年）的不并入销售额。逾期未收回不再退还的，按所包装货物并入销售额计税
	其他酒类	无论是否返还以及会计上如何核算，均应并入当期销售额征税
非酒类产品		单独记账，未逾期（一年）的不并入销售额。逾期未收回不再退还的，按所包装货物并入销售额计税

【学中练 2－5】

甲公司为增值税一般纳税人，2023 年 6 月销售啤酒取得含增值税销售额 678 000 元，另收取包装物押金 60 000 元，且单独记账核算。已知增值税税率为 13%，计算甲公司当月该笔业务销售啤酒增值税销项税额。

【解析】 销项税额＝(678 000－60 000)÷(1＋13%)×13%＝78 000（元）

【想一想】 某酒厂为一般纳税人，8 月向一小规模纳税人销售白酒，并开具普通发票上注明金额 93 600 元；同时收取单独核算的包装物押金 2 000 元（尚未逾期），计算此业务酒厂应确认多少的销项税额？

（8）发生视同销售货物行为或销售价格明显偏低且无正当理由的情形。发生视同销售货物行为或销售价格明显偏低且无正当理由的情形时，主管税务机关有权核定其销售额。按下列顺序确定销售额：

①按纳税人最近时期同类货物的平均销售价格确定。

②按其他纳税人最近时期同类货物的平均销售价格确定。

③按组成计税价格确定。组成计税价格的公式为：

属非应税消费品：组成计税价格＝成本×(1＋成本利润率)

属应税消费品：

从价征：组成计税价格＝成本＋利润＋消费税

＝成本×(1＋成本利润率)÷(1－消费税税率)

从量征：组成计税价格＝成本×(1＋成本利润率)＋销售量×单位税额

复合征：组成计税价格＝成本×(1＋成本利润率)＋销售量×单位税额 1－消费税税率

公式中的“成本”是指：销售自产货物的为实际生产成本，销售外购货物的为实际采购成本。公式中的成本利润率由国家税务总局统一确定为 10%，但属于应从价定率征收消费税的货物，其组成计税价格公式中的成本利润率，为《消费税若干具体问题的规定》中规定的成本利润率。

【学中练2-6】

1. 某商场为增值税一般纳税人，3月销售三批同一规格的货物，每批各1 000件，销售价格分别为每件120元、100元和40元。经税务机关认定，第三批销售价格每件40元明显偏低且无正当理由。要求计算该商场3月增值税销售额。

【解析】 当月合理销售价格的平均售价 = 120 × 1 000 + 100 × 10 001 000 + 1 000 = 110（元）

则该商场3月增值税销售额 = (120 + 100 + 110) × 1 000 = 330 000（元）

2. 甲公司为增值税一般纳税人，2021年12月将新研制的产品1 000件赠送给顾客试用，生产成本为113元/件，无同类产品销售价格。已知，增值税税率为13%，成本利润率为10%。计算甲公司当月该笔业务增值税销售额。

【解析】 该批产品的增值税销售额 = 1 000 × 113 × (1 + 10%) × 13% = 16 159（元）

5. 有关行业销售额的特殊规定

（1）转让不动产。

一般纳税人转让其直接购买、接受捐赠、接受投资入股、自建以及抵债等各种形式取得的不动产，按照以下规定缴纳增值税：

①一般纳税人转让其2016年4月30日前取得（不含自建）的不动产，可以选择适用简易计税方法计税，以取得的全部价款和价外费用扣除不动产购置原价或者取得不动产时的作价后的余额为销售额，按照5%的征收率计算应纳税额。

②一般纳税人转让其2016年4月30日前自建的不动产，可以选择适用简易计税方法计税，以取得的全部价款和价外费用为销售额，按照5%的征收率计算应纳税额。

③一般纳税人转让其2016年4月30日前取得（不含自建）的不动产，选择适用一般计税方法计税的，以取得的全部价款和价外费用为销售额计算应纳税额。

④一般纳税人转让其2016年4月30日前自建的不动产，选择适用一般计税方法计税的，以取得的全部价款和价外费用为销售额计算应纳税额。

⑤一般纳税人转让其2016年5月1日后取得（不含自建）的不动产，适用一般计税方法，以取得的全部价款和价外费用为销售额计算应纳税额。

⑥一般纳税人转让其2016年5月1日后自建的不动产，适用一般计税方法，以取得的全部价款和价外费用为销售额计算应纳税额。

（2）营改增后差额征税事项。

①一般纳税人跨县（市）提供建筑服务，适用一般计税方法计税的，应以取得的全部价款和价外费用为销售额计算应纳税额。纳税人应以取得的全部价款和价外费用扣除支付

的分包款后的余额，按照2%的预征率在建筑服务发生地预缴税款后，向机构所在地主管税务机关进行纳税申报。

②纳税人提供建筑服务适用简易计税方法的，以取得的全部价款和价外费用扣除支付的分包款后的余额为销售额。

小规模纳税人跨县（市）提供建筑服务，应以取得的全部价款和价外费用扣除支付的分包款后的余额为销售额，按照3%的征收率计算应纳税额。

③一般纳税人为建筑工程老项目提供的建筑服务，选择适用简易计税方法计税的，应以取得的全部价款和价外费用扣除支付的分包款后的余额为销售额，按照3%的征收率计算应纳税额。

④房地产开发企业中的一般纳税人销售其开发的房地产项目（选择简易计税方法的房地产老项目除外），以取得的全部价款和价外费用，扣除受让土地时向政府部门支付的土地价款后的余额为销售额。

⑤一般纳税人销售其2016年4月30日前取得的不动产（不含自建），适用一般计税方法计税的，以取得的全部价款和价外费用为销售额计算应纳税额。上述纳税人应以取得的全部价款和价外费用减去该项不动产购置原价或者取得不动产时的作价后的余额，按照5%的预征率向不动产所在地的主管地税机关预缴增值税，向机构所在地的主管国税机关进行纳税申报。

⑥一般纳税人销售其2016年4月30日前取得（不含自建）的不动产，可以选择适应简易计税方法，以全部收入减去该项不动产购置原价或者取得不动产时的作价后的余额，按照5%的预征率向不动产所在地的主管地税机关预缴税款，向机构所在地的主管国税机关进行纳税申报。

⑦一般纳税人销售其2016年5月1日后取得（不含自建）的不动产，应适用一般计税方法，以取得的全部价款和价外费用为销售额计算应纳税额。纳税人应以取得的全部价款和价外费用减去该项不动产购置原价或者取得不动产时的作价后的余额，按照5%的预征率向不动产所在地的主管地税机关预缴税款，向机构所在地的主管国税机关进行纳税申报。

⑧小规模纳税人销售其取得（不含自建）的不动产（不含个体工商户销售购买的住房和其他个人销售不动产），应以取得的全部价款和价外费用减去该项不动产购置原价或者取得不动产时的作价后的余额为销售额，按照5%的征收率计算应纳税额。纳税人应按照上述计税方法向不动产所在地的主管地税机关预缴税款，向机构所在地主管国税机关进行纳税申报。

⑨其他个人销售其取得（不含自建）的不动产（不含其购买的住房），应以取得的全部价款和价外费用减去该项不动产购置原价或者取得不动产时的作价后的余额为销售额，按照5%的征收率向不动产所在地的主管地税机关申报缴纳增值税。

⑩北京市、上海市、广州市和深圳市，个体工商户和个人销售购买的住房，将购买不足2年的住房对外销售的，按照5%的征收率全额缴纳增值税；将购买2年以上（含2年）的非普通住房对外销售的，以销售收入减去购买住房价款后的差额按照5%的征收率缴纳增值税；个人将购买2年以上（含2年）的普通住房对外销售的，免征增值税。

（3）金融商品转让，按照卖出价扣除买入价后的余额为销售额。

①转让金融商品出现的正负差，按盈亏相抵后的余额为销售额。

②若盈亏相抵后出现负差，可结转下一纳税期与下期转让金融商品销售额相抵，但年末时仍出现负差的，不得转入下一个会计年度。

③金融商品的买入价，可以选择按照加权平均法或者移动加权平均法进行核算，选择后36个月内不得变更。

④金融商品转让，不得开具增值税专用发票。

（4）中国证券登记结算公司的销售额，不包括以下资金项目：按规定提取的证券结算风险基金；代收代付的证券公司资金交收违约垫付资金利息；结算过程中代收代付的资金交收违约罚息。

（5）经纪代理服务，以取得的全部价款和价外费用，扣除向委托方收取并代为支付的政府性基金或者行政事业性收费后的余额为销售额。

向委托方收取的政府性基金或者行政事业性收费，不得开具增值税专用发票。

（6）纳税人提供旅游服务，以取得的全部价款和价外费用，扣除向旅游服务购买方收取并支付给其他单位或者个人的住宿费、餐饮费、交通费、签证费、门票费和支付给其他接同旅游企业的旅游费用后的余额为销售额。

选择上述办法计算销售额的纳税人，向旅游服务购买方收取并支付的上述费用，不得开具增值税专用发票，可以开具普通发票。

（7）融资租赁和融资性售后回租业务。

①经批准经人民银行、银监会或者商务部从事融资租赁业务的试点纳税人，提供融资租赁服务，以收取的全部价款和价外费用，扣除支付的借款利息、发行债券利息和车辆购置税后的余额为销售额。

②经批准经人民银行、银监会或者商务部从事融资租赁业务的试点纳税人，提供融资性售后回租服务，以取得的全部价款和价外费用（不含本金），扣除对外支付的借款利息、发行债券利息后的余额作为销售额。

③试点纳税人根据2016年4月30日前签订的有形动产融资性售后回租合同，在合同到期前提供的有形动产融资性售后回租服务，可继续按照有形动产融资租赁服务缴纳增值税。继续按照有形动产融资租赁服务缴纳增值税的试点纳税人，经批准从事融资租赁业务的，根据2016年4月30日前签订的有形动产融资性售后回租合同，在合同到期前提供的有形动产融资性售后回租服务，可以选择以下方法之一计算销售额：

一是以向承租方收取的全部价款和价外费用，扣除向承租方收取的价款本金，以及对外支付的借款利息（包括外汇借款和人民币借款利息）、发行债券利息后的余额为销售额。

二是以向承租方收取的全部价款和价外费用，扣除支付的借款利息（包括外汇借款和人民币借款利息）、发行债券利息后的余额为销售额。

④经商务部授权的省级商务主管部门和国家经济技术开发区批准的从事融资租赁业务的试点纳税人，2016 年 5 月 1 日后实收资本达到 1.7 亿元的，从达到标准的当月起按照上述第①②③点规定执行；2016 年 5 月 1 日后实收资本未达到 1.7 亿元但注册资本达到 1.7 亿元的，在 2016 年 7 月 31 日前仍可按照上述第①②③点规定执行，2016 年 8 月 1 日后开展的融资租赁业务和融资性售后回租业务不得按照上述第①②③点规定执行。

（8）航空运输企业的销售额，不包括代收的机场建设费和代售其他航空运输企业客票而代收转付的价款。

（9）一般纳税人提供客运场站服务，以其取得的全部价款和价外费用，扣除支付给承运方运费后的余额为销售额。

（10）中国移动通信集团公司、中国联合网络通信集团有限公司、中国电信集团公司及其成员单位通过手机短信公益特服号为公益性机构接受捐款，以其取得的全部价款和价外费用，扣除支付给公益性机构捐款后的余额为销售额。其接受的捐款，不得开具增值税专用发票。

（11）劳务派遣公司为了满足用工单位对于各类灵活用工的需求，将员工派遣至用工单位，接受用工单位管理并为其工作的服务为劳务派遣服务。

①一般纳税人提供劳务派遣服务，可以选择差额纳税，以取得的全部价款和价外费用，扣除代用工单位支付给劳务派遣员工的工资、福利和为其办理社会保险及住房公积金后的余额为销售额，按照简易计税方法依 5% 的征收率计算缴纳增值税。

②小规模纳税人提供劳务派遣服务，可以选择差额纳税，以取得的全部价款和价外费用，扣除代用工单位支付给劳务派遣员工的工资、福利和为其办理社会保险及住房公积金后的余额为销售额，按照简易计税方法依 5% 的征收率计算缴纳增值税。

（12）纳税人提供人力资源外包服务，按照经纪代理服务缴纳增值税，其销售额不包括受客户单位委托代为向客户单位员工发放的工资和代理缴纳的社会保险、住房公积金。

（13）纳税人转让 2016 年 4 月 30 日前取得的土地使用权，可以选择适用简易计税方法，以取得的全部价款和价外费用减去取得该土地使用权的原价后的余额为销售额，按照 5% 的征收率计算缴纳增值税。

勤思考 2－9

下列关于计税销售额的正确表述有哪些？

A. 金融企业转让金融商品，按照卖出价扣除买入价后的余额为销售额

B. 银行提供贷款服务，以取得的全部利息及利息性质的收入为销售额

C. 建筑企业提供建筑服务适用一般计税方法的，以取得的全部价款和价外费用扣除支付的分包款后的余额为销售额

D. 房地产开发企业中的一般纳税人销售其开发的房地产项目，以取得的全部价款和价外费用，扣除受让土地时向政府部门支付的地价款后的余额为销售额

【解析】 正确表述是 ACD。

2.2.1.2 销项税额

销项税额是纳税人销售货物或者应税劳务，按照销售额和税法规定的税率计算并向购买方收取的增值税税额。其计算公式为：

销项税额 = 销售额 × 税率

或：销项税额 = 组成计税价格 × 税率

【学中练 2-7】

某企业为一般纳税人，购销货物适用 13% 的税率，以下为 5 月发生的 6 项业务：

(1) 3 日，客户退货一批，增值税专用发票注明不含税价款 1 000 元，经检验属质量问题，同意退还价款及税款。计算应退增值税。

【解析】 应退增值税额 = 1 000 × 13% = 130（元）

(2) 5 日，无偿赠送一批产品给某福利院，该批产品同期不含税售价为 30 000 元，试做税务处理。

【解析】 销项税额 = 30 000 × 13% = 3 900（元）

(3) 12 日，以直接收款方式销售货物一批，开具的增值税专用发票注明不含税价款 115 000 元，价外手续费 5 000 元，计算销项税额。

【解析】 销项税额 = 115 000 × 13% + 5 000 ÷ (1 + 13%) × 13% = 15 525.22（元）

(4) 16 日，将产品一批作为实物投资于某企业，该批产品成本 30 000 元，试进行税务处理。

【解析】 应税销售额 = 30 000 × (1 + 9%) = 32 700（元）

销项税额 = 32 700 × 13% = 4 251（元）

(5) 20 日，将一批产品提供给一投资人作为其应分得的利润，该批产品同期不含税售价 50 000 元，试进行税务处理。

【解析】 销项税额 = 50 000 × 13% = 6 500（元）

(6) 25 日，销售自己使用过的设备 1 台，取得收入 10 300 元，该设备于 2008 年 9 月购入。试作税务处理。

【解析】 应纳增值税额 = 10 300 ÷ (1 + 3%) × 2% = 200（元）

2.2.1.3 进项税额

纳税人购进货物或者接受应税劳务所支付或者负担的增值税额为进项税额。进项税额

与销项税额相对应，销售方收取的销项税额，就是购买方支付的进项税额。增值税的核心就是用纳税人收取的销项税额抵扣其支付的进项税额，其余额为实际缴纳的增值税额。但是，并不是纳税人支付的所有进项税额都可以从销项税额中抵扣。税法对进项税额允许抵扣的范围做了明确规定。

1. 凭票直接抵扣

（1）增值税专用发票。一般纳税人购进货物、无形资产或不动产，接受应税劳务或者应税服务的进项税额，为从销售方（或者提供方）取得的“增值税专用发票”（见图 2－1）上注明的增值税税额。

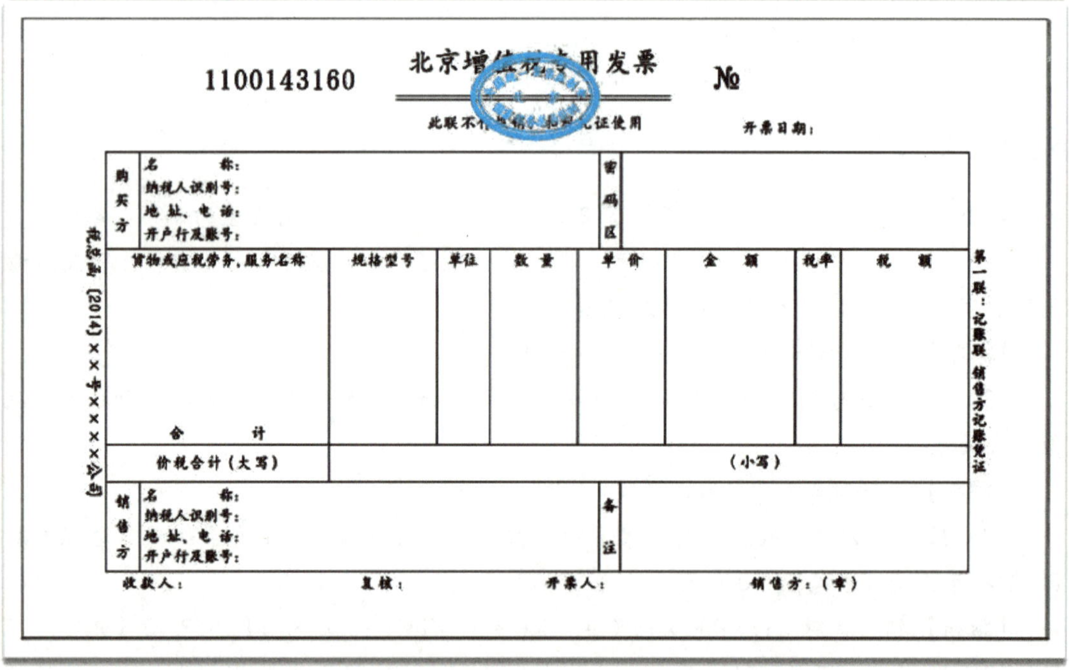
1100143160　　北京增值税专用发票　　№

此联不作报销、扣税凭证使用　　开票日期：

购买方	名　　称： 纳税人识别号： 地 址、电 话： 开户行及账号：			密码区			
货物或应税劳务、服务名称	规格型号	单位	数 量	单 价	金 额	税率	税 额
合　　计							
价税合计（大写）				（小写）			
销售方	名　　称： 纳税人识别号： 地 址、电 话： 开户行及账号：			备注			

收款人：　　复核：　　开票人：　　销售方：（章）

税总函〔2014〕××号××××公司

第一联：记账联　销售方记账凭证

图 2－1

【注意】自 2019 年 3 月 1 日起，所有一般纳税人，不论纳税评级高低，一律可以勾选认证进项发票。国家税务总局公告 2019 年第 8 号文件规定：一般纳税人取得增值税发票（包括增值税专用发票、机动车销售统一发票、收费公路通行费增值税电子普通发票）后，可以自愿使用增值税发票选择确认平台查询、选择用于申报抵扣、出口退税或者代办退税的增值税发票信息。

增值税发票选择确认平台的登录地址由国家税务总局各省、自治区、直辖市和计划单列市税务局确定并公布。

【知识链接】

供应商选择的税收筹划

【筹划思考】增值税一般纳税人若要抵扣增值税进项税额必须取得相应的抵扣凭证如增值税专用发票等，但小规模纳税人无法开具增值税专用发票（试点行业除外），即便申请税务机关代开增值税专用发票税率也仅为3%，为了弥补因不能开具增值税专用发票丧失客户而可能产生的损失，小规模纳税人必然会在价格上给予一定程度的优惠。那么，一般纳税人在选择自己的供应商时究竟应该选择一般纳税人还是小规模纳税人呢？

【筹划思路】纳税人在确定供应商时可能面临两种选择：从一般纳税人处购进，价格较高，但可取得增值税专用发票抵扣增值税进项税额；从小规模纳税人处购进，价格较低，但无法取得增值税专用发票不得抵扣增值税进项税额或取得税务机关代开增值税专用发票只可抵扣3%的增值税进项税额。如此，在做出最终决策时仅考虑增值税就不再合适了，此时纳税人应考虑的是选择不同供应商对商品采购成本所带来的影响。

假设从一般纳税人处购货的含税购进额为Y，其中计算抵扣额的增值税率为T1（可取13%或9%）；从小规模纳税人购进货物的含税额为X，其中用于计算抵扣额的征收率为T2（可取3%或0），同时假设附加税征收率合计为10%。

令两种购货渠道的采购成本相等，则有：

$$Y - Y \div (1 + T1) \times T1 \times (1 + 10\%) = X - X \div (1 + T2) \times T2 \times (1 + 10\%)$$

可根据具体情况计算Y比X之值，或者X比Y之值，再将两类供应商的实际价格比与平衡点价格比相比较，据以做出供应商类型选择的决策。具体见表2-7。

表2-7 不同供应商类型的平衡点含税价格比一览表

从一般纳税人购货（Y）可抵扣增值税率	从小规模纳税人购货（X）可抵扣增值税率	从小规模纳税人处购货限价	从一般纳税人处购货限价
17%	3%	0.87y	1.15x
17%	0	0.84y	1.19x
13%	3%	0.90y	1.11x
13%	0	0.87y	1.15x
11%	3%	0.92y	1.07x
11%	0	0.89y	1.12x
6%	3%	0.97y	1.03x
6%	0	0.94y	1.06x

纳税人在进行供应商选择时，若从某一类供应商处购货的含税价格高于表中的限价时，应选择从另一类供应商处购货；反之，从某一类供应商处购货的含税价格低于表中的限价时，应选择从该供应商处购货。

【学中练 2－8】

海成公司为增值税一般纳税人，其产品年应税销售额为 600 万元（不含税）。该公司一直从小规模纳税人 A 处进货，年进货 450 万元（含税）。现有一般纳税人 B 与海成公司接洽，愿以 540 万元的含税价格提供同种规模质量、同样数量的商品，并开具 13% 的专用发票。海成公司适用增值税率 13%，城建税和教育费附加征收率合计 10%。试通过比较相关收益及计算纳税人实际购货价格比为海成公司做出决策（不考虑其他因素）。

【筹划分析】

比较方法一：比较相关收益

从小规模纳税人 A 处进货：

利润 $=600-450-600\times13\%\times10\%=142.2$（万元）

从一般纳税人 B 处进货：

利润 $=600-540\div1.13-(600-540\div1.13)\times13\%\times10\%=120.54$（万元）

从小规模纳税人 A 处进货相关收益更大，在不考虑其他因素的情况下，企业不应更换供应商。

比较方法二：计算纳税人实际购货价格比

海成公司实际购货价格比 $=540\div450=1.2>$ 平衡点价格比 1.14，表明海成公司以 540 万元的价格从一般纳税人 B 处购货会使得采购成本上升，故应维持从原本供应商小规模纳税人 A 处购货。

【思考】 分析一般纳税人 B 为什么不能将客户海成公司争取过来？B 企业应如何定价才能竞争成功？

【分析】 B 公司对 A 公司的实际购货价格比超过了平衡点价格比，客户海成公司若从 B 公司处购货将增加自己的购货成本，所以 B 公司最终竞争失败。B 公司若想竞争成功，应降价到 513（450×1.14）万元以下。

因此，对供应商而言，为使自己在竞争中处于有利地位，在定价中应注意避免自己的价格与竞争对手的价格比高于平衡点含税价格比。

（2）海关进口增值税专用缴款书。增值税一般纳税人进口货物的进项税额，为从海关取得的海关进口增值税专用缴款书（见图 2－2）上注明的增值税税额。

海关 进口增值税 专用缴款书

收入系统：税务系统　填发日期：2020-06-26　号码 NO.:22002020108000188 0-L01

收款单位				缴款单位（人）	
收入机关	中央金库			名　称	日清进出口贸易公司
科　目	进口增值税	预算级次	中央	帐　号	
收款国库	东京三菱银行			开户银行	

税号	货物名称	数量	单位	完税价格	税率%	税款金额
7116200000	[illegible]	20	件	2 428 718.62	17.00	412 882.17
金额（大写）肆拾壹万贰仟捌佰捌拾贰日元壹拾柒钱					合计	412 882.17

申请单位编号	2200001988	报关单编号	080001880	填制单位	收款国库(银行)
合同(批文)号	CONTRACT03	运输工具(号)	CZ3103		
缴款期限	2020-07-11前	提/装货单号			
备注	一般贸易(0110) 一般征税(101) 2010-06-23 国标代码:320103100001988 JPY 1.0000 412 882.17			制单人 复核人	东京三菱银行 00010101 转讫

从填发缴款书之日起限15日内缴纳(期末遇法定节假日顺延)，逾期按日征收税款总额千分之一的滞纳金。

图 2－2

【注意】增值税一般纳税人取得的2017年7月1日及以后开具的海关进口增值税专用缴款书，应自开具之日起360日内向主管国税机关报送《海关完税凭证抵扣清单》，申请稽核比对。逾期未申请的不予抵扣进项税额。每月申报期内，纳税人向税务机关索取上月《稽核结果通知书》，对稽核结果为相符的，应在当月申报期内申报抵扣，逾期不予抵扣。

（3）税收缴款凭证。增值税一般纳税人接受境外单位或者个人提供的应税服务，按照规定应当扣缴增值税的，准予从销项税额中抵扣的进项税额为从税务机关或者代理人取得的解缴税款的税收缴款凭证（见图2－3）上注明的增值税额。

2. 计算抵扣

财税〔2017〕37号文件第二条规定，纳税人购进农产品，按下列规定抵扣进项税额：

（1）除本条第（二）项规定外，纳税人购进农产品，取得一般纳税人开具的增值税专用发票或海关进口增值税专用缴款书的，以增值税专用发票或海关进口增值税专用缴款书上注明的增值税额为进项税额；从按照简易计税方法依照3%征收率计算缴纳增值税的小规模纳税人取得增值税专用发票的，以增值税专用发票上注明的金额和9%的扣除率计算进项税额；取得（开具）农产品销售发票或收购发票的，以农产品销售发票或收购发票上注明的农产品买价和9%的扣除率计算进项税额。进项税额的计算公式为：

进项税额＝买价×扣除率

中华人民共和国税收通用缴款书（电子版）

中华人民共和国

税收缴款书（税务收现专用）

国

（141 X 国现XXXXXX）

登记注册类型　　　填发日期　　年　月　日　　　税务机关

纳税人识别号				纳税人名称			
地址							
税种	品目名称	课税数量	计税金额或销售收入	税率或单位税额	税款所属时期	已缴或扣除额	实缴金额
金额合计（大写）							
税务机关（盖章）	代征单位（盖章）	填票人	备注				

第一联（收据）交纳税人作完税凭证

妥善保管

图 2-3

【学中练 2-9】

甲粮油公司为增值税一般纳税人，2022 年 10 月向农民收购一批大豆，开具的农产品收购发票上注明买价 99 190 元，从农场购进花生，取得农产品销售发票注明买价 273 000 元。当月购进的大豆和花生均用于生产食用植物油。已知购进农产品按 9% 的扣除率计算进项税额。计算甲粮油公司当月上述业务准予抵扣的进项税额。

【解析】 取得（开具）农产品销售发票或收购发票的，以农产品收购发票或销售发票上注明的农产品买价和 9% 的扣除率计算进项税额。

进项税额 $=99\ 190\times9\%+273\ 000\times9\%=33\ 497.1$（元）

购买烟叶的买价，包括纳税人购进烟叶在农产品收购发票或者销售发票上注明的价款和价外补贴以及按规定缴纳的烟叶税。

烟叶收购金额 = 烟叶收购价款 ×[1 + 烟叶价外补贴（10%）]

烟叶税应纳税额 = 烟叶收购金额 × 税率（20%）

准予抵扣的进项税额 =（烟叶收购金额 + 烟叶税应纳税额）× 扣除率

（2）营业税改征增值税试点期间，纳税人购进用于生产销售或委托受托加工 13% 税率货物的农产品维持原扣除力度不变。

根据财政部 税务总局 海关总署公告 2019 年第 39 号《财政部 税务总局 海关总署关

于深化增值税改革有关政策的公告》的规定，自2019年4月1日起，纳税人购进农产品，原适用10%扣除率的，扣除率调整为9%。纳税人购进用于生产或者委托加工13%税率货物的农产品，以农产品销售发票或收购发票上注明的农产品买价，按照10%的扣除率计算进项税额。

上述所称“销售发票”，是指农业生产者销售自产农产品适用免征增值税政策而开具的普通发票。

纳税人购进农产品既用于生产销售或委托受托加工13%税率货物又用于生产销售其他货物服务的，应当分别核算用于生产销售或委托受托加工13%税率货物和其他货物服务的农产品进项税额。未分别核算的，统一以增值税专用发票或海关进口增值税专用缴款书上注明的增值税额为进项税额，或以农产品销售发票或收购发票上注明的农产品买价和9%的扣除率计算进项税额。

【学中练2-10】

品尚生活馆食品有限公司（以下简称“品尚食品”）是增值税一般纳税人，主要进行农产品深加工，其产品为火腿肠等，增值税适用税率为13%。2023年7月5日从广州美莱农产品贸易有限公司（以下简称“美莱农业”，该公司是专门从事农产品批发、零售的企业，增值税小规模纳税人）采购农产品一批并取得农产品销售增值税专用发票，该发票注明价款30万元，税款0.90万元，根据采购计划，该批产品将全部用作进行深加工的原材料。问品尚食品取得发票的进项税额是否可以抵扣销项税额？

【解析】根据财税〔2019〕39号文件规定：自2019年4月1日起，纳税人购进用于生产销售或委托受托加工13%税率货物的农产品，以增值税发票上注明的金额和10%的扣除率计算进项税额进行抵扣。

因此，品尚食品可抵扣增值税额＝30×10%＝3.00（万元）

（3）自2019年4月1日起，将纳税人取得不动产支付的进项税由目前分两年抵扣（第一年抵扣60%，第二年抵扣40%），改为一次性全额抵扣。

（4）自2019年4月1日起，纳税人购进国内旅客运输服务，其进项税额允许按照以下规定从销项税额中抵扣。

①取得增值税电子普通发票的，为发票上注明的税额；

②取得注明旅客身份信息的航空运输电子客票行程单的，为按照下列公式计算进项税额：

航空旅客运输进项税额＝(票价＋燃油附加费)÷(1＋9%)×9%

③取得注明旅客身份信息的铁路车票的，为按照下列公式计算的进项税额：

铁路旅客运输进项税额＝票面金额÷(1＋9%)×9%

④取得注明旅客身份信息的公路、水路等其他客票的，按照下列公式计算进项税额：

公路、水路等其他旅客运输进项税额 = 票面金额 ÷ (1 + 3%) × 3%

(5) 自 2023 年 1 月 1 日至 2023 年 12 月 31 日，允许生产性服务业纳税人按照当期可抵扣进项税额加计 5% 抵减应纳税额。生产性服务业纳税人，是指提供邮政服务、电信服务、现代服务、生活服务取得的销售额占全部销售额的比重超过 50% 的纳税人。

允许生活性服务业纳税人按照当期可抵扣进项税额加计 10% 抵减应纳税额。生活性服务业纳税人，是指提供生活服务取得的销售额占全部销售额的比重超过 50% 的纳税人。

纳税人应按照当期可抵扣进项税额的 5%（或 10%）计提当期加计抵减额。按照现行规定不得从销项税额中抵扣的进项税额，不得计提加计抵减额；已计提加计抵减额的进项税额，按规定作进项税额转出的，应在进项税额转出当期，相应调减加计抵减额。计算公式如下：

当期计提加计抵减额 = 当期可抵扣进项税额 × 5%

当期可抵减加计抵减额 = 上期末加计抵减额余额 + 当期计提加计抵减额 − 当期调减加计抵减额

纳税人出口货物劳务、发生跨境应税行为不适用加计抵减政策，其对应的进项税额不得计提加计抵减额。

纳税人应单独核算加计抵减额的计提、抵减、调减、结余等变动情况。骗取适用加计抵减政策或虚增加计抵减额的，按照《中华人民共和国税收征收管理法》等有关规定处理。

【学中练 2－11】

某乳品厂生产乳制品的鲜奶由内设的牧场提供，其可抵扣的进项项目很少，仅包括一些向农民收购的草料及小部分辅助生产用品，但该企业生产的乳制品适用 13% 的增值税税率，全额减除进项税后，其增值税税负达 10% 以上。你有什么好办法帮助乳品厂减轻税负吗？

【筹划分析】该乳品厂税负过重的原因在于其主要原材料由于是内设牧场提供，未能抵扣增值税进项税额。因此，为减轻税负，该乳品厂应将牧场分开单独核算，并办理工商和税务登记，牧场生产的鲜奶卖给乳品厂进行加工销售，牧场和乳制品厂之间按正常购销关系进行结算。这样，牧场自产自销未经加工的农产品（鲜奶），符合政策规定的农业生产者自产自销的农业产品，可享受免税待遇；乳品厂向牧场收购的鲜奶，按买价的 10% 计算抵扣增值税进项税额，可大大降低乳品厂的增值税税负。

3. 不允许从销项税额中抵扣进项税额的项目

根据《增值税暂行条例实施细则》和《营业税改征增值税试点实施办法》的规定，下列项目的进项税额不得从销项税额中抵扣：

(1) 用于简易计税方法的计税项目、免征增值税项目、集体福利或者个人消费的购进货物、加工修理修配劳务、服务、无形资产和不动产。其中涉及的固定资产、无形资产、不动产，仅指专用于上述项目的固定资产、无形资产（不包括其他权益无形资产）、不动产。

纳税人的交际应酬消费属个人消费。

（2）非正常损失的购进货物，以及相关的加工修理修配劳务和交通运输服务。

（3）非正常损失的在产品、产成品所耗用的购进货物（不包括固定资产）、加工修理修配劳务和交通运输服务。

（4）非正常损失的不动产，以及该不动产所耗用的购进货物、设计服务和建筑服务。

（5）非正常损失的不动产在建工程所耗用的购进货物、设计服务和建筑服务。

纳税人新建、改建、扩建、修缮、装饰不动产，均属于不动产在建工程。

（6）购进的旅客运输服务、贷款服务、餐饮服务、居民日常服务和娱乐服务。

（7）纳税人接受贷款服务向贷款方支付的与该笔贷款直接有关的投融资顾问费、手续费、咨询费等费用，其进项税额不得从销项税额中抵扣。

上述第（4）项、第（5）项所称货物，是指构成不动产实体的材料和设备，包括建筑装饰材料和给排水、采暖、卫生、通风、照明、通讯、煤气、消防、中央空调、电梯、电气、智能化楼宇设备及配套设施。

不动产、无形资产的具体范围，按照《销售服务、无形资产或者不动产注释》执行。

固定资产，是指使用期限超过12个月的机器、机械、运输工具以及其他与生产经营有关的设备、工具、器具等有形动产。

非正常损失，是指因管理不善造成货物被盗、丢失、霉烂变质，以及因违反法律法规造成货物或者不动产被依法没收、销毁、拆除的情形。

（8）财政部和国家税务总局规定的其他情形。

一般纳税人兼营简易计税方法计税项目、免征增值税项目而无法划分不得抵扣的进项税额，按照下列公式计算不得抵扣的进项税额：

不得抵扣的进项税额＝当期无法划分的全部进项税额×（当期简易计税方法计税项目销售额＋免征增值税项目销售额）÷当期全部销售额

【学中练2－12】

某制药厂（增值税一般纳税人）3月销售抗生素药品取得含税收入113万元，销售免税药品50万元，当月购入生产用原材料一批，取得增值税专用发票上注明税款6.4万元，抗生素药品与免税药品无法划分耗料情况，则该制药厂当月应纳增值税为（　　）。

A. 14.73万元　　B. 11.73万元

C. 10.20万元　　D. 17.86万元

【解析】纳税人兼营免税项目或非应税项目无法准确划分不得抵扣的进项税额部分，

按公式计算不得抵扣的进项税额 = 相关的全部进项税额 × 免税项目或非应税项目的收入额 ÷ 免税项目或非应税项目收入额与相关应税收入额的合计 = 6.40 × 50 ÷ (100 + 50) = 2.13（万元），应纳税额 = 113 ÷ (1 + 13%) × 13% − (6.4 − 2.13) = 11.73（万元），所以选 B。

2.2.1.4 应纳税额的计算

我国现行增值税实行税款抵扣的方法，增值税一般纳税人销售货物或者提供应税劳务的应纳税额为当期销项税额抵扣当期进项税额后的余额。其计算公式为：

应纳增值税额 = 当期销项税额 − 当期进项税额

为了正确计算增值税的应纳税额，在实际操作中需要掌握以下几个重要规定：

1. 计算应纳税额时进项税额不足抵扣的处理

（1）结转抵扣。

由于增值税实行购进扣税法，有时企业当期购进的货物较多，在计算应纳税额时会出现当期销项税额小于当期进项税额不足抵扣的情况，根据税法规定，当期进项税额不足抵扣部分可以结转下期继续抵扣。

（2）一般留抵退税。

自 2019 年 4 月 1 日起，试行增值税期末留抵税额退税制度。同时符合五个条件的纳税人，可以向主管税务机关申请退还增量留抵税额：增量留抵税额，是指与 2019 年 3 月底相比新增加的期末留抵税额；

一是自 2019 年 4 月税款所属期起，连续六个月（按季纳税的，连续两个季度）增量留抵税额均大于零，且第六个月增量留抵税额不低于 50 万元；

二是纳税信用等级为 A 级或者 B 级；

三是申请退税前 36 个月未发生骗取留抵退税、出口退税或虚开增值税专用发票情形的；

四是申请退税前 36 个月未因偷税被税务机关处罚两次及以上的；

五是自 2019 年 4 月 1 日起未享受即征即退、先征后返（退）政策的。

纳税人当期允许退还的增量留抵税额，按照以下公式计算：

允许退还的增量留抵税额 = 增量留抵税额 × 进项构成比例 × 60%

进项构成比例，为 2019 年 4 月至申请退税前一税款所属期内已抵扣的增值税专用发票（含税控机动车销售统一发票）、海关进口增值税专用缴款书、解缴税款完税凭证注明的增值税额占同期全部已抵扣进项税额的比重。

（3）特别留抵退税。

自 2019 年 6 月 1 日起，按照《国民经济行业分类》，生产并销售非金属矿物制品、通用设备、专用设备及计算机、通信和其他电子设备销售额占全部销售额的比重超过 50% 的纳税人（部分先进制造业纳税人），同时符合五个条件的，可以自 2019 年 7 月及以后纳税申报期向主管税务机关申请退还增量留抵税额：

一是增量留抵税额大于零；增量留抵税额，是指与2019年3月31日相比新增加的期末留抵税额；

二是纳税信用等级为A级或者B级；

三是申请退税前36个月未发生骗取留抵退税、出口退税或虚开增值税专用发票情形；

四是申请退税前36个月未因偷税被税务机关处罚两次及以上；

五是自2019年4月1日起未享受即征即退、先征后返（退）政策。

销售额比重根据纳税人申请退税前连续12个月的销售额计算确定；申请退税前经营期不满12个月但满3个月的，按照实际经营期的销售额计算确定。

部分先进制造业纳税人当期允许退还的增量留抵税额，按照以下公式计算：

允许退还的增量留抵税额＝增量留抵税额×进项构成比例

进项构成比例，为2019年4月至申请退税前一税款所属期内已抵扣的增值税专用发票（含税控机动车销售统一发票）、海关进口增值税专用缴款书、解缴税款完税凭证注明的增值税额占同期全部已抵扣进项税额的比重。

2. 进项税额转出的处理

（1）已抵扣进项税额的购进货物（不含固定资产）、劳务、服务，发生《增值税暂行条例实施细则》和《营业税改征增值税试点实施办法》规定的不得从销项税额中抵扣情形（简易计税方法计税项目、免征增值税项目外）的，应当将该进项税额从当期进项税额中扣减；无法确定该进项税额的，按照当期实际成本计算应扣减的进项税额。

（2）已抵扣进项税额的固定资产、无形资产或者不动产，发生《增值税暂行条例实施细则》和《营业税改征增值税试点实施办法》规定的不得从销项税额中抵扣情形的，按照下列公式计算不得抵扣的进项税额：

不得抵扣的进项税额＝固定资产、无形资产或者不动产净值×适用税率

固定资产、无形资产或者不动产净值，是指纳税人根据财务会计制度计提折旧或摊销后的余额。

（3）纳税人适用一般计税方法计税的，因销售折让、中止或者退回而退还给购买方的增值税额，应当从当期的销项税额中扣减；因销售折让、中止或者退回而收回的增值税额，应当从当期的进项税额中扣减。

【学中练2－13】

某小五金制造企业为增值税一般纳税人，2023年5月发生经济业务如下：

（1）购进一批原材料，取得增值税专用发票注明的金额为50万元，增值税为8万元。支付运费，取得增值税普通发票注明的金额为2万元，增值税为0.2万元。

（2）接受其他企业投资转入材料一批，取得增值税专用发票注明的金额为100万元，增值税为13万元。

（3）购进低值易耗品，取得增值税专用发票注明的金额为 6 万元，增值税为 0.78 万元。

（4）销售产品一批，取得不含税销售额 200 万元，另外收取包装物租金 1.13 万元。

（5）采取以旧换新方式销售产品，新产品含税售价为 7.91 万元，旧产品作价 2 万元。

（6）因仓库管理不善，上月购进的一批工具被盗，该批工具的采购成本为 8 万元（购进工具的进项税额已抵扣）。

已知：该企业取得增值税专用发票均符合规定，并已认证；购进和销售产品适用的增值税率为 13%。计算该企业当月应纳增值税税额。

【解析】 根据增值税法律制度的规定：①购进材料的进项税额允许抵扣，支付运费未取得增值税专用发票，进项税额不允许抵扣。②接受投资的材料的进项税额和购进低值易耗品的进项税额均可以抵扣。③包装物租金属于价外费用，应当按照含税价计算增值税销项税额。④以旧换新应当按照新产品的价格计算增值税销项税额。⑤购进工具因管理不善被盗，按照规定应将进项税额转出。

计算过程：

（1）进项税额 = 8 + 13 + 0.78 = 21.78（万元）

（2）销项税额 = 200 × 13% + 1.13 ÷ (1 + 13%) × 13% + 7.91 ÷ (1 + 13%) × 13%

= 26 + 0.13 + 0.91 = 27.04（万元）

（3）进项税转出 = 8 × 13% = 1.04（万元）

（4）应纳增值税税额 = 27.04 − 21.78 + 1.04 = 6.3（万元）

【想一想】 某厂外购一批材料用于应税货物的生产，取得增值税发票，价款 10 000 元，增值税 1 300 元；外购一批材料用于应税和免税货物的生产，价款 20 000 元，增值税 2 600 元，当月应税货物销售额 50 000 元，免税货物销售额 70 000 元，当月不可抵扣的进项税额为多少？

2.2.2 小规模纳税人应纳税额的计算

小规模纳税人销售货物或者应税劳务，按照销售额和征收率计算应纳税额，不得抵扣进项税额。应纳税额计算公式是：

应纳税额 = 销售额 × 征收率

上述公式中的“销售额”与一般纳税人计算销项税额的销售额的规定是一致的，如果小规模纳税人采用销售额与应纳税额合并定价方法的，应将含税销售额换算成不含税销售额。换算公式为：

不含税销售额 = 含税销售额 ÷ (1 + 征收率)

小规模纳税人销售自己使用过的固定资产和旧货，按下列公式确定销售额和应纳税额：

销售额 = 含税销售额 ÷ (1 + 3%)

应纳税额 = 销售额 × 2%

【学中练 2－14】

某个体工商户经营的商店本月销售额为 22 000 元（含增值税），退货 1 200 元，其增值税适用征收率为 3%，计算该个体经营者应纳增值税额。

【解析】 应纳增值税额 = 22 000 － 12 001 + 3% × 3% = 605. 83（元）

2. 2. 3 增值税应纳税额的计算举例

【学中练 2－15】

1. 某增值税一般纳税人生产销售某型号电冰箱，出厂不含税单价为 2 500 元/台，某月该厂的购销情况如下：

（1）向当地百货大楼销售 100 台电冰箱因质量存在问题而百货大楼未予退货，厂家给予百货大楼 10% 的销售折让。

（2）向外地经销商销售 200 台电冰箱，并支付发货运费，取得运输单位开具的增值税专用发票上注明运费金额 10 000 元。

（3）采取以旧换新方式销售电冰箱，从消费者个人手中收购旧电冰箱。销售新电冰箱 50 台，含税单价 2 825 元，每台旧电冰箱收购价为 500 元。

（4）逾期仍未收回的包装物押金 50 000 元，记入营业外收入。

（5）购进电冰箱零部件、原材料，取得的专用发票上注明销售金额 500 000 元，税款 65 000 元（已通过税务机关的认证并且于本月申报抵扣）。

（6）向本厂上级单位领导无偿赠送电冰箱 50 台。

（7）从一般纳税人处购进电冰箱零部件 100 000 元，取得专用发票上注明税款 13 000 元，但因未妥善保管而遗失了专用发票。

根据以上资料计算该企业本月应缴增值税额。（假设增值税专用发票均已获认证并申报抵扣）

【解析】

（1）本期销项税额 = 2 500 × 100 × (1 － 10%) × 13% + 2 500 × 200 × 13% + (2 825 － 500) × 50 × 13% = 109 362. 5（元）

（2）本期进项税额 = 10 000 × 9% + 65 000 = 65 900（元）

（3）本期应纳增值税额 = 109 362. 5 － 65 900 = 43 462. 5（元）

2. 某公司为增值税一般纳税人，专门从事认证服务。5 月发生如下业务：

（1）16 日，取得某项认证服务收入 106 万元，开具增值税专用发票，价税合计为 106

万元；

（2）18日，购进1台经营用设备，取得增值税专用发票注明金额为20万元，增值税为2.6万元，支付运输费，取得增值税专用发票注明金额为0.5万元，增值税为0.045万元；

（3）20日，支付广告服务费，取得增值税专用发票注明金额为5万元，增值税为0.3万元；

（4）28日，销售2009年1月1日以前购进的1台固定资产，售价0.206万元。（不开具专用发票）

已知：增值税税率为6%，征收率为3%。计算该公司当月应纳增值税税额。

【解析】根据《营业税改征增值税试点实施办法》及相关规定，一般纳税人销售自己使用过的属于不得抵扣进项税额的固定资产，按照简易办法依照3%征收率减扣2%征收增值税。因此，该企业当月应纳税额由两部分组成：一部分是一般计税方法计算的应纳税额；另一部分是简易方法计算的应纳税额。

（1）当期销项税额 $=106\div(1+6\%)\times6\%=6$（万元）

（2）当期进项税额 $=2.6+0.045+0.3=2.945$（万元）

（3）一般计税方法的应纳税额 $=6-2.945=3.055$（万元）

（4）简易方法的应纳税额 $=0.206\div(1+3\%)\times2\%=0.004$（万元）

（5）应纳增值税税额 $=3.055+0.004=3.059$（万元）

2.3 增值税出口退（免）税

引例

《金融时报》的一则消息称：为减少与美国的贸易摩擦，“中国同意取消纺织等七大行业出口补贴”。中国相关出口企业对此高度关注，部分企业产生了恐慌：国家是不是要取消相关行业的“出口退税”？中国商务部网站随即刊出消息称，2016年4月14日，中美在瑞士日内瓦正式签署了磋商解决美诉华外贸转型升级示范基地和外贸公共服务平台案（DS489）的谅解备忘录，双方确认中国政策目标是为鼓励外贸转型升级，而非为出口企业提供财政支持，并明确了相关资金政策的支持范围，使各界了解了事件始末，消除了顾虑。

【分析】在国际贸易实践中，出口退税已成为一种国际惯例。根据WTO规则要求，各成员可以对本国出口产品实行退税，只要出口退税不超过出口产品实际所含税负，就不应视为出口补贴。我国从1985年开始实行出口退税政策。作为外贸宏观调控的重要手段，出口退税对于促进出口贸易增长和结构优化有着重要作用。对于企业来说，出口退税不仅是产品公平参与国际竞争的前提基础，而且是缓解企业融资约束的重要途径。根据国内外经贸形势和市场需求的变化，我国的出口退税政策历经了多次调整。尽管如此，现行的出口退税政策仍然存在一些亟待解决的矛盾和问题。在外部需求复苏乏力而缓慢、贸易保护主义日渐抬头的复杂国际环境下，如何完善“出口退税”外贸政策机制，化解贸易摩擦和争端，推进对外贸易优化升级，成为亟须解决的现实问题。

出口产品退（免）税是国际上通行的税收规则，目的是鼓励本国产品出口，使本国产品以不含税价格进入国际市场，增强本国产品的竞争能力。按照《增值税暂行条例》的规定，我国实行出口货物零税率（除少数特殊货物外）的优惠政策。所谓零税率是指货物在出口时整体税负为零，即不仅出口环节不必纳税，还可以退还以前环节已纳税款。

增值税出口退（免）税的“出口货物”，必须同时具备以下条件：

（1）属于增值税、消费税征税范围的货物。

（2）经中华人民共和国海关报关离境的货物。

（3）财务会计上做对外销售处理的货物。

（4）出口收汇（部分货物除外）并已核销的货物。

2.3.1 出口货物退（免）税的范围

2.3.1.1 企业出口的下列货物，除另有规定外，给予免税并退税

（1）生产企业自营出口或委托外贸企业代理出口的自产货物。

（2）有出口经营权的外贸企业收购后直接出口或委托其他外贸企业代理出口的货物。

（3）特定出口货物。有些出口货物虽然不同时具备出口货物的4个条件，但由于其销售方式、消费环节、结算办法的特殊性，国家准予退还或免征其增值税和消费税。这些货物主要有：

①对外承包工程公司运出境外用于对外承包项目的货物。

②对外承接修理修配业务的企业用于对外修理修配的货物。

③外轮供应公司、远洋运输供应公司销售给外轮、远洋国轮而收取外汇的货物。

④企业在国内采购并运往境外作为在国外投资的货物。

2.3.1.2 企业出口下列货物，除另有规定外，给予免税，但不予退税

1. 出口企业或其他单位出口规定的货物

具体如下：

（1）增值税小规模纳税人出口的货物。

（2）避孕药品和用具，古旧图书。

（3）软件产品。其具体范围是指海关税则号前四位为“9803”的货物。

（4）含黄金、铂金成分的货物，钻石及其饰品。

（5）国家计划内出口的卷烟。出口国家出口计划内的卷烟，因其在生产环节已免征增值税和消费税，所以出口环节不办理退税。出口非出口计划内的卷烟照章征收增值税和消

费税，出口一律不退税。

（6）已使用过的设备。其具体范围是指购进时未取得增值税专用发票、海关进口增值税专用缴款书但其他相关单证齐全的已使用过的设备。

（7）非出口企业委托出口的货物。

（8）非列名生产企业出口的非视同自产货物。

（9）农业生产者自产农产品。

（10）油画、花生果仁、黑大豆等财政部和国家税务总局规定的出口免税的货物。

（11）外贸企业取得普通发票、废旧物资收购凭证、农产品收购发票、政府非税收入票据的货物。

（12）来料加工复出口的货物。

（13）特殊区域内的企业出口的特殊区域内的货物。

（14）以人民币现金作为结算方式的边境地区出口企业从所在省（自治区）的边境口岸出口到接壤国家的一般贸易和边境小额贸易出口货物。

（15）以旅游购物贸易方式报关出口的货物。

2. 出口企业或其他单位视同出口的货物劳务

（1）国家批准设立的免税店销售的免税货物［包括进口免税货物和已实现退（免）税的货物］。

（2）特殊区域内的企业为境外的单位或个人提供加工修理修配劳务。

（3）同一特殊区域、不同特殊区域内的企业之间销售特殊区域内的货物。

3. 出口企业或其他单位未按规定申报或未补齐增值税退（免）税凭证的出口货物劳务

（1）未在国家税务总局规定的期限内申报增值税退（免）税的出口货物劳务。

（2）未在规定期限内申报开具《代理出口货物证明》的出口货物劳务。

（3）已申报增值税退（免）税，却未在国家税务总局规定的期限内向税务机关补齐增值税退（免）税凭证的出口货物劳务。

适用增值税免税政策的出口货物劳务，其进项税额不得抵扣和退税，应当转入成本。

2.3.1.3　下列出口货物，不免税也不退税

（1）出口企业出口或视同出口财政部和国家税务总局根据国务院决定明确的取消出口退（免）税的货物（不包括来料加工复出口货物、中标机电产品、列名原材料、输入特殊区域的水电气、海洋工程结构物）。

（2）出口企业或其他单位销售给特殊区域内的生活消费用品和交通运输工具。

（3）出口企业或其他单位因骗取出口退税被税务机关停止办理增值税退（免）税期间出口的货物。

（4）出口企业或其他单位提供虚假备案单证的货物。

（5）出口企业或其他单位增值税退（免）税凭证有伪造或内容不实的货物。

（6）出口企业或其他单位未在国家税务总局规定期限内申报免税核销以及经主管税务机关审核不予免税核销的出口卷烟。

（7）出口企业或其他单位具有以下情形之一的出口货物劳务：

①将空白的出口货物报关单、出口收汇核销单等退（免）税凭证交由除签有委托合同的货代公司、报关行，或由境外进口方指定的货代公司（提供合同约定或者其他相关证明）以外的其他单位或个人使用的。

②以自营名义出口，其出口业务实质上是由本企业及其投资的企业以外的单位或个人借该出口企业名义操作完成的。

③以自营名义出口，其出口的同一批货物既签订购货合同，又签订代理出口合同（或协议）的。

④出口货物在海关验放后，自己或委托货代承运人对该笔货物的海运提单或其他运输单据等上的品名、规格等进行修改，造成出口货物报关单与海运提单或其他运输单据有关内容不符的。

⑤以自营名义出口，但不承担出口货物的质量、收款或退税风险之一的，即出口货物发生质量问题不承担购买方的索赔责任（合同中有约定质量责任承担者除外）；不承担未按期收款导致不能核销的责任（合同中有约定收款责任承担者除外）；不承担因申报出口退（免）税的资料、单证等出现问题造成不退税责任的。

⑥未实质参与出口经营活动、接受并从事由中间人介绍的其他出口业务，但仍以自营名义出口的。

【知识链接】

国外料件加工复出口贸易方式的税收筹划

【筹划思考】国外料件加工复出口贸易方式一般有进料加工和来料加工两种，这两种不同的贸易方式各自对应的出口退免税政策并不相同，若纳税人采用进料加工方式，进口时通常为保税进口，免征进口相关税收，出口时对采用的国内购进料件实行退税；而若纳税人采用来料加工方式，进口及加工环节均免税，同时出口也不退税。正是由于两种不同加工方式适用政策有所区别，就给纳税人进行税收筹划带来了筹划空间。请问你认为进料加工和来料加工两种方式哪种对纳税人更有利？

【筹划思路】对于利润率较低、出口退税率较高及耗用国产辅助材料较多（进项税额较大）的货物出口宜采用进料加工方式；对于情况相反的货物出口，宜采用来料加工方式。

【学中练 2－16】

某生产企业采用进料加工方式为外国 A 公司加工一批产品，进口保税料件价值 1 000 万元，加工完成后返销 A 公司的售价为 1 800 万元，为加工该批产品耗用辅料、燃料、动力等的进项税额为 12 万元，该产品征税率为 13%，退税率为 11%。该企业应如何筹划？

若返销 A 公司的售价不是 1 800 万元，而是 1 200 万元，该企业又该如何选择？

【筹划分析】

1. 若出口销售价格为 1 800 万元：

免抵退税额 $=1\,800\times11\%-1\,000\times11\%=88$（万元）

应纳税额 $=0-\{12-[1\,800\times(13\%-11\%)-1\,000\times(13\%-11\%)]\}=4$（万元）

故该企业当期应退税额为零，应缴纳增值税 4 万元。

如果该企业改为来料加工方式，由于来料加工方式实行免税且不退税政策，比进料加工方式少纳税 4 万元。

2. 若出口销售价格为 1 200 万元：

免抵退税额 $=1\,200\times11\%-1\,000\times11\%=22$（万元）

应纳税额 $=0-\{12-[1\,200\times(13\%-11\%)-1\,000\times(13\%-11\%)]\}=-8$（万元）

故该企业当期应退税额为 8 万元。意味着纳税人若采用进料加工方式可获退税 8 万元，比来料加工方式更优惠，应选用进料加工方式。从该案例可以看出，如果出口产品不得抵扣的进项税额小于为生产该出口产品而取得的全部进项税额，则应采用进料加工方式，否则应采用来料加工方式。

2.3.2 出口货物适用的退税率

1. 退税率的一般规定

（1）除另有规定外，出口货物、服务、无形资产的退税率为其适用税率。

（2）具体包括五档：13%、10%、9%、6% 和零税率。

2. 退税率的特殊规定

（1）外贸企业购进按简易办法征税的出口货物、从小规模纳税人购进的出口货物，其退税率分别为简易办法实际执行的征收率、小规模纳税人征收率。

（2）出口企业委托加工修理修配货物，加工修理修配费用的退税率，为出口货物的退税率。

（3）适用不同退税率的货物、劳务以及跨境应税行为，应分开报关、核算并申报退（免）税；未分开报关、核算或者划分不清的，从低适用退税率。

2.3.3 出口货物应退增值税的计算

根据《出口货物退（免）税管理办法》的规定，我国现行出口货物退（免）税计算办法有两种：一种是“免、抵、退”办法，主要适用于自营和委托出口自产货物的生产企业；另一种是“先征后退”办法，主要适用于收购货物出口的外（工）贸企业。

2.3.3.1 “免、抵、退”税的计算方法

生产企业自营或委托外贸企业代理出口（以下简称生产企业出口）自产货物，除另有规定外，增值税实行“免、抵、退”税管理办法。

实行“免、抵、退”税管理办法的“免”税，是指对生产企业出口自产货物，免征本企业生产销售环节的增值税；“抵”税，是指生产企业出口自产货物所耗用的原材料、零部件、燃料、动力等所含应予退还的进项税额，抵减内销货物的应纳税额；“退”税，是指生产企业出口的自产货物在当月内应抵减的进项税额大于应纳税额时，对未抵减完的部分予以退税。具体计算步骤如表2－8所示：

表2－8

步骤	公式	说明
第一步：免	免征生产销售环节增值税	出口货物不计销项税
第二步：剔	当期免抵退税不得免征和抵扣税额＝出口货物离岸价×外汇人民币牌价×(出口货物征税率－出口货物退税率)－免抵退税不得免征和抵扣税额抵减额免抵退税不得免征和抵扣税额抵减额＝免税购进原材料价格×（出口货物征税率－出口货物退税率）（注1）	剔除以前增值税环节缺失等原因造成的退税率低于征税率使可抵扣进项税虚增的因素；修正本环节使用免税原材料，未计过进项税而不曾影响增值税进项税的因素
第三步：抵	当期应纳税额＝当期内销货物的销项税额－（当期进项税额－当期免抵退税不得免征和抵扣税额）－上期留抵税额	用内销货物销项税与全部进项税相抵，同时剔除不可抵扣因素。计算结果为正数，则是应纳税额，如为负数，则部分或全部退
第四步：退	首先，计算免抵退税总额：免抵退税额＝出口货物离岸价×外汇人民币牌价×出口货物退税率－免抵退税额抵减额（应退税最高限额），其中：免抵退税额抵减额＝免税购进原材料×出口货物退税率；其次，确认出口退税，并确认退税之外的免抵税额：（1）如当期期末留抵税额≤当期免抵退税额时当期应退税额＝当期期末留抵税额当期免抵税额＝当期免抵退税额－当期应退税额（2）当期期末留抵税额＞当期免抵退税额时当期应退税额＝当期免抵退税额当期免抵税额＝0，其差额为下期留抵税额	在计算当期应纳税额时结果出现留抵税额，即当期应纳税额＜0时，才会涉及出口退税。首先，用公式计算免抵退税总额；其次，确定免抵退税总的水平限额，用当期应纳税额计算出的留抵税额与当期可免抵退税额的绝对值比大小，择其小的确认出口退税，并用免抵退税额减除退税额以确认退税之外的免抵税额

注1：这两个公式分开看比较难理解，但是将两个公式合并后就成为：

免抵退税不得免征和抵扣税额＝出口货物离岸价×外汇人民币牌价×(出口货物征税率－出口货物退税率)－免税购进原材料价格×(出口货物征税率－出口货物退税率)＝(出口货物离岸价×外汇人民币牌价－免税购进原材料价格)×(出口货物征税率－出口货物退税率)

这样一来，不得免征和抵扣的税额就表现得比较明晰起来，也就是从认定的出口销售额中，剔除掉免税购进的原材料价款后的剩余部分对应的征退税差额。这样计算的原因包括三个：第一，免税购进材料本身不包含进项税，所以不应该计算免征和抵扣税额，因此要予以剔除；第二，因为出口货物实际消耗的材料物资对应的进项税额无法准确确定，因此计算免抵退税额时采用人为设定其进项税额是按照销售额的一定比例计算，这个比例就是确定公式中的退税率；第三，基于第二条同样的理由，因为无法直接计算应退税额，所以变通的办法，先来计算不得免征和抵扣的税额，并以此作为间接计算免抵退的一个中间数据。

【学中练 2-17】

甲生产企业为增值税一般纳税人，具有进出口经营权，5 月份发生以下业务：进口货物，海关审定的关税完税价格为 500 万元，关税税率为 10%，海关代征了进口环节增值税。进料加工免税进口料件一批，海关暂免征税，予以放行，组成计税价格为 100 万元，从国内市场购进材料支付的价款为 1 400 万元，取得增值税专用发票上注明的税金为 182 万元。外销进料加工货物的离岸价为 1 000 万元。内销货物的销售额为 1 200 万元（不含税）。该企业适用免抵退税办法，上期留抵税额 60 万元。上述货物内销时均适用 13% 的增值税税率，出口退税率为 9%。

（1）计算甲企业当期免抵退税不得免征和抵扣税额；

（2）计算甲企业当期应纳税额；

（3）计算甲企业当期免抵退税额；

（4）计算甲企业当期应退税额、当期免抵税额及当期期末留抵税额。

【解析】（1）当期免抵退税不得免征和抵扣税额抵减额 = 100 × (13% − 9%)

= 4（万元）

当期免抵退税不得免征和抵扣税额 = 1 000 × (13% − 9%) − 4 = 36（万元）

（2）当期应纳税额 = 1 200 × 13% − [182 + 500 × (1 + 10%) × 13% − 36] − 60

= −121.5（万元）

当期期末退税前的留抵税额 = 121.5（万元）

（3）当期免抵退税额抵减额 = 100 × 9% = 9（万元）

当期免抵退税额 = 1 000 × 9% − 9 = 81（万元）

（4）当期期末退税前的留抵税额 121.5 万元 > 当期免抵退税额 81 万元，则当期应退税额 = 当期免抵退税额 = 81（万元）

当期免抵税额 = 0

当期期末退税后的留抵税额 = 121.5 − 81 = 40.5（万元）

2.3.3.2 先征后退的计算方法

1. 外贸企业出口外购的货物或劳务

增值税应退税额 = 购进出口货物的增值税专用发票或海关进口增值税专用缴款书注明的金额 × 出口货物退税率

2. 外贸企业出口委托加工修理修配货物

外贸企业委托生产企业加工收回后报关出口的货物，按购进国内原辅材料的增值税专用发票上注明的进项税额，支付的加工费，凭受托方开具的货物适用的退税率，计算应退税额。

增值税应退税额 =（专用发票注明的价款 + 加工费）× 出口货物退税率

退税率低于适用税率的，相应计算出的差额部分的税款为不予退税金额，需作进项税额转出处理，计入出口货物劳务成本。

不予退税金额（进项税额转出）= 购进出口货物的增值税专用发票或海关进口增值税专用缴款书注明的金额或者加工修理修配增值税专用发票注明的金额 ×（出口货物征税率 − 出口货物退税率）

【学中练 2－18】

乙外贸公司为增值税一般纳税人，具有进出口经营权，本年5月从某日用化妆品公司购进出口用护发用品1 000箱，取得增值税专用发票注明的价款为200万元，进项税额为32万元，货款已用银行存款支付。当月该批产品已全部出口，售价为每箱180美元（当日汇率为1美元 = 6.8元人民币），申请退税的单证齐全。该护发用品增值税退税率为13%。

【要求】(1) 计算乙公司当期应退增值税。

(2) 计算乙公司当期增值税进项税额转出额。

【解析】(1) 应退增值税税额 = 2 000 000 × 13% = 260 000（元）

(2) 增值税进项税额转出额 = 340 000 − 260 000 = 80 000（元）

【知识链接】

出口方式选择的税收筹划

【筹划思考】生产企业自营出口的增值税退税额计算实行“免、抵、退”计算办法，而外贸企业买断出口实行“免退税”计算办法，两者在计算退税额时相关依据并不相同，那么，纳税人想要获得更多的退税是采用自营出口还是采用买断出口的方式更好？

【筹划思路】外贸企业计算不得免征和抵扣税额的依据为国内购进价格，而生产企业计算不得免征和抵扣税额的依据为出口离岸价。由于外贸企业出口销售价格总是高于国内购进价格，将造成生产企业和外贸企业两种方式下实际退税额不同，纳税人采用外贸企业买断出口可获得更多的退税额，为企业减轻税负提供机会。

【学中练 2-19】

某生产企业本年 8 月购进货物 6 000 万元，可抵扣的进项税额为 960 万元，直接出口价为 10 000 万元（离岸价），无内销，该生产企业出口货物实行“免抵退”的增值税计算方法，征税率为 13%，退税率为 11%。因此 8 月份该生产企业不得免征和抵扣税额 = 10 000 ×（13% -11%）=200（万元），应纳增值税 =0 -（960 -200）= -760（万元），免抵退税额 =10 000 ×11% =1 100（万元），应退增值税 =760（万元）。请问该企业可以如何进行税收筹划？

【筹划分析】该生产企业可设立关联外贸公司，生产企业将产品以 8 000 万元价格（不含增值税）销售给关联外贸公司，关联外贸公司再以 10 000 万元出口。则生产企业应纳增值税 =8 000 ×13% -960 =80（万元），关联外贸公司应退增值税 =8 000 ×11% =880（万元），整个利益集团净退税 =880 -80 =800（万元）。因此，通过关联外贸公司间接出口比通过生产企业直接出口可多获得 40 万元（800 -760）净退税额。

2.3.4 出口货物退（免）税管理

申报退免税时间：企业当年出口的货物须在出口的次月至次年 4 月的各个增值税纳税申报期内申报退税（以前为货物报关出口之日起 90 日内）。逾期不申报的，除另有规定者和确有特殊原因经地市级以上税务机关批准者外，企业须向主管税务机关征税部门进行纳税申报。

2.4 增值税税款缴纳与申报

引例

小王是一家房地产企业的税务专员，由于原来公司缴纳的是营业税，营业税改征增值税以后，她不知从何下手，你能帮帮她吗？

【分析】增值税的纳税申报区分一般纳税人和小规模纳税人，纳税人应及时安装企业电子申报管理系统进行增值税纳税申报。增值税纳税人在纳税申报期截止日期前，通过互联网登录到网上申报系统，填写增值税纳税申报表主表、附表及其他附列资料，审核确认无误后通过“纳税申报”模块在线提交电子报表。一般来说，完成一次增值税申报要分六步：本月底发票认证，次月初抄税，申报，报税，缴税，清卡（盘）（注意报税和申报的区别）。另外需要注意的是，所有的工作一定要在规定的期限内完成。

2.4.1 纳税义务发生时间

纳税义务发生时间，是指纳税人发生应税销售行为应当承担纳税义务的起始时间。

2.4.1.1 一般规定

（1）纳税人销售货物或者应税劳务，为收讫销售款项或者取得销售款项凭据的当天；先开具发票的，为开具发票的当天。

收讫销售款项，是指纳税人销售服务、无形资产、不动产过程中或者完成后收到款项。

取得销售款项凭据的当天，是指书面合同确定的付款日期；未签订书面合同或者书面合同未确定付款日期的，为服务、无形资产转让完成的当天或者不动产权属变更的当天。

（2）纳税人进口货物，为报关进口的当天。

（3）增值税扣缴义务发生时间为纳税人增值税纳税义务发生的当天。

2.4.1.2 具体规定

对于不同的销售结算方式，适用于不同的纳税义务发生时间，具体规定如下：

（1）采取直接收款方式销售货物，不论货物是否发出，均为收到销售款或者取得销售款凭据的当天。

（2）采取托收承付和委托银行收款方式销售货物，为发出货物并办妥托收手续的当天。

（3）采取赊销和分期收款方式销售货物，为书面合同约定的收款日期的当天，无书面合同的或者书面合同没有约定收款日期的，为货物发出的当天。

（4）采取预收货款方式销售货物，为货物发出的当天，但生产销售生产工期超过 12 个月的大型机械设备、船舶、飞机等货物，为收到预收款或者书面合同约定的收款日期的当天。

（5）委托其他纳税人代销货物，为收到代销单位的代销清单或者收到全部或者部分货款的当天。未收到代销清单及货款的，为发出代销货物满 180 天的当天。

（6）纳税人发生视同销售货物行为第（3）项至第（7）项的，为货物移送的当天。

（7）纳税人提供租赁服务采取预收款方式的，其纳税义务发生时间为收到预收款的当天。

（8）纳税人从事金融商品转让的，为金融商品所有权转移的当天。

（9）纳税人发生视同销售劳务、服务、无形资产、不动产情形的，其纳税义务发生时间为劳务、服务、无形资产、不动产转让完成的当天或者不动产权属变更的当天。

【知识链接】

结算方式选择的税收筹划

【筹划思考】不同结算方式下纳税义务发生时间的规定各不相同，纳税人选择何种销售结算方式才可使自己获得最大的税收效益呢？

【筹划分析】企业应选择合理的结算方式，拖延入账时间，达到延缓税款缴纳、获得资金时间价值的目的，而且可以避免不必要的税收损失。如在选择结算方式时，尽量采用货款不到不开发票的方式或采用赊销方式，分期收款结算，收多少款，开多少发票；避免采用托收承付和委托收款结算的方式销售货物，防止垫付税款。

2.4.2 纳税期限

《增值税暂行条例》规定，增值税的纳税期限分别为 1 日、3 日、5 日、10 日、15 日、1 个月或者 1 个季度。

纳税人的具体纳税期限，由主管税务机关根据纳税人应纳税额的大小分别核定；不能按照固定期限纳税的，可以按次纳税。以 1 个季度为纳税期限的仅适用于小规模纳税人、银行、财务公司、信托投资公司、信用社，以及财政部和国家税务总局规定的其他纳税人。小规模纳税人的具体纳税期限，由主管税务机关根据其应纳税额的大小分别核定。

纳税人以 1 个月或者 1 个季度为 1 个纳税期的，自期满之日起 15 日内申报纳税；以 1 日、3 日、5 日、10 日或者 15 日为 1 个纳税期的，自期满之日起 5 日内预缴税款，于次月 1 日起 15 日内申报纳税并结清上月应纳税款。

扣缴义务人解缴税款的期限，依照前两款规定执行。

纳税人进口货物，应当自海关填发海关进口增值税专用缴款书之日起 15 日内缴纳税款。

纳税人出口货物，适用零税率的货物，向海关办理报关出口手续后，凭出口报关单等有关凭证，按月向税务机关申报办理该项出口货物的退税。

2.4.3 纳税地点

《增值税暂行条例》规定，增值税纳税地点为：

（1）固定业户应当向其机构所在地的主管税务机关申报纳税。总机构和分支机构不在同一县（市）的，应当分别向各自所在地的主管税务机关申报纳税；经国务院财政、税务主管部门或者其授权的财政、税务机关批准，可以由总机构汇总向总机构所在地的主管税务机关申报纳税。

（2）固定业户到外县（市）销售货物或者应税劳务，应当向其机构所在地的主管税务机关申请开具外出经营活动税收管理证明，并向其机构所在地的主管税务机关申报纳税；未开具证明的，应当向销售地或者劳务发生地的主管税务机关申报纳税；未向销售地或者劳务发生地的主管税务机关申报纳税的，由其机构所在地的主管税务机关补征税款。

（3）非固定业户应当向销售地或者劳务发生地的主管税务机关申报纳税；未申报纳税的，由其机构所在地或者居住地的主管税务机关补征税款。

（4）进口货物，应当向报关地海关申报纳税。

（5）其他个人提供建筑劳务，销售或租赁不动产，转让自然资源使用权，应当向建筑劳务发生地、不动产所在地、自然资源所在地主管税务机关申报纳税。

（6）扣缴义务人应当向其机构所在地或者居住地的主管税务机关申报缴纳其扣缴的税款。

2.4.4 增值税专用发票的管理

增值税专用发票（以下简称专用发票）是指增值税一般纳税人销售货物或者提供应税劳务开具的发票，是购买方支付增值税额并可按照增值税有关规定据以抵扣增值税进项税额的凭证。专用发票既是经济业务收付款的原始凭证，同时也是购货方据以抵扣增值税款的法定凭证。一般纳税人应通过增值税防伪税控系统使用专用发票。

2.4.4.1 增值税专用发票的联次

增值税专用发票由基本联次或基本联次附加其他联次构成。基本联次为三联，各联次必须按以下规定用途使用：

（1）第一联为发票联，购买方作购买核算采购成本和增值税进项税额的记账凭证；

（2）第二联为抵扣联，购买方作报送主管税务机关认证和留存备查的凭证；

（3）第三联为记账联，销售方作核算销售收入和增值税销项税额的记账凭证。

2.4.4.2 增值税专用发票的领购使用范围

一般纳税人凭发票领购簿、IC 卡和经办人身份证明领购专用发票。

一般纳税人有下列情形之一的，不得领购开具专用发票：

（1）会计核算不健全，不能向税务机关准确提供增值税销项税额、进项税额、应纳税额数据及其他有关增值税税务资料的。

（2）有《税收征管法》规定的税收违法行为，拒不接受税务机关处理的。

（3）有下列行为之一，经税务机关责令限期改正而仍未改正的：①虚开增值税专用发票；②私自印制专用发票；③向税务机关以外的单位和个人买取专用发票；④借用他人专用发票；⑤未按规定开具专用发票；⑥未按规定保管专用发票和专用设备；⑦未按规定申请办理防伪税控系统变更发行；⑧未按规定接受税务机关检查。

为了加强增值税专用发票的管理，有以上情形之一的一般纳税人，如已领购专用发票，税务机关暂扣其结存的专用发票和IC 卡。

2.4.4.3 增值税专用发票的开具范围

增值税专用发票只限于增值税一般纳税人领购使用。一般纳税人销售货物或者提供应税劳务，应向购买方开具专用发票。一般纳税人应通过增值税防伪税控系统使用专用发票。所谓使用，包括领购、开具、缴销、认证纸质专用发票及其相应的数据电文。

商业企业一般纳税人零售的烟、酒、食品、服装、鞋帽（不包括劳保专用部分）、化妆品等消费品不得开具专用发票。

增值税小规模纳税人和非增值纳税人不得领购使用专用发票。增值税小规模纳税人须开具专用发票的，可向当地主管税务机关申请代开。

国家税务总局公告2019年第8号文件规定：扩大小规模纳税人自行开具增值税专用发票试点范围。将小规模纳税人自行开具增值税专用发票试点范围由住宿业，鉴证咨询业，建筑业，工业，信息传输、软件和信息技术服务业，扩大至租赁和商务服务业，科学研究和技术服务业，居民服务、修理和其他服务业。上述8个行业小规模纳税人（以下称“试点纳税人”）发生增值税应税行为，需要开具增值税专用发票的，可以自愿使用增值税发票管理系统自行开具。

自2019年8月起，税务总局进一步扩大小规模纳税人自行开具增值税专用发票范围，小规模纳税人（其他个人除外）发生增值税应税行为、需要开具增值税专用发票的，可以自愿使用增值税发票管理系统自行开具。

销售免税货物不得开具专用发票，法律、法规及国家税务总局另有规定的除外。

2.4.4.4 专用发票开具要求

（1）项目齐全，与实际交易相符。

（2）字迹清楚，不得压线、错格。

（3）发票联和抵扣联加盖财务专用章或者发票专用章。

（4）按照增值税纳税义务的发生时间开具。

开具的专用发票有不符合上述要求的，不得作为扣税凭证，购买方有权拒收。一般纳税人销售货物或者提供应税劳务可以汇总开具专用发票。汇总开具专用发票的，同时使用防伪税控系统开具“销售货物或者提供应税劳务清单”，并加盖财务专用章或者发票专用章。

2.4.4.5 增值税纳税申报实训

实训任务：某企业，增值税一般纳税人，从事计算机硬件的销售业务并提供技术咨询服务及设备租赁服务，2023年7月发生如下业务：

1. 上期留抵税额

截至2023年6月30日，“一般货物及劳务”列第20栏“期末留抵税额”为零。

2. 销售情况

业务一：取得技术咨询服务费，开具防伪税控增值税专用发票，销售额40 000元，销项税额 2 400 元。

业务二：出租机械设备，开具增值税普通发票，销售额 25 000 元，销项税额 3 250 元。

业务三：销售电脑一批，开具防伪税控增值税专用发票，销售额 20 000 元，销项税额 2 600 元。

业务四：销售电脑配件一批，开具增值税普通发票，销售额 10 000 元，销项税额1 300 元。

业务五：销售软件产品，开具防伪税控增值税专用发票，销售额 15 000 元，销项税额 1 950 元。

3. 进项税额的情况

业务六：购进电脑一批，取得防伪税控增值税专用发票，金额 4 000 元，税额 520 元。

业务七：接受营改增试点地区纳税人提供的应税服务，取得增值税专用发票，金额 3 000 元，税率 6%，税额 180 元。

业务八：取得营改增试点地区纳税人开具的货物运输业增值税专用发票，金额 2 000 元，税率 9%，税额 180 元。

业务九：取得营改增试点地区纳税人开具的交通运输业增值税专用发票，金额 1 000 元。

业务十：取得开发软件产品相关可抵扣进项税额 1 200 元。

请代为填制 7 月增值税纳税申报表及附表 2 - 9 至表 2 - 15（金额保留 2 位小数，无金额的填写 0. 00）。

注：假设该纳税人 1 月取得的所有需认证的发票均于当月认证且申报抵扣。

表 2－9 **增值税纳税申报表**

增值税及附加税费申报表

（一般纳税人适用）

根据国家税收法律法规及增值税相关规定制定本表。纳税人不论有无销售额，均应按税务机关核定的纳税期限填写本表，并向当地税务机关申报。

税款所属时间：自　　年　月　日至　　年　月　日　填表日期：　　年　月　日　金额单位：元（列至角分）

纳税人识别号（统一社会信用代码）：□□□□□□□□□□□□□□□□□□□□□□□□　　所属行业：

纳税人名称：		法定代表人姓名		注册地址		生产经营地址	
开户银行及账号		登记注册类型			电话号码		

项目		栏次	一般项目		即征即退项目	
			本月数	本年累计	本月数	本年累计
销售额	（一）按适用税率计税销售额	1				
	其中：应税货物销售额	2				
	应税劳务销售额	3				
	纳税检查调整的销售额	4				
	（二）按简易办法计税销售额	5				
	其中：纳税检查调整的销售额	6				
	（三）免、抵、退办法出口销售额	7			—	—
	（四）免税销售额	8			—	—
	其中：免税货物销售额	9			—	—
	免税劳务销售额	10			—	—
税款计算	销项税额	11				
	进项税额	12				
	上期留抵税额	13				—
	进项税额转出	14				
	免、抵、退应退税额	15			—	—
	按适用税率计算的纳税检查应补缴税额	16			—	—
	应抵扣税额合计	17＝12＋13－14－15＋16		—		—
	实际抵扣税额	18（如 17＜11，则为 17，否则为 11）				
	应纳税额	19＝11－18				
	期末留抵税额	20＝17－18				—
	简易计税办法计算的应纳税额	21				
	按简易计税办法计算的纳税检查应补缴税额	22			—	—
	应纳税额减征额	23				
	应纳税额合计	24＝19＋21－23				

续表

项目		栏次	一般项目		即征即退项目	
			本月数	本年累计	本月数	本年累计
税款缴纳	期初未缴税额（多缴为负数）	25				
	实收出口开具专用缴款书退税额	26			—	—
	本期已缴税额	27 = 28 + 29 + 30 + 31				
	①分次预缴税额	28		—		—
	②出口开具专用缴款书预缴税额	29		—	—	—
	③本期缴纳上期应纳税额	30				
	④本期缴纳欠缴税额	31				
	期末未缴税额（多缴为负数）	32 = 24 + 25 + 26 − 27				
	其中：欠缴税额（≥0）	33 = 25 + 26 − 27		—		—
	本期应补（退）税额	34 = 24 − 28 − 29		—		—
	即征即退实际退税额	35	—	—		
	期初未缴查补税额	36			—	—
	本期入库查补税额	37			—	—
	期末未缴查补税额	38 = 16 + 22 + 36 − 37			—	—
附加税费	城市维护建设税本期应补（退）税额	39			—	—
	教育费附加本期应补（退）费额	40			—	—
	地方教育附加本期应补（退）费额	41			—	—

声明：此表是根据国家税收法律法规及相关规定填写的，本人（单位）对填报内容（及附带资料）的真实性、可靠性、完整性负责。

纳税人（签章）： 年 月 日

经办人： 经办人身份证号： 代理机构签章： 代理机构统一社会信用代码：	受理人： 受理税务机关（章）： 受理日期： 年 月 日

表 2-10　　增值税纳税申报表附列资料（一）

增值税及附加税费申报表附列资料（一）

（本期销售情况明细）

税款所属时间：　年　月　日至　年　月　日

纳税人名称：（公章）　　　　　　　　　　　　　　　　　　金额单位：元（列至角分）

项目及栏次				开具增值税专用发票		开具其他发票		未开具发票		纳税检查调整		合计			服务、不动产和无形资产扣除项目本期实际扣除金额	扣除后	
				销售额	销项（应纳）税额	销售额	销项（应纳）税额	销售额	销项（应纳）税额	销售额	销项（应纳）税额	销售额	销项（应纳）税额	价税合计		含税（免税）销售额	销项（应纳）税额
				1	2	3	4	5	6	7	8	9 = 1 + 3 + 5 + 7	10 = 2 + 4 + 6 + 8	11 = 9 + 10	12	13 = 11 - 12	14 = 13 ÷ (100% + 税率或征收率) × 税率或征收率
一、一般计税方法计税	全部征税项目	13%税率的货物及加工修理修配劳务	1											—	—	—	—
		13%税率的服务、不动产和无形资产	2														
		9%税率的货物及加工修理修配劳务	3											—	—	—	—
		9%税率的服务、不动产和无形资产	4														
		6%税率	5														
	其中：即征即退项目	即征即退货物及加工修理修配劳务	6	—	—	—	—	—	—	—	—			—	—	—	—
		即征即退服务、不动产和无形资产	7	—	—	—	—	—	—	—	—						

续表

项目及栏次				开具增值税专用发票		开具其他发票		未开具发票		纳税检查调整		合计			服务、不动产和无形资产扣除项目本期实际扣除金额	扣除后	
				销售额	销项（应纳）税额	销售额	销项（应纳）税额	销售额	销项（应纳）税额	销售额	销项（应纳）税额	销售额	销项（应纳）税额	价税合计		含税（免税）销售额	销项（应纳）税额
				1	2	3	4	5	6	7	8	9 = 1 +3 +5 +7	10 = 2 + 4 + 6 +8	11 = 9 +10	12	13 = 11 – 12	14 =13 ÷ (100% + 税率或征收率) × 税率或征收率
二、简易计税方法计税	全部征税项目	6%征收率	8							—	—			—	—	—	—
		5%征收率的货物及加工修理修配劳务	9a							—	—			—	—	—	—
		5%征收率的服务、不动产和无形资产	9b							—	—						
		4%征收率	10							—	—			—	—	—	—
		3%征收率的货物及加工修理修配劳务	11							—	—			—	—	—	—
		3%征收率的服务、不动产和无形资产	12							—	—						
		预征率　%	13a							—	—						
		预征率　%	13b							—	—						
		预征率　%	13c							—	—						
	其中：即征即退项目	即征即退货物及加工修理修配劳务	14	—	—	—	—	—	—	—	—			—	—	—	—
		即征即退服务、不动产和无形资产	15	—	—	—	—	—	—	—	—						

续表

项目及栏次			开具增值税专用发票		开具其他发票		未开具发票		纳税检查调整		合计			服务、不动产和无形资产扣除项目本期实际扣除金额	扣除后	
			销售额	销项（应纳）税额	销售额	销项（应纳）税额	销售额	销项（应纳）税额	销售额	销项（应纳）税额	销售额	销项（应纳）税额	价税合计		含税（免税）销售额	销项（应纳）税额
			1	2	3	4	5	6	7	8	9 = 1 +3 +5 +7	10 = 2 + 4 + 6 +8	11 = 9 +10	12	13 = 11 – 12	14 =13 ÷（100% + 税率或征收率）× 税率或征收率
三、免抵退税	货物及加工修理修配劳务	16	—	—		—		—	—	—		—	—	—	—	—
	服务、不动产和无形资产	17	—	—		—		—	—	—		—				—
四、免税	货物及加工修理修配劳务	18				—		—	—	—		—	—	—	—	—
	服务、不动产和无形资产	19	—	—		—		—	—	—		—				—

表 2 – 11

增值税纳税申报表附列资料（二）

增值税及附加税费申报表附列资料（二）

（本期进项税额明细）

税款所属时间：年　　月　日至　　年　　月　　日

纳税人名称：（公章）　　　　　　　　　　　　　　　　金额单位：元（列至角分）

一、申报抵扣的进项税额				
项目	栏次	份数	金额	税额
（一）认证相符的增值税专用发票	1 =2 +3			
其中：本期认证相符且本期申报抵扣	2			
前期认证相符且本期申报抵扣	3			
（二）其他扣税凭证	4 =5 +6 +7 +8a +8b			
其中：海关进口增值税专用缴款书	5			
农产品收购发票或者销售发票	6			
代扣代缴税收缴款凭证	7		—	
加计扣除农产品进项税额	8a	—	—	
其他	8b			

续表

一、申报抵扣的进项税额				
项目	栏次	份数	金额	税额
（三）本期用于购建不动产的扣税凭证	9			
（四）本期用于抵扣的旅客运输服务扣税凭证	10			
（五）外贸企业进项税额抵扣证明	11	—	—	
当期申报抵扣进项税额合计	12 = 1 + 4 + 11			
二、进项税额转出额				
项目	栏次	税额		
本期进项税额转出额	13 = 14 至 23 之和			
其中：免税项目用	14			
集体福利、个人消费	15			
非正常损失	16			
简易计税方法征税项目用	17			
免抵退税办法不得抵扣的进项税额	18			
纳税检查调减进项税额	19			
红字专用发票信息表注明的进项税额	20			
上期留抵税额抵减欠税	21			
上期留抵税额退税	22			
异常凭证转出进项税额	23a			
其他应作进项税额转出的情形	23b			
三、待抵扣进项税额				
项目	栏次	份数	金额	税额
（一）认证相符的增值税专用发票	24	—	—	—
期初已认证相符但未申报抵扣	25			
本期认证相符且本期未申报抵扣	26			
期末已认证相符但未申报抵扣	27			
其中：按照税法规定不允许抵扣	28			
（二）其他扣税凭证	29 = 30 至 33 之和			
其中：海关进口增值税专用缴款书	30			
农产品收购发票或者销售发票	31			
代扣代缴税收缴款凭证	32		—	
其他	33			
	34			
四、其他				
项目	栏次	份数	金额	税额
本期认证相符的增值税专用发票	35			
代扣代缴税额	36	—	—	

表 2－12　　增值税纳税申报表附列资料（三）

增值税及附加税费申报表附列资料（三）

（服务、不动产和无形资产扣除项目明细）

税款所属时间：　　年　月　日至　年　月　日

纳税人名称：（公章）　　金额单位：元（列至角分）

项目及栏次		本期服务、不动产和无形资产价税合计额（免税销售额）	服务、不动产和无形资产扣除项目				
			期初余额	本期发生额	本期应扣除金额	本期实际扣除金额	期末余额
		1	2	3	4＝2＋3	5（5≤1且5≤4）	6＝4－5
13%税率的项目	1						
9%税率的项目	2						
6%税率的项目（不含金融商品转让）	3						
6%税率的金融商品转让项目	4						
5%征收率的项目	5						
3%征收率的项目	6						
免抵退税的项目	7						
免税的项目	8						

表 2－13　　增值税纳税申报表附列资料（四）

增值税及附加税费申报表附列资料（四）

（税额抵减情况表）

税款所属时间：　　年　月　日至　年　月　日

纳税人名称：（公章）　　金额单位：元（列至角分）

一、税额抵减情况						
序号	抵减项目	期初余额	本期发生额	本期应抵减税额	本期实际抵减税额	期末余额
		1	2	3＝1＋2	4≤3	5＝3－4
1	增值税税控系统专用设备费及技术维护费					
2	分支机构预征缴纳税款					
3	建筑服务预征缴纳税款					
4	销售不动产预征缴纳税款					
5	出租不动产预征缴纳税款					

续表

二、加计抵减情况							
序号	加计抵减项目	期初余额	本期发生额	本期调减额	本期可抵减额	本期实际抵减额	期末余额
		1	2	3	4 =1 +2 −3	5	6 =4 −5
6	一般项目加计抵减额计算						
7	即征即退项目加计抵减额计算						
8	合计						

表 2 − 14

增值税纳税申报表附列资料（五）

增值税及附加税费申报表附列资料（五）

（附加税费情况表）

税（费）款所属时间：　　年　　月　　日至　　年　　月　　日

纳税人名称：（公章）　　　　　　　　　　　　　　　　金额单位：元（列至角分）

税（费）种		计税（费）依据			税（费）率（%）	本期应纳税（费）额	本期减免税（费）额		试点建设培育产教融合型企业		本期已缴税（费）额	本期应补（退）税（费）额
		增值税税额	增值税免抵税额	留抵退税本期扣除额			减免性质代码	减免税（费）额	减免性质代码	本期抵免金额		
		1	2	3	4	5 =(1 +2 −3) ×4	6	7	8	9	10	11 =5 −7 −9 −10
城市维护建设税	1								—	—		
教育费附加	2											
地方教育附加	3											
合计	4	—	—	—	—		—		—			

本期是否适用试点建设培育产教融合型企业抵免政策	□是 □否	当期新增投资额	5	
		上期留抵可抵免金额	6	
		结转下期可抵免金额	7	
可用于扣除的增值税留抵退税额使用情况		当期新增可用于扣除的留抵退税额	8	
		上期结存可用于扣除的留抵退税额	9	
		结转下期可用于扣除的留抵退税额	10	

表 2－15　　　　　　　　增值税减免税申报明细表

税款所属时间：自　　年　　月　　日至　　年　　月　　日

纳税人名称（公章）：　　　　　　　　　　　　　　　　　　　金额单位：元（列至角分）

一、减税项目						
减税性质代码及名称	栏次	期初余额	本期发生额	本期应抵减税额	本期实际抵减税额	期末余额
		1	2	3＝1＋2	4≤3	5＝3－4
合计	1					
	2					
	3					
	4					
	5					
	6					
二、免税项目						
免税性质代码及名称	栏次	免征增值税项目销售额	免税销售额扣除项目本期实际扣除金额	扣除后免税销售额	免税销售额对应的进项税额	免税额
		1	2	3＝1－2	4	5
合　计	7					
出口免税	8		—	—	—	
其中：跨境服务	9		—	—	—	
	10				—	
	11				—	
	12				—	
	13				—	
	14				—	
	15				—	
	16				—	

【实训案例解析】

（1）应税服务销售额＝40 000＋25 000＝65 000（元）（业务一销售额＋业务二销售额）

（2）应税服务销项税额＝2 400＋3 250＝5 650（元）（业务一销项税额＋业务二销项税额）

（3）一般货物及劳务销售额＝20 000＋10 000＝30 000（元）（业务三销售额＋业务四销售额）

（4）一般货物及劳务销项税额＝2 600＋1 300＝3 900（元）（业务三销项税额＋业务四销项税额）

（5）即征即退货物及劳务销售额 = 15 000（元）（业务五销售额）

（6）即征即退货物及劳务销项税额 = 1 950（元）（业务五销项税额）

（7）本期认证相符且本期申报抵扣的增值税专用发票金额 = 4 000 + 3 000 + 2 000 = 9 000（元）（业务六至业务八金额之和）

（8）本期认证相符且本期申报抵扣的增值税专用发票税额 = 520 + 180 + 180 = 880（元）（业务六至业务八税额之和）

（9）试点地区开具的运输发票可申报抵扣的金额 = 1 000（业务九金额）

（10）试点地区开具的运输发票可申报抵扣的税额 = 1 000 × 9% = 90（元）（业务九税额）

（11）本期认证相符且本期申报开发软件产品可抵扣进项税额 1 200（元）（业务十税额）

【注意】申报表 35 行中即征即退实际退税额中软件产品的退税额计算：

即征即退税额 = 当期软件产品增值税应纳税额 - 当期软件产品销售额 × 3%

即征即退税额 = 1 950 - 1 200 - 15 000 × 3% = 1 950 - 450 = 300（元）

职业道德与素质

【案例背景】

枞阳县 M 有限公司是一家大型 B2C 电商企业，9 月该公司在无实际货物交易的情况下，为江苏省某纺织有限公司开具增值税专用发票 18 份，税款合计 22 836.83 元，价税总计 1 936 966.80 元。江苏省某纺织有限公司在取得 18 份增值税专用发票后，向税务机关申报抵扣税款。M 有限公司法定代表人鲍某从中收取开票费 3 万元，用于公司的经营活动。

【问题】

请问 M 有限公司的行为是否合法？该如何处置？

【分析】

M 有限公司的行为属于虚开增值税专用发票行为，不合法；在没有实际货物交易的情况下，鲍某为他人虚开增值税专用发票，妄图投机取巧牟取非法利益的行为违反了《增值税暂行条例》以及《增值税专用发票使用规定》的相关规定。10 月 12 日，枞阳县人民法院以虚开增值税专用发票罪，判处被告单位枞阳县 M 有限公司罚金人民币 25 万元，判处法定代表人被告人鲍某有期徒刑 3 年，缓刑 4 年。

《增值税暂行条例》第九条规定，纳税人购进货物或者应税劳务，取得的增值税扣税凭证不符合法律、行政法规或者国务院税务主管部门有关规定的，其进项税额不得从销项税额中抵扣。

购买者在通过电商企业消费时，不能为他人虚开增值税专用发票，也不能让他人为自已虚开增值税专用发票，对于电商企业来说，更要加强开票管理，注意核对购货方和收货方是否一致。

项目小结

任务	学习目标	重难点
增值税征收制度	掌握增值税纳税义务人、征税范围、税率以及增值税减免税的具体内容	增值税征税范围
增值税应纳税额的计算	掌握增值税一般纳税人和小规模纳税人应纳税额计算的基本方法，重点掌握一般纳税人销项税额的确定以及进项税额的抵扣原则，掌握基本的增值税纳税筹划方法和技巧	一般纳税人销项税额的确定以及进项税额的抵扣原则
增值税出口退（免）税	了解我国增值税出口退税的基本政策，掌握增值税出口退税的计算方法及税务筹划技巧	免抵退税的计算方法
增值税税款缴纳与申报	熟悉增值税的纳税义务发生时间、纳税期限及纳税地点，以及增值税专用发票的使用管理规定；了解增值税的纳税申报流程，熟悉增值税纳税申报表的基本结构	增值税的纳税义务发生时间、纳税申报流程及纳税申报表结构

专业能力测评表

评价内容	权重	考核点	考核得分		
			小组评价	教师评价	综合得分
职业素养（20分）	10	了解增值税纳税申报流程			
	10	在税收筹划的过程中，采用合理、合法的途径进行筹划，禁止涉及违法行为			
案例分析（80分）	80	熟悉增值税的基本征收制度，能熟练对增值税涉税案例进行计算分析和纳税申报，对企业的增值税涉税业务提出筹划思路和筹划方法			
组长签字：		教师签字：	20　年　月　日		

职业能力训练

（一）单项选择题

1. 下列项目可以免征增值税的是（　　）。

A. 商场销售农产品

B. 残疾人组成的福利工厂为社会提供的加工和修理、修配劳务

C. 外国企业无偿援助的进口设备

D. 张某销售自己使用过的旧家具

2. 根据增值税法律制度的规定，选择差额计税的旅游公司发生的下列支出中，在确定增值税销售额时可以扣除的是（　　）。

A. 支付的广告制作费　　B. 替旅游者支付的酒店住宿费

C. 支付的导游工资　　D. 支付的办公室租金

3. 下列项目所包含的进项税额中，不得从销项税额中抵扣的是（　　）。

A. 生产过程中出现的报废产品　　B. 用于返修产品修理的易损零配件

C. 生产企业用于经营管理的办公用品　　D. 生产企业非正常损失的购进货物

4. 某家具厂为增值税一般纳税人，销售货物 30 000 元（不含税），则该家具厂的增值税销项税额为（　　）元。

A. 3 900　　B. 5 270

C. 5 245.30　　D. 5 621.36

5. 某商店（增值税一般纳税人）有金银销售资质，12 月销售金项链 100 条，其中有 50 条属于直接销售，另外 50 条采取以旧换新方式销售，已知每条新项链的含税销售价格为 2 260 元，收取的每条旧项链作价 1 130 元，则该商店销售金项链业务相应的增值税销项税额为（　　）元。

A. 39 780　　B. 29 835

C. 19 500　　D. 34 000

6. 某白酒生产企业为增值税一般纳税人，10 月销售白酒取得不含税销售收入 80 万元，收取包装物押金 2.26 万元。当月没收 3 个月前收取的逾期未退还的包装物押金 5.4 万元。已知增值税的税率为 13%，则该白酒生产企业 10 月应纳增值税（　　）万元。

A. 10.66　　B. 8.25

C. 6.86　　D. 9.78

7. 某食品厂（增值税一般纳税人）1 月向农民收购一批小麦用于生产蛋糕，农产品的收购发票上注明收购价款为 100 万元，则当月该蛋糕厂可以抵扣的进项税额是（　　）万元。

A. 1.3　　B. 5

C. 10　　D. 12

8. 某公司为增值税一般纳税人，10 月从国外进口一批烟丝，海关核定的关税完税价格为 113 万元，缴纳关税 11.3 万元，缴纳消费税 55.16 万元。已知增值税税率 13%，该公司该笔业务应缴纳增值税税额的下列计算中，正确的是（　　）。

A. 113 × 13%

B. （113 + 11.3 + 55.16）× 13%

C. 113 ÷（1 + 13%）× 13%

D. （113 + 11.3 + 55.16）÷（1 + 13%）× 13%

9. 某广播影视公司为增值税一般纳税人，2023 年 10 月提供广告设计服务取得不含税销售额 80 万元，提供广告发布服务取得不含税销售额 250 万元。当月接受旅客运输服务，支付不含税价款 20 万元。已知文化创意服务的增值税税率为 6%，则该广播影视公司 2023 年 10 月应缴纳增值税（　　）万元。

A. 19.8　　B. 12.86

C. 18　　D. 25.54

10. 某生产企业属增值税小规模纳税人，销售使用过的小汽车 1 辆，取得含税收入 51 000 元，原值为 141 000 元。该企业上述业务应缴纳增值税为（　　）元。

A. 1 000　　B. 2 040

C. 3 800　　D. 990.29

11. 下列选项中，可以开具增值税专用发票的是（　　）。

A. 房地产企业向消费者个人销售商品房

B. 超市向企业销售生产用手套

C. 某公司销售免税产品

D. 某餐厅向消费者个人提供餐饮服务

12. 某商场属于小规模纳税人，直接从原料厂购进各种零配件销售。8 月购进各种零配件价值 10 000 元，并取得增值税专用发票上注明的税额是 1 600 元。当月销售额为 80 000 元，该小规模纳税人当月应纳增值税税额（　　）元。

A. 3 076.92　　B. 1 376.92

C. 2 330.10　　D. 2 828.30

13. 某啤酒企业为增值税一般纳税人，月销售不含税收入为 100 万元，当期发出包装物收取押金为 4.52 万元，当期逾期未归还包装物押金为 1.13 万元。该企业本期应申报的销项税额为（　　）万元。

A. 13.13　　B. 13.80

C. 13　　D. 13.68

14. 某小规模纳税人销售自己使用过的旧机动车，取得收入103万元，则应纳增值税为（　　）万元。

A. 4　　B. 38.6

C. 2　　D. 15.38

15. 甲企业委托乙商场代销货物，下列各项属于甲企业纳税义务发生的时间为（　　）。

A. 发出货物的当天　　B. 收到货款的当天

C. 收到代销清单的当天　　D. 双方签订代销合同的当天

（二）多项选择题

1. 根据增值税法律制度的规定，下列各项中，属于“交通运输服务”的有（　　）。

A. 出租车公司向使用本公司自有出租车的出租车司机收取的管理费用

B. 水路运输的程租、期租业务

C. 航空运输的湿租业务

D. 无运输工具承运业务

2. 根据增值税法律制度的规定，下列各项中，属于“鉴证咨询服务”的有（　　）。

A. 翻译服务　　B. 市场调查服务

C. 认证服务　　D. 鉴证服务

3. 下列行为属于视同销售货物应征收增值税的有（　　）。

A. 某生产企业将自产货物委托商业企业代销

B. 某企业将外购的月饼用于赠送给代理商

C. 某企业将外购的水泥用于基建工程

D. 某生产企业将自产货物投资于个体工商户

4. 下列缴纳增值税的货物中，适用低税率的有（　　）。

A. 电力　　B. 粮食

C. 自来水　　D. 图书、报纸、杂志

5. 根据增值税法律制度的规定，境内企业提供的下列服务中，适用零税率的有（　　）。

A. 国际运输服务

B. 航天运输服务

C. 向境内单位提供技术开发服务

D. 向境外单位提供完全在境外消费的软件服务

6. 一般纳税人发生的下列应税行为中，可以选择适用简易计税方法计缴增值税的有（　　）。

A. 电影放映服务　　B. 文化体育服务

C. 收派服务　　D. 公交客运服务

7. 下列关于增值税的计税销售额规定，说法不正确的有（　　）。

A. 以物易物方式销售货物，由多交付货物的一方以价差计算缴纳增值税

B. 以旧换新方式销售货物，以实际收取的不含增值税的价款计算缴纳增值税（金银首饰除外）

C. 现金折扣方式销售货物，以扣除折扣额后的金额计算缴纳增值税

D. 销售折扣方式销售货物，分别开具发票的，不得从计税销售额中扣减折扣额

8. 根据增值税法律制度的规定，一般纳税人发生的下列行为中，不得抵扣进项税额的有（　　）。

A. 非正常损失的不动产所耗用的设计服务

B. 购进的贷款服务

C. 购进的居民日常服务

D. 购进的餐饮服务

9. 下列项目所包含的进项税额，不得从销项税额中抵扣的有（　　）。

A. 外购用于集体福利的车辆

B. 因自然灾害发生损失的原材料

C. 生产企业用于经营管理的办公用品

D. 为生产有机肥（免税产品）购入的原材料

10. 根据增值税法律制度的规定，下列各项中不属于增值税价外费用的有（　　）。

A. 向买方收取的手续费

B. 向买方收取的销项税额

C. 受托加工应征消费税的货物代收代缴的消费税款

D. 违约金

（三）判断题

1. 某商业广场经营单位将该广场1号楼的外墙出租给一家广告公司用于发布公告，该经营业务取得的收入应按照“文化创意服务——广告服务”的税目缴纳增值税。（　　）

2. 张某将位于北京的一处购买3年的非普通住房对外销售，免征增值税。（　　）

3. 2023年5月A企业购入一批货物，6月公司组织拔河比赛，这批货物作为胜利一方的奖品发放给企业职工，2023年6月，这批货物要视同销售计算销项税。（　　）

4. 某企业将外购的货物（取得增值税专用发票）赠送儿童福利院，其进项税额不得抵扣。（　　）

5. 增值税一般纳税人销售货物从购买方收取的价外费用，在征税时，应视为含税收

入，计算税额时应换算成不含税收入。 （ ）

6. 增值税一般纳税人将自产的货物无偿赠送他人，不征收增值税。 （ ）

7. 企业聘用的员工为本单位提供加工、修理修配劳务，不征收增值税。 （ ）

8. 纳税人兼营不同税率的货物或应税劳务，应当分别核算不同税率的货物或者应税劳务，未分别核算的，一律从高征收。 （ ）

9. 销售酒类产品而收取的包装物押金，无论是否返还以及会计上如何核算，均应当并入当期销售额征增值税。 （ ）

10. 小规模纳税人销售自己使用过的固定资产，应按3%的征收率征收增值税。

（ ）

（四）计算分析题

1. 甲公司为增值税一般纳税人，2023年8月发生以下经济业务：

（1）进口小轿车30辆，关税完税价格为460.38万元，向海关缴纳了相关税款，并取得完税凭证。

（2）委托某运输公司将小汽车从海关运回甲公司，取得了运输公司开具的增值税专用发票。注明运输金额9万元，当月售出24辆，每辆取得含税销售额40.6万元。

已知：小轿车的关税税率为60%、消费税税率为5%。

要求：

（1）计算甲公司在进口环节应缴纳的关税、消费税和增值税。

（2）计算甲公司在国内销售环节应缴纳的增值税。

2. 甲酒厂为增值税一般纳税人，2023年6月发生以下业务：

（1）外购小麦一批，增值税专用发票注明13万元，并支付运费，取得专用发票，注明金额8万元。

（2）外购高粱一批，取得增值税专用发票，价款200万元，税款20万元，因管理不善，霉烂了10%。

（3）向农民收购一批荞麦，收购凭证上注明金额40万元，委托丙公司运输，取得专用发票，注明价款3万元。

（4）外购生产设备，专用发票价款250万元。

（5）销售白酒，取得含税收入580万元。

（6）提供技术转让，取得不含税收入10万元。

要求：

（1）请回答甲酒厂购进小麦的进项税及运费负担的进项税可否抵扣，并说明理由。

（2）分别计算外购高粱、荞麦及生产设备可抵扣的进项税。

（3）计算销售白酒应纳的销项税。

（4）计算技术转让收入应纳增值税。

技能强化训练

1. 甲公司为增值税一般纳税人，从事货物运输服务，2023 年 8 月有关经济业务如下：

（1）购进办公小轿车 1 部，取得增值税专用发票上注明的税额为 19 500 元；购进货车用柴油，取得增值税专用发票上注明税额为 48 000 元。

（2）购进职工食堂用货物，取得增值税专用发票上注明的税额为 8 000 元。

（3）提供货物运输服务，取得含增值税价款 1 090 000 元，同时收取保价费 2 180 元。

（4）提供货物装卸搬运服务，取得含增值税价款 31 800 元，因损坏所搬运货物，向客户支付赔偿款 5 300 元。

（5）提供货物仓储服务，含增值税价款 116 600 元，另外收取货物逾期保管费 21 200 元。

已知：交通运输服务增值税税率为 9%，物流辅助服务增值税税率为 6%，上期留抵增值税税额 6 800 元，取得的增值税专用发票已通过税务机关认证。

要求：根据上述资料，不考虑其他因素，分析回答下列小题。

（1）甲公司下列增值税进项税额中，准予抵扣的是（　　）。

A. 购进柴油的进项税额 48 000 元

B. 购进职工食堂用货物的进项税额 8 000 元

C. 上期留抵的增值税税额 6 800 元

D. 购进小汽车的进项税额 19 500 元

（2）甲公司当月提供货物运输服务增值税销项税额的下列计算中，正确的是（　　）。

A. $(1\ 090\ 000+2\ 180)\times 9\%=98\ 296.2$（元）

B. $1\ 090\ 000\times 9\%=98\ 100$（元）

C. $(1\ 090\ 000+2\ 180)\div(1+9\%)\times 9\%=90\ 180$（元）

D. $1\ 090\ 000\div(1+9\%)\times 9\%=90\ 000$（元）

（3）甲公司当月提供货物装卸搬运服务增值税销项税额的下列计算中，正确的是（　　）。

A. $(31\ 800-5\ 300)\times 6\%=1\ 590$（元）

B. $31\ 800\times 6\%=1\ 908$（元）

C. $31\ 800\div(1+6\%)\times 6\%=1\ 800$（元）

D. $(31\ 800-5\ 300)\div(1+6\%)\times 6\%=1\ 500$（元）

（4）甲公司当月提供货物仓储服务增值税销项税额的下列计算中，正确的是（　　）。

A. 116 600 ×（1 +6%）×6% =7 415.76（元）

B. 116 600 ×6% =6 996（元）

C.（116 600 +21 200）×6% =8 268（元）

D.（116 600 +21 200）÷（1 +6%）×6% =7 800（元）

2. 甲制药厂为增值税一般纳税人，主要生产和销售降压药、降糖药及免税药。8 月有关经济业务如下：

（1）购进降压药原料，取得的增值税专用发票上注明的税额为 80 万元；支付其运输费取得的增值税专用发票上注明的税额为 1.8 万元。

（2）购进免税药原料，取得的增值税专用发票上注明的税额为 48 万元；支付其运输费取得的增值税专用发票上注明的税额为 0.8 万元。

（3）销售降压药 600 箱，取得含增值税价款 678 万元，没收逾期未退还包装箱押金 22.6 万元。

（4）将 10 箱自产的新型降压药赠送给某医院临床使用，成本 4.52 万元/箱，无同类药品销售价格。

（5）销售降糖药 500 箱，其中 450 箱不含增值税单价为 1.5 万元/箱，50 箱不含增值税单价为 1.6 万元/箱。

已知：降压药、降糖药增值税税率为 13%，成本利润率为 10%。

要求：根据上述资料，不考虑其他因素，分析回答下列小题。

（1）甲制药厂下列增值税进项税额中，准予抵扣的是（　　）。

A. 购进免税药原料运输费的进项税额 0.80 万元

B. 购进降压药原料运输费的进项税额 1.8 万元

C. 购进降压药原料的进项税额 80 万元

D. 购进免税药原料的进项税额 48 万元

（2）甲制药厂当月销售降压药增值税销项税额的下列计算中，正确的是（　　）。

A.（678 +22.6）×13% =91.078（万元）

B.（678 +22.6）÷（1 +13%）×13% =80.6（万元）

C. 678 ×13% =88.14（万元）

D. [678 +22.3 ÷（1 +13%）] ×13% =90.74（万元）

（3）甲制药厂当月赠送新型降压药增值税销项税额的下列计算中，正确的是（　　）。

A. 10 ×4.52 ÷（1 +13%）×13% =5.2（万元）

B. 10 ×4.52 ×（1 +10%）÷（1 +13%）×13% =5.72（万元）

C. 10 ×4.52 ×（1 +10%）×13% =6.46（万元）

D. 10 ×4.52 ×13% =5.876（万元）

（4）甲制药厂当月销售降糖药增值税销项税额的下列计算中，正确的是（　　）。

A. $(1.5\times450+50\times1.6)\times13\%=98.15$（万元）

B. $(1.5\times450+50\times1.6)\div(1+13\%)\times13\%=86.87$（万元）

C. $1.5\times500\times13\%=97.5$（万元）

D. $1.6\times500\times13\%=104$（万元）

3. 甲公司为增值税一般纳税人，主要从事建筑、装修材料的生产和销售业务，10月有关经济业务如下：

（1）购进生产用原材料取得增值税专用发票注明税额13万元，另支付运费取得增值税专用发票注明税额0.27万元。

（2）购进办公设备取得增值税专用发票注明税额2.6万元。

（3）仓库因保管不善丢失一批上月购进的零配件，该批零配件账面成本10.53万元，其中含运费成本0.23万元，购进零配件和支付运输费的进项税额均已于上用抵扣。

（4）销售装修板材取得含税价款226万元，另收取包装费2.26万元。

（5）销售一台自己使用过的机器设备取得含税销售额20.6万元，该设备于2008年2月购入。甲公司属于2008年12月31日以前未纳入扩大增值税抵扣范围试点的纳税人。

已知：货物增值税税率为13%；提供交通运输服务增值税税率为9%；销售自己过的机器设备按简易办法依照3%征收率减按2%征收增值税；上期留抵增值税税额为5.6万元；取得的增值税专用发票已通过税务机关认证。

要求：根据上述资料，不考虑其他因素，分析回答下列小题。

（1）甲公司的下列进项税额，准予从销项税额中抵扣的是（　　）。

A. 上期留抵增值税税额5.6万元

B. 购进办公设备的进项税额2.6万元

C. 购进生产用原材料的进项税额13万元

D. 支付运输费的进项税额0.27万元

（2）甲公司当月丢失零配件增值税进项税额转出的下列计算列式中，正确的是（　　）。

A. $10.53\div(1+13\%)\times13\%=1.21$（万元）

B. $10.53\div(1+13\%)\times13\%+0.23\times9\%=1.2307$（万元）

C. $(10.53-0.23)\times13\%+0.23\times9\%=1.3597$（万元）

D. $(10.53-0.23)\times13\%=1.339$（万元）

（3）甲公司当月销售装修板材增值税销项税额的下列计算列式中，正确的是（　　）。

A. $[226+2.26\div(1+13\%)]\times13\%=29.64$（万元）

B. $226\div(1+13\%)\times13\%=26$（万元）

C. 226 × 13% = 29.38（万元）

D.（226 + 2.26）÷ (1 + 13%) × 13% = 26.26（万元）

（4）甲公司当月销售机器设备应缴纳增值税税额的下列计算列式中，正确的是（　　）。

A. 20.6 ÷ (1 + 3%) × 2% = 0.4（万元）

B. 20.6 × 2% = 0.412（万元）

C. 20.6 × 3% = 0.618（万元）

D. 20.6 ÷ (1 + 3%) × 3% = 0.6（万元）

项目 3

消费税计算与筹划

核心目标

知识目标

- 了解消费税的纳税申报流程
- 熟悉消费税纳税申报表的基本结构、消费税纳税人的概念、消费税基本征税范围以及消费税的纳税义务发生时间、纳税期限和纳税地点
- 掌握消费税的纳税环节、不同应税消费品的税率形式以及自产自销、自产自用、委托加工及进口环节消费税组成计税价格的公式及应纳消费税税额的计算方法

能力目标

- 能运用所学知识对增值税和消费税进行对比，完成消费税的综合计税练习
- 能针对企业业务独立进行消费税纳税申报
- 能对企业涉税业务提出筹划思路和筹划方案

素质目标

- 树立绿色税制观念，引导正确消费行为

核心概念

消费税、征收制度、应纳税额、征收管理、纳税申报、税收筹划

思政案例

位于茂南石化工业园内的茂名市泓宇能源科技有限公司是一家集研发、生产、销售生物柴油于一体的化工企业。该公司建设的10万吨/年生物柴油项目列入了茂名市重点项目，于2020年4月建成投产，项目总投资约1.2亿元。该项目以地沟油、潲水油、废弃动植物油脂等为原料，通过综合资源循环再生利用，精制产出生物柴油主产品及甘油等副产品，出口欧盟国家，真正将餐厨垃圾变废为宝。

“公司致力于生产绿色环保、可持续发展的生物柴油产品，无论是设备投入、技术研发都是一笔不菲的支出，面临着很大的生存压力。国家支持企业绿色发展的税收优惠政策在关键时候拉了我们一把。”泓宇能源法人程昌炯说，茂南区税务局在对企业开展政策享受情况摸底排查过程中，了解到企业的实际情况，立即组织梳理企业适用的各项税费优惠政策，“一企一策”为企业解决燃眉之急。

“税收优惠来得及时、力度够大。”程昌炯点赞政策红利“及时雨”。2020年至今，企业享受到废动植物油生产纯生物柴油免征消费税以及城市维护建设税、教育费附加、地方教育附加等合计1 800多万元，加上阶段性社保费减免8万多元，实实在在的税惠“红包”给企业带来了发展的底气。

背景资料

我国消费税的前身是于1950年开征的特种消费税，该税种于1953年税制修订后被取消。我国正式开征消费税是从1994年1月1日开始，当时对11类需要调节和限制的商品征收消费税，法律依据是1993年12月颁布的《中华人民共和国消费税暂行条例》（以下简称《消费税暂行条例》）。自开征消费税后，为完善消费税税制，正确引导消费需求，合理调节消费行为，我国于2006年、2009年、2014年、2015年、2016年、2022年先后调整消费税政策，对消费税的征税范围做了较大的修改，增加了一批应税消费品，也取消了一批应税消费品，具体调整详见表3－1。

表3－1

征税对象	开始征税时间	取消征税时间
电影戏剧及娱乐、舞厅、筵席、冷食、旅馆等消费行为	1950.01	1953.01
彩色电视机	1989.02	1992.04
11类需要调节和限制的商品	1994.01	
其中：护肤护发品	1994.01	2006.04
气缸容量250毫升（不含）以下的小排量摩托车	1994.01	2014.12
汽车轮胎	1994.01	2014.12
车用含铅汽油	1994.01	2014.12
酒精	1994.01	2014.12

续表

征税对象	开始征税时间	取消征税时间
普通美容、修饰类化妆品	1994. 01	2016. 10
石脑油、润滑油、溶剂油、航空煤油、燃料油、高尔夫球及球具、木制一次性筷子、实木地板、游艇、高档手表	2006. 04	
卷烟（批发环节）	2009. 05	
电池、涂料	2015. 02	
超豪华小汽车（零售环节）	2016. 12	
电子烟（生产、批发环节）	2022. 11	

消费税，是指对在我国境内从事生产、委托加工及进口应税消费品的单位和个人，就其消费品的销售额或销售数量或者销售额与销售数量相结合征收的一种流转税。我国消费税具有以下四个方面的特征：

（1）征收范围具有选择性。我国仅对选定的部分应税消费品征收消费税，并非全部商品。

（2）征收环节具有单一性。消费税通常只征收一次，且多在生产环节征收。

（3）征收方法具有灵活性。消费税的计税方法有从价、从量、复合三种不同形式。

（4）税收负担具有转嫁性。消费税的税收负担并不由纳税人承担，而是转嫁给了消费者。

3.1 消费税征收制度

引例

网络新闻报道："中国烟民 6 月多缴税 40 亿元！"——自 2015 年 5 月 10 日起，卷烟批发环节消费税税率由 5% 提高至 11%，并在批发环节加征 0.005 元/支的从量消费税。从国家税务总局公布的 2015 年上半年税收情况看，当年 6 月卷烟批发环节从价计征消费税 63.4 亿元，同比增加 34.3 亿元，增长 118.13%；从量计征的消费税 5.8 亿元，为净增长。两项合计增收 40 亿元。

【分析】 由于卷烟从 2015 年 5 月起提高了批发环节的消费税税率，使得国家在接下来的一个纳税期间内增加了 40 亿元的消费税。但这 40 亿并非中国烟民所缴纳，因为按照消费税的有关规定，消费税的纳税人是在我国境内生产销售应税消费品的单位和个人，如烟厂和烟草批发公司等。烟民仅为卷烟的最终消费者，并非消费税的直接纳税人。

3.1.1 纳税人

消费税的纳税人是指在中华人民共和国境内生产、委托加工和进口应税消费品的单位和个人，以及国务院确定的销售应税消费品的其他单位和个人。

在中华人民共和国境内，是指生产、委托加工和进口应税消费品的起运地或者所在地位于境内。

单位，是指企业、行政单位、事业单位、军事单位、社会团体及其他单位。

个人，是指个体工商户及其他个人。

【提示】对于委托加工应税消费品，当受托方为单位时，受托方为代收代缴义务人。

勤思考 3－1

委托加工和受托加工应税消费品的单位是否都属于消费税纳税人？

【解析】受托加工应税消费品的单位是消费税的扣缴义务人，不是消费税的纳税人。

3.1.2 征税范围

我国消费税的征税范围一共包括 15 类应税消费品，根据《消费税暂行条例》的规定，消费税税目被划分为 15 个，其对应的具体征税范围如表 3－2 所示。

表 3－2

税目	征税范围	备注
1. 烟	以烟叶为原料加工生产的产品，包括卷烟、雪茄烟、烟丝和电子烟	
2. 酒	包括白酒（含粮食白酒和薯类白酒）、黄酒、啤酒和其他酒（如果木酒、药酒、葡萄酒等）	1. 对饮食业、商业、娱乐业举办的啤酒屋（啤酒坊）利用啤酒生产设备生产的啤酒，应当征收消费税 2. 调味料酒不征消费税
3. 高档化妆品	包括各类高档美容、修饰类化妆品、高档护肤类化妆品和成套化妆品。高档化妆品是指不含税销售价格在 10 元/毫升（克）或 15 元/片（张）及以上的美容、修饰类化妆品和护肤类化妆品	舞台、戏剧、影视演员化妆用的上妆油、卸装油、油彩，不征消费税
4. 贵重首饰及珠宝玉石	包括各种金银珠宝首饰和经采掘、打磨、加工的各种珠宝玉石	
5. 鞭炮焰火	包括各种鞭炮、焰火	体育上用的发令纸、鞭炮药引线，不征消费税
6. 成品油	包括汽油、柴油、石脑油、溶剂油、航空煤油、润滑油、燃料油 7 个子目	航空煤油暂缓征收消费税

续表

税目	征税范围	备注
7. 摩托车	包括气缸容量为250毫升的摩托车和气缸容量在250毫升（不含）以上的摩托车两种	最大设计车速不超过50千米/小时，发动机气缸总工作容量不超过50毫升的三轮摩托车不征收消费税
8. 小汽车	指由动力驱动，具有4个或4个以上车轮的非轨道承载的车辆。包括各类乘用车（座位数≤9）和各类中轻型商用客车（10≤座位数≤23）	1. 电动汽车不征消费税 2. 车身长度大于7米（含），并且座位在10—23座（含）以下的商用客车，不征消费税 3. 沙滩车、雪地车、卡丁车、高尔夫车不征消费税 4. 企业购进货车改装生产的专用汽车不征消费税
9. 高尔夫球及球具	包括高尔夫球、高尔夫球杆及高尔夫球包（袋）、高尔夫球杆的杆头、杆身和握把	
10. 高档手表	指销售价格（不含增值税）每只在10 000元（含）以上的各类手表	
11. 游艇	包括艇身长度大于8米（含）小于90米（含），内置发动机，可以在水上移动，一般为私人或团体购置，主要用于非牟利活动的各类机动艇	
12. 木制一次性筷子	包括各种规格的木制一次性筷子和未经打磨、倒角的木制一次性筷子	
13. 实木地板	包括各类规格的实木地板、实木指接地板、实木复合地板及用于装饰墙壁、天棚的侧端面为榫、槽的实木装饰板以及未经涂饰的素板	
14. 电池	包括原电池、蓄电池、燃料电池、太阳能电池和其他电池	1. 对无汞原电池、金属氢化物镍蓄电池（又称“氢镍蓄电池”或“镍氢蓄电池”）、锂原电池、锂离子蓄电池、太阳能电池、燃料电池和全钒液流电池免征消费税 2. 铅蓄电池在2015. 12. 31前免税，自2016. 1. 1起征税
15. 涂料	指涂于物体表面能形成具有保护、装饰或特殊性能的固态涂膜的一类液体或固体材料，包括油脂类、天然树脂类、酚醛树脂类、沥青类、橡胶类、纤维素类、其他成膜物类等	对施工状态下挥发性有机物（VOC）含量低于420克/升（含）的涂料免征消费税

【知识拓展】

消费税征税范围的税收筹划

【筹划思考】根据消费税的征税范围的特点是否可以进行税收筹划？消费税的征税范围是否是一成不变的？这种变化对消费税的税收筹划有何影响？

【筹划思路】在所有流通的商品类型中，并非对所有商品均征收消费税，目前我国仅针对15类特殊消费品征收消费税。若纳税人意图避免发生消费税的纳税义务，可以选择其他的商品类型进行投资生产。例如，木制一次性筷子属于消费税征税范围，但竹制一次性筷子不需缴纳消费税，若纳税人希望不缴纳消费税，可以选择生产竹制一次性筷子。但在此种筹划思路中需注意的是，消费税的征税范围随着经济发展和人民生活水平的提高在不断发生变化，在考虑避免产生消费税纳税义务时除了应当考虑目前的征税范围之外，还应适当考虑我国消费税未来的改革变化方向。

勤思考3－2

1. 小汽车、电动汽车、卡丁车、高尔夫车是否都属于消费税征税范围？
2. 是否所有的摩托车都要征收消费税？

【解析】

1. 电动汽车、卡丁车、高尔夫车不征收消费税。
2. 气缸容量在250毫升（不含）以下的摩托车不征收消费税。

3.1.3 纳税环节

不同于增值税在商品的每个流通环节均需交税，消费税具有征税环节单一性的特征，一般在生产环节交税。此外，还有部分在批发环节、零售环节、委托加工环节和进口环节交税的情况。

3.1.3.1 生产环节

生产环节纳税见图3－1。

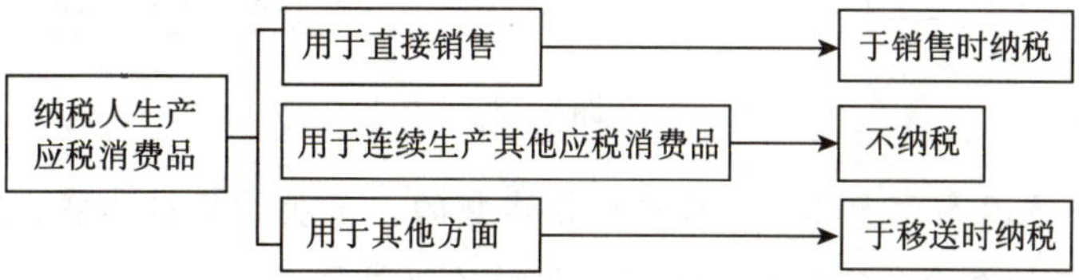

图3－1

其中，用于其他方面，是指纳税人将自产的应税消费品用于生产非应税消费品、在建工程、管理部门、非生产机构、提供劳务、馈赠、赞助、集资、广告、样品、职工福利、奖励等方面。

3.1.3.2 批发环节

在应税消费品中，卷烟、电子烟除了在生产环节缴纳消费税外，还需在批发环节加征一道税。自2015年5月10日起，国家对卷烟批发环节从价税税率由5%提高至11%，并按0.005元/支加征从量税，且批发企业在计算应纳税额时不得扣除已含有的生产环节的消费税税款。

烟草批发企业将卷烟销售给其他烟草批发企业的，不属于批发环节，不缴纳消费税。

纳税人兼营卷烟批发和零售业务的，应当分别核算批发和零售环节的销售额、销售数量；未分别核算批发和零售环节销售额、销售数量的，按照全部销售额、销售数量计征批发环节消费税。

3.1.3.3 零售环节

在零售环节纳税的应税消费品包括以下两类：

（1）金银首饰、铂金首饰和钻石及钻石饰品，生产环节不交税，仅在零售环节交税，税率为5%。

（2）超豪华小汽车，除在生产环节交税外，自2016年12月1日起在零售环节加征一道税，税率为10%。

3.1.3.4 委托加工环节

委托加工应税消费品，是指由委托方提供原料及主要材料，受托方只收取加工费和代垫部分辅助材料的一种加工方式。对于由受托方提供原材料生产，或者受托方先将原材料卖给委托方再接受加工，以及由受托方以委托方名义购进原材料生产的情况，不论在财务上如何核算，都不得作为委托加工处理，而应当按照受托方销售自产应税消费品计算缴纳消费税。

委托加工的应税消费品，除受托方为个人外，在委托方提货时由受托方代收代缴消费税；若受托方为个人，则由委托方收回后自行缴纳消费税（见图3－2）。

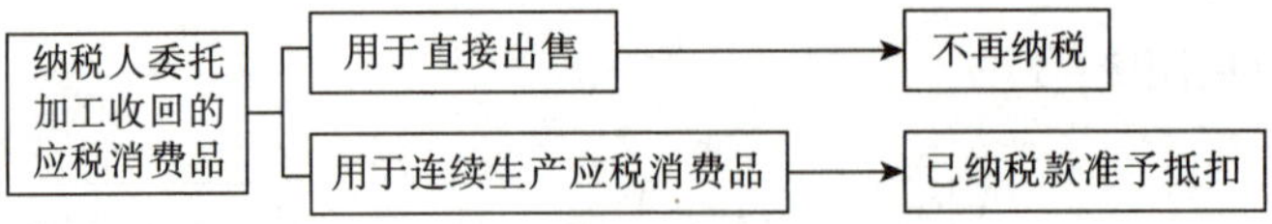

图3－2

【提示】 委托方以高于受托方的计税价格出售的，不属于直接出售，需按规定计算缴纳消费税，在计税时准予扣除受托方已代收代缴的消费税。

3.1.3.5 进口环节

纳税人进口应税消费品，于报关进口时缴纳消费税。进口环节的消费税由海关代征。

【知识拓展】

消费税转让定价的税收筹划

【筹划思考】消费税的纳税环节与增值税的纳税环节有何区别？这种区别对于消费税的税收筹划有何影响？

【筹划思路】消费税属于单一环节纳税，一般在生产环节纳税；增值税属于多环节纳税，无论是生产、批发或零售环节均需纳税。故而消费税纳税人通常可以采用设立关联企业来进行税收筹划。具体来说就是，通过关联企业以较低价格销售应税消费品，关联企业再以市场价格对外销售，以此降低计税销售额，减少应缴纳的消费税。但需注意的是，酒类产品计税价格有相关规定限制，筹划空间有限。

【筹划案例】某酒厂主要生产粮食白酒，产品销往全国各地的批发商，批发价为350元/箱（每箱酒重量为10斤）；同时本市的一些商业零售户、酒店、消费者每年到工厂零星购买的白酒约为1万箱，每箱不含税零售价480元。请问酒厂可以如何筹划，减少消费税支出？

【筹划分析】筹划前，该酒厂目前的销售渠道主要为批发及零售，其每年零售白酒所需缴纳的消费税为 $(1\times480\times20\%+1\times10\times0.5)\times10\ 000=101$（万元）。

该酒厂可在本市设立一家独立核算的白酒经销公司，并按照销售给其他批发商的产品价格（即每箱350元）与经销公司结算，经销公司再以每箱480元的价格对外销售，由此降低零售白酒的计税销售额，减少消费税支出。

筹划后，酒厂先将白酒销售给经销公司，再由经销公司在市场上零售，则酒厂在本市销售的白酒需缴纳的消费税为 $(350\times20\%+10\times0.5)\times10\ 000=75$（万元）。

通过此项转让定价筹划，该酒厂使白酒的计税销售额降低，每年可减少消费税支出26万元。

【筹划拓展】

1. 为进一步降低消费税计税销售额，酒厂按成本价250元/箱与经销公司进行结算，是否可行？

2. 由于设立独立核算的经销公司成本较大，酒厂计划通过非独立核算的门市部进行销售，是否可行？

【筹划要点】

1. 消费税纳税人与设立的独立核算机构之间的交易价格不得过低或与税法相关规定相悖，否则税务机关有权进行纳税调整；

2. 消费税纳税人必须通过独立核算机构对外销售，若为非独立核算的门市部，税法规定按门市部对外销售价格计税，无法达到筹划目的。

勤思考 3 –3

1. 消费税的征税环节包括哪些?

2. 委托加工的应税消费品，受托方在交货时已代收代缴消费税，委托方收回后直接销售的，是否还需要再缴纳一道消费税?

3. 纳税人在批发环节销售的白酒是否需要同时缴纳增值税和消费税?

【解析】

1. 根据消费税法律制度的规定，应税消费品的征税环节包括生产环节（含委托加工）、批发环节、零售环节和进口环节。

2. 根据消费税法律制度的规定，委托加工的应税消费品，受托方在交货时已代收代缴消费税，委托方收回后直接销售的，不再缴纳消费税。

3. 白酒在生产环节缴纳消费税，批发环节不再征收消费税。因此纳税人在批发环节销售的白酒只需缴纳增值税即可。

3.1.4 税率

根据不同应税消费品的特点，消费税税率采取了比例税率和定额税率两种税率形式。不同的税目对应的税率形式各不相同，一般情况下，一种应税消费品只对应一种税率形式，但对卷烟和白酒，采取了比例税率和定额税率相结合的形式。详细的消费税税目税率见表 3 –3。

表 3 –3

税目	税率
一、烟	
1. 卷烟	
(1) 甲类卷烟（每标准条不含税调拨价格在 70 元及以上）	56% +0.003 元/支
(2) 乙类卷烟（每标准条不含税调拨价格在 70 元以下）	36% +0.003 元/支
(3) 批发环节	11% +0.005 元/支
2. 雪茄烟	36%
3. 烟丝	30%
4. 电子烟	
(1) 生产（进口）环节	36%
(2) 批发环节	11%
二、酒	
1. 白酒	20% +0.5 元/500 克（毫升）
2. 黄酒	240 元/吨
3. 啤酒	

续表

税目	税率
（1）甲类啤酒（每吨不含税出厂价格在3 000元及以上） （2）乙类啤酒（每吨不含税出厂价格在3 000元以下） 4. 其他酒	250元/吨 220元/吨 10%
三、高档化妆品（不含税销售价格在10元/毫升（克）或15元/片（张）及以上）	15%
四、贵重首饰及珠宝玉石 1. 金银首饰、铂金首饰和钻石及钻石饰品 2. 其他贵重首饰和珠宝玉石	 5%（零售环节） 10%（生产环节）
五、鞭炮、焰火	15%
六、成品油 1. 汽油 2. 柴油 3. 航空煤油 4. 石脑油 5. 溶剂油 6. 润滑油 7. 燃料油	 1.52元/升 1.20元/升 1.20元/升（暂缓征收） 1.52元/升 1.52元/升 1.52元/升 1.20元/升
七、摩托车 1. 气缸容量（排气量，下同）250毫升 2. 气缸容量在250毫升（不含）以上	 3% 10%
八、小汽车 1. 乘用车 （1）气缸容量（排气量，下同）在1.0升（含）以下 （2）气缸容量在1.0升以上至1.5升（含） （3）气缸容量在1.5升以上至2.0升（含） （4）气缸容量在2.0升以上至2.5升（含） （5）气缸容量在2.5升以上至3.0升（含） （6）气缸容量在30升以上至4.0升（含） （7）气缸容量在4.0升以上 2. 中轻型商用客车 3. 超豪华小汽车（每辆不含税零售价格在130万元及以上）	 1% 3% 5% 9% 12% 25% 40% 5% 10%（零售环节）
九、高尔夫球及球具	10%
十、高档手表（每只不含税销售价格在10 000元及以上）	20%
十一、游艇	10%
十二、木制一次性筷子	5%
十三、实木地板	5%
十四、电池	4%
十五、涂料	4%

【提示】

(1) 下列卷烟不分征税类别一律按照56%比例税率征税，并按照定额每标准箱150元计算征税：①白包卷烟；②手工卷烟；③未经国务院批准纳入计划的企业和个人生产的卷烟。

(2) 国家对卷烟在批发环节加征一道税，但需注意的是，卷烟批发企业之间销售卷烟不属于批发环节。

(3) 生产企业销售给销售单位的白酒，若消费税计税价格低于销售单位对外售价70%的，税务机关应核定最低计税价格，自2009年8月1日起执行。

(4) 对饮食业、商业、娱乐业举办的啤酒屋（啤酒坊）利用啤酒生产设备生产的啤酒，单位税额250元/吨。

(5) 纳税人兼营不同税率的应税消费品，应当分别核算不同税率应税销售额、销售数量；未分别核算销售额、销售数量，或者将不同税率的应税消费品组成成套消费品销售的，从高适用税率。

【知识拓展】

消费税税率的税收筹划

【筹划思考】为防止消费税税负上升，纳税人应当如何避免消费税税率从高计征的规定？

【筹划思路】

1. 将不同税率的应税消费品分别核算；

2. 先销售，后包装。

【筹划案例】上海某日化厂原主要生产销售高档化妆品，其产品有一定的知名度，市场占有率较高。企业为做大做强，扩大经营范围，决定同时生产护肤护发品（定位在中低档市场，不属消费税应税产品）。该厂为了推广新产品，以较快速度为新产品打开市场，拟将生产的护肤护发品与其自产的高档化妆品组成成套产品销售，每套产品含高档化妆品一套110元，润肤露一瓶30元，洗、护发素一套40元，合计售价180元，以上价格均为不含税价格。试从税务筹划的角度分析该方案是否可行，是否有更好的方案？

【筹划分析】根据消费税规定，纳税人将不同税率的应税消费品或将应税消费品和非应税消费品组成成套消费品销售的，从高适用税率计征消费税。因此该日化厂每销售一套产品均需缴纳消费税：$180 \times 15\% = 27$元。

该纳税人可以将包装环节后移。即出厂时先分别按销售高档化妆品、中低档护肤护发品开具发票，然后要求经销商在销售前将其包装成成套产品。如此每套产品应纳消费税为$110 \times 15\% = 16.5$元，每套产品节税10.5元。

3.2 消费税应纳税额的计算

引例

酒业行业人士强烈呼吁能够在酒业行业制定一系列的减免税政策，例如原北京红星股份有限公司副总经理吴佩海提出白酒企业应该恢复对购买原酒所产生的消费税税费的抵扣政策，这样既可以加强酒企间的联合与合作，又可以有效保证酒类产品的食品安全问题。

【分析】根据《财政部、国家税务总局关于调整酒类产品消费税政策的通知》（财税〔2001〕84号）规定，自2001年5月1日起停止执行外购或委托加工已税酒和酒精生产的有关消费税抵扣政策。在此政策影响下，纳税人的成本大幅上升，外购酒原料需承担两次消费税税负，利润空间被进一步压缩，促使酒业行业自2002年以来发生了大规模变革。

3.2.1 消费税计税依据的确定

根据《消费税暂行条例》的规定，消费税应纳税额的计算包括从价计征、从量计征和复合计征三种方法。消费税的计税方法、计税依据及税率间的对应关系如表3－4所示：

表3－4

计税依据	税率形式	计税方法	应税消费品类型
销售额	比例税率	从价计征	大多数应税消费品
销售数量	定额税率	从量计征	啤酒、黄酒、成品油
销售额＋销售数量	比例税率＋定额税率	复合计征	卷烟、白酒

勤思考3－4

有哪些应税消费品实行复合计征消费税？

【解析】根据消费税法律制度的规定，卷烟和白酒实行从价定率和从量定额相结合的复合计征办法征收消费税。其他应税消费品实行从价定率或者从量定额办法征收消费税。

3.2.1.1 销售额的确定

1. 销售额

销售额，是指纳税人销售应税消费品而向购买方收取的全部价款和价外费用（价外费用的内容与增值税规定相同）。此外，由于应税消费品在缴纳消费税的同时，与一般货物一样还应缴纳增值税，因此计税销售额应包含消费税税额，但不包括增值税税额。若应税消费品的价格为含增值税价格，在计税前需进行相关换算，计算公式同增值税。即：

应税消费品的销售额 = 含增值税的销售额 ÷ (1 + 增值税税率)

在使用换算公式时，应根据纳税人的具体情况确定增值税税率。如果消费税的纳税人同时又是增值税一般纳税人的，适用13%的增值税税率；如果消费税的纳税人是增值税小规模纳税人的，适用3%的征收率。

【提示】 在从价计征方法下，消费税计税依据的确定方法与增值税基本相同。

【学中练 3－1】

某摩托车生产企业2023年6月生产摩托车20万辆，每辆市场不含税销售价4 600元，全月共销售19万辆。由于部分摩托车由该企业直接送货，取得送货运输费收入452万元并开具普通发票。请问该摩托车生产企业2023年6月的消费税应税销售额是多少？

【解析】 两轮摩托车的销售价格为不含税销售价，可以直接确定计税依据；但该企业收取的送货运输费属于价外费用，为含税金额，在计税前需先转换为不含税价格，故全年消费税应税销售额 = 19 × 4 600 + 452 ÷ (1 + 13%) = 87 800（万元）

2. 包装物

（1）包装物随同应税消费品作价销售的，无论包装物是否单独计价也无论会计上如何核算，均应并入应税消费品的销售额中计算缴纳消费税。

（2）如果包装物不作价随同产品销售，而是收取押金，在押金未逾期前，押金不应并入应税消费品的销售额中征税。但对因逾期未收回的包装物不再退还的或者已收取超过12个月的押金，应并入应税消费品的销售额，计算缴纳消费税。

（3）对包装物既作价随同应税消费品销售，又另外收取押金的，凡纳税人在规定的期限内没有退还包装物，押金均应并入应税消费品的销售额，计算缴纳消费税。

（4）对酒类生产企业销售酒类产品而收取的包装物押金，无论押金是否返还也无论会计上如何核算，均应并入酒类产品销售额，计算缴纳消费税（啤酒、黄酒除外）。

勤思考 3－5

1. 应税消费品销售额是否包括向购买方收取的增值税税款？

2. 酒类生产企业销售啤酒、黄酒时所收取的包装物押金是否需要计算缴纳消费税？

【解析】

1. 根据消费税法律制度的规定，应税消费品销售额不包括向购买方收取的增值税税款。

2. 啤酒、黄酒的消费税计算采用从量计征的计税方法，计税依据为销售数量，而包装物押金为金额单位，计量单位不一致无法计算缴纳消费税，故酒类生产企业销售啤酒、黄酒时收取的包装物押金不需计算缴纳消费税。

包装物押金的税务处理如表3－5所示。

表3－5

收取押金的应税消费品	未逾期	逾期未归还
一般应税消费品	不缴纳增值税、消费税	缴纳增值税、消费税
酒类产品（除啤酒、黄酒）	缴纳增值税、消费税	不再缴纳增值税、消费税
啤酒、黄酒	不缴纳增值税、消费税	只缴纳增值税，不缴纳消费税

【提示】 包装物押金在计税前需换算为不含增值税价格。

【学中练3－2】

某酒厂为增值税一般纳税人，主要生产粮食白酒和啤酒。2023年7月销售粮食白酒60 000斤，取得不含税销售额105 000元；销售啤酒150吨，每吨不含税售价2 900元。另外本月销售粮食白酒收取包装物押金9 040元，销售啤酒收取包装物押金1 130元。计算该酒厂7月应纳消费税税额（啤酒单位税额220元/吨）。

【解析】 粮食白酒应纳消费税＝60 000×0.5＋105 000×20%＋9 040÷（1＋13%）×20%＝52 600（元）

啤酒应纳消费税＝150×220＝33 000（元）

该酒厂应纳消费税税额＝52 600＋33 000＝85 600（元）

勤思考3－6

酒类生产企业销售啤酒、黄酒时收取的包装物押金对其应纳消费税是否会产生影响？

【解析】 酒类生产企业销售黄酒时收取的包装物押金对其应纳消费税没有影响，但是由于啤酒根据其每吨不含税出厂价格不同分别按照甲类啤酒或乙类啤酒计税，故而酒类生产企业销售啤酒时收取的包装物押金也许会改变其适用税率，从而对其应纳消费税产生一定的影响。

【学中练3－3】

某酒厂销售自产苹果啤酒20吨给某服务公司，开具税控专用发票注明价款68 000元，收取包装物押金1 000元；销售苦瓜啤酒10吨给宾馆，开具普通发票取得价款30 760元，收取包装物押金2 500元，同时收取包装物租金2 500元。该啤酒厂应缴纳的消费税是多少？

【解析】 税法规定，每吨啤酒出厂价（含包装物及包装物押金）在3 000元（含3 000元，不含增值税）以上的，单位税额每吨250元；在3 000元以下的，单位税额每吨220元。包装物租金属于价外费用，并入销售额，作为确定税额的依据。

苹果啤酒的每吨出厂价 = [68 000 + 1 000 ÷ (1 + 13%)] ÷ 20 = 3 444.25（元/吨），适用消费税额是250元/吨。

苦瓜啤酒的每吨出厂价 = (30 760 + 2 500 + 2 500) ÷ (1 + 13%) ÷ 10 = 3 164.60（元/吨），适用消费税额是250元/吨。

应纳消费税额 = 20 × 250 + 10 × 250 = 7 500（元）

【知识拓展】

包装物的税收筹划

【筹划思考】纳税人销售应税消费品时所附的包装物是直接收费较好还是收取押金较好?

【筹划思路】在包装物生产耗时较多、利润较低的情况下，纳税人对包装物采取收取押金的方式可以避免产生消费税的纳税义务，并能节约生产包装物的人力、物力，对企业益处较大；如果企业不能或不愿收回包装物，而愿意采用作价销售或收取租金方式提供包装物的情况下，也可以采用收取押金的形式，推迟消费税纳税义务发生时间，获取相对收益。

3.2.1.2 销售数量的确定

1. 销售数量

销售数量，是指纳税人生产、委托加工和进口应税消费品的数量。具体规定如下：

（1）销售应税消费品的，为应税消费品的销售数量；

（2）自产自用应税消费品的，为应税消费品的移送使用数量；

（3）委托加工应税消费品的，为纳税人收回的应税消费品数量；

（4）进口的应税消费品，为海关核定的应税消费品的进口数量。

勤思考 3-7

若委托加工的应税消费品实行从量计征消费税，是否以加工完成的应税消费品数量作为计税依据?

【解析】委托加工应税消费品的，以纳税人收回的应税消费品数量作为从量计征消费税的计税依据。

2. 销售数量的换算

消费税适用从量计征计税方法的应税消费品有三项，分别为啤酒、黄酒和成品油，其对应的计量单位各不相同。其中，啤酒、黄酒以销售数量每吨计算缴纳消费税，而成品油以销售数量每升计算缴纳消费税。为了规范不同产品的计量单位，以准确计算消费税税额，《消费税暂行条例实施细则》规定了吨与升两个计量单位的换算标准（见表3-6）。

表 3－6

应税消费品	计量单位换算标准
黄酒	1 吨＝962 升
啤酒	1 吨＝988 升
汽油	1 吨＝1 388 升
柴油	1 吨＝1 176 升
航空煤油	1 吨＝1 246 升
石脑油	1 吨＝1 385 升
溶剂油	1 吨＝1 282 升
润滑油	1 吨＝1 126 升
燃料油	1 吨＝1 015 升

【学中练 3－4】

1. 某石化公司 2023 年 8 月销售汽油 1 000 吨，柴油 500 吨。已知汽油 1 吨＝1 388 升，柴油 1 吨＝1 176 升；汽油的定额税率为 1.52 元/升，柴油的定额税率为 1.2 元/升。计算该公司当月应纳消费税税额。

【解析】

（1）销售汽油应纳税额＝1 000×1 388×1.52÷10 000＝210.98（万元）

（2）销售柴油应纳税额＝500×1 176×1.2÷10 000＝70.56（万元）

（3）该石化公司当月应纳消费税税额＝210.98＋70.56＝281.54（万元）

2. 因中秋将近，某啤酒厂本月将自产的 10 000 升啤酒发放给职工作为过节福利，已知该厂销售同款啤酒的价格为 2 800 元/吨，啤酒 1 吨＝988 升。计算该厂当月应纳消费税税额。

【解析】该厂销售同款啤酒的价格为 2 800 元/吨，表明该厂用于职工福利的啤酒属于乙类啤酒，单位税额为 220 元/吨。

该厂当月应纳消费税税额＝10 000÷988×220＝2 226.72（元）

3.2.1.3 复合计征销售额和销售数量的确定

根据消费税相关规定，卷烟和白酒实行从价定率和从量定额相结合的复合计征办法计算缴纳消费税。

其中，销售额为纳税人生产销售卷烟、白酒向购买方收取的全部价款和价外费用。

销售数量为纳税人生产销售、进口、委托加工、自产自用卷烟、白酒的销售数量，海关核定数量，委托方收回数量和移送使用数量。

3.2.1.4 特殊情形下销售额和销售数量的确定

（1）纳税人应税消费品的计税价格明显偏低且无正当理由的，由主管税务机关核定计税价格。其核定权限规定如下：

①卷烟、白酒和小汽车的计税价格由国家税务总局核定，送财政部备案。

②其他应税消费品的计税价格由省、自治区和直辖市国家税务局核定。

③进口的应税消费品的计税价格由海关核定。

（2）纳税人销售的应税消费品，以人民币以外的货币结算销售额的，其销售额的人民币折合率可以选择销售额发生的当天或者当月 1 日的人民币汇率中间价。纳税人应在事先确定采取何种折合率，确定后 1 年内不得变更。

3.2.2 消费税应纳税额的计算

3.2.2.1 自产自销环节

1. 从价计征

实行从价计征消费税的，其计算公式为：

应纳税额 = 销售额 × 比例税率

2. 从量计征

实行从量计征消费税的，其计算公式为：

应纳税额 = 销售数量 × 定额税率

3. 复合计征

实行复合计征消费税的，其计算公式为：

应纳税额 = 销售额 × 比例税率 + 销售数量 × 定额税率

【提示】

卷烟单位税额为：

（1）卷烟每支单位税额为 0.003 元/支；

（2）卷烟每包单位税额为 0.06 元/包（1 包 =20 支）；

（3）卷烟每条单位税额为 0.6 元/条（1 条 =10 包 =200 支）；

（4）卷烟每标准箱单位税额为 150 元/箱（1 箱 =250 条 =2 500 包 =50 000 支）。

【学中练 3-5】

1. 某木地板厂为增值税一般纳税人。2023 年 6 月向某建材商店销售实木地板一批，取得含税销售额 101.7 万元。已知实木地板适用的增值税税率为 13%，消费税税率为 5%。计算该厂当月应纳消费税税额。

【解析】 该厂当月应纳消费税税额 =101.7 ÷（1 +13%）×5% =4.5（万元）

2. 某卷烟生产企业为增值税一般纳税人。2023 年 6 月销售乙类卷烟 1 500 标准条，取得含税销售额 84 750 元。已知乙类卷烟消费税比例税率为 36%，定额税率为 0.003 元/支，每标准条有 200 支；增值税税率为 13%。计算该企业当月应纳消费税税额。

【解析】 该企业当月应纳消费税税额 $=84\ 750\div(1+13\%)\times36\%+1\ 500\times200\times0.003$
$=27\ 900$（元）

【知识拓展】

应税消费品定价筹划

【筹划思考】为实现利润最大化的经营目标，纳税人在对应税消费品进行销售定价时，是否销售价格应越高越好?

【筹划思路】有一部分应税消费品的税率随价格变化而变化，如卷烟、啤酒、高档手表、高档化妆品等和零售环节的小汽车。针对这一类应税消费品而言，超出一定的价格后，价格越高，税率越高，若收入的增长幅度赶不上消费税的增长幅度，反而会使得纳税人出现高收入低利润的情形。因此，纳税人应寻找价格临界点。市场可接受价格在临界点之上时，按高价销售，适应高税率后仍有剩余利润；反之，则应选择低价策略，以适应低税率。

【筹划案例】某卷烟厂每标准条卷烟对外调拨价为68元，现销售一标准箱，其成本为8 500元。因产品供不应求，厂家决定将每标准条卷烟价格提高至76元。其他均不变。请比较提价前后烟厂的利润（要求考虑城建税和教育费附加），判断该厂的提价决策是否正确；若正确，请说明理由，若不正确，请提出新的提价方案。

【筹划分析】

提价前烟厂利润 $=68\times250-8\ 500-(68\times250\times36\%+150)\times(1+7\%+3\%)$
$=1\ 603$（元）

提价后烟厂利润 $=76\times250-8\ 500-(76\times250\times56\%+150)\times(1+7\%+3\%)$
$=-1\ 369$（元）

提价后烟厂的利润不但没有上升反而下降了，原因在于消费税的增长幅度超过了收入的增长幅度。

烟厂提价的范围可选择在70元以内或超过70元，假设烟厂将产品价格定为每条不含税出厂调拨价格A元（$A\geqslant70$），并将按该价格销售与按69元销售的税后收益比较:

$A-A\times56\%\times(1+7\%+3\%)=69-69\times36\%\times(1+7\%+3\%)$

计算得出 $A=108$（元）

因此，企业要么选择按高于108元的出厂价销售，要么选择按69元销售，应避免将出厂价定在70—108元。

3.2.2.2 自产自用环节

纳税人自产自用的应税消费品，用于连续生产应税消费品的，不纳税。凡用于除连续生产应税消费品以外的其他方面的，于移送使用时，按照纳税人生产的同类消费品的销售价格计算缴纳消费税；没有同类消费品销售价格的，按照组成计税价格计算缴纳消费税。

1. 从价计征

实行从价计征消费税的，其计算公式为：

组成计税价格 =（成本 + 利润）÷（1 − 比例税率）

应纳税额 = 组成计税价格 × 比例税率

2. 从量计征

实行从量计征消费税的，其计算公式为：

应纳税额 = 自产自用数量 × 定额税率

3. 复合计征

实行复合计征消费税的，其计算公式为：

组成计税价格 =（成本 + 利润 + 自产自用数量 × 定额税率）÷（1 − 比例税率）

应纳税额 = 组成计税价格 × 比例税率 + 自产自用数量 × 定额税率

上述公式中的“成本”，是指应税消费品的生产成本。

上述公式中的“利润”，是指根据应税消费品的全国平均成本利润率计算的利润。应税消费品全国平均成本利润率由国家税务总局确定。具体标准如表 3 − 7 所示。

表 3 − 7

货物名称	成本利润率	货物名称	成本利润率
甲类卷烟	10%	摩托车	6%
乙类卷烟	5%	高尔夫球及球具	10%
雪茄烟	5%	高档手表	20%
烟丝	5%	游艇	10%
粮食白酒	10%	木制一次性筷子	5%
薯类白酒	5%	实木地板	5%
其他酒	5%	乘用车	8%
化妆品	5%	中轻型商用客车	5%
鞭炮、焰火	5%	电池	4%
贵重首饰及珠宝玉石	6%	涂料	7%

【提示】 同类消费品的销售价格是指纳税人或者代收代缴义务人当月销售的同类消费品的销售价格，如果当月同类消费品各期销售价格高低不同，应按销售数量加权平均计算。但销售的应税消费品有下列情况之一的，不得列入加权平均计算：

（1）销售价格明显偏低且无正当理由的；

（2）无销售价格的。

如果当月无销售或者当月未完结，应按照同类消费品上月或者最近月份的销售价格确定计税依据并计算缴纳消费税。

【学中练3-6】

1. 某摩托车厂将一辆新研制的摩托车赠送给摩托车拉力赛某赛手，兼作商品广告。该摩托车因尚处于试生产阶段，没有市场销售价格。已知该摩托车的生产成本为5万元，摩托车成本利润率为6%，消费税率为10%。计算该厂赠送的这辆摩托车应纳消费税税额。

【解析】 纳税人自产自用的应税消费品应按照同类消费品的销售价格计算缴纳消费税；没有同类消费品销售价格的，按照组成计税价格计算纳税。由于该辆摩托车无同类产品市场销售价格，因此需先计算组成计税价格，再计算纳税人应缴纳的消费税税额。

组成计税价格 = 50 000 × (1 + 6%) ÷ (1 − 10%) = 58 888.89（元）

应纳消费税税额 = 58 888.89 × 10% = 5 888.89（元）

2. 某白酒厂在春节前将新研制的1吨薯类白酒作为过节福利发放给员工，该薯类白酒无同类产品市场销售价格。已知该批薯类白酒生产成本20 000元，成本利润率为5%，白酒消费税比例税率为20%，定额税率为0.5元/500克。计算该批薯类白酒应纳消费税税额。

【解析】 纳税人自产自用的应税消费品应按照同类消费品的销售价格计算缴纳消费税；没有同类消费品销售价格的，按照组成计税价格计算纳税。由于该批薯类白酒无同类产品市场销售价格，因此需先计算组成计税价格，再计算纳税人应缴纳的消费税税额。

组成计税价格 = [20 000 × (1 + 5%) + (1 × 1 000 × 2 × 0.5)] ÷ (1 − 20%)
= 27 500（元）

应纳消费税税额 = 27 500 × 20% + 1 × 1 000 × 2 × 0.5 = 6 500（元）

3.2.2.3 委托加工环节

委托加工应税消费品，是指由委托方提供原料及主要材料，受托方只收取加工费和代垫部分辅助材料的一种加工方式。委托加工的应税消费品，按照受托方的同类消费品的销售价格计算纳税，没有同类消费品销售价格的，按照组成计税价格计算纳税。

1. 从价计征

实行从价计征消费税的，其计算公式为：

组成计税价格 = (材料成本 + 加工费) ÷ (1 − 比例税率)

应纳税额 = 组成计税价格 × 比例税率

2. 从量计征

实行从量计征消费税的，其计算公式为：

应纳税额 = 委托加工数量 × 定额税率

3. 复合计征

实行复合计征消费税的，其计算公式为：

组成计税价格 =（材料成本 + 加工费 + 委托加工数量 × 定额税率）÷（1 − 比例税率）

应纳税额 = 组成计税价格 × 比例税率 + 委托加工数量 × 定额税率

上述公式中的“材料成本”，是指委托方所提供加工材料的实际成本。委托加工应税消费品的纳税人，必须在委托加工合同上如实注明（或以其他方式提供）材料成本，凡未提供材料成本的，受托方主管税务机关有权核定其材料成本。

上述公式中的“加工费”，是指受托方加工应税消费品向委托方所收取的全部费用（包括代垫辅助材料的实际成本），不包括增值税税款。

【学中练 3－7】

1. 某化妆品企业 2023 年 6 月受托为某商场加工一批高档化妆品，收取不含增值税的加工费 18 万元，商场提供的原材料金额为 50 万元。已知该化妆品企业无同类产品销售价格，消费税税率为 15%。计算该化妆品企业应代收代缴的消费税。

【解析】 委托加工的应税消费品，应按照受托方的同类消费品的销售价格计算缴纳消费税，没有同类消费品销售价格的，按照组成计税价格计算纳税。由于受托方化妆品企业无同类产品销售价格，因此需先计算组成计税价格，再计算受托方应代收代缴的消费税税额。

组成计税价格 =（50 + 18）÷（1 − 15%）= 80（万元）

应代收代缴的消费税 = 80 × 15% = 12（万元）

2. 甲酒厂提供一批大米给乙酒厂，委托其加工粮食白酒 2 吨，现已收回。乙酒厂同类型粮食白酒每吨的销售价格为 4 000 元。粮食白酒消费税税率为 20%。计算受托方乙酒厂应代收代缴的消费税税额。

【解析】 委托加工的应税消费品，应按照受托方的同类消费品的销售价格计算缴纳消费税。

故乙酒厂应代收代缴的消费税税额 = 4 000 × 2 × 20% + 2 × 1 000 × 2 × 0.5 = 3 600（元）

3. 甲公司为增值税一般纳税人，接受乙酒厂委托加工粮食白酒 1 吨，乙酒厂提供的主要材料不含税成本为 30 000 元，甲公司收取不含税加工费和代垫辅料费 10 000 元，甲公司没有同类白酒的销售价格。已知粮食白酒消费税的定额税率为 0.5 元/500 克，比例税率为 20%。

【解析】 委托加工的应税消费品，应按照受托方的同类消费品的销售价格计算缴纳消费税，没有同类消费品销售价格的，按照组成计税价格计算纳税。由于受托方甲公司没有同类白酒的销售价格，因此需先计算组成计税价格，再计算受托方应代收代缴的消费税税额。

组成计税价格 =（30 000 + 10 000 + 1 × 2 000 × 0.5）÷（1 − 20%）= 51 250（元）

应代收代缴的消费税 = 51 250 × 20% + 1 × 2 000 × 0.5 = 11 250（元）

【提示】委托加工一定是由委托方提供主要原材料。对于由受托方提供原材料生产；或者受托方先将原材料卖给委托方，然后再接受加工，以及由受托方以委托方名义购进原材料生产，不论在财务上如何核算，都不得作为委托加工处理，而应当按照受托方销售自产应税消费品计算缴纳消费税。

勤思考3－8

委托方委托加工和受托方自产自销有何区别？

【解析】委托加工和自产自销对于增值税和消费税的处理均有不同，其纳税人和计税依据的确定各有差异，具体情况见表3－8。

因此，若未对委托加工进行相关限制和约束，就会出现受托方确定计税价格偏低，代收代缴消费税虚假的现象，逃避了自制应税消费品要缴纳消费税的责任，同时，受托方也只以收取的加工费而不是销售额缴纳增值税。这是税法所不允许的。

表3－8

		委托方委托加工	受托方自产自销
增值税	纳税人	受托方	受托方
	计税依据	加工费	售价
消费税	纳税人	委托方	受托方
	计税依据	受托方售价（组价）	售价

【知识拓展】

加工方式选择的税收筹划

【筹划思考】纳税人在选择加工方式时是选择自行生产还是选择委托加工更有利？

【筹划分析】纳税人将自行生产的应税消费品对外销售时，以不含税销售价格计算缴纳消费税；纳税人将委托加工收回的应税消费品用于直接出售时，由于在收回应税消费品时已由受托方依据其销售价格或组成计税价格代收代缴消费税，不需再次缴纳消费税。初步看来委托加工的消费税税负或许轻于纳税人自行生产，但需要注意的是，税法中对直接销售做出了严格规定，若委托方以高于受托方的计税价格出售的，不属于直接出售，需按规定计算缴纳消费税，在计税时准予扣除受托方已代收代缴的消费税。

因此，纳税人想通过委托加工收回后再加价对外出售以减轻消费税税收负担的目的已无法达到；但选择委托加工仍然有一个较大的优势：在自行生产的情况下，纳税人的加工成本是支付给加工工人的工资，无法抵扣增值税进项税额；但若选择委托加工，纳税人支付的加工费在取得增值税专用发票后则可以抵扣增值税进项税额，从而减轻增值税税收负担。

3.2.2.4 进口环节

纳税人进口应税消费品，按照组成计税价格计算缴纳消费税。

1. 从价计征

实行从价计征消费税的，其计算公式为：

组成计税价格 =（关税完税价格 + 关税）÷（1 – 比例税率）

应纳税额 = 组成计税价格 × 比例税率

2. 从量计征

实行从量计征消费税的，其计算公式为：

应纳税额 = 进口数量 × 定额税率

3. 复合计征

实行复合计征消费税的，其计算公式为：

组成计税价格 =（关税完税价格 + 关税 + 进口数量 × 定额税率）÷（1 – 比例税率）

应纳税额 = 组成计税价格 × 比例税率 + 进口数量 × 定额税率

上述公式中的“关税完税价格”，是指海关核定的关税计税价格。

【提示】

（1）进口环节消费税除国务院另有规定外，一律不得给予减税、免税。

（2）个人携带或者邮寄进境的应税消费品的消费税，连同关税一并计征，具体办法由国务院关税税则委员会会同有关部门制定。

【学中练 3 – 8】

1. 某公司 2023 年 5 月进口一批摩托车，海关应征进口关税 15 万元（已知该批摩托车关税税率为 30%，消费税税率为 3%），则进口环节还需缴纳什么税？并请计算各自应纳税额。

【解析】 关税完税价格 = 15 ÷ 30% = 50（万元）

进口消费税 =（50 + 15）÷（1 – 3%）× 3% = 2.0103（万元）

进口增值税 =（50 + 15）÷（1 – 3%）× 13% = 8.7113（万元）

2. 某烟草公司 2023 年 7 月进口甲类卷烟 100 标准箱，海关核定的每箱卷烟关税完税价格为 3 万元。已知卷烟关税税率为 25%，消费税比例税率为 56%，定额税额为 0.003 元/支；每标准箱有 250 条，每条 200 支。计算该公司进口卷烟应纳消费税税额（单位：万元，计算结果保留 4 位小数）。

【解析】 纳税人进口应税消费品，按照组成计税价格和规定的税率计算缴纳消费税。

应纳关税税额 = 100 × 3 × 25% = 75（万元）

组成计税价格 =（100 × 3 + 75 + 100 × 150 ÷ 10 000）÷（1 – 56%）= 855.6818（万元）

应纳消费税税额 = 855.6818 × 56% + 100 × 150 ÷ 10 000 = 480.6818（万元）

3.2.2.5 出口环节

1. 出口退（免）税政策

消费税出口退免税包括免税并退税、免税不退税和不免也不退三种，具体适用情形如表3－9所示。

表3－9

退税政策	适用情形
免税并退税	有出口经营权的外贸企业购进应税消费品直接出口
	外贸企业受其他外贸企业委托代理出口应税消费品
免税不退税	有出口经营权的生产企业自营出口
	生产企业委托外贸企业代理出口自产的应税消费品
不免也不退	除生产企业、外贸企业的其他企业

2. 退税率

消费税的出口退税率即该应税消费品所适用的消费税征税率，消费税属于完全退税。

【提示】 企业应将不同消费税税率的出口应税消费品分开核算和申报，凡划分不清适用税率的，一律从低适用税率计算应退消费税税额。

3. 出口应税消费品退税额的计算

（1）从价计征：应退消费税税款＝出口货物的工厂销售额×税率

（2）从量计征：应退消费税税款＝出口数量×单位税额

（3）复合计征：应退消费税税款＝出口货物的工厂销售额×税率＋出口数量×单位税额

4. 出口退税后的管理

（1）出口的应税消费品办理退税后，发生退关，或者国外退货进口时予以免税的，报关出口者必须及时向其机构所在地或者居住地主管税务机关申报补缴已退还的消费税税款。

（2）纳税人直接出口的应税消费品办理免税后，发生退关或者国外退货，进口时已予以免税的，经机构所在地或者居住地主管税务机关批准，可暂不办理补税，待其转为国内销售时，再申报补缴消费税。

勤思考3－9

消费税出口退税额的计算，是否受增值税出口退税率调整的影响？

【解析】 消费税出口退税额的计算适用消费税出口退税率，与增值税出口退税率无关。

【学中练3－9】

某外贸公司2023年8月从生产企业购进化妆品一批，取得增值税专用发票注明价款

25 万元，增值税销项税额 4 万元，另支付购买化妆品的运费 3 万元。当月该批化妆品全部出口取得销售收入 35 万元。该外贸公司出口化妆品应退的消费税为多少？

【解析】 应退消费税 = 25 × 15% = 3.75（万元）

3.2.2.6 消费税计算中的特殊规定

1. 外购和委托加工收回应税消费品已纳消费税的扣除

为了避免重复征税，现行消费税法律制度规定，将外购和委托加工收回的已税消费品用于连续生产应税消费品销售的，可以将外购和委托加工收回的应税消费品已缴纳的消费税予以扣除，扣除范围包括：

（1）以外购或委托加工收回的已税烟丝生产的卷烟。

（2）以外购或委托加工收回的已税化妆品原料生产的化妆品。

（3）以外购或委托加工收回的已税珠宝、玉石原料生产的贵重首饰及珠宝、玉石。

（4）以外购或委托加工收回的已税鞭炮、焰火原料生产的鞭炮、焰火。

（5）以外购或委托加工收回的已税杆头、杆身和握把为原料生产的高尔夫球杆。

（6）以外购或委托加工收回的已税木制一次性筷子原料生产的木制一次性筷子。

（7）以外购或委托加工收回的已税实木地板原料生产的实木地板。

（8）以外购或委托加工收回的已税石脑油、润滑油、燃料油为原料生产的成品油。

（9）以外购或委托加工收回的已税汽油、柴油为原料生产的汽油、柴油。

勤思考 3－10

纳税人外购已税珠宝原料生产的金银镶嵌首饰是否可以抵扣消费税已纳税款？

【解析】 外购已税珠宝生产的金银镶嵌首饰不可以抵扣已税珠宝的消费税。

税法规定应按当期生产领用数量计算准予扣除的外购或委托加工收回的应税消费品已纳消费税税款。因此上述当期准予扣除的外购或委托加工收回的应税消费品已纳消费税税款的计算公式为：

当期准予扣除的外购或委托加工收回的应税消费品已纳税款 = 当期准予扣除的外购或委托加工收回的应税消费品买价 × 外购或委托加工收回的应税消费品适用税率

当期准予扣除的外购或委托加工收回的应税消费品买价 = 期初库存的外购或委托加工收回的应税消费品的买价 + 当期购进或委托加工收回的应税消费品的买价 − 期末库存的外购或委托加工收回的应税消费品的买价

其中，外购的应税消费品买价是指购货发票上注明的销售额（不包括增值税税款）；委托加工收回的应税消费品买价是指受托方同类产品的销售价格或组成计税价格。

【提示】

（1）纳税人用外购或委托加工收回的已税珠宝、玉石原料生产的改在零售环节征收消费税的金银首饰（镶嵌首饰），在计税时一律不得扣除外购珠宝、玉石的已纳税款。

（2）允许扣除已纳税款的应税消费品只限于从工业企业购进的应税消费品和进口环节已缴纳消费税的应税消费品，对从境内商业企业购进应税消费品的已纳税款一律不得扣除。

【学中练3-10】

1. 某筷子加工厂，2023年6月初库存外购已税木制一次性筷子原料金额10万元，当月又外购已税木制一次性筷子原料，取得的增值税专用发票注明的金额为40万元，月末库存已税木制一次性筷子原料金额6万元。已知木制一次性筷子的消费税税率为5%。计算该厂当月准许扣除的外购木制一次性筷子原料已缴纳的消费税税额。

【解析】根据消费税法律制度的规定，外购已税木制一次性筷子原料生产的木制一次性筷子，其已纳消费税款可以扣除。

当月准许扣除的外购木制一次性筷子原料买价=10+40-6=44（万元）

当月准许扣除的外购木制一次性筷子已缴纳的消费税税额=44×5%=2.2（万元）

2. 2023年8月某首饰厂从某商贸企业购进一批珠宝玉石，增值税发票注明价款50万元，增值税税款8万元，打磨后再将其销售给首饰商城，收到不含税价款90万元。已知珠宝玉石消费税税率为10%，该首饰厂以上业务应缴纳多少消费税？

【解析】应纳消费税=90×10%=9（万元）

3. 某卷烟厂从甲企业购进烟丝，取得增值税专用发票，注明价款50万元；使用60%用于生产A牌卷烟（甲类卷烟）；本月销售A牌卷烟80箱（标准箱），取得不含税销售额400万元。已知：甲类卷烟消费税税率为56%加150元/标准箱、烟丝消费税税率为30%。当月该卷烟厂实际缴纳的消费税税额为多少？

【解析】卷烟的消费税实行复合计征，外购已税烟丝连续生产卷烟的，已纳消费税可以扣除。故当月该卷烟厂实际缴纳消费税税额=400×56%+150×80÷10 000-50×60%×30%=216.2（万元）

2. 非独立门市部销售自产应税消费品

纳税人通过自设非独立核算门市部销售的自产应税消费品，应当按照门市部对外销售额或销售数量征收消费税。

【学中练3-11】

某摩托车生产企业为增值税一般纳税人，2023年6月份将生产的某型号摩托车30辆，以每辆出厂价12 000元（不含增值税）给自设非独立核算的门市部；门市部又以每辆15 820元（含增值税）全部销售给消费者。计算摩托车生产企业6月应缴纳消费税（摩托车适用消费税税率10%）。

【解析】应纳税额 = 销售额 × 税率 = 15 820 ÷ (1 + 13%) × 30 × 10% = 420 000 × 10% = 42 000（元）

3. 用于“换、投、抵”的应税消费品

纳税人用于换取生产资料和消费资料、投资入股和抵偿债务（即“换、投、抵”）等方面的应税消费品，应当以纳税人同类应税消费品的最高销售价格作为计税依据计算消费税。

【学中练 3－12】

某百货商场为增值税一般纳税人，本月以一批金银首饰抵偿 3 个月以前购进的某批洗衣机的欠款。所欠款项价税合计 232 000 元。该批金银首饰的成本为 140 000 元，若按同类商品的平均价格计算，该批金银首饰的不含税价格为 190 000 元；若按同类产品的最高销售价格计算，该批首饰的不含税价格为 220 000 元。

要求：指出百货商场是否需要计算增值税或消费税。如果需要计算，计算增值税的销项税额和消费税的应纳税额。

【解析】以金银首饰抵偿债务，需要计算增值税和消费税。

增值税的销项税额 = 190 000 × 13% = 24 700（元）

消费税的应纳税额 = 220 000 × 5% = 11 000（元）

【知识拓展】

消费税视同销售的税收筹划

【筹划思考】若纳税人将应税消费品用于了“换、投、抵”等方面，会不会对纳税人造成不利影响？可以进行筹划吗？

【筹划思路】先销售，后“换、投、抵”。

【筹划案例】南方汽车厂以小汽车 20 辆向东风出租汽车公司投资。按双方协议，每辆汽车按市场平均销售价格折价 16 万元进行投资（本月销售该种小汽车的最高售价为 17 万元，以上均不含税）。假设该类小汽车适用消费税率 5%。

【筹划分析】南方汽车厂应就此项投资行为缴纳消费税：20 × 17 × 5% = 17（万元）。

如果先按协议价将小汽车销售给出租车公司，再用出售价款以货币形式投资，则销售小汽车可按售价计税，应纳消费税变为 20 × 16 × 5% = 16（万元），可节税 1 万元。

3.3 消费税税款缴纳与申报

引例

小刘在华美化妆品有限公司财务处工作，平日工作努力，活泼开朗，是大家的开心果。但近来她的情绪十分低落，在好友的开导下她道出了原因："上个星期我们公司收到了一笔订货的流水，我看钱到了就把税给交了，结果因为这事我们老大把我批惨了，扣了我一个星期的奖金。"

【分析】事情的原委是对方公司为了顺利拿到华美化妆品有限公司的产品，事先支付了一笔订货的资金，表明双方是采用了预收货款的方式进行结算，按照税法的规定，纳税义务发生时间为发出应税消费品的当天。如双方约定半年后交货，华美化妆品有限公司可等至半年后再缴纳此笔业务的税款。小刘的这种做法明显损害了公司的利益。

3.3.1 纳税义务发生时间

1. 销售应税消费品

纳税人销售应税消费品的，按不同的销售结算方式确定，分别为：

（1）采取赊销和分期收款结算方式的，为书面合同约定的收款日期的当天，书面合同没有约定收款日期或者无书面合同的，为发出应税消费品的当天。

（2）采取预收货款结算方式的，为发出应税消费品的当天。

（3）采取托收承付和委托银行收款方式的，为发出应税消费品并办妥托收手续的当天。

（4）采取其他结算方式的，为收讫销售款或者取得索取销售款凭据的当天。

2. 自产自用应税消费品

纳税人自产自用应税消费品的，为移送使用的当天。

3. 委托加工应税消费品

纳税人委托加工应税消费品的，为纳税人提货的当天。

4. 进口应税消费品

纳税人进口应税消费品的，为报关进口的当天。

勤思考 3-11

1. 纳税人采取预收货款结算方式销售应税消费品的，其纳税义务发生时间是什么时候？

2. 纳税人委托加工应税消费品的，其纳税义务发生时间是支付加工费的当天吗？

【解析】

1. 根据消费税法律制度的规定，纳税人采取预收货款结算方式的，其纳税义务发生时间为发出应税消费品的当天。

2. 纳税人委托加工应税消费品的，其纳税义务发生时间为纳税人提货的当天。

3.3.2 纳税期限

消费税的纳税期限分别为1日、3日、5日、10日、15日、1个月或者1个季度；纳税人的具体纳税期限，由主管税务机关根据纳税人应纳税额的大小分别核定；不能按照固定期限纳税的，可以按次纳税。

纳税人以1个月或者1个季度为1个纳税期的，自期满之日起15日内申报纳税；以1日、3日、5日、10日或者15日为1个纳税期的，自期满之日起5日内预缴税款，于次月1日起至15日内申报纳税并结清上月应纳税款。

纳税人进口应税消费品，应当自海关填发海关进口消费税专用缴款书之日起15日内缴纳税款。

【提示】消费税纳税期限与增值税纳税期限的有关规定相同。

3.3.3 纳税地点

（1）纳税人销售的应税消费品，以及自产自用的应税消费品，除国务院财政、税务主管部门另有规定外，应当向纳税人机构所在地或者居住地的主管税务机关申报纳税。

（2）委托加工的应税消费品，除受托方为个人外，由受托方向机构所在地或者居住地的主管税务机关缴纳消费税税款。受托方为个人的，由委托方向机构所在地的主管税务机关申报纳税。

（3）进口的应税消费品，由进口人或者其代理人向报关地海关申报纳税。

（4）纳税人到外县（市）销售或者委托外县（市）代销自产应税消费品的，于应税消费品销售后，向机构所在地或者居住地主管税务机关申报纳税。

（5）纳税人的总机构与分支机构不在同一县（市）的，应当分别向各自机构所在地的主管税务机关申报纳税。

纳税人的总机构与分支机构不在同一县（市），但在同一省（自治区、直辖市）范围内，经省（自治区、直辖市）财政厅（局）、国家税务局审批同意，可以由总机构汇总向总机构所在地的主管税务机关申报缴纳消费税。省（自治区、直辖市）财政厅（局）、国家税务局应将审批同意的结果，上报财政部、国家税务总局备案。

（6）纳税人销售的应税消费品，如因质量等原因由购买者退回时，经机构所在地或者居住地主管税务机关审核批准后，可退还已缴纳的消费税税款。

勤思考 3－12

1. 纳税人销售应税消费品应向哪里的主管税务机关进行纳税申报？

【解析】根据消费税法律制度的规定，纳税人销售的应税消费品，以及自产自用的应税消费品，除国务院财政、税务主管部门另有规定外，应当向纳税人机构所在地或者居住地的主管税务机关申报纳税。

2. 经过本项目的学习，大家认为消费税与增值税有何联系及区别？

【解析】消费税和增值税的联系与区别见表 3－10。

表 3－10　增值税与消费税对比表

		增值税	消费税
联系	1. 税收性质及分类	均属于间接税，税负易转嫁	
	2. 计税依据	计税依据均为不含税销售额	
	3. 进出口税收政策	均为进口征税、出口退税	
	4. 税收征收管理	纳税期限、纳税地点、征收机关等均相同	
区别	1. 纳税人	一般纳税人、小规模纳税人	无纳税人分类
	2. 征税范围	全部货物、劳务及服务	15 类应税消费品
	3. 征税环节	多环节征收生产、批发、零售、加工、进口等	单一环节征收生产、批发、零售、委托加工、进口等
	4. 与价格的关系	价外税	价内税
	5. 税率形式	基本税率、低税率、征收率	比例税率、定额税率
	6. 计税方法	一般纳税人：购进扣税法简易计税办法 小规模纳税人：简易计税	从价计征从量计征复合计征
	7. 抵扣范围抵扣数量抵扣环节	所有货物当期购进工业、商业	其中部分消费品当期生产领用工业
	8. 退税比例退税政策	不完全退税（免抵退）生产企业免并退	完全退税生产企业免不退

【学中练 3－13】

某汽车厂为增值税一般纳税人，2023 年 6 月发生以下业务：

（1）外购钢材一批，从供货方取得的增值税专用发票上注明的价款、税款分别为 100 万元、13 万元。此外，取得运输企业开具的货物运输业增值税专用发票上注明的运费 8 万元。

（2）从美国进口用于生产小汽车的零部件一批，已验收入库。从海关取得的完税凭证上注明的关税完税价格 100 万元，关税 20 万元。

（3）采取直接收款方式销售小汽车一批，已收到全部车价款（含增值税）226 万元，并开具了增值税专用发票。6 月 30 日购车方尚未将该批车提走。

（4）采取托收承付方式销售小汽车一批，车价款为 300 万元（不含增值税），另外向买方收取了 10 万元的手续费。该批汽车于 6 月 20 日发出并向银行办妥了托收手续，6 月 30 日尚未收到该批车款。

（5）将自产的一批特制汽车无偿赠送给消费者，已知该批汽车的成本为 100 万元，成本利润率为 8%。

（已知小汽车消费税税率 12%，增值税税率 13%，6 月 1 日增值税进项税额余额为 10 万元。）

要求：

（1）计算 6 月应缴纳增值税税额；

（2）计算 6 月应缴纳消费税税额。

【解析】

（1）当期销项税额 $=226\div(1+13\%)\times13\%+300\times13\%+10\div(1+13\%)\times13\%+100\times(1+8\%)\div(1-12\%)\times13\%=82.1$（万元）

当期进项税额 $=16+8\times10\%+(100+20)\times13\%=32.4$（万元）

当期应纳增值税税额 $=82.1-32.4-10=39.7$（万元）

（2）当期应纳消费税税额 $=226\div(1+13\%)\times12\%+300\times12\%+10\div(1+13\%)\times12\%+100\times(1+8\%)\div(1-12\%)\times12\%=75.78$（万元）

3.3.4 消费税纳税申报

消费税的纳税申报流程主要分四个步骤：确定申报时间、填写纳税申报表、办理纳税申报、缴纳税款。主要工作任务包括领取相应的消费税纳税申报表并根据填表说明进行相关栏目的填列，填写好纳税申报表后可以在纳税服务窗口或网上进行纳税申报，经税务机关审核通过后缴纳税款。需要注意的是，所有的工作一定要在规定的期限内完成。

为深入推进税务领域“放管服”改革，优化营商环境，切实减轻纳税人、缴费人申报负担，自 2021 年 8 月 1 日起，增值税、消费税分别与城市维护建设税、教育费附加、地方教育附加申报表整合，《消费税及附加税费申报表》启用，以下对消费税及附加税费申报举例说明，《本期准予扣除税额计算表》《本期减（免）税额明细表》《本期委托加工收回情况报告表》《消费税附加税费计算表》等附表省略。

消费税及附加税费申报表

税款所属期：自　　年　　月　　日至　　年　　月　　日

纳税人识别号（统一社会信用代码）：□□□□□□□□□□□□□□□□□□□□□□□□

纳税人名称：　　　　　　　　　　　　　　　　　　　　　　　　金额单位：人民币元（列至角分）

项目	适用税率		计量单位	本期销售数量	本期销售额	本期应纳税额
	定额税率	比例税率				
应税消费品名称	1	2	3	4	5	6 = 1 × 4 + 2 × 5
合计	—	—	—	—	—	

	栏次	本期税费额
本期减（免）税额	7	
期初留抵税额	8	
本期准予扣除税额	9	
本期应扣除税额	10 = 8 + 9	
本期实际扣除税额	11［10 < （6 − 7），则为 10，否则为 6 − 7］	
期末留抵税额	12 = 10 − 11	
本期预缴税额	13	
本期应补（退）税额	14 = 6 − 7 − 11 − 13	
城市维护建设税本期应补（退）税额	15	
教育费附加本期应补（退）费额	16	
地方教育附加本期应补（退）费额	17	

声明：此表是根据国家税收法律法规及相关规定填写的，本人（单位）对填报内容（及附带资料）的真实性、可靠性、完整性负责。 纳税人（签章）：　　年　月　日	
经办人： 经办人身份证号： 代理机构签章： 代理机构统一社会信用代码：	受理人： 受理税务机关（章）： 受理日期：　　年　　月　　日

《消费税及附加税费申报表》填表说明

一、本表作为《消费税及附加税费申报表》的主表，由消费税纳税人填写。

二、本表“税款所属期”：指纳税人申报的消费税应纳税额所属时间，应填写具体的起止年、月、日。

三、本表“纳税人识别号（社会统一信用代码）”：填写纳税人识别号或者统一社会信用代码。

四、本表“纳税人名称”：填写纳税人名称全称。

五、本表“应税消费品名称”栏、第 1 栏“定额税率”、第 2 栏“比例税率”和第 3 栏“计量单位”：按照附注 1《应税消费品名称、税率和计量单位对照表》内容对应填写。

六、本表第 4 栏“本期销售数量”：填写国家税收法律、法规及相关规定（以下简称“税法”）规定的本期应当申报缴纳消费税的应税消费品销售数量（不含出口免税销售数量）。用自产汽油生产的乙醇汽油，按照生产乙醇汽油所耗用的汽油数量填写；以废矿物油生产的润滑油基础油为原料生产的润滑油，按扣除耗用的废矿物油生产的润滑油基础油后的数量填写。

七、本表第 5 栏“本期销售额”：填写税法规定的本期应当申报缴纳消费税的应税消费品销售额（不含出口免税销售额）。

八、本表第 6 栏“本期应纳税额”：计算公式如下：

实行从价定率办法计算的应纳税额 = 销售额 × 比例税率

实行从量定额办法计算的应纳税额 = 销售数量 × 定额税率

实行复合计税办法计算的应纳税额 = 销售额 × 比例税率 + 销售数量 × 定额税率

暂缓征收的应税消费品，不计算应纳税额。

九、本表第 7 栏“本期减（免）税额”：填写本期按照税法规定减免的消费税应纳税额，不包括暂缓征收的应税消费品的税额以及出口应税消费品的免税额。本期减免消费税应纳税额情况，需同时填报附表 2《本期减（免）税额明细表》。本栏数值应等于附表 2《本期减（免）税额明细表》第 8 栏“减（免）税额”“合计”栏数值。

十、本表第 8 栏“期初留抵税额”：填写上期申报表第 12 栏“期末留抵税额”数值。

十一、本表第 9 栏“本期准予扣除税额”：填写税法规定的本期外购、进口或委托加工收回应税消费品用于连续生产应税消费品准予扣除的消费税已纳税额，以及委托加工收回应税消费品以高于受托方计税价格销售的，在计税时准予扣除的消费税已纳税额。

成品油消费税纳税人：本表“本期准予扣除税额”栏数值 = 附表 1－2《本期准予扣除税额计算表（成品油消费税纳税人适用）》第 6 栏“本期准予扣除税额”“合计”栏数值。

其他消费税纳税人：本表“本期准予扣除税额”栏数值 = 附表 1－1《本期准予扣除税额计算表》第 19 栏“本期准予扣除税款合计”“合计”栏数值。

十二、本表第 10 栏“本期应扣除税额”：填写纳税人本期应扣除的消费税税额，计算公式为：

本期应扣除税额 = 期初留抵税额 + 本期准予扣除税额

十三、本表第 11 栏“本期实际扣除税额”：填写纳税人本期实际扣除的消费税税额，计算公式为：

当本期应纳税额合计 − 本期减（免）税额≥本期应扣除税额时，本期实际扣除税额 = 本期应扣除税额；当本期应纳税额合计 − 本期减（免）税额 < 本期应扣除税额时，本期实际扣除税额 = 本期应纳税额合计 − 本期减（免）税额。

十四、本表第 12 栏“期末留抵税额”：计算公式为：

期末留抵税额 = 本期应扣除税额 − 本期实际扣除税额

十五、本表第 13 栏“本期预缴税额”：填写纳税申报前纳税人已预先缴纳入库的本期消费税额。

十六、本表第 14 栏“本期应补（退）税额”：填写纳税人本期应纳税额中应补缴或应退回的数额，计算公式为：

本期应补（退）税额＝本期应纳税额合计－本期减（免）税额－本期实际扣除税额－本期预缴税额

十七、本表第15栏“城市维护建设税本期应补（退）税额”：填写附表6《消费税附加税费计算表》“城市维护建设税”对应的“本期应补（退）税（费）额”栏数值。

十八、本表第16栏“教育费附加本期应补（退）费额”：填写附表6《消费税附加税费计算表》“教育费附加”对应的“本期应补（退）税（费）额”栏数值。

十九、本表第17栏“地方教育附加本期应补（退）费额”：填写附表6《消费税附加税费计算表》“地方教育费附加”对应的“本期应补（退）税（费）额”栏数值。

二十、本表为A4竖式，所有数字小数点后保留两位。一式二份，一份纳税人留存，一份税务机关留存。

【纳税申报实训案例】 位于市区的甲酒厂2023年9月发生以下业务：

①4日将自己生产的啤酒20吨销售给乙超市，货款已收到；另外将10吨让客户及顾客免费品尝。该啤酒不含税出厂价为2 800元/吨，成本为2 000元/吨。

②10日销售自己生产的粮食白酒20吨，不含税单价7 000元，总价款140 000元。

③20日用自己生产的粮食白酒10吨抵偿丙超市货款70 000元，不足或多余部分不再结算。该粮食白酒每吨本月售价在5 500—6 500元浮动，平均售价为6 000元。

要求：请为甲酒厂填制2023年9月的消费税及附加税费申报表。

【纳税申报实训解析】

①啤酒应缴纳的消费税＝(20＋10)×220＝6 600（元）（申报表主栏目第一行，啤酒从量计征，只填写1、3、4、6栏）

②销售的粮食白酒应缴纳的消费税＝7 000×20×20%＋20×2 000×0.5＝48 000（元）（申报表主栏目第二行，白酒复合计征，1－6栏均需填写）

③抵债的粮食白酒应缴纳的消费税＝6 500×10×20%＋10×2 000×0.5＝23 000（元）（申报表主栏目第三行，白酒复合计征，1－6栏均需填写）

④合计应纳消费税额＝6 600＋48 000＋23 000＝77 600（元）（申报表主栏目“合计”行第6栏、申报表第14栏）

城市维护建设税本期应纳税额＝77 600×7%＝5 432（元）（申报表第15栏）

教育费附加本期应纳费额＝77 600×3%＝2 328（元）（申报表第16栏）

地方教育附加本期应纳费额＝77 600×2%＝1 552（元）（申报表第17栏）

职业道德与素质

【案例背景】

2014年6月6日，国家税务总局发布《关于成品油经销企业开具的增值税发票纳入防伪税控系统汉字防伪版管理的公告》，明确自2014年8月1日起，成品油经销企业应通过增值税防伪税控系统汉字防伪版开具增值税专用发票和增值税普通发票，并要求各级税务机关加强成品油消费税日常监管，有效打击成品油企业利用变换产品名称手段逃避生产环节消费税违规行为。据税务总局货物和劳务税司有关负责人介绍，汉字防伪版是以增值税防伪税控系统为基础，通过汉字码代替字符密文存储更多票面信息。应用汉字防伪版可以增强增值税发票票面关键信息的防伪能力，扩展光学字符识别对票面更多内容的识别，比普通版增值税专用发票更能杜绝高技术、深层次骗税行为。将成品油经销企业开具的增值税发票纳入防伪税控系统汉字防伪版管理，有利于防止少数不法分子利用现有防伪税控系统只加密发票七要素的局限性，通过伪造发票、篡改发票信息等手段非法牟利。可以实现采集成品油经销企业进、销项专用发票的货物名称定期比对，跟踪检查比对不符的情况，以杜绝不法企业利用变名手段偷逃税。该负责人称，2008 年财政部、国家税务总局曾发布《关于提高成品油消费税税率的通知》，对除汽油、柴油、航空煤油、溶剂油以外的各类轻质油均纳入石脑油征税范围，对重质油均纳入燃料油征税范围。税收征管实践发现，少数炼油生产企业和成品油经销企业存在变名问题，有的炼油生产企业将应税油品以化工产品的名义销售给成品油经销企业，成品油经销企业再将这些“化工产品”的名称变更为应税油品，销售给用油企业，通过变换产品名称逃避生产环节消费税。此后税务总局曾发布公告，进一步明晰应税油品征收范围，将成品油经销企业变名行为列为成品油生产加工行为征收消费税。

为了克服普通版增值税专用发票的技术缺陷，便于基层税务机关通过比对进、销项专用发票货物名称，判别成品油经销企业变名行为。税务总局决定自 2014 年 8 月 1 日起，成品油经销企业必须通过增值税防伪税控系统汉字防伪版开具增值税专用发票和增值税普通发票，并不得汇总开具货物和应税劳务名称。税务总局要求各级税务机关全面采集成品油经销企业进、销项专用发票的货物名称定期比对，对比对不符的情况跟踪检查，杜绝利用变名手段偷逃税问题。

在此案例中，纳税人通过什么方式偷逃税款？纳税人和税务机关应如何应对此类现象？

分析：消费税中“成品油”税目下仅列举了 7 个子税目，这就导致属于消费税征税范围的油品种类有限。在此背景下，有的炼油生产企业将应税油品以化工产品的名义销售给成品油经销企业，成品油经销企业再将这些“化工产品”变换名称改为应税油品，销售给用油企业，通过变换产品名称逃避生产环节消费税。为避免此类行为导致国家税款流失，税务总局还将成品油经销企业变名行为列为成品油生产加工行为征收消费税。纳税人为避免税务机关误认其存在此类偷逃税款行为应注意在开具增值税发票时合理选择商品名称，并不要将不同种类商品合并为一类开具增值税发票；税务机关应注意定期对纳税人购进和销售的商品类型进行对比，防止纳税人通过变名行为偷逃税款。此外，国家税务总局要求自 2016 年 8 月 1 日起，所有使用增值税发票系统的纳税人都应使用税收分类商品编码开具增值税发票，进一步杜绝了此类现象的出现。

项目小结

任务	学习目标	重难点
消费税征收制度	熟悉消费税纳税人的概念及其基本征税范围，熟练掌握消费税的纳税环节及不同应税消费品的税率形式	纳税环节、税率形式
消费税应纳税额的计算与筹划	熟练掌握消费税计税依据的确定方法，掌握自产自销、自产自用、委托加工及进口环节消费税组成计税价格的公式及应纳消费税税额的计算方法	不同环节组成计税价格和消费税的计算
消费税税款缴纳与申报	熟悉消费税的纳税义务发生时间、纳税期限及纳税地点，注意与增值税进行对比；了解消费税的纳税申报流程，熟悉消费税纳税申报表的基本结构	与增值税的对比、纳税申报流程及纳税申报表结构

专业能力评价

评价内容	权重	考核点	考核得分		
			小组评价	教师评价	综合得分
职业素养（20分）	10	了解消费税纳税申报流程			
	10	在税收筹划的过程中，采用合理、合法的途径进行筹划，禁止涉及违法行为			
案例分析（80分）	80	熟悉消费税的基本征收制度，能熟练对消费税涉税案例进行计算分析和纳税申报，对企业的消费税涉税业务提出筹划思路和筹划方法			
组长签字：		教师签字：	20　年　月　日		

职业能力训练

（一）单项选择题

1. 根据消费税法律制度的规定，下列各项中，不属于消费税征税范围的商品是（　　）。

A. 高档手表　　B. 木制一次性筷子

C. 实木地板　　D. 高档家具

2. 下列各项中，应计算缴纳消费税的是（　　）。

A. 进口钻石饰品　　B. 批发环节销售的雪茄烟

C. 零售环节销售的铂金首饰　　D. 生产环节销售的帆艇

3. 纳税人自产自用的下列应税消费品中，不缴纳消费税的是（　　）。

A. 用于连续生产应税消费品的应税消费品

B. 用于在建工程的应税消费品

C. 用于职工福利、资金奖励的应税消费品

D. 用于赞助的应税消费品

4. 根据有关规定，下列各项既需要征收增值税又需要征收消费税的是（　　）。

A. 纳税人将自产烟丝用于连续生产卷烟

B. 纳税人将一辆自产小轿车无偿赞助给汽车拉力赛使用

C. 纳税人将自产电脑发放给优秀员工作为奖励

D. 纳税人将自产月饼发放给职工作为中秋节福利

5. 根据消费税法律制度的规定，纳税人销售应税消费品向购买方收取的下列税金、价外费用中，不应并入应税消费品销售额的是（　　）。

A. 向购买方收取的手续费　　B. 向购买方收取的价外基金

C. 向购买方收取的增值税税款　　D. 向购买方收取的消费税税款

6. 下列各项收入中，不需要缴纳消费税的是（　　）。

A. 随同高档化妆品销售收取的包装物押金

B. 不随同鞭炮销售而单独收取的、尚未逾期的包装物押金

C. 销售白酒而单独收取的包装物押金

D. 销售卷烟时收取的、逾期的包装物押金

7. 某白酒生产企业为增值税一般纳税人，2023 年 6 月份销售自产的白酒 100 吨，取得不含税销售额 120 万元，另收取白酒的包装物押金 10 万元，另将同类白酒 2 吨用于职工食堂，则该白酒生产企业当月应缴纳消费税（　　）万元。（白酒消费税税率为 20% 加 0. 5 元/500 克）

A. 34　　B. 35. 72

C. 34. 68　　D. 36. 45

8. 某企业委托酒厂加工药酒 10 箱，该药酒无同类产品销售价格，已知委托方提供原材料成本 2 万元，受托方垫付辅料成本 0. 15 万元，另收取不含税加工费 0. 4 万元，则该酒厂代收代缴的消费税为（　　）。（成本利润率为 5%，消费税税率为 10%）

A. 2 550 元　　B. 2 833. 33 元

C. 4 817 元　　D. 8 500 元

9. 甲摩托车生产企业（以下简称甲企业）为增值税一般纳税人，2023 年 2 月委托乙企业加工一批摩托车，甲企业提供不含税价款为 100 万元的原材料，同时支付不含税加工费 20 万元，当月将该批摩托车收回全部销售取得不含税销售额 300 万元，则甲企业当月应缴纳消费税（　　）万元。（不含代收代缴的消费税，摩托车消费税税率为 3%）

A. 0　　B. 5. 29

C. 9　　D. 7. 85

10. 某白酒厂为增值税一般纳税人，2023 年 8 月将 3 吨新研制的白酒用于赠送客户，该批白酒的生产成本为每吨 100 000 元，无同类产品市场销售价格。已知白酒适用的消费税定额税率为 0. 5 元/斤，比例税率为 20%；成本利润率为 5%。则该白酒厂上述业务应缴纳消费税（　　）元。

A. 81 750　　B. 66 000

C. 75 500　　D. 82 500

11. 下列说法正确的是（　　）。

A. 有出口经营权的生产企业出口货物免并退

B. 有出口经营权的外贸企业出口符合条件的货物免并退

C. 一般商贸企业出口货物免不退

D. 有出口经营权的生产企业出口货物不免不退

12. 下列各项中，外购应税消费品已纳消费税税款准予扣除的是（　　）。

A. 外购已税珠宝玉石生产的金银镶嵌首饰

B. 外购已税酒精生产的白酒

C. 外购已税汽车轮胎生产的小汽车

D. 外购已税香水精生产的香水

13. 纳税人自产的应税消费品用于换取生产资料的，计算征收消费税的计税依据为（　　）。

A. 纳税人同类应税消费品的最高销售价格

B. 纳税人同类应税消费品的最低销售价格

C. 纳税人同类应税消费品的平均销售价格

D. 纳税人同类应税消费品的加权平均售价

14. 某啤酒厂以赊销方式销售一批啤酒，根据消费税法律制度的规定，其消费税纳税义务的发生时间是（　　）。

A. 发出啤酒的当天　　B. 对方收到啤酒的当天

C. 合同规定的收款日期的当天　　D. 取得索取销售款凭据的当天

15. 下列关于消费税纳税申报时间的说法正确的是（　　）。

A. 消费税的纳税期限分别为 1 日、3 日、5 日、10 日、15 日、1 个月或者 1 个季度

B. 纳税人的具体纳税期限，由主管税务机关根据纳税人应纳税额的大小分别核定

C. 以 1 日、3 日、5 日、10 日或者 15 日为一期纳税的，自期满之日起 5 日内预缴税款

D. 纳税人以 1 个月或以 1 个季度为一期纳税的，自期满之日起 10 日内申报纳税

（二）多项选择题

1. 下列情形中，需要同时缴纳增值税和消费税的有（　　）。

A. 进口白酒　　B. 批发卷烟

C. 零售高档化妆品　　D. 零售金银首饰

2. 下列情形中需要缴纳消费税的有（　　）。

A. 生产应税消费品但未销售　　B. 进口应税消费品但未销售

C. 零售环节销售金银首饰　　D. 零售环节销售高档化妆品

3. 下列说法中正确的有（　　）。

A. 凡是征收消费税的货物都征增值税

B. 凡是征收增值税的货物都征消费税

C. 应税消费品征收增值税的，其计税依据含有消费税

D. 应税消费品征收消费税的，其计税依据含有增值税

4. 根据消费税法律制度的规定，下列有关卷烟批发环节消费税的表述中，正确的有（　　）。

A. 卷烟批发环节消费税目前采用复合计税办法计征

B. 烟草批发企业将卷烟销售给其他烟草批发企业的，不缴纳消费税

C. 卷烟批发企业在计算应纳税额时可以扣除已含的生产环节的消费税税款

D. 烟草批发企业兼营卷烟批发和零售业务，但未分别核算批发和零售环节的销售额、销售数量的，按全部销售额、销售数量计征批发环节消费税

5. 我国消费税分别采用（　　）的计征方法。

A. 从价定率　　B. 从量定额

C. 从价定额　　D. 从量定额和从价定率相结合

6. 根据消费税法律制度的规定，下列应税消费品中，实行从价定率与从量定额相结合的复合计税方法的有（　　）。

A. 烟丝　　B. 卷烟

C. 白酒　　D. 酒精

7. 根据消费税法律制度的规定，下列各项中，适用从量定额计税方法的有（　　）。

A. 汽油　　B. 黄酒

C. 白酒　　D. 啤酒

8. 根据消费税法律制度的规定，下列各项正确的有（　　）。

A. 包装物随同应税消费品销售的，无论包装物是否单独计价，也不论会计上如何核算，均应当计入应税消费品的销售额计征消费税

B. 逾期包装物押金应计入销售额，按照应税消费品的适用税率计征消费税

C. 收取1年以上的包装物押金应计入销售额，按照应税消费品的适用税率计征消费税

D. 酒类生产企业销售酒类产品的包装物押金，无论是否返还以及会计上如何核算，均应并入销售额计征消费税

9. 根据消费税法律制度的规定，下列项目中，可以不缴纳消费税的有（　　）。

A. 委托加工的应税消费品，受托方已代收代缴消费税，委托方取回后直接销售的

B. 自产自用的应税消费品，用于连续生产应税消费品的

C. 自产自用的应税消费品，用于连续生产非应税消费品的

D. 自产自用的应税消费品，用于职工福利

10. 关于自产自用应税消费品说法正确的有（　　）。

A. 用于连续生产应税消费品时不纳税

B. 用于连续生产应税消费品时已纳税额可以抵扣

C. 用于连续生产非应税消费品时，一般按同类货物均价或组成计税价格计税

D. 用于投资、抵债、换取生产资料时，按销售最高价计税

11. 某烟酒批发公司为增值税一般纳税人，2023年8月向烟酒零售单位批发销售A牌卷烟20标准箱，开具的增值税专用发票上注明不含税销售额250万元；向烟酒零售单位批发销售B牌卷烟8标准箱，开具的增值税专用发票上注明不含税销售额76万元；向消费者个人销售A牌卷烟300条，取得含税收入25万元，已知当月允许抵扣的增值税进项税额为30万元。关于上述业务的税务处理，下列说法正确的有（　　）。

A. 该烟酒批发公司当月应缴纳增值税15.63万元

B. 该烟酒批发公司当月应缴纳增值税15.26万元

C. 该烟酒批发公司当月应缴纳消费税36.56万元

D. 该烟酒批发公司当月应缴纳消费税39.02万元

12. 根据消费税法律制度的有关规定，下列情形中，准予抵扣已纳消费税的有（　　）。

A. 外购已税酒精生产的白酒

B. 外购已税汽车轮胎生产的小汽车

C. 外购已税化妆品生产的化妆品

D. 外购已税鞭炮、焰火为原料生产的鞭炮、焰火

13. 根据消费税法律制度的规定，纳税人用于（　　）的应税消费品，应当以纳税人同类应税消费品的最高销售价格作为计税依据计算征收消费税。

A. 换取生产资料　　B. 换取消费资料

C. 投资入股　　D. 抵偿债务

14. 下列关于消费税纳税义务发生时间的表述中，正确的有（　　）。

A. 纳税人采取托收承付和委托银行收款方式的，为发出应税消费品并办妥托收手续的当天

B. 纳税人自产自用应税消费品的，为移送使用的当天

C. 纳税人委托加工应税消费品的，为纳税人提货的当天

D. 纳税人进口应税消费品的，为报关进口的当天

15. 根据消费税法律制度的规定，下列关于消费税纳税地点的表述中，错误的有（　　）。

A. 纳税人销售应税消费品，除另有规定外，应当向纳税人机构所在地或者居住地的税务机关申报纳税

B. 纳税人的总机构与分支机构不在同一省的，由总机构汇总向总机构所在地的税务机关申报缴纳消费税

C. 委托加工应税消费品，受托方为个人的，由受托方向居住地的税务机关申报纳税

D. 进口的应税消费品，由进口人或者其代理人向机构所在地的税务机关申报纳税

（三）判断题

1. 消费税是价内税，增值税是价外税。（　　）

2. 委托加工的应税消费品，受托方为个人的，应由受托方在向委托方交货时代收代缴消费税。（　　）

3. A 市甲企业委托 B 市乙企业加工一批应税消费品，该消费品应缴纳税款应由乙企业向 B 市税务机关解缴。（　　）

4. 纳税人兼营不同的应税消费品，应当分别核算不同税率应税消费品的销售额和销售数量。未分别核算销售额和销售数量的，从高适用税率。（　　）

5. 甲企业 3 月委托加工一批烟丝，已交付和支付受托方材料及加工费，该烟丝计划于 4 月 10 日加工完成并交付。则甲企业消费税纳税义务发生时间为 4 月 15 日。（　　）

6. 消费税按实际耗用计算已纳税额抵扣，而增值税一般纳税人按实际购进计算进项税额抵扣。（　　）

7. 纳税人用于换取生产资料、消费资料、投资入股和抵偿债务等方面的应税消费品，应当以纳税人同类应税消费品的加权平均价格作为计税依据计算消费税。（　　）

8. 纳税人通过自设非独立核算门市部销售的自产应税消费品，应当按照门市部对外销售额或者销售数量征收消费税。（　　）

9. 出口的应税消费品办理退（免）税后，发生退关或者国外退货的，报关出口者必须及时向海关申报补缴已退的消费税税款。（　　）

10. 纳税人采取预收货款结算方式的，其纳税义务发生时间为销售合同规定的收款日期的当天。（　　）

（四）计算分析题

1. W县甲葡萄酒公司为增值税一般纳税人，主要从事葡萄酒的生产和销售业务。2023年8月有关经营情况如下：

（1）以自产100箱M品牌葡萄酒换入酿酒设备，该M品牌葡萄酒生产成本1 130元/箱，含增值税平均单价2 034元/箱，含增值税最高单价2 486元/箱。

（2）向W县自设非独立核算门市部移送500箱自产N品牌葡萄酒，该N品牌葡萄酒含增值税出厂价1 695元/箱；该门市部对外销售400箱，含增值税单价3 390元/箱。

（3）受托为乙公司加工Z品牌葡萄酒，收取含增值税加工费40 680元；乙公司提供原材料成本720 000元，甲葡萄酒公司无同类葡萄酒销售价格。

已知：销售葡萄酒增值税税率为13%，消费税税率为10%，销售劳务增值税税率为13%。

要求：

根据上述资料，不考虑其他因素，分析回答下列小题。

（1）计算甲葡萄酒公司当月以自产M品牌葡萄酒换入酿酒设备应缴纳消费税税额的下列算式中，正确的是（　　）。

A. 100×1 130×10%=11 300元

B. 100×1 130×(1+10%)×10%=12 430元

C. 100×2 034÷(1+13%)×10%=18 000元

D. 100×2 486÷(1+13%)×10%=22 000元

（2）计算甲葡萄酒公司当月N品牌葡萄酒应缴纳消费税税额的下列算式中，正确的是（　　）。

A. 500×3 390÷(1+13%)×10%=150 000元

B. 400×3 390÷(1+13%)×10%=120 000元

C. (500×1 695+400×3 390)×10%=220 350元

D. 500×1 695×10%=84 750元

（3）计算甲葡萄酒公司当月受托加工Z品牌葡萄酒应代收代缴消费税税额的下列算式中，正确的是（　　）。

A. (720 000+40 680)÷(1−10%)×10%=84 520元

B. [720 000×(1+10%)+40 680÷(1+13%)]×10%=82 800元

C. [720 000+40 680÷(1+13%)]÷(1−10%)×10%=84 000元

D. [720 000+40 680÷(1+13%)]×10%=75 600元

（4）甲葡萄酒公司当月发生的下列业务中，应缴纳增值税的是（　　）。

A. 受托加工Z品牌葡萄酒

B. 以自产 M 品牌葡萄酒换入酿酒设备

C. 门市部对外销售 N 品牌葡萄酒

D. 向 W 县自设非独立核算门市部移送自产 N 品牌葡萄酒

2. 甲公司为增值税一般纳税人，主要从事小汽车的制造和销售业务。2023 年 7 月有关经营情况如下：

（1）销售 1 辆定制的自产小汽车，取得含增值税价款 226 000 元，另收取手续费 33 900 元。

（2）将 10 辆自产小汽车对外投资，小汽车生产成本 9 万元/辆，甲公司同类小汽车不含增值税最高销售价格 17 万元/辆、平均销售价格 15 万元/辆、最低销售价格 12 万元/辆。

（3）采取预收货款方式销售给 4S 店一批自产小汽车，6 日签订合同，11 日收到预收款，16 日发出小汽车，21 日开具发票。

（4）生产中轻型商用客车 180 辆，其中 171 辆用于销售、3 辆用于广告、2 辆用于本公司管理部门、4 辆用于赞助。已知：销售小汽车增值税税率为 13%，消费税税率为 5%。

要求：根据上述资料，不考虑其他因素，分析回答下列小题。

（1）计算甲公司当月销售定制的自产小汽车应缴纳消费税税额的下列算式中，正确的是（　　）。

A. （226 000 + 33 900）× 5% = 12 995 元

B. 226 000 ÷（1 + 13%）× 5% = 10 000 元

C. （226 000 + 33 900）÷（1 + 13%）× 5% = 11 500 元

D. 226 000 × 5% = 11 300 元

（2）计算甲公司当月以自产小汽车对外投资应缴纳消费税税额的下列算式中，正确的是（　　）。

A. 10 × 15 × 5% = 7.5 万元

B. 10 × 12 × 5% = 6 万元

C. 10 × 9 × 5% = 4.5 万元

D. 10 × 17 × 5% = 8.5 万元

（3）甲公司当月采取预收货款方式销售自产小汽车，消费税的纳税义务发生时间是（　　）。

A. 7 月 6 日

B. 7 月 11 日

C. 7 月 16 日

D. 7 月 21 日

（4）甲公司的下列中轻型商用客车中，应缴纳消费税的是（　　）。

A. 用于赞助的 4 辆

B. 用于销售的 171 辆

C. 用于广告的 3 辆

D. 用于本公司管理部门的 2 辆

3. 甲公司为增值税一般纳税人，主要从事高档化妆品生产、销售业务。2023 年 8 月发生以下业务：

（1）自产 W 型高档化妆品本月 5 日销售 500 箱，每箱不含增值税售价 4 万元；15 日销售 1 000 箱，每箱不含增值税售价 3.8 万元；25 日以 600 箱抵偿所欠乙公司原材料货款。W 型高档化妆品不含增值税平均售价和最高售价分别为 3.9 万元和 4 万元。

（2）将新研制的一批高档化妆品赠送客户试用，该批高档化妆品无同类产品销售价格，生产成本为 42.5 万元。

（3）从国外进口一批高档化妆品作为原料，进口环节缴纳消费税 60 万元，当月领用 80% 生产 4 000 套 Y 型高档化妆品并全部出售，每套不含增值税售价 0.2 万元。

（4）与乙公司订立合同，接受乙公司委托定制高档化妆品一批，原材料由乙公司提供，当月完工并交付乙公司。已知：高档化妆品消费税税率为 15%，成本利润率为 5%。

要求：

根据上述资料，不考虑其他因素，分析回答下列小题。

（1）计算甲公司当月自产 W 型高档化妆品应缴纳消费税税额的下列算式中，正确的是（　　）。

A. （500 × 4 + 1 000 × 3.8 + 600 × 3.9）× 15% = 1 221 万元

B. （500 × 4 + 1 000 × 3.8 + 600 × 4）× 15% = 1 230 万元

C. （500 × 4 + 1 000 × 3.8）× 15% = 870 万元

D. （500 × 4 + 1 000 × 3.8 + 600 × 3.8）× 15% = 1 212 万元

（2）计算甲公司将新研制的高档化妆品赠送客户试用应缴纳消费税税额的下列算式中，正确的是（　　）。

A. 42.5 ×（1 + 5%）× 15% = 6.69 万元

B. 42.5 ÷（1 − 15%）× 15% = 7.5 万元

C. 42.5 × 15% = 6.38 万元

D. 42.5 ×（1 + 5%）÷（1 − 15%）× 15% = 7.88 万元

（3）计算甲公司销售 Y 型高档化妆品应缴纳消费税税额的下列算式中，正确的是（　　）。

A. 4 000 × 0.2 × 15% − 60 × 80% = 72 万元

B. 4 000 × 0.2 × 15% − 60 = 60 万元

C. 4 000 × 0.2 ×（1 + 15%）× 15% = 138 万元

D. （4 000 × 0.2 − 60）× 15% = 111 万元

（4）甲公司接受乙公司委托定制高档化妆品业务相关税务处理的下列表述中，正确的是（　　）。

A. 甲公司计算增值税销项税额

B. 甲公司代收代缴消费税

C. 甲公司代收代缴城市维护建设税

D. 甲公司缴纳消费税

技能强化训练

1. 甲卷烟生产企业为增值税一般纳税人，2023 年 8 月发生经营业务如下：

（1）进口一批烟丝，关税完税价格为 20 万元，关税税率为 20%，缴纳相关税费后海关放行，并取得相关的专用缴款书。

（2）将进口的烟丝全部领用用于生产 A 类卷烟 200 箱，当月销售其中的 150 箱，取得不含税销售收入 230 万元。

（3）从农业生产者手中收购烟叶，支付价款 30 万元，支付价外补贴 3 万元，烟叶税税率为 20%，开具农产品收购发票。

（4）用 20 箱 A 类卷烟和乙企业换取相同价值的生产资料，取得乙企业开具的增值税专用发票。

（5）另将自己新研制的 10 箱 B 类卷烟无偿赠送给关联企业，B 类卷烟没有同类货物的市场销售价格，该批卷烟生产成本为 70 万元，成本利润率为 5%。

已知：A 类卷烟的最高不含税售价为 17 000 元/标准箱，烟丝的消费税税率为 30%，上述卷烟适用的消费税税率均为 36% 加 150 元/标准箱。

要求：

（1）计算甲企业进口环节应缴纳的各项税金合计金额；

（2）计算甲企业 2023 年 8 月应向税务机关缴纳的增值税税额；

（3）计算甲企业 2023 年 8 月应向税务机关缴纳的消费税税额。

2. 甲化妆品厂为增值税一般纳税人，2023 年 8 月发生以下业务：

（1）外购化工材料 A 和 B，取得增值税专用发票上注明的价款、税款分别为 10 000 元、1 300 元和 20 000 元、2 600 元，将 A、B 材料验收后交付给乙化妆品制造厂（一般纳税人），委托其加工成香水精；

（2）乙公司为加工该产品从小规模企业购进辅料，取得税务代开的增值税专用发票，价款 5 000 元，税款 150 元，乙公司收取甲化妆品厂加工费和代垫辅料费 8 000 元（不含增值税），并开具增值税专用发票；

（3）甲化妆品厂将香水精收回后将 70% 投入生产，进一步加工成香水，并分装出厂取得含税销售额 100 000 元。

要求：

（1）计算甲公司收回香水精时应缴纳的消费税；

（2）计算甲公司销售香水应缴纳的增值税；

（3）计算甲公司销售香水实际缴纳的消费税；

（4）计算乙公司应缴纳的流转税。

项目 4

关税计算与筹划

核心目标

知识目标

- 掌握关税的纳税人、征税对象和税率
- 熟悉关税税收优惠
- 掌握关税应纳税额的计算
- 熟悉关税的征收管理制度

能力目标

- 具备正确计算关税税额的能力
- 具备正确处理关税涉税业务的能力
- 具备正确申报关税税额的能力
- 具备对关税进行简单税收筹划的能力

素质目标

- 具备较强的税务分析和判断能力
- 具备良好的沟通交流能力，可以与海关保持良好的沟通合作关系
- 具有依法纳税的意识，坚持公平与法治

核心概念

关税、关税完税价格、关税应纳税额、关税税率、海关进出口税则

思政案例

2022 年我国海关税收入库 2.28 万亿元

2022 年，全国海关依法科学监管，运用大数据、智能审图等高科技手段，提升口岸查验和征税效能，海关税收入库 2.28 万亿。立案侦办走私犯罪案件 4 500 多起、案值 1 200 多亿元。支持企业享受各类税收优惠政策，共减税、退税 2 850 亿元。有力维护了国门安全和营商环境。

海关总署署长俞建华表示：今年外贸发展面临很多挑战，比较来看，我国竞争优势仍然明显。随着我国经济形势的整体好转，外贸 1 至 2 月平稳开局的势头有望保持。2023 年，海关将持续推进海南自贸港、横琴粤澳深度合作区等海关特殊监管区制度创新，积极服务高质量共建“一带一路”，支持中欧班列等国际物流大通道建设。在 2022 年的 23 项助企纾困帮扶措施基础上，针对企业反映的痛点、难点和堵点，推进建设智慧口岸，通过科技手段促进跨境物流提速增效；推进国际贸易“单一窗口”建设，为企业提供通关“一站式”综合服务。帮助企业用好用足 RCEP 等自贸协定关税优惠，降低进出口环节成本。创新跨境电商海关监管模式，支持市场采购贸易、保税维修等新业态发展。开展“海关关长送政策上门”服务，创新大宗商品“先放后检”、农食产品“绿色通道”等监管模式，持续优化口岸营商环境，打造高水平对外开放平台。

背景资料

我国关税的相关法律、法规主要包括国务院颁布的《中华人民共和国进出口关税条例》（以下简称《进出口关税条例》）、《中华人民共和国海关进出口税则》（以下简称《海关进出口税则》）以及 1987 年 1 月 22 日第六届全国人民代表大会常务委员会第十九次会议通过，2017 年 11 月 4 日第十二届全国人民代表大会常务委员会第三十次会议第五次修正的《中华人民共和国海关法》（以下简称《海关法》）。

知识准备

关税是对进出国境或关境的货物、物品征收的一种税。关税具有以下四个方面的特征：

（1）关税统一过境征收。按照统一实施的关税税则征收一次关税后，货物即可在全国境内或整个关境内自由流通，不再重复征税。

（2）关税的计税依据是完税价格。关税完税价格以以海关审定的成交价格为基础的到岸价格或离岸价格为依据来确定。

（3）关税实行复式税则。复式税则又称多栏税则，是指一个税目设有两个或两个以上的税率，根据进口货物原产国的不同，分别适用高低不同的税率。

（4）关税由海关负责征收。监督管理、征收关税、查缉走私是我国海关的三项基本任务，征收关税是海关工作的一个重要组成部分。

关税一般分为进口关税、出口关税和过境关税。我国目前对进出境货物征收的关税分为进口关税和出口关税两类。

【知识链接】

关境与国境的区别

关境又称税境，是指一国海关法规可以全面实施的范围。国境是一个主权国家的领土范围。通常情况下，关境与国境是一致的，但由于自由港、自由区和关税同盟的存在，关境和国境有时不完全一致。当一个国家在国境内设立自由贸易区、自由贸易港、保税区或报税仓库时，这些区域就关税而言处在关境之外，此时关境小于国境，如我国的关境不包括香港、澳门特别行政区。相反，在缔结关税同盟的国家之间，它们相互结成一个共同的关境，实施统一的关税法令和税则，彼此间进出境的货物不征关税，关境包括了几个缔约国的领土，此时关境便大于国境，如欧洲联盟。

4.1 关税征收制度

引例

某商场（一般纳税人）于2023年2月进口一批化妆品。该批货物在国外的买价120万元，货物运抵我国入关前发生的运输费、保险费等16万元。货物报关后，该商场按规定需要缴纳哪些税款？

【分析】货物报关后，该商场按规定需要缴纳进口环节的增值税、进口环节的消费税，还有关税。

4.1.1 纳税人

进口货物的收货人、出口货物的发货人、进出境物品的所有人，是关税纳税人。

（一）进出口货物的收、发货人

进出口货物的收、发货人是依法取得对外贸易经营权，并且进口或者出口货物的法人或者其他社会团体，具体包括：外贸进出口公司；工贸或农贸结合的进出口公司；其他经批准经营进出口商品的企业。

（二）进出境物品的所有人

进出境物品的所有人包括该物品的所有人和推定为所有人的人，具体包括：入境旅客随身携带的行李、物品的持有人；各种运输工具上服务人员入境时携带自用物品的持有人；馈赠物品以及其他方式入境个人物品的所有人；个人邮递物品的收件人。

勤思考 4－1

出口货物的收货人是否属于关税纳税人？

【解析】不属于。进口货物的收货人、出口货物的发货人为关税的纳税人。

4.1.2 征税对象

关税的征税对象是准许进出关境的货物和物品。货物是指贸易性商品；物品是指入境旅客随身携带的行李物品、个人邮递物品、各种运输工具上的服务人员携带进口的自用物品、馈赠物品以及其他方式进境的个人物品。

我国准许进出口的货物、进境物品，除国家另有规定以外，均由海关依照《海关进出口税则》征收进口关税和出口关税。对从境外采购进口的原产于中国境内的货物，海关也依法征收进口关税。

除国家规定享受减免税的货物可以免征或减征关税外，所有进口货物和少数出口货物都属于关税的征税对象。

【知识拓展】

利用保税制度进行税收筹划

【筹划思路】保税制度下，进口货物可以缓缴进口关税和其他国内税，在海关监管下于指定或许可的场所、区域进行储存、中转、加工或制造。若货物最终进口内销则需缴税，如此可获取资金时间价值，取得税收筹划的相对收益；若货物最终复运出口可以免征进口关税和其他国内税收。

4.1.3 税目

关税的税目、税率都由《海关进出口税则》规定。它包括三个主要部分：归类总规则、进口税率表、出口税率表，其中归类总规则是进出口货物分类的具有法律效力的原则和方法。

进出口税则中的商品分类目录为关税税目。按照税则归类总规则及其归类方法，每一种商品都能找到一个最适合的对应税目。如图 4－1 所示。

序号	税则号列	货品名称	最惠国税率(%)	协定税率(%)	特惠税率(%)	普通税率(%)
	66.01	**雨伞及阳伞（包括手杖伞、庭园用伞及类似伞）：**				
4959	6601.1000	-庭园用伞及类似伞	6	0 东盟AS,新加坡SG,智利CL,新西兰NZ,秘鲁PE,哥CR,冰岛IS,澳AU,香港HK,澳门MO,格GE,毛MU 2.8 瑞士CH 4.2 韩国KR 7 巴PK	0 受惠国LD	130
		-其他：				
4960	6601.9100	--折叠伞	4	0 东盟AS,智利CL,新西兰NZ,秘鲁PE,哥CR,瑞士CH,冰岛IS,澳AU,香港HK,澳门MO,格GE,毛MU 3 巴PK,韩国KR	0 受惠国LD	130
4961	6601.9900	--其他	4	0 东盟AS,智利CL,新西兰NZ,秘鲁PE,哥CR,瑞士CH,冰岛IS,澳AU,香港HK,澳门MO,格GE,毛MU 3 巴PK,韩国KR	0 受惠国LD	130

图4－1 中华人民共和国进出口税则（2023）内容截图

4.1.4 税率

关税税率分进口税率和出口税率两种。

4.1.4.1 进口关税税率

进口关税以货物原产地为标准，设有普通税率、最惠国税率、协定税率、特惠税率、关税配额税率和暂定税率等六种税率形式。表4－1为进口关税税率种类。

表4－1 进口关税税率种类

种类	特点	举例
普通税率	(1) 原产于未与我国共同适用最惠国条款的世界贸易组织成员，未与我国订有相互给予最惠国待遇、关税优惠条款协定和特殊关税优惠条款贸易协定的国家或地区 (2) 原产地不明	目前只有极少数国家（一般是非邦交国）的出口商品适用这一税率，绝大多数只是将其作为其他优惠税率的降税依据
最惠国税率	(1) 原产于与我国共同适用最惠国条款的世界贸易组织成员国 (2) 原产于与我国签订含有相互给予最惠国待遇的双边贸易协定的国家或地区 (3) 原产于我国	我国给予基里巴斯共和国最惠国待遇，对原产于基里巴斯共和国的进口货物适用最惠国税率

续表

种类	特点	举例
协定税率	原产于与我国签订含有关税优惠条款的区域性贸易协定的国家或地区	我国与东盟、智利、新加坡的自贸协定项下商品实施协定税率
特惠税率	原产于与我国签订含有特殊关税优惠条款的贸易协定的国家或地区	原产于孟加拉国的18个税目进口商品实行特惠税率（即曼谷协定特惠税率）
关税配额税率	是指关税配额限度内的税率。关税配额是进口国限制进口货物数量的措施，把征收关税和进口配额相结合以限制进口。对于在配额内进口的货物可以适用较低的关税配额税率，对于配额之外的则适用较高税率	我国现行税则对小麦、玉米等7种农产品和尿素等3种化肥产品实行关税配额管理
暂定税率	在最惠国税率的基础上，对于一些国内需要降低进口关税的货物，以及出于国际双边关系的考虑需要个别安排的进口货物，可执行暂定税率	我国对部分进口原材料、零部件、农药原药和中间体、乐器及生产设备实施暂定税率

【知识链接】

关于原产地的规定

我国原产地规定采用了“全部产地生产标准”“实质性加工标准”两种国际上通行的标准。“全部产地生产标准”是指进口货物完全在一个国家内生产或制造，生产或制造国即为该货物原产国。“实质性加工标准”是指经过几个国家加工、制造的货物，以最后一个对货物进行经济上可以视为实质性加工的国家作为货物的原产国。“实质性加工”是指产品加工后，在进出口税则中4位数税号一级的税则归类已经有了改变，或者加工增值部分所占新产品总值的比例已超过30%及以上。

【知识拓展】

关税优惠税率的税收筹划

【筹划思路】改变原产地，享受关税优惠税率。

【筹划案例】位于甲国的A公司准备向乙国的B公司销售1架飞机，但甲、乙两国之间未签订飞机整机进口的关税优惠协议，但B公司了解到，乙国与丙国之间签订了有关互惠条约，请问B公司可以如何筹划？

【筹划分析】B公司可以跟A公司进行协商，使A公司将其产品的原产地由甲国变更到丙国，如此B公司在进口飞机时就可以享受相关的优惠政策。

4.1.4.2 出口税率

我国出口税则为一栏税率，即出口税率。目前我国仅对少数资源性产品以及易于竞相杀价，需要规范出口秩序的半制成品征收出口关税。现行税则对100余种商品计征出口关税，主要有鳗鱼苗、部分有色金属矿等。但对上述范围内的部分商品实行0—25%的暂定税率。与进口暂定税率一样，出口暂定税率优先适用于出口税则中规定的出口税率。

4.1.4.3 税率的确定

进出口货物应当依照《海关进出口税则》规定的归类原则归入合适的税号，按照适用的税率征税。其中：

(1) 进出口货物，应当按照收发货人或其代理人申报进口或者出口之日实施的税率征税；

(2) 进口货物到达前，经海关核准先行申报的，应当按照装载此货物的运输工具申报进境之日实施的税率征税；

(3) 进出口货物的补税和退税，适用该进出口货物原申报进口或者出口之日所实施的税率，但特殊情况除外。

【知识链接】

2023年关税调整方案

一、进口关税税率

(一) 进口暂定税率。

对1 020项商品（不含关税配额商品）实施进口暂定税率；对7项煤炭产品的进口暂定税率，实施至2023年3月31日，自2023年4月1日起恢复实施最惠国税率；对1项信息技术协定扩围产品的进口暂定税率，实施至2023年6月30日，自2023年7月1日起实施最惠国税率，税率为零。

(二) 最惠国税率。

1. 自2023年7月1日起，对《中华人民共和国加入世界贸易组织关税减让表修正案》附表所列信息技术协定扩围产品最惠国税率实施第八步降税。

2. 调整部分冻鸡产品最惠国税率计征方式。

(三) 关税配额税率。

继续对小麦等8类商品实施关税配额管理，税率不变。其中，对尿素、复合肥、磷酸氢铵3种化肥的配额税率继续实施1%的暂定税率。继续对配额外进口的一定数量棉花实施滑准税。

(四) 协定税率。

1. 根据我国与有关国家或者地区已签署并生效的自由贸易协定和优惠贸易安排，

对19个协定项下、原产于29个国家或者地区的部分进口货物实施协定税率：一是按照中国与新西兰、秘鲁、哥斯达黎加、瑞士、冰岛、韩国、澳大利亚、巴基斯坦、毛里求斯、柬埔寨的自由贸易协定和《区域全面经济伙伴关系协定》（RCEP）进一步降税；按照有关规定，中国—瑞士自由贸易协定自2023年7月1日起，就部分信息技术协定扩围产品降低协定税率。二是中国与东盟、智利、新加坡、格鲁吉亚自由贸易协定，以及内地与香港、澳门《关于建立更紧密经贸关系的安排》（CEPA）和《海峡两岸经济合作框架协议》（ECFA）已完成降税，继续实施协定税率。三是亚太贸易协定继续实施，自2023年7月1日起，就部分信息技术协定扩围产品降低协定税率。

2. 根据RCEP有关规定以及协定对印度尼西亚生效情况，自2023年1月2日起，对原产于印度尼西亚的部分进口货物实施RCEP东盟成员国2023年所适用的协定税率。

3. 当最惠国税率低于或等于协定税率时，协定有规定的，按相关协定的规定执行；协定无规定的，二者从低适用。

（五）特惠税率。

继续给予44个与我建交并完成换文手续的最不发达国家零关税待遇，实施特惠税率，适用商品范围和税率维持不变。

二、出口关税税率

继续对铬铁等106项商品征收出口关税，提高铝和部分铝合金的出口关税。

三、税则税目

根据国内需要，对部分税则税目、注释进行调整。调整后，2023年税则税目数共计8 948个。

四、有关实施时间

以上方案，除另有规定外，自2023年1月1日起实施。

4.1.5　关税税收优惠

关税的减税、免税分为法定性减免税、政策性减免税和临时性减免税。

4.1.5.1　法定性减免税

《海关法》和《进出口关税条例》中规定的减免税，称为法定性减免税。法定性免征关税主要有下列情形：

（1）货物关税税额、进口环节增值税或者消费税税额在人民币50元以下的。

（2）无商业价值的广告品及货样。

（3）国际组织、外国政府无偿赠送的物资。

（4）进出境运输工具装载的途中必需的燃料、物料和饮食用品。

（5）因故退还的中国出口货物，可以免征进口关税，但已征收的出口关税不予退还。

（6）因故退还的境外进口货物，可以免征出口关税，但已征收的进口关税不予退还。

对有上述情况的货物，经海关审查无误后可以免税。

中国缔结或参加的国际条约规定减征、免征关税的货物、物品，海关应当按照规定减免关税。

4.1.5.2 政策性减免税

有下列情形之一的进口货物，海关可以酌情减免税：

（1）在境外运输途中或者在起卸时，遭受到损坏或者损失的。

（2）起卸后海关放行前，因不可抗力遭受损坏或者损失的。

（3）海关查验时已经破漏、损坏或者腐烂，经证明不是保管不慎造成的。

4.1.5.3 临时性减免税

为境外厂商加工、装配成品和为制造外销产品而进口的原材料、辅料、零件、部件、配套件和包装物料，海关按照实际加工出口的成品数量免征进口关税；或者对进口料、件先征进口关税，再按照实际加工出口的成品数量予以退税。

4.2 关税应纳税额的计算

引例

天华外贸公司是增值税一般纳税人，2023 年 5 月发生的进出口业务如下：

（1）从法国进口化妆品一批，支付境外的买价 220 万元，支付境外的经纪费 4 万元，支付运抵我国海关地前的运输费 20 万元、保险费和装卸费 11 万元，支付海关地再运往该企业的运输费用 8 万元，关税税率为 10%。

（2）出口一批天然石墨，共计 100 吨，海关核定的离岸价格为 110 万元，关税税率为 10%。

任务：（1）计算该公司进口关税应纳税额。

（2）计算该公司出口关税应纳税额。

【分析】

（1）进口关税应纳税额 = (220 + 4 + 20 + 11) × 10% = 25.5（万元）

（2）出口关税应纳税额 = 110 × 10% = 11（万元）

4.2.1 关税的完税价格

我国对进出口货物征收关税，主要采取从价计征的办法，以商品价格为标准征收关税。因此，关税主要以进出口货物的完税价格为计税依据。

4.2.1.1 进口货物的完税价格

1. 一般贸易项下进口货物的完税价格

一般贸易项下进口的货物以海关审定的成交价格为基础的到岸价格作为完税价格。所谓成交价格是一般贸易项下进口货物的买方为购买该项货物向卖方实际支付或应当支付的价格。

到岸价格是指包括货价以及货物运抵我国关境内输入地点起卸前的包装费、运费、保险费和其他劳务费等费用构成的一种价格，其中还应包括为了在境内生产、制造、使用或销售的目的而向境外支付的与该进口货物有关的专利、商标、著作权，以及专有技术、计算机软件和资料等费用。

在货物成交过程中，进口人在成交价格外另支付给卖方的佣金，应计入成交价格，而向境外采购代理人支付的买方佣金则不能列入，如已包括在成交价格中应予以扣除；卖方付给进口人的正常回扣，应从成交价格中扣除。卖方违反合同规定延期交货的罚款，卖方在货价中冲减时，罚款则不能从成交价格中扣除。

为避免低报、瞒报价格偷逃关税，进口货物的到岸价格不能确定时，本着公正、合理原则，海关应当按照规定估定完税价格。

【提示】陆、海、空运进口货物的运费和保险费，应当按照实际支付的费用计算。如果进口货物的运费无法确定或未实际发生，海关应当按照该货物进口同期运输行业公布的运费率（额）计算运费；按照“货价加运费”的3‰计算保险费。

2. 特殊贸易项下进口货物的完税价格

对于某些特殊、灵活的贸易方式下进口的货物，在进口时没有成交价格可作依据，《进出口关税条例》对这些进口货物制定了确定其完税价格的方法，主要有：

（1）运往境外加工的货物。

运往境外加工的货物，出境时已向海关报明，并在海关规定期限内复运进境的，以海关审定的境外加工费和料件费，以及该货物复运进境的运输及其相关费用和保险费审查确定完税价格。

（2）运往境外修理的机械器具、运输工具或者其他货物。

运往境外修理的机械器具、运输工具或其他货物，出境时已向海关报明，并在海关规定期限内复运进境的，以海关审定的境外修理费和料件费作为完税价格。

（3）租借和租赁进口货物。

租借、租赁方式进境的货物，以海关审查确定的货物租金作为完税价格。

（4）国内单位留购的进口货样、展览品、广告陈列品。

对于国内单位留购的进口货样、展览品和广告陈列品，以留购价格作为完税价格。但对于留购货样、展览品和广告陈列品的买方，除按留购价格付款外，又直接或间接给卖方一定利益的，海关可以另行确定上述货物的完税价格。

（5）逾期未出境的暂进口货物。

对于经海关批准暂时进口的施工机械、工程车辆、供安装使用的仪器和工具、电视或电影摄制机械，以及盛装货物的容器等，如入境超过半年仍留在国内使用的，应自第7个月起，按月征收进口关税，其完税价格按原货进口时的到岸价格确定，每月的税额计算公式为：

每月关税＝货物原到岸价格×关税税率×1÷48

（6）转让出售进口减免税货物。

按照特定减免税办法批准减免税进口的货物，在转让或出售而需补税时，可按这些货物原进口时的到岸价格来确定完税价格。计算公式为：

完税价格＝原入境到岸价格×［1－实际使用月份÷（管理年限×12）］

管理年限是指海关对减免税进口的货物监督管理的年限。

4.2.1.2 出口货物的完税价格

出口货物应当以海关审定的货物售予境外的离岸价格，扣除出口关税后作为完税价格。计算公式为：

出口货物完税价格＝离岸价格÷（1＋出口税率）

离岸价格应以该项货物运离关境前的最后一个口岸的离岸价格为实际离岸价格。若该项货物从内地起运，则从内地口岸至最后出境口岸所支付的国内段运输费用应予扣除。离岸价格不包括装船以后发生的费用。出口货物在成交价格以外支付给国外的佣金应予扣除，未单独列明的则不予扣除。出口货物在成交价格以外，买方还另行支付的货物包装费，应计入成交价格。当离岸价格不能确定时，完税价格由海关估定。

4.2.1.3 进出口货物完税价格的审定

对于①进出口货物的收发货人或其代理人向海关申报进出口货物的成交价格明显偏低，而又不能提供合法证据和正当理由的，②申报价格明显低于海关掌握的相同或类似货物的国际市场上公开成交货物的价格，而又不能提供合法证据和正当理由的，③申报价格经海关调查认定买卖双方之间有特殊经济关系或对货物的使用、转让互相订有特殊条件或特殊安排，影响成交价格的，以及④其他特殊成交情况，海关认为需要估价的，按以下方法依次估定完税价格：

（1）相同货物成交价格法。即以从同一出口国家或者地区购进的相同货物的成交价格作为该被估货物完税价格的价格依据。

（2）类似货物成交价格法。即以从同一出口国家或者地区购进的类似货物的成交价格作为被估货物的完税价格的依据。

（3）国际市场价格法。即以进口货物的相同或类似货物在国际市场上公开的成交价格为该进口货物的完税价格。

（4）国内市场价格倒扣法。即以进口货物的相同或类似货物在国内市场上的批发价格，扣除合理的税、费、利润后的价格。

（5）合理方法估定的价格。如果按照上述几种方法顺序估价仍不能确定其完税价格时，则可由海关按照合理方法估定。

4.2.2 关税应纳税额的计算

关税应纳税额计算公式如下：

（一）从价计税应纳税额

从价税是最普遍的关税计征方法，它以进（出）口货物的完税价格作为计税依据。计算公式为：

关税税额 = 应税进（出）口货物的数量 × 单位完税价格 × 适用税率

（二）从量计税应纳税额

从量税是以进口商品的数量为计税依据的一种关税计征方法。计算公式为：

关税税额 = 应税进口货物数量 × 关税单位税额

（三）复合计税应纳税额

复合税是对某种进口货物同时使用从价和从量计征的一种关税计征方法。计算公式为：

关税税额 = 应税进口货物数量 × 关税单位税额 + 应税进口货物数量 × 单位完税价格 × 适用税率

（四）滑准税应纳税额

滑准税是指关税的税率随着进口商品价格的变动而反方向变动的一种税率形式，即价格越高，税率越低，税率为比例税率。因此，对实行滑准税率的进口商品应纳关税税额的计算方法与从价税的计算方法相同。

【学中练 4－1】

1. 某公司进口微机 100 台，每台完税价格折合人民币 10 000 元，微机的关税税率为 70%。计算该公司应纳关税税额。

【解析】 应纳关税税额 = 100 × 10 000 × 70% = 700 000（元）

2. 某进出口公司进口摩托车 1 000 辆，经海关审定的货价为 180 万美元，另外，运抵我国关境输入地点起卸前的包装费 10 万美元，运输费 8 万美元，保险费 2 万美元，付给代理人购货佣金 3 万美元。人民币基准汇率为 1 美元 = 8.3 元人民币。如果摩托车关税税率为 80%，计算进口该批摩托车应缴纳的关税。

【解析】 该批摩托车的完税价格 = 180 + 10 + 8 + 2 = 200（万美元）

应纳关税税额 = 200 × 8.3 × 80% = 1 328（万元）

3. 某丝绸进出口公司出口生丝一批，离岸价格为550万元人民币，出口税率为100%，计算该公司应纳出口关税税额。

【解析】完税价格 = 550 ÷ (1 + 100%) = 275（万元）

应纳出口关税税额 = 275 × 100% = 275（万元）

4. 上海某进出口公司从美国进口应征消费税货物一批，货物以离岸价格成交，成交价折合人民币为1 410万元（包括单独计价并经海关审查属实的向境外采购代理人支付的买方佣金10万元，但不包括因使用该货物而向境外支付的软件费50万元、向卖方支付的佣金15万元），另支付货物运抵我国上海港的运费、保险费等35万元。假设该货物适用的关税税率为20%、增值税税率为13%、消费税税率为10%。

要求：请分别计算该公司应缴纳的关税、消费税和增值税。

【解析】完税价格 = 1 410 − 10 + 50 + 15 + 35 = 1 500（万元）

应纳关税税额 = 1 500 × 20% = 300（万元）

应纳消费税税额 = (1 500 + 300) ÷ (1 − 10%) × 10% = 200（万元）

应纳增值税税额 = (1 500 + 300) ÷ (1 − 10%) × 13% = 260（万元）

4.3 关税征收管理

引例

某公司进口货物一批，成交价格为人民币570万元，该货物进口关税税率为10%，海关填发税款缴款书日期为2023年1月11日，该公司于1月27日缴纳税款。分别计算其应纳关税及滞纳金。

【分析】关税税额 = 570 × 10% = 57（万元）

纳税人应当自海关填发税款缴款书之日起15日内完税，该公司应于1月25日前纳税，该公司27日纳税滞纳2天，滞纳金为57 × 10 000 × 0.05‰ × 2 = 285 × 2 = 570（元）。

4.3.1 纳税期限与滞纳金

关税是在货物实际进出境时，即在纳税人按进出口货物通关规定向海关申报后、海关放行前一次性缴纳。进出口货物的收发货人或其代理人应当在海关填发税款缴纳书之日起15日内，向指定银行缴纳税款。逾期不缴的，除依法追缴外，由海关自到期次日起至缴清税款之日止，按日征收欠缴税额万分之五的滞纳金。

关税滞纳金金额 = 滞纳关税税额 × 滞纳金征收比率 × 滞纳天数

4.3.2 海关暂不予放行的行李物品

自2016年6月1日起，旅客携运进出境的行李物品有下列情形之一的，海关暂不予放行：

1. 旅客不能当场缴纳进境物品税款的；
2. 进出境的物品属于许可证件管理的范围，但旅客不能当场提交的；
3. 进出境的物品超出自用合理数量，按规定应当办理货物报关手续或其他海关手续，其尚未办理的；
4. 对进出境物品的属性、内容存疑，需要由有关主管部门进行认定、鉴定、验核的；
5. 按规定暂不予以放行的其他行李物品。

4.3.3 关税退税与追缴

对由于海关误征导致多缴纳税款的；海关核准免验的进口货物在完税后，发现有短卸情况，经海关审查认可的；已征出口关税的货物，因故未装运出口申报退关，经海关查验属实的，纳税人可以从缴纳税款之日起的1年内，书面声明理由，连同纳税收据向海关申请退税，逾期不予受理。海关应当自受理退税申请之日起30日内做出书面答复，并通知退税申请人。

进出口货物完税后，如发现少征或漏征税款，海关有权在1年内予以补缴；如因收发货人或其代理人违反规定而造成少征或漏征税款的，海关可以在3年内追缴。

4.4 关税税款缴纳与申报

实训

ABC广州有限公司位于广州经济技术开发区，海关注册编号为3144012422A31DGT03，2022年7月进口商品一批，“入境货物通关单”代码及编号为442100104064457，法定计量单位为公斤，货物于2022年7月16日运抵口岸，当日向黄埔海关新港办（关区代码为5202）办理进口申报手续，运输费用占货价的比例为2%，保险费率为0.3%，关税税率为5%，汇率：100USD＝665RMB。根据背景材料，填写海关进口关税专用缴款书。

海关进口（　　）税专用缴款书

<table>
<tr><td colspan="7">收入系统：海关系统　　　填发日期：　年　月　日　　号码：</td></tr>
<tr><td rowspan="3">收款单位</td><td>收入机关</td><td colspan="2"></td><td rowspan="3">缴款单位（人）</td><td>名称</td><td></td></tr>
<tr><td>科目</td><td></td><td>预算级次</td><td>账号</td><td></td></tr>
<tr><td>收缴国库</td><td colspan="2"></td><td>开户银行</td><td></td></tr>
<tr><td>税号</td><td>货物名称</td><td>数量</td><td>单位</td><td>完税价格（￥）</td><td>税率（%）</td><td>税款金额（￥）</td></tr>
<tr><td></td><td></td><td></td><td></td><td></td><td></td><td></td></tr>
<tr><td colspan="5">金额人民币（大写）</td><td colspan="2">合计（￥）</td></tr>
<tr><td colspan="2">申请单位编号</td><td>报关单编号</td><td></td><td></td><td rowspan="2">填制单位</td><td rowspan="2">收缴国库（银行）</td></tr>
<tr><td colspan="2">合同（批文）号</td><td>运输工具（号）</td><td></td><td></td></tr>
<tr><td colspan="2">缴款期限</td><td>提/装货单号</td><td></td><td></td><td rowspan="2">制单人：
复核人：</td><td rowspan="2"></td></tr>
<tr><td>备注</td><td colspan="4">一般征税：
国际代码：</td></tr>
</table>

背景材料一：进口商品发票

ABC (GUANGZHOU) CO, LTD

NO. XX FENGHUA ROAD, GUANGZHOU, CHINA

COMMERCIAL INVOICE

CONSIGNEE:

ABC (GUANGZHOU) CO, LTD

NO. XX

FENGHUA ROAD, GUANGZHOU, CHINA

INVOICE NO.: BL04060643

CONTRACT NO.: ABC - 1001

SHIPPER:

ABC (HONGKONG) LTD.

ROOM X X X, SHATINGALLERIA

MEISTREET, FOTAN, N. T, HONGKONG

DATE: 07/07/22

REFERENCE NO.: HB184004

SHIPMENT FROM KUNSAN, KOREA TO HUANGPU CHINA VIA HONGKONG

HIPPING MARKS	DESCRIPTION	QTY	UNIT PRICE	AMOUNT
N/M	“HI - QBRAND” ART PAPER 039 - 44	16314KG 16ROLLS	0. 8040	CFR HUANGPU US $ 13116. 45
TOTAL		16314KG 16ROLLS		US $ 13116. 45

背景材料二：进口商品装箱单

ABC (GUANGZHOU) CO, LTD.

NO. XX FENGHUA ROAD, GUANGZHOU, CHINA

PACKING LIST

DATE: 07/10/22

TO: HUANGPU, CHINA

SHIPMENT FROM KUNSAN, KOREA TO HUANGPU CHINA VIA HONGKONG

V ESSEL AND VOYAGE NO. :穗德航 30/4 Y0708

B/L NO. : SG40746

DESCRIPTION	QTY	WEICHT	NETWEIGHT	MEASUREMENT
HI - QBRAND - ART PAPER 039 - 44. H. S: 48101300. 10	16314KG 16ROLLS	16362	16314	
		16362	16314	

解析：

货价 = 13 116. 45 × 6. 65 = 87 224. 39（元）

运输费 = 87 224. 39 × 2% = 1 744. 49（元）

保险费 = (87 224. 39 + 1 744. 49) × 3‰ = 266. 91（元）

应缴纳的关税 = (87 224. 39 + 1 744. 49 + 266. 91) × 5% = 4 461. 79（元）

海关进口关税专用缴款书

<table>
<tr><td colspan="4">收入系统：海关系统</td><td colspan="3">填发日期：2022 年 7 月 16 日</td><td colspan="2">号码：</td></tr>
<tr><td rowspan="3">收款单位</td><td>收入机关</td><td colspan="4">中央金库</td><td rowspan="3">缴款单位（人）</td><td>名称</td><td>ABC 广州有限公司</td></tr>
<tr><td>科目</td><td colspan="2">进口关税</td><td>预算级次</td><td>中央</td><td>账号</td><td></td></tr>
<tr><td>收缴国库</td><td colspan="4"></td><td>开户银行</td><td></td></tr>
<tr><td>税号</td><td colspan="2">货物名称</td><td>数量</td><td>单位</td><td>完税价格（￥）</td><td>税率（%）</td><td>税款金额（￥）</td></tr>
<tr><td></td><td colspan="2">韩松铜版纸</td><td>16 314</td><td>千克</td><td>89 235.79</td><td>5</td><td>4 461.79</td></tr>
<tr><td colspan="6">金额人民币（大写）肆仟肆佰陆拾壹元柒角玖分</td><td colspan="2">合计（￥）4 461.79</td></tr>
<tr><td colspan="2">申请单位编号</td><td>3144012422
A31DGT03</td><td>报关单编号</td><td></td><td rowspan="2">填制单位</td><td rowspan="2">收缴国库（银行）</td></tr>
<tr><td colspan="2">合同（批文）号</td><td>ABC－1001</td><td>运输工具（号）</td><td></td></tr>
<tr><td colspan="2">缴款期限</td><td></td><td>提/装货单号</td><td></td><td rowspan="2">制单人：
复核人：</td><td rowspan="2"></td></tr>
<tr><td>备注</td><td colspan="4">一般征税：
国际代码：</td></tr>
</table>

职业道德与素质

【案例背景】

李晓航是海南航空公司的空姐，2008 年因病离开航空公司。2009 年夏天，她和男友石海东在淘宝网开店，销售化妆品。

自 2010 年 8 月起，李晓航与在韩工作的褚子乔合作。褚子乔在韩国机场购买免税化妆品，之后邮寄到中国。一个月后，中国海关新政将个人邮寄物品进口应征税税额起点从 500 元下调到 50 元。许多像李晓航这样的卖家，开始选择以个人携带入境的方式避税。由褚子乔提供韩国免税店优惠账号，结算货款，再由李晓航和男友石海东以客带货方式从无申报通道携带进境，1 年多共计偷逃海关进口环节税 113 万元人民币。

2011 年 8 月 31 日，李晓航从韩国到达首都机场后被抓获，后以走私普通货物罪被提起公诉。检方指控的犯罪金额分为两部分：一部分是两次走私被当场查出的现货涉及的偷逃税款 11 万元；另一部分是根据淘宝网店订单推算的，数额被认定为 109 万元。

2012 年 9 月 3 日，法院一审以走私普通货物罪判处李晓航有期徒刑 11 年，褚子乔有期徒刑 7 年，石海东有期徒刑 5 年。受审时李晓航虽然认罪，但表示自己没有预谋偷逃税款，不清楚化妆品还要缴税，也没留意自己走的是无申报通道。褚子乔表示，自己纯粹是帮李晓航的忙。此前，褚子乔曾两次因携带大量化妆品从韩国入境受到罚款及行政拘留的处罚。判决后，李晓航、褚子乔不服，上诉到北京市高级人民法院。

2013 年 12 月 17 日上午，空姐代购案重审宣判，北京市第二中级人民法院重审一审宣判，法院以走私普通货物罪判处李晓航有期徒刑 3 年，并处罚金 4 万元，李晓航被法院当庭收监；判处褚子乔 2 年 6 个月有期徒刑，并处罚金 2 万元；判处石海东 2 年 4 个月有期徒刑，并处罚金2万元；继续追缴3人偷逃税款上缴国库。

2014年3月31日上午，北京市高级人民法院对李晓航3人走私普通货物上诉案做出终审裁定。法院审理认为，李晓航3人构成走私普通货物罪，一审法院认定事实清楚，证据确实充分，定罪及适用法律正确，量刑适当，审判程序合法，依法裁定驳回李晓航、褚子乔的上诉，维持原判。

【问题】

海外代购的商品是否需要缴纳关税？

【分析】

我国对入境的商品区别为物品和货品两个概念，海外代购混淆了这两个概念。物品具有“非贸易性”的特征，入境后不得出售或出租。海外代购的商品具有牟利性，它将再次进入贸易领域，所以海外代购的商品不是物品，而是货物。对于货物，无论价值多少，都要照章纳税。

项目小结

任务	学习目标	重难点
征收制度	掌握关税的纳税人、征税对象和税率，熟悉关税税收优惠	关税税率
关税应纳税额的计算	掌握关税完税价格的确定，掌握关税应纳税额的计算	关税完税价格的确定
征收管理	熟悉关税的征收管理制度	关税滞纳金的计算

学习评价

评价内容	权重	考核点	考核评分		
			小组评价	教师评价	综合得分
职业素养（20分）	10分	了解关税纳税申报流程			
	10分	在税收筹划的过程中，采用合理、合法的途径进行筹划			
案例分析（80分）	80分	能熟练对关税涉税案例进行计算分析，对关税的涉税业务提出筹划思路和筹划方法			
组长签字：		教师签字：	年　月　日		

职业能力训练

（一）单项选择题

1. 下列不属于关税纳税人的是（　　）。

A. 经营进出口货物的收、发件人　　B. 进口个人邮件的发件人

C. 携带行李物品进境的外国游客　　D. 各种交通工具上携带物品的服务人员

2. 对原产于与我国签订含有特殊关税优惠条款的贸易协定的国家或地区的进口货物，按（　　）征收关税。

A. 最惠国税率　　B. 协定税率

C. 特惠税率　　D. 普通税率

3. 下列费用中，应列入进口货物完税价格的是（　　）。

A. 进口人向境外采购代理人支付的佣金

B. 卖方支付给买方的正常价格回扣

C. 设施设备等货物进口后发生的基建、安装、调试、技术指导等费用

D. 进口人向卖方支付的佣金

4. 下列处理正确的是（　　）。

A. 运往境外加工的货物，以其在国外支付的加工费加上运费、包装费、保险费为完税价格

B. 运往境外修理的机器、工具，以海关审定的修理费和料件费为完税价格

C. 租借、租赁方式进境的货物，以海关审定的货物的成交价格为完税价格

D. 准予暂时进境的施工设施，超过1年仍未出境的，按月征收出口关税

5. 2021年6月1日，某公司经批准进口一台符合国家免税条件的科研设备用于研发项目，设备进口时经海关审定的完税价格折合人民币500万元（关税税率为8%），海关规定的监管年限为5年；2023年5月31日，公司研发项目完成后，将已计提折旧180万元的免税设备出售给国内另一家企业。该公司应补缴关税（　　）。

A. 24万元　　B. 40万元

C. 25.6万元　　D. 16万元

6. 进出口货物完税后，如发现少征或漏征税款，海关有权在一定期限内予以补征；如因收发货人或其代理人违反规定而造成少征或漏征关税税款的，海关在一定期限内可以追缴。根据关税法律制度的规定，该两项期限分别为（　　）。

A. 1年，1年　　B. 1年，3年

C. 3年，3年　　D. 3年，1年

7. 除法定减免税之外的其他关税减免，权限属于（　　）。

A. 财政部　　B. 国家税务总局

C. 海关总署　　D. 国务院

8. 以下进口的货物，海关可以酌情减免关税的是（　　）。

A. 进口 1 年内在境内使用的货样　　B. 为制造外销产品而进口的原材料

C. 在境外运输途中遭受损坏的物品　　D. 外国政府赠送的物资

9. 关税纳税义务人应当自海关填发税款缴款书之日起（　　）日内，向指定银行缴纳税款。

A. 7　　B. 15

C. 30　　D. 90

10. 某公司进口一批货物，海关于 2023 年 3 月 1 日填发关税专用缴款书，但公司迟至 3 月 27 日才缴纳 500 万元的关税。海关应征收税收滞纳金（　　）万元。

A. 2.75　　B. 3

C. 6.5　　D. 6.75

（二）多项选择题

1. 下列货物、物品进境时属于关税纳税对象的有（　　）。

A. 个人邮递物品　　B. 馈赠物品

C. 贸易性商品　　D. 海员自用物品

2. 下列属于关税征税对象的有（　　）。

A. 从国外进口的设备　　B. 入境旅客随身携带的行李物品

C. 企业出口的设备　　D. 国家禁止出口的物品

3. 实行从价定率法征收进口消费税的，其组成计税价格为（　　）。

A. 关税完税价格 + 关税

B. 关税完税价格 + 关税 + 消费税

C. 关税完税价格 + 关税 + 消费税 + 增值税

D. （关税完税价格 + 关税）÷（1 − 消费税税率）

4. 进口货物的关税税率形式有（　　）。

A. 最惠国税率　　B. 协定税率

C. 特惠税率　　D. 普通税率

5. 关于我国原产地的规定，采用的标准包括（　　）。

A. 全部产地生产标准　　B. 部分产地生产标准

C. 实质性加工标准　　D. 实质性生产标准

6. 下列有关关税税率的表述中，正确的有（　　）。

A. 进口货物适用何种关税税率以进口货物的原产地为标准

B. 我国进口税率和出口税率实行统一标准

C. 进出口货物，一般应当按照收发货人或者他们的代理人申报进口或者出口之日实施的税率征税

D. 进口货物到达前，经海关核准先行申报的，应当按照装载此货物的运输工具“申报进境之日”实施的税率征税

7. 下列进口货物中，实行复合计征关税的有（　　）。

A. 啤酒　　B. 原油

C. 广播用放像机　　D. 广播用录像机

8. 进口货物的完税价格还包括以下费用（　　）。

A. 由买方负担的购货佣金以外的佣金和经纪费

B. 由买方负担的在审查确定完税价格时与该货物视为一体的容器的费用

C. 由买方负担的包装材料费用和包装劳务费用

D. 进口货物运抵境内输入地点起卸后的运输及其相关费用、保险费

9. 下列进口货物中，海关可以酌情减免关税的有（　　）。

A. 在境外运输途中或者在起卸时，遭受到损坏或者损失的货物

B. 起卸后海关放行前，因不可抗力遭受损坏或者损失的货物

C. 海关查验时已经破漏、损坏或者腐烂，经证明为保管不慎造成的货物

D. 因不可抗力，不能按期缴纳税款的

10. 下列进口货物中，属于经海关审查无误后可以免税的情形有（　　）。

A. 无商业价值的广告品和货样

B. 国际组织无偿赠送的物资

C. 在境外运输途中遭受到损坏的进口货物

D. 起卸后海关放行前，因不可抗力遭受损坏的进口货物

（三）判断题

1. 根据特殊进口货物完税价格的规定，留购的进口货样，以留购价为完税价格。（　　）

2. 对原产于与我国签订含有关税优惠条款的“区域性贸易协定”的国家或地区的进口货物，按优惠税率征收关税。（　　）

3. 我国进口关税一律采用比例税率。（　　）

4. 关税配额是指关税的税率随着进口商品价格的变动而反方向变动的一种税率形式。（　　）

5. 滑准税是指关税的税率随着进口商品价格的变动而反方向变动的一种税率形式，即价格越高，税率越低。（　　）

6. 对从境外采购进口的原产于中国境内的货物，不征收进口关税。 （ ）

7. 关税纳税义务人因不可抗力或者在国家税收政策调整的情形下，不能按期缴纳税款的，经海关总署批准，可以延期缴纳税款，但最多不得超过10个月。 （ ）

8. 经海关核准进口的无商业价值的广告品和货样符合关税法定免税规定。 （ ）

9. 因故退还的中国出口货物，可以免征进口关税，但已征收的出口关税不予退还。 （ ）

10. 因故退还的境外进口货物，可以免征出口关税，但已征收的进口关税不予退还。 （ ）

（四）计算分析题

1. 某市大型商贸公司为增值税一般纳税人，2023年2月进口一批化妆品，进口关税税率为20%，支付国外买价220万元、国外的采购代理人佣金6万元、国外的经纪费4万元；支付运抵我国海关地前的运输费用20万元、装卸费用和保险费11万元；支付海关地再运往商贸公司的运输费8万元、装卸费用和保险费3万元。计算该公司化妆品进口环节应缴纳的关税。

2. 某贸易公司进口10台设备，完税价格为2 500美元/台，假设完税价格高于2 000美元/台时，关税税率为6%，再加20 600元/台的从量税，美元兑人民币的汇率为1:6.12，计算该公司进口这批设备应缴纳的关税。

3. 某外贸公司出口锡矿一批，离岸价格为40万元人民币，出口税率为50%，请计算该批锡矿出口应纳关税税额。

技能强化训练

某公司从境外进口小轿车30辆，每辆小轿车货价15万元，运抵我国海关前发生的运输费用、保险费用无法确定，经海关查实其他运输公司相同业务的运输费用占货价的比例为2%。已知关税税率60%，增值税税率13%，消费税税率9%。

要求：分别计算进口环节应缴纳的各项税金。

项目5

企业所得税计算与筹划

核心目标

知识目标

- 掌握企业所得税的基本制度
- 掌握企业所得税应纳税额的计算及筹划

能力目标

- 会界定企业所得税纳税人，会判断哪些业务应当缴纳企业所得税，会选择企业所得税适用税率，能充分运用企业所得税优惠政策
- 能确定企业所得税的计税依据，能根据相关业务资料确定企业所得税的收入总额，确定不征税收入和免税收入，确定企业所得税准予扣除的项目，确定企业所得税不得扣除的项目，能根据相关业务资料进行亏损弥补
- 能根据相关业务资料计算居民企业和非居民企业的应纳税额及境外所得的抵扣税额，并进行相关的税收筹划
- 能根据相关业务资料对固定资产、生物资产、无形资产、长期待摊费用、存货和投资资产的涉税业务进行税务处理
- 能确定企业所得税的纳税义务发生时间、纳税期限和纳税地点

素质目标

- 收集和处理税务信息的基本素质
- 与税务机关和业务往来单位的良好沟通素质
- 与业务往来单位有良好的协作素质

核心概念

企业所得税、居民纳税人、非居民纳税人、资产计税基础、预提所得税、境外所得

思政案例

华为蝶变：10 年近万亿元研发投入结硕果

2023 年 3 月 31 日，华为发布 2022 年年度报告。报告显示，华为整体经营平稳，实现全球销售收入 6 423 亿元人民币，同比增长 0.9%，净利润 356 亿元人民币，净利润率 5.5%。面向未来，华为持续加大研发投入，2022 年研发投入达 1 615 亿元人民币，占全年收入的 25.1%，投入的研发费用和占比均为历史新高。十年累计投入的研发费用超过 9 773 亿元人民币。华为的轮值董事长徐直军表示："制裁常态化下的华为，我们更坚定华为是 ICT 行业高质量的代名词不动摇，更坚持以质取胜"。在高额的研发投入之下，截至 2022 年底，华为在全球共持有有效授权专利超过 12 万件，主要分布在中国以及欧洲、美洲、亚太、中东和非洲。其中在中国和欧洲各持有 4 万多项专利，在美国持有 22 000 多项专利。所有的研发投入都不会白费，华为在享受研发费用加计扣除的国家优惠政策实现节税同时，如今这些技术一个个开花结果，甚至在部分领域内长成为参天大树。在大家比较熟悉的业务中，搭载 HarmonyOS 的华为设备已达到 3.3 亿台。2022 年，HarmonyOS 3 正式发布，对超级终端进行了全面"扩容"，手机、平板、PC、智慧屏、耳机、手表、车机等 12 款设备均支持连接组合成超级终端。还有鸿蒙生态、5.5G、华为云等，华为在 ICT 基础设施领域、云服务、数字能源、终端等多个板块全面创新，实现芯片、软件、硬件、终端、网络和云的科研成果的全面开花。

背景资料

企业所得税起源于 1799 年的英国。我国的企业所得税发展较晚，新中国成立后的 30 多年时间里，国家对国有企业实现的利润一直不征所得税，而实行利润上缴的制度。1984 年我国进行税制改革，根据企业所有制性质，分别设置了国有企业所得税、集体企业所得税、私营企业所得税。1994 年 1 月 1 日施行的《中华人民共和国企业所得税暂行条例》，实现了内资企业所得税的合并与统一。长期以来，我国企业所得税按内资、外资企业分别立法，外资企业适用 1991 年第七届全国人民代表大会第四次会议通过的《中华人民共和国外商投资企业和外国企业所得税法》，这对吸引外资、促进经济发展起到了重要的作用。加入 WTO 后，国内市场对外资进一步开放，内资企业也逐渐融入世界经济体系之中，继续采取内、外资企业不同的税收政策，将使内资企业处于不平等竞争地位，影响统一、规范、公平竞争的市场环境的建立。2007 年 3 月 16 日，第十届全国人民代表大会第五次会议通过了《中华人民共和国企业所得税法》，自 2008 年 1 月 1 日起施行，实现了内外资企

业所得税的统一，同时也宣告了外商投资企业与外国企业在中国享受超国民待遇的终结。并于2017年2月24日第十二届全国人民代表大会常务委员会第二十六次会议和2018年12月29日第十三届全国人大常委会第七次会议对《中华人民共和国企业所得税法》进行了两次修订，从而使我国的企业所得税税制朝着法制化、科学化、规范化又迈进了一大步。

知识准备

1. 企业所得税的概念

企业所得税，是对我国境内企业和其他取得收入的组织取得的生产、经营所得和其他所得征收的一种税。它具有调节收入分配、促进公平竞争、筹集财政收入等作用，是国家进行宏观经济调控的一个重要经济杠杆。

2. 企业所得税的特点

（1）计税依据为应纳税所得额。企业所得税的计税依据，是纳税人的收入扣除各项成本、费用、税金、损失等支出后的净所得额，它既不等于企业的会计利润额，也不是企业的增值额，更不是销售额。

（2）征税以量能负担为原则。企业所得税税额的多少直接取决于纳税人有无所得和所得多少，反映着纳税人的负担能力。即所得多、负担能力大的，多纳税；所得少、负担能力小的，少纳税；无所得、没有负担能力的，不纳税。

（3）实行按年计征、分期预缴的征收办法。企业所得税以全年应纳税所得额为计税依据，分月或分季预缴，年终汇算清缴，多退少补。

（4）统一税收优惠政策。企业所得税实行“产业优惠为主，区域优惠为辅，兼顾社会进步”的税收优惠体系。

5.1 企业所得税征收制度

引例

振邦会计师事务所是有限合伙企业，是否需要缴纳企业所得税？

【解析】根据《企业所得税法》第一条第二款规定，个人独资企业、合伙企业不适用该法。又根据《中华人民共和国合伙企业法》第二条规定，该法所称的合伙企业，是指自然人、法人和其他组织依照该法在中国境内设立的普通合伙企业和有限合伙企业。综上所述，振邦会计师事务所不需要缴纳企业所得税。

5.1.1 企业所得税的纳税人

5.1.1.1 企业所得税的纳税义务人

在中华人民共和国境内，企业和其他取得收入的组织（以下统称企业）为企业所得税的纳税人。企业所得税的纳税人分为居民纳税人和非居民纳税人，并实行法人纳税人制度，居民企业在中国境内设立不具有法人资格的营业机构的，应当汇总计算并缴纳企业所得税。依照中国法律成立的个人独资企业、合伙企业不是企业所得税的纳税人。

【提示】

(1) 公司制企业需要缴纳企业所得税。公司对税后利润进行分配时，其投资者个人获得的股息、红利，依“利息、股息、红利所得”项目，按20%的税率缴纳个人所得税；

(2) 个人独资企业无须缴纳企业所得税，其投资者个人的生产经营所得依“经营所得”项目缴纳个人所得税；

(3) 合伙企业无须缴纳企业所得税，每位合伙人分别按其获得的生产经营所得依“经营所得”项目缴纳个人所得税；

(4) 个体工商户无须缴纳企业所得税，依照“经营所得”项目缴纳个人所得税；

(5) 其他取得收入的组织，若以盈利为目的，从事经营活动而取得收入的社会团体、事业单位等，也是企业所得税的纳税人。

5.1.1.2 企业所得税的扣缴义务人

非居民企业在中国境内未设立机构场所的，或者虽设立机构、场所，但取得的所得与所设机构、场所没有实际联系的，其来源于中国境内的所得，实行源泉扣缴，支付人为扣缴义务人。

对非居民企业在中国境内取得工程作业和劳务所得应缴纳的所得税，税务机关可以指定工程价款或者劳务费的支付人为扣缴义务人。

【知识链接】

居民企业判断标准

我国税法以登记注册地或实际管理机构其一在中国境内这一“单一具备”原则作为判断居民企业的标准。登记注册地标准是指依法在中国境内成立的企业属于居民企业。实际管理机构标准是指对企业的生产经营、人员、账务、财产等实施实质性全面管理和控制的机构在境内是居民企业。

勤思考 5－1

1. 德国大众公司在中国境内设立分支机构，该分支机构应向德国政府还是向中国政府缴纳所得税？为什么？

【解析】该分支机构要向中国政府缴纳所得税，也要向德国政府缴纳所得税。

2. 某银行总行投资银行部为引进国际先进的投融资管理经验，与我国香港一家金融服务公司签订了为期5个月的咨询合同，服务费为400万元。这家香港公司在大陆未设分支机构。在支付服务费时该银行总行需要代扣代缴企业所得税吗？

【解析】需要按照10%代扣代缴企业所得税。

5.1.2 企业所得税的征税范围

企业所得税的征税范围是纳税人在一定时期内获得的生产、经营所得和其他所得。

5.1.2.1 生产、经营所得

生产、经营所得，是指从事物质生产、商品流通、交通运输、劳务服务以及经国家主管部门确认的其他营利事业取得的合法所得。还包括卫生、物资、供销、城市公用和其他行业的企业，以及一些社团组织、事业单位、民办非企业单位开展多种经营和有偿服务活动，取得的合法所得。

5.1.2.2 其他所得

其他所得，是指股息、利息、租金、转让各类资产、特许权使用费以及营业外收益等所得。另外，企业解散或破产清算所得，也属于企业所得税的征税范围。

勤思考5－2

1. 美国某公司在中国境内设立了一分支机构，该分支机构对印度进行投资，并获得来自印度的股权性投资收益。该项股权性投资收益是否需要向中国政府缴纳所得税？

【解析】需要。因为该分支机构拥有据以取得所得的股权，所以该项权益性投资收益属于“发生在中国境外但与其所设机构、场所有实际联系的所得”。

2. 美国某企业在中国境内未设分支机构，该企业将一项专利权转让给中国某企业使用，获得特许权使用费100万元，按什么项目征税？

【解析】属于非居民企业在中国境内未设立机构、场所，有来源于中国境内的所得，中国政府可凭借地域税收管辖权向其征收预提所得税。

3. 美国某企业在中国境内设立了分支机构，该企业将总机构（而非中国分支机构）一项专利权转让给中国某企业使用，获得特许权使用费100万元，按什么项目征税？

【解析】属于非居民企业在中国境内设立机构、场所，但取得的所得与其所设机构、场所没有实际联系的所得，中国政府可凭借地域税收管辖权向其征收预提所得税。

【知识链接】

所得来源地的确定原则

（1）销售货物所得，按照交易活动发生地确定。

（2）提供劳务所得，按照劳务发生地确定。

（3）转让财产所得，不动产转让所得按照不动产所在地确定，动产转让所得按照转让动产的企业或者机构、场所所在地确定，权益性投资资产转让所得按照被投资企业所在地确定。

（4）股息、红利等权益性投资所得，按照分配所得的企业所在地确定。

（5）利息所得、租金所得、特许权使用费所得，按照负担、支付所得的企业或者机构、场所所在地确定，或者按照负担、支付所得的个人的住所地确定。

（6）其他所得，由国务院财政、税务主管部门确定。

勤思考 5-3

美国某公司2008年对中国某企业进行投资，拥有该中国企业36%的股份，现该美国公司将其股份转让给一家英国公司。请问其转让所得是否需要向中国政府缴纳所得税？

【解析】我国税法规定，权益性投资资产转让所得按照被投资企业所在地确定所得来源地，因此该权益性投资资产转让所得属于来源于中国境内的所得，应向中国政府缴纳所得税。

5.1.3 税率

5.1.3.1 基本税率

企业所得税的基本税率为25%。适用于居民企业及在中国境内设有机构、场所且所得与机构、场所有实际联系的非居民企业。

5.1.3.2 低税率

非居民企业在中国境内未设立机构、场所的，或者虽设立机构、场所但取得的所得与其所设机构、场所没有实际联系的，应当就其来源于中国境内的所得缴纳企业所得税，适用20%税率，减按10%税率征收。其中：

- 符合条件的小型微利企业，减按20%的税率征收企业所得税。
- 国家需要重点扶持的高新技术企业，经认定的技术先进型服务企业，减按15%的税率征收企业所得税。

企业所得税的税率见表5-1。

表5-1 企业所得税税率

种类	税率	适用范围
基本税率	25%	（1）居民企业 （2）在中国境内设有机构、场所且所得与所设机构、场所有实际联系的非居民企业
优惠税率	20%	符合条件的小型微利企业
	15%	（1）国家重点扶持的高新技术企业 （2）经认定的技术先进型服务企业 （3）符合条件的从事污染防治的第三方企业 （4）西部地区国家鼓励类产业企业 （5）注册在海南自由贸易港并实质性运营的鼓励类产业企业
预提（扣缴）所得税税率	20%（实际：10%）	在中国境内未设立机构、场所的，或者虽设立机构、场所但取得的所得与其所设机构、场所没有实际联系的非居民企业

企业所得税的税收基本要素见表5-2。

表5-2 企业所得税的税收基本要素

纳税人	判定标准	征收范围	税率
居民企业	依照中国法律在中国境内成立	来源于中国境内、境外的全部所得	25%
	依照外国（地区）法律成立，但实际管理机构在中国境内的企业		
非居民企业	依照外国（地区）法律成立且实际管理机构不在中国境内，但在中国境内设立机构、场所的企业	该机构取得的境内所得及与该机构有实际联系的境外所得	25%
	在中国境内未设立机构、场所，但有来源于中国境内所得的企业	未设机构的境内所得及与所设机构无实际联系的境内所得	20%（减按10%扣缴）

5.1.4 企业所得税的税收优惠政策

我国企业所得税的税收优惠包括免税、所得减免、减低税率、加计扣除、加速折旧、减计收入、税额抵免等。

5.1.4.1 免税收入

（1）国债利息收入。指企业持有的国务院财政部门发行的国债取得的利息收入。

（2）符合条件的居民企业之间的股息、红利等权益性投资收益。指居民企业直接投资于其他居民企业取得的股息、红利等权益性投资收益。

（3）在中国境内设立机构、场所的非居民企业从居民企业取得与该机构、场所有实际联系的股息、红利等权益性投资收益。

（4）符合条件的非营利组织的收入。不包括非营利组织从事营利性活动取得的收入，国务院财政、税务主管部门另有规定的除外。

上述（2）（3）中不包括连续持有居民企业公开发行并上市流通的股票不足12个月取得的投资收益。

勤思考5－4

1. 境内甲公司持有境内乙公司10%的股权，2023年从乙公司分回85万元的红利（税后利润），这85万元的红利是否为免税收入？

【解析】是。

2. 境外甲公司在北京设立一个分支机构（非居民企业），该分支机构向境内乙公司（非上市公司）投资，2023年从乙公司分回75万元的红利（税后利润），这75万元的红利是否为免税收入？

【解析】是。

5.1.4.2 所得减免

1. 从事农、林、牧、渔业的所得免征企业所得税的项目

（1）蔬菜、谷物、薯类、油料、豆类、棉花、麻类、糖料、水果、坚果的种植。

（2）农作物新品种的选育。

（3）中药材的种植。

（4）林木的培育和种植。

（5）牲畜、家禽的饲养。

（6）林产品的采集。

（7）灌溉、农产品初加工、兽医、农技推广、农机作业和维修等农、林、牧、渔服务业项目。

（8）远洋捕捞。

2. 从事农、林、牧、渔业的所得减半征收企业所得税的项目

（1）花卉、茶以及其他饮料作物和香料作物的种植。

（2）海水养殖、内陆养殖。

3. 从事国家重点扶持的公共基础设施项目投资经营的所得

企业从事《公共基础设施项目企业所得税优惠目录》规定的港口码头、机场、铁路、公路、城市公共交通、电力、水利等国家重点扶持的公共基础设施项目投资经营的所得，自项目取得第一笔生产经营收入所属纳税年度起，享受第1年至第3年免征企业所得税，第4至第6年度减半征收企业所得税（3免3减半）优惠政策。

企业承包经营、承包建设和内部自建自用上述项目，不享受上面优惠政策。

4. 从事符合条件的环境保护、节能节水项目的所得

企业从事公共污水处理、公共垃圾处理、沼气综合开发利用、节能减排技术改造、海水淡化等环境保护、节能节水项目的所得，自项目取得第一笔生产经营收入所属纳税年度起，享受第1年至第3年免征企业所得税，第4至第6年度减半征收企业所得税（3免3减半）优惠政策。

5. 符合条件的技术转让所得

一个纳税年度内，居民企业技术转让所得不超过500万元的部分，免征企业所得税；超过500万元的部分，减半征收企业所得税。其中：

技术转让所得 = 技术转让收入 - 技术转让成本 - 相关税费

【提示】

（1）技术转让应签订技术转让合同。

（2）技术转让的范围，包括居民企业转让专利技术、计算机软件著作权、集成电路布图设计权、植物新品种、生物医药新品种，以及财政部、国家税务总局确定的其他技术。

（3）居民企业技术出口应由有关部门按商务部、科技部发布的《中国禁止出口限制出口技术目录》进行审查。

（4）居民企业从直接或间接持有股权之和达到100%的关联方取得的技术转让所得，不享受此项优惠政策。

6. 境外机构投资者所得

自2014年11月17日起，对合格境外机构投资者（QFII）、人民币合格境外机构投资者（RQFII）取得来源于中国境内的股票等权益性投资资产转让所得，暂免征收企业所得税。

7. 基础研究资金收入

自2022年1月1日起，对非营利性科研机构、高等学校接收企业、个人和其他组织机构的基础研究资金收入，免征企业所得税。

【学中练5-1】

甲公司2023年将自行开发的一项专利权转让，取得转让收入900万元，与该项技术转让有关的成本和费用为300万元，企业应如何缴纳企业所得税？

【解析】 甲公司应纳企业所得税 = (900 - 300 - 500) × 25% × 50% = 12.50（万元）

5.1.4.3 减低税率与定期减免税

1. 非居民企业所得

非居民企业在中国境内未设立机构、场所的，或者虽设立机构、场所但取得的所得与其所设机构、场所没有实际联系的，其来源于中国境内的所得，减按10%的税率征收企业所得税。

该类非居民企业取得下列所得免征企业所得税：

（1）外国政府向中国政府提供贷款取得的利息所得；

（2）国际金融组织向中国政府和居民企业提供优惠贷款取得的利息所得；

（3）经国务院批准的其他所得。

2. 小型微利企业所得

符合条件的小型微利企业，减按20%的税率征收企业所得税。

小型微利企业是指从事国家非限制和禁止行业，且同时符合年度应纳税所得额不超过300万元、从业人数不超过300人、资产总额不超过5 000万元等三个条件的企业。

【知识链接】

小型微利企业所得税征税政策变化

小型微利企业企业所得税征税政策变化见表5-3。

表5-3　小型微利企业所得税征税政策变化

时间	年应纳税所得额（万元）	应纳税所得额计入比例	税率	实际税负
2019.1.1-2020.12.31	≦100部分	25%	20%	5%
	100—300部分	50%	20%	10%
2021.1.1-2021.12.31	≦100部分	12.5%	20%	2.5%
	100—300部分	50%	20%	10%
2022.1.1-2022.12.31	≦100部分	12.5%	20%	2.5%
	100—300部分	25%	20%	5%
2023.1.1-2027.12.31	全部应纳税所得额	25%	20%	5%

勤思考5-5

某企业从业人数为280人，资产总额为5 000万元。2023年该企业应纳税所得额为280万元。则该企业2023年应如何计算应纳企业所得税额？

【解析】2023年应纳企业所得税额＝280×25%×20%＝14（万元）。

3. 高新技术企业所得

对国家需要重点扶持的高新技术企业，减按15%的税率征收企业所得税。

国家重点扶持的高新技术企业，是指拥有核心自主知识产权，并同时符合下列条件的企业：

（1）产品（服务）属于《国家重点支持的高新技术领域》规定的范围。

（2）研究开发费用占销售收入的比例不低于规定比例。

（3）高新技术产品（服务）收入占企业总收入的比例不低于规定的比例。

（4）科技人员占企业职工总数的比例不低于规定比例。

（5）《高新技术企业认定管理办法》规定的其他条件。

4. 国家对符合条件的从事污染防治的第三方企业自2024年1月1日至2027年12月31日继续减按15%的税率征收企业所得税。

第三方防治企业，是指受排污企业或政府委托，负责环境污染治理设施运营维护的企业。

5. 技术先进型服务企业所得

2018年1月1日起，对经认定的技术先进型服务企业（服务贸易类），减按15%税率征收企业所得税。

6. 集成电路生产企业或项目所得

（1）线宽小于28纳米（含），且经营期在15年以上的集成电路生产企业或项目，第1年至第10年免征企业所得税；

（2）线宽小于65纳米（含），且经营期在15年以上的集成电路生产企业或项目，第1年至第5年免征企业所得税，第6至第10年度减半征收企业所得税（5免5减半）；

（3）线宽小于130纳米（含），且经营期在10年以上的集成电路生产企业或项目，第1年至第2年免征企业所得税，第3至第5年度减半征收企业所得税（2免3减半），且亏损弥补年限延长至10年。

【提示】按照集成电路生产企业享受税收优惠政策的，优惠期自获利年度起计算；按照集成电路生产项目享受税收优惠政策的，优惠期自项目取得第一笔生产经营收入所属纳税年度起计算，集成电路生产项目需单独进行会计核算、计算所得，并合理分摊期间费用。

7. 集成电路相关企业和软件企业所得

（1）国家鼓励的集成电路设计、装备、材料、封装、测试企业和软件企业，自获利年度起，第1年至第2年免征企业所得税，第3至第5年度依25%的税率减半征收企业所得税（2免3减半）；

（2）国家鼓励的重点集成电路设计企业和软件企业，自获利年度起，第1年至第5年免征企业所得税，接续年度减按10%的税率征收企业所得税。

【提示】集成电路企业或项目、软件企业按规定同时符合多项定期减免税优惠政策条件的，由企业选择其中一项政策享受相关优惠。其中，已经进入优惠期的，可由企业在剩余期限内选择其中一项政策享受相关优惠。

5.1.4.4 西部地区和民族自治地方企业税收优惠

对设在西部地区以《西部地区鼓励类产业目录》中新增鼓励类产业项目为主营业务，且其当年主营业务收入占企业收入总额60%以上的企业，在2021年1月1日至2030年12月31日期间，减按15%征收企业所得税。

民族自治地方的自治机关对本民族自治地方的企业应缴纳的企业所得税中属于地方分享的部分，可以决定减征或者免征。自治州、自治县决定减征或者免征的，须报省、自治区、直辖市人民政府批准。

5.1.4.5 加计扣除

1. 研究开发费用

企业为开发新技术、新产品、新工艺发生的研究开发费用，未形成无形资产计入当期损益的，在按照规定据实扣除的基础上，按照研究开发费用的50%加计扣除；形成无形资产的，按照无形资产成本的150%摊销。

下列行业不适用税前加计扣除政策：烟草制造业，住宿和餐饮业，批发和零售业，房地产业，租赁和商务服务业，娱乐业，财政部和国家税务总局规定的其他行业。

【知识链接】

研发费用加计扣除政策变化

（1）自2017年1月1日到2019年12月31日，将科技型中小企业实际发生的研发费用在企业所得税前加计扣除或摊销的比例，由50%提高至75%。

（2）自2018年1月1日至2023年12月31日，将所有符合条件行业企业实际发生的研发费用，在企业所得税前加计扣除或摊销比例，由50%提高至75%。并允许企业委托境外研发费用按规定在税前加计扣除。

（3）自2021年1月1日起，制造业企业实际发生的研发费用，在企业所得税前加计扣除或摊销比例，由75%提高到100%。

（4）自2022年1月1日起，科技型中小企业实际发生的研发费用，在企业所得税前加计扣除或摊销比例，由75%提高至100%。将其他企业2022年10月1日至2022年12月31日，税前加计扣除比例提高至100%，并允许企业在每年10月的申报期，就可以提前申报享受前三季度研发费用加计扣除的优惠。

（5）财政部、国家税务总局关于进一步完善研发费用税前加计扣除政策的公告：2023年第7号又进一步加大了优惠力度，将所有符合条件行业企业研发费用加计扣除比例由75%提高到100%。

（6）集成电路和工业母机企业实际发生的研发费用，未形成无形资产计入当期损益的，在按规定据实扣除的基础上，在2023年1月1日至2027年12月31日，再按照实际发生额的120%在税前扣除；形成无形资产的，在上述期间按照无形资产成本的220%在税前摊销。

【学中练5－2】

某制造企业2019年通过研发形成无形资产，计税基础为100万元，摊销年限为10年。假设其计税基础所归集的研发费用都属于允许加计扣除的范围。研发费用如何摊销？

【解析】2019年、2020年度每年可税前摊销17.5万元（10×175%）；2021年度起每年可税前摊销20万元（10×200%）。

2. 安置国家鼓励就业人员所支付的工资

企业安置残疾人员的，在按照支付给残疾职工工资据实扣除的基础上，再按支付给残疾职工工资的100%加计扣除。企业安置国家鼓励安置的其他就业人员所支付的工资的加计扣除办法，由国务院另行规定。

5.1.4.6 抵扣应纳税所得额

创业投资企业采取股权投资方式投资于未上市的中小高新技术企业2年以上的，可以按照其投资额的70%在股权持有满2年的当年抵扣该创业投资企业的应纳税所得额；当年不足抵扣的，可以在以后纳税年度结转抵扣。

公司制创业投资企业采取股权投资方式直接投资于种子期、初创期科技型企业满2年的，可以按照投资额的70%在股权持有满2年的当年抵扣该公司制创业投资企业的应纳税所得额；当年不足抵扣的，可以在以后纳税年度结转抵扣。

有限合伙制创业投资企业采取股权投资方式直接投资于初创科技型企业满2年的，该合伙创投企业的法人合伙人可以按照对初创科技型企业投资额的70%抵扣法人合伙人从合伙创投企业分得的所得；当年不足抵扣的，可以在以后纳税年度结转抵扣。

【学中练5－3】

甲公司2021年4月1日向乙公司（未上市的中小高新技术企业）投资100万元，2023年4月1日满2年。则甲公司在计算2023年应纳税所得额时，可以抵扣70万元（100×70%）。

【知识链接】

可抵扣应纳税所得额创投企业主体的政策变化

在京津冀、上海、广东、安徽、四川、武汉、西安、沈阳8个全面创新改革试验地区和苏州工业园区展开试点，自2017年1月1日起，对于创投企业投资种子期、初创期科技型企业的，可享受按投资额的70%抵扣应纳税所得额的优惠政策；自2017年7月1日起，将享受这一优惠政策的投资主体由公司制和合伙制创投企业的法人合伙人扩大到天使投资者。政策生效前2年内发生的投资也可享受此优惠政策。

目前此优惠政策已推广至全国。其中，企业所得税、个人所得税有关优惠政策分别自2018年1月1日和2018年7月1日起执行。

5.1.4.7 缩短折旧年限或者加速折旧

企业的以下固定资产可以采取缩短折旧年限或采取双倍余额递减法或者年数总和法等加速折旧方法：

（1）由于技术进步，产品更新换代较快的固定资产；

（2）常年处于强震动、高腐蚀状态的固定资产。

缩短折旧年限不能低于最短折旧年限的60%。

【知识链接】

固定资产加速折旧政策要点

（1）企业在2024年1月1日至2027年12月31日期间新购进（包括自行建造）的设备、器具，单位价值不超过500万元的，允许一次性计入当期成本费用在计算应纳税所得额时扣除，不再分年度计算折旧。这里的设备、器具是指除房屋、建筑物以外的固定资产。

（2）制造业及信息传输、软件和信息技术服务业中的小型微利企业新购进的研发和生产经营共用的仪器、设备，单位价值不超过100万元的，允许一次性扣除。

（3）所有行业企业新购进的专门用于研发的仪器、设备，单位价值不超过100万元的，允许一次性扣除。

（4）所有行业企业持有的单位价值不超过5 000元的固定资产，允许一次性扣除。

5.1.4.8 减计收入

企业综合利用资源，以《资源综合利用企业所得税优惠目录》规定的资源作为主要原材料，生产国家非限制和禁止并符合国家和行业相关标准的产品取得的收入，减按90%计入收入总额。

自2019年6月1日至2025年12月31日，社区提供养老、托育、家政等服务的机构，提供社区养老、托育、家政服务取得的收入；金融机构农户小额贷款收入；保险公司为种植业、养殖业提供保险业务取得的保费收入；经省级地方金融监督管理部门批准成立的小额贷款公司取得的农户小额贷款利息收入，在计算应纳税所得额时，减按90%计入收入总额。社区包括城市社区和农村社区。

5.1.4.9 税额抵免

企业购置并实际使用环境保护、节能节水、安全生产等专用设备的，该专用设备的投资额的10%可以从企业当年的应纳税额中抵免；当年不足抵免的，可以在以后5个纳税年度结转抵免。企业购置上述专用设备在5年内转让、出租的，停止享受企业所得税优惠，并补缴已经抵免的企业所得税税款。

上述设置含企业融资租入并在融资租赁合同中约定租赁期届满时租赁设备所有权转移给承租方的企业。

5.1.4.10 海南自由贸易港企业优惠政策

1. 自2020年1月1日起至2024年12月31日止，对注册在海南自由贸易港并实质性运营的鼓励类产业企业，减按15%的税率征收企业所得税。

鼓励类产业企业，是指以海南自由贸易港鼓励类产业目录中规定的产业项目为主营业务，且其主营业务收入占企业收入总额60%以上的企业。实质性运营，是指企业的实际管理机构设在海南自由贸易港，并对企业生产经营、人员、账务、财产等实施实质性全面管理和控制。

2. 对总机构设在海南自由贸易港的符合条件的企业，仅就其设在海南自由贸易港的总机构和分支机构的所得，适用15%税率；对总机构设在海南自由贸易港以外的企业，仅就其设在海南自由贸易港内的符合条件的分支机构的所得，适用15%税率。

3. 对在海南自由贸易港设立的旅游业、现代服务业、高新技术产业企业新增境外直接投资取得的所得，免征企业所得税。

4. 对在海南自由贸易港设立的企业，新购置（含自建、自行开发）固定资产或无形资产，单位价值不超过500万元（含）的，允许一次性计入当期或本费在计算应纳税所得额时扣除，不再分年度计算折旧和摊销；单价价值超过500万元的，可以缩短折旧、摊销年限或采取加速折旧摊销方法。

5.1.4.11 鼓励证券投资基金发展的优惠政策

1. 对证券投资基金从证券市场中取得的收入，包括买卖股票、债券的差价收入，股权的股息、红利收入，债券的利息收入及其他收入，暂不征收企业所得税。

2. 对投资者从证券投资基金分配中取得的收入，暂不征收企业所得税。

3. 对证券投资基金管理人运用基金买卖股票、债券的差价收入，暂不征收企业所得税。

5.1.4.12 债券利息优惠政策

1. 对企业取得的2012年及以后年度发行的地方政府债券利息收入免征企业所得税。

2. 对企业投资者持有的2019—2023年度发行的铁路债券取得的利息收入，减半征收企业所得税。

3. 自2021年11月7日至2025年12月31日，对境外机构投资境内债券市场取得的债券利息收入暂免征收企业所得税。不包括境外机构在境内设立机构、场所取得的与该机构、场所有实际联系的债券利息。

5.2 企业所得税应纳税额的计算

引例

某互联网企业为鼓励终端顾客在其网上商家进行消费，对终端顾客大量进行补贴，待其在商家消费后，按照商家的销售额向其收取服务费用。该互联网企业对终端客户的补贴能否在企业所得税前扣除？

【分析】该互联网企业认为：由于涉及金额较大，且属于行业惯例和成熟通用的商业模式，补贴支出应全部认定为与其取得收入直接相关的支出，可以据实扣除。

依据《企业所得税法》第八条规定，企业实际发生的与取得收入有关的、合理的支出，包括成本、费用、税金、损失和其他支出，准予在计算应纳税所得额时扣除。《企业所得税法实施条例》第二十七条规定，《企业所得税法》第八条所称有关的支出，是指与取得收入直接相关的支出。《企业所得税法》第八条所称合理的支出，是指符合生产经营活动常规，应当计入当期损益或者有关资产成本的必要和正常的支出。

因此，该互联网企业发生的对终端顾客的补贴与交易能否促成以及其能否从商家收取服务费用直接相关，属于与其取得收入直接相关的支出，对于不能明确归类于广告费和业务宣传费的补贴支出，应允许据实列支。

5.2.1　企业所得税的计税依据

企业所得税的计税依据为应纳税所得额。应纳税所得额的计算一般有两种方法。

1. 直接法

应纳税所得额 = 收入总额 − 不征税收入 − 免税收入 − 扣除项目金额 − 允许弥补的以前年度亏损额

2. 间接法

应纳税所得额 = 会计利润总额 ± 纳税调整项目金额 − 允许弥补的以前年度的亏损额

企业应纳税所得额的计算，以权责发生制为原则，属于当期的收入和费用，不论款项是否收付，均作为当期的收入和费用，不属于当期的收入和费用，即使款项已经在当期收付，均不作为当期的收入和费用。

【提示】应纳税所得额与会计利润是两个不同的概念，会计利润是反映企业一定时期内生产经营的财务成果。企业对会计利润按税法规定做相应的纳税调整后，才能作为应纳税所得额。二者的关系如下：

应纳税所得额 = 会计利润 + 纳税调整增加数 − 纳税调整减少数

5.2.1.1　收入总额

收入总额，是指纳税人在纳税年度内以货币形式和非货币形式从各种来源取得的收入。

1. 一般收入的确认

（1）销售货物收入，指企业销售商品、产品、原材料、包装物、低值易耗品以及其他存货取得的收入。销售货物的收入确认按权责发生制和实质重于形式原则。

销货收入的确认具体规定如下：

①采用托收承付方式的，在办妥托收手续时确认收入。

②采用预收款方式的，在发出商品时确认收入。

③需要安装和检验的，在购买方接受商品以及安装和检验完毕时确认收入。

④采用支付手续费方式委托代销的，在收到代销清单时确认收入。

⑤采用售后回购方式销售商品的，销售的商品按销售商品收入确认条件确认收入，回购的商品作为购进商品处理。有证据表明不符合销售收入确认条件的，如以销售商品方式进行融资，收到的款项应确认为负债，回购价格大于原售价的，差额应在回购期间确认为利息费用。

⑥销售商品以旧换新的，销售的商品按照销售商品收入确认条件确认收入，回收的商品作为购进商品处理。

⑦销售商品涉及商业折扣的，按照扣除商业折扣后的金额确定销售商品收入金额。

⑧销售商品涉及现金折扣的，按扣除现金折扣前的金额确定销售商品收入金额，现金折扣在实际发生时作为财务费用扣除。

⑨企业已经确认销售收入的售出商品发生销售折让和销售退回，应在发生当期冲减当期销售商品收入。

（2）提供劳务收入是指纳税人提供劳务取得的收入，即企业从事建筑安装、修理修配、交通运输、仓储租赁、金融保险、邮电通信、咨询经纪、文化体育、科学研究、技术服务、教育培训、餐饮住宿、中介代理、卫生保健、社区服务、旅游、娱乐、加工及其他劳务服务活动取得的收入。

企业在各个纳税期末，提供劳务交易的结果能够可靠估计的，应采用完工进度法确认提供劳务收入。

（3）转让财产收入，指企业转让固定资产、生物资产、无形资产、股权、债权等财产取得的收入。按照从财产受让方已收或应收的合同或协议价款确认收入。

（4）股息、红利等权益性投资收益，指企业因权益性投资从被投资方取得的收入。除国务院财政、税务主管部门另有规定外，按照被投资方做出利润分配决定的日期确认收入的实现。

（5）利息收入，指企业将资金提供他人使用但不构成权益性投资，或者因他人占用本企业资金取得的收入，包括存款利息、贷款利息、债券利息、欠款利息等收入。按照合同约定的债务人应付利息的日期确认收入的实现。

（6）租金收入，指企业提供固定资产、包装物或者其他有形资产的使用权取得的收入，按照合同约定的承租人应付租金的日期确认收入的实现。

（7）特许权使用费收入，指企业提供专利权、非专利技术、商标权、著作权以及其他特许权的使用权取得的收入。按照合同约定的特许权使用人应付特许权使用费的日期确认收入的实现。

（8）接受捐赠收入，指企业接受的来自其他企业、组织或者个人无偿给予的货币性资产和非货币性资产，按照实际收到捐赠资产的日期确认收入的实现。

（9）其他收入，指企业取得的除上述各项收入外的其他收入，包括企业资产溢余收入、逾期不退的包装物押金收入、确实无法支付的应付款项、已作坏账损失处理后又收回的应收款项、债务重组收入、补贴收入、违约金收入、汇兑收益等。企业发生债务重组，应在债务重组合同或协议生效时确认收入。

2. 特殊收入的确认

（1）以分期收款方式销售货物的，按照合同约定的收款日期确认收入的实现。

（2）企业委托加工制造大型机械设备、船舶、飞机，以及从事建筑、安装、装配工程业务或提供其他劳务等，持续时间超过12个月的，按照纳税年度内完工进度或者完成的工作量确认收入的实现。

（3）采取产品分成方式取得收入的，按照企业分得的产品的日期确认收入的实现，其收入额按照产品的公允价值确定。

（4）企业发生非货币性资产交换，以及将货物、财产、劳务用于捐赠、偿债、赞助、集资、广告、样品、职工福利或者利润分配等用途的，应当视同销售货物、转让财产或者提供劳务，但国务院财政、税务主管部门另有规定的除外。

（5）企业以买一赠一等方式组合销售本企业商品的，不属于捐赠，应将总的销售金额按各项商品的公允价值的比例来分摊确认各项的销售收入。

【知识拓展】

收入确认时间的税收筹划

【筹划思路】通过选择合理的销售结算方式，控制收入确认的时间，合理归属所得年度，以达到减税或延缓纳税的目的。尽量避免以托收承付的方式进行销售，在会计年度末企业可考虑赊销或者分期收款的方式递延确认收入。

【筹划案例】某企业属增值税一般纳税人，2023年7月发生销售业务5笔，共计应收货款2 000万元。其中，有3笔共计1 200万元，10日内货款两清；1笔300万元，2年后一次付清；另1笔500万元，1年后付250万元，1年半后付150万元，余款100万元2年后结清。该企业增值税进项税额为130万元，毛利率为15%，所得税率为25%。

【筹划分析】

方案一，企业采取直接收款方式：

销项税额 $=2\,000\div(1+13\%)\times13\%=230.09$（万元）

实际缴纳增值税：$230.09-130=100.09$（万元）

依据企业毛利计算所得税：$2\,000\div(1+13\%)\times15\%\times25\%=66.37$（万元）

方案二，采取赊销和分期收款结算方式：

销项税额：$1\,200\div(1+13\%)\times13\%=138.05$（万元）

实际缴纳增值税：138.05－130＝8.05（万元）

依据毛利率计算所得税：1 200÷(1＋13%)×15%×25%＝39.82（万元）

因为收入确认的方法不同，方案二较方案一少垫付增值税：100.09－8.05＝92.04（万元），少垫付所得税：66.37－39.82＝26.55（万元）。

由此，企业在不能及时收到货款的情况下，采用赊销或分期收款结算方式，可以避免垫付税款。

5.2.1.2 不征税收入

下列收入为不征税收入：

1. 财政拨款

财政拨款，是指各级人民政府对纳入预算管理的事业单位、社会团体等组织拨付的财政资金，但国务院以及国务院财政、税务主管部门另有规定的除外。

【提示】接受财政拨款的单位是否纳入预算管理是确定不征税收入的关键点。企业收到的财政拨款中的财政补贴和税收返还等，除了所得税返还（退税）和出口退税的增值税进项税额外，一般应作为应税收入缴纳企业所得税。

2. 依法收取并纳入财政管理的行政事业性收费、政府性基金

行政事业性收费，是指依照法律法规等有关规定，按照国务院规定程序批准，在实施社会公共管理，以及在向公民、法人或者其他组织提供特定公共服务过程中，向特定对象收取并纳入财政管理的费用。政府性基金，是指企业依照法律、行政法规等有关规定，代政府收取的具有专项用途的财政资金。

3. 国务院规定的其他不征税收入

国务院规定的其他不征税收入，是指企业取得的，由国务院财政、税务主管部门规定专项用途并经国务院批准的财政性资金。

【提示1】企业的不征税收入用于支出所形成的费用，不得在计算应纳税所得额时扣除；企业的不征税收入用于支出所形成的资产，其计算的折旧、摊销在计算应纳税所得额时不得扣除。

【提示2】县级以上人民政府将国有资产无偿划入企业，凡指定专门用途并按规定进行管理的，企业可作为不征税收入进行企业所得税处理。其中，该项资产属于非货币性资产的，应按政府的接收价值计算不征税收入。

5.2.1.3 税前扣除项目

1. 税前扣除项目的基本范围

企业实际发生的与取得收入有关的、合理的支出，包括成本、费用、税金、损失和其他支出，准予在计算应纳税所得额时扣除。除另有规定外，企业发生的成本、费用、税金、损失和其他支出，不得重复扣除。

（1）成本，是指企业在生产经营活动中发生的销售成本、销货成本、业务支出以及其他耗费。即企业销售商品、提供劳务、转让固定资产和无形资产的成本。

（2）费用，是指企业在生产经营活动中发生的销售费用、管理费用和财务费用，已经计入成本的有关费用除外。

（3）税金，是指企业发生的除企业所得税和允许抵扣的增值税以外的各项税金及其附加。

（4）损失，是指企业在生产经营活动中发生的固定资产和存货的盘亏、毁损、报废损失，转让财产损失、呆账损失、坏账损失、自然灾害等不可抗力因素造成的损失以及其他损失。

（5）其他支出，是指除成本、费用、税金、损失外，企业在生产经营活动中发生的与生产经营活动有关的、合理的支出。

2. 税前扣除项目的基本标准

（1）工资、薪金支出。

企业发生的合理工资薪金支出，可以据实扣除。工资、薪金，是指企业每一纳税年度实际支付给在本企业任职或者受雇的员工的所有现金形式或者非现金形式的劳动报酬，包括基本工资、奖金、津贴、补贴、年终加薪、加班工资，以及与任职或者受雇有关的其他支出。

（2）职工福利经费、工会经费、职工教育经费。

①企业发生的职工福利经费支出，不超过工资薪金总额14%的部分，准予扣除；

②企业拨缴的职工工会经费支出，不超过工资薪金总额2%的部分，准予扣除；

③企业发生的职工教育经费支出，不超过工资薪金总额8%的部分，准予扣除，超过部分，准予在以后纳税年度结转扣除。

【知识链接】

软件企业职工教育经费税前扣除特殊规定

软件企业职工培训费可以全额扣除，扣除职工培训费后的职工教育经费的余额应按照工资薪金的8%的比例扣除。

【学中练5－4】

某企业2023年企业所得税纳税申报表显示：全年发生工薪支出1 000万元，并分别提取职工福利经费180万元，工会经费20万元，职工教育经费60万元，应如何进行调整？

【解析】

职工福利经费扣除限额＝1 000×14%＝140（万元）

实际发生180万元，应调增40万元。

工会经费扣除限额＝1 000×2%＝20（万元）

实际拨缴20万元，不需调整。

职工教育经费扣除限额 = 1 000 × 8% = 80（万元）

实际发生 60 万元，不需调整。

（3）社会保险费。

企业依照国务院有关主管部门或者省级人民政府规定的范围和标准为职工缴纳的基本养老保险费、基本医疗保险费、失业保险费、工伤保险费、生育保险费等基本社会保险费和住房公积金（简称五险一金），准予扣除。

2008 年 1 月 1 日起，企业为本企业全体员工支付的补充养老保险费、补充医疗保险费，分别在不超过职工工资总额 5% 标准内的部分准予扣除；超过的部分，不予扣除。

（4）商业保险费用。

①企业参加财产保险，按规定缴纳的保险费用，准予扣除。

②除企业依照国家有关规定为特殊工种（如高空、井下、海底作业等）职工支付的人身安全保险费和国务院财政、税务主管部门规定可以扣除的其他商业保险费外，企业为投资者或者职工支付的商业保险费，不得扣除。

③企业参加雇主责任险、公众责任险等责任保险，按规定缴纳的保险费，准予在企业所得税前扣除。

④企业职工因公出差乘坐交通工具发生的人身意外保险费支出，准予扣除。

【提示】保险公司给予纳税人的无赔款优待，应计入当年应纳税所得额。

（5）借款费用。

①不需要资本化的借款费用。企业在生产经营活动中发生的合理的不需要资本化的借款费用，准予扣除。下列借款利息可以扣除：

- 非金融企业向金融企业借款的利息支出；金融企业的各项存款利息支出；同业拆借利息支出；经批准发行债券的利息支出。
- 非金融企业向非金融企业或符合条件的自然人借款的利息支出，不超过按照金融企业同期同类贷款利率计算的数额以内的部分，准予扣除。

【提示1】符合条件的自然人是指除股东和其他与企业有关联关系的自然人以外的内部职工或其他人员。

【提示2】企业与自然人之间的借贷必须是真实、合法、有效的，不具有非法集资目的或其他违法、违规行为，且签订有借款合同。

【提示3】凡企业投资者在规定期限内未缴足资本额的，企业对外借款发生的利息，相当于投资者未缴足资本的额度部分应计付的利息，不属于企业合理的支出，应由企业投资者负担，在计算企业所得税时不得在税前扣除。

②需要资本化的借款费用。企业因购置、建造固定资产、无形资产和 12 个月以上的建造才能达到预定可销售状态的存货发生借款的，在有关资产购建期间发生的合理的借款费用，应作为资本性支出计入有关资产的成本，不得在发生当期直接扣除。有关资产交付

使用后发生的借款费用，在发生当期准予扣除。

【知识链接】

支付给关联方利息处理的特殊规定

企业从其关联方接受的债权性投资与权益性投资的比例超过规定标准而发生的利息支出，不得在计算应纳税所得额时扣除。其接受关联方债权性投资与权益性投资比例为：金融企业5:1，非金融企业2:1。

例如：非金融企业甲公司投资设立一家非金融性质的全资子公司乙公司，权益投资金额为10 000万元，同时甲公司向乙公司提供借款30 000万元，期限3年，利率5%（同金融贷款利率）。

分析：甲公司与乙公司之间属于母子公司关系，属于税法中规定的关联方。债权性投资与权益性投资分别是30 000万元和10 000万元，比例为3:1，超出非金融企业2:1的标准比例，因此需要就利息部分进行纳税的调整。

年度不得扣除利息 = 关联方实际支付利息 ×（1 - 标准比例/关联债资比例）= 30 000 ×5% ×（1 - 2/3）= 500万元

因此：乙公司在年度所得税汇算清缴时，应就关联方支付的利息做纳税调增500万元。

【学中练5-5】

1. 2023年度，某企业财务费用累计30万元，其中因扩建厂房向银行借款而发生的利息10万元。扩建厂房工程2023年底尚未完工。分析该企业2023年允许扣除的财务费用金额。

【解析】 准予扣除的财务费用 = 30 - 10 = 20（万元）

2. 某企业向银行借款200万元，利率6%，同时向非银行金融企业借款500万元，利率8%，利息均列支，计算多列支利息数额。

【解析】 准予扣除利息支出 =（200 + 500）×6% = 42（万元）

多列利息支出 = 200 ×6% + 500 ×8% - 42 = 10（万元）

3. 某股份有限公司2023年1月分别从银行和A公司借款500万元和300万元，年利分别为6%、10%，用以新建一车间。1月投入建设，8月完工，9月投入使用。另发行公司债券500万元，年利率10%，问该公司2023年可以扣除的财务费用是多少？

【解析】 允许扣除的财务费用为：（500 + 300）×6% ÷12 ×4 + 500 ×10% = 66（万元）

（6）公益性捐赠。

公益性捐赠，是指企业通过公益性社会团体或者县级以上人民政府及其部门，用于《中华人民共和国公益事业捐赠法》规定的公益事业的捐赠。

企业当年发生的和以前年度结转的公益性捐赠支出，不超过年度利润总额12%的部分，准予扣除，超过部分，准予结转以后三年内扣除。

年度公益性捐赠纳税调整的计算步骤如下：

①计算公益性捐赠扣除限额。

扣除限额＝年度利润总额×12%

②计算公益性捐赠纳税调整额。

纳税调整额＝捐赠支出总额－扣除限额

捐赠支出≤扣除限额时，按实际发生额据实扣除；

捐赠支出＞扣除限额时，按扣除限额扣除，超过部分结转以后三年内扣除。

［提示1］公益性捐赠具体范围包括：一是救助灾害、救济贫困、扶助残疾人；二是教育、科学、文化、卫生、体育事业；三是环境保护、社会公益设施建设；四是促进社会发展和进步的其他社会公共和福利事业。

［提示2］公益性社会团体包括：中国青少年发展基金会、希望工程基金会、宋庆龄基金会、减灾委员会、中国红十字会、中国残疾人联合会、全国老年基金会、老区促进会、经民政部门批准成立的其他非营利的公益性组织。

［提示3］自2021年1月1日起，企业或个人通过公益性群众团体用于符合法律规定的公益慈善事业的捐赠支出，准予按税法规定在计算应纳税所得额时扣除。公益性群众团体，是指依照《社会团队登记条件》规定不需进行社会团体登记和人民团体以及经国务院批准免予登记的社会团体，且按规定条件和程序已取得公益性捐赠扣除资格。

［提示4］企业在非货币资产捐赠过程中发生的运费、保险费、人工费用等相关支出，凡纳入国家机关、公益性社会组织开具的公益捐赠票据记载的数额中的，按照公益捐赠支出在税前扣除；未纳入公益捐赠票据记载数额中的，作为企业相关费用按照规定在税前扣除。

［提示5］企业在对公益性捐赠支出计算扣除时，应先扣除以前年度结转的捐赠支出，再扣除当年发生的捐赠支出。

［提示6］自2019年1月1日至2025年12月31日，企业用于目标脱贫地区的扶贫公益性捐赠支出，准予在计算企业所得税应纳税所得额时据实扣除。

【学中练5－6】

三一重工2023年为某希望小学捐款1亿元，企业年度利润总额为6.8亿元，则可以扣除的捐赠额是多少？

解析：2023年捐赠的扣除限额＝68 000×12%＝8 160（万元）

纳税调增数＝10 000－8 160＝1 840（万元）

当年未扣除的1 840万元可以结转以后三个年度继续扣除。

（7）业务招待费支出。

企业发生的与生产经营活动有关的业务招待费支出，凭有效凭证和资料，按照发生额的60%扣除，但最高不得超过当年销售（营业）收入的5‰。

【提示】

（1）一般企业的销售（营业）收入包括：主营业务收入、其他业务收入和视同销售收入。

（2）对从事股权投资业务的企业，其从被投资企业所分配的股息、红利以及股权转让收入，可以按规定的比例计算业务招待费扣除限额。即创投企业的销售（营业）收入包括主营业务收入、其他业务收入、视同销售收入和投资收益。

（3）企业在筹建期间，发生的与筹办活动有关的业务招待费支出，可按实际发生额的60%计入企业筹办费，并按规定在税前扣除。

【学中练5－7】

某企业全年销售收入1.1亿元，全年发生业务招待费50万元，计算准予扣除的业务招待费。

【解析】业务招待费扣除限额＝11 000×5‰＝55（万元）

准予扣除业务招待费＝50×60%＝30（万元）

该企业当年可以扣除的业务招待费为30万元。

【知识拓展】

业务招待费的税收筹划

【筹划思路】业务招待费税前扣除有双重限制，即按照发生额的60%扣除，同时最高不得超过当年销售（营业）收入的5‰。

【筹划方法】寻找业务招待费的临界点。

设销售（营业）收入为X，业务招待费为Y，60%Y＝5‰X，则Y＝8.33‰X，即当期列支的业务招待费等于销售（营业）收入的8.33‰为临界点。

实际业务招待费超过收入的8.3‰时，税负高，可达25%，不超过收入8.3‰时，可以有效利用60%的限额，税负只有10%。

当实际业务招待费大于销售（营业）收入的8.3‰时，超过60%的部分需要全部计税，超过部分多开支10 000元，需要承担税金2 500元（10 000×25%），也就是多开支10 000元业务招待费，实际支出额为12 500元。

当实际业务招待费小于销售收入的8.3‰时，60%的可以充分全额扣除，只需要就40%部分计税，即多开支10 000元，需要承担税金1 000元。（10 000×40%×25%），也就是多开支10 000元业务招待费，实际支出额为11 000元。

（8）广告费和业务宣传费。

企业发生的符合条件的广告费和业务宣传费支出，除国务院财政、税务主管部门另有规定外，不超过当年销售（营业）收入15%的部分，准予扣除；超过部分，准予在以后纳税年度结转扣除。

［**提示1**］企业申报扣除的广告费支出，必须符合以下条件：

①经工商部门批准的专门机构制作；

②已实际支付费用，并取得相应发票；

③通过一定的媒体传播。

【**提示2**】自2021年1月1日至2025年12月31日，对化妆品制造与销售、医药制造和饮料制造（不含酒类制造）企业发生的广告费和业务宣传费支出，不超过当年销售（营业）收入30%的部分，准予扣除；超过部分，准予在以后纳税年度结转扣除。

【**提示3**】烟草企业的烟草广告费和业务招待费支出，一律不得在计算应纳税所得额时税前扣除。

【**提示4**】对签订广告费和业务宣传费的关联企业，其中一方发生的不超过当年销售（营业）收入税前扣除限额比例内的广告费和业务宣传费支出可以在本企业扣除，也可以将其中的部分或全部按照分摊协议归集至另一方扣除。另一方在计算本企业广告费和业务宣传费支出所得税税前扣除限额时，将按上述方法归集至本企业的广告费和业务宣传费不计算在内。

【学中练5-8】

某家电企业2023年销售收入1 000万元，全年列支的广告费支出为200万元，其他业务宣传费支出10万元。计算2023准予扣除的广告费和业务宣传费。

【**解析**】当年准予扣除的广告费和业务宣传费 = 1 000 × 15% = 150（万元）

多列支广告费和业务宣传费 = (200 + 10) − 150 = 60（万元）

多列支的60万元广告费可以结转以后年度扣除。

【**知识拓展**】

广告费和业务宣传费的税收筹划

【筹划思路】企业的广告费和业务宣传费支出，超过标准的部分可以递延到以后纳税年度扣除，最终是可以在税前全额扣除的。但是过度的广告费支出，会因超过比例而进行纳税调整，从而加重当期税收负担。因此，企业应准确选择广告宣传时机，精简广告费和业务宣传费，最好不要超过限额。

【筹划案例】维思集团2023年度实现产品销售收入8 000万元，管理费用中列支业务招待费150万元，销售费用中列支广告费、业务宣传费合计1 250万元，税前会计利润总额为100万元。试计算企业应纳所得税额并进行纳税筹划。

【税额计算】业务招待费，只能扣除40万元（8 000×5‰）。广告费和业务宣传费合计共1 250万元（8 000×15%），超过当年销售收入的15%，小于150×60%，只能扣除1 200万元。该企业总计应纳税所得额为260万元［100+(150－140)+(1 250－1 200)］。企业应纳所得税65万元（260×25%）。

【筹划方案】维思集团将其下设的销售部门注册成一个独立核算的销售公司先将产品以7 500万元的价格销售给销售公司，销售公司再以8 000万元的价格对外销售，由于增加了独立核算的销售公司这样一个新的组织形式，也就增加了扣除限额；因最后对外销售仍是8 000万元，没有增值，所以不会增加增值税的税负。维思集团与销售公司的业务招待费分别为90万元和60万元，广告费和业务宣传费分别为900万元、350万元。假设维思集团的税前利润为40万元，销售公司的税前利润为60万元。两企业分别缴纳企业所得税。

维思集团当年业务招待费可扣除37.5万元（7 500×5‰）；广告费和业务宣传费合计发生900万元，未超过销售收入的15%。则维思集团合计应纳税所得额为92.5万元（40+90－37.5），应纳企业所得税23.125万元（92.5×25%）。销售公司当年业务招待费可扣除36万元，未超过销售收入的5‰；广告费和业务宣传费合计发生350万元，未超过销售收入的15%。则销售公司合计应纳税所得额为84万元（60+24），应纳企业所得税21万元（84×25%）。

因此，则整个利益集团总共应纳企业所得税为44.125万元（23.125+21），相较于纳税筹划前节省所得税20.875万元（65－44.125）。

（9）固定资产租赁费。

企业根据生产经营的需要租入固定资产支付的租赁费，按以下方法扣除：

①以经营租赁方式租入固定资产发生的租赁费支出，按照租赁期限均匀扣除。

②以融资租赁方式租入固定资产发生的租赁费支出，按照规定构成融资租入固定资产价值的部分应当提取折旧费用，分期扣除。但承租方支付的手续费，以及固定资产安装交付使用后的利息等，可在支付时直接扣除。

【学中练5－9】

某企业2023年10月以经营租赁方式，租入一固定资产，一次性支付了半年的租金12万元，2023年企业所得税前可扣除的固定资产租赁费用是多少？

【解析】

该企业2023年度可扣除的该项固定资产的租赁费用＝12÷6×3＝6（万元）。

其租赁期间跨了两个年度，2023 年度租赁期限为 3 个月。

（10）汇兑损失。

企业在货币交易中，以及在纳税年度终了时将人民币以外的货币、负债按照期末即期人民币汇率中间价折算为人民币的汇兑损失，除已经计入有关资产成本以及向所有者进行利润分配相关的部分外，准予扣除。

（11）资产损失。

资产损失包括：现金损失，存款损失，坏账损失，贷款损失，股权投资损失，企业当期发生的固定资产和流动资产盘亏、毁损、报废、被盗损失，自然灾害等不可抗力因素造成的损失。

企业的资产净损失，经主管税务机关审核并提供清查盘存资料，准予扣除：

净损失 = 损失 - 责任人赔偿 - 保险赔偿

【提示 1】 企业已经作为损失处理的资产，在以后纳税年度又全部收回或者部分收回时，应当计入当期收入。

【提示 2】 企业因存货盘亏、毁损、报废等原因不得从销项税额中抵扣的进项税额，应视同企业财产损失，准予与存货损失一起在所得税前扣除。

【学中练 5-10】

某企业 2022 年因管理不善毁损一批库存材料，账面成本 10 210 元（含运费 210 元），该企业的损失已经得到税务机关的审核和确认。税前可扣除的损失是多少？

【解析】 不得抵扣的进项税额 = (10 210 - 210) × 13% + 210 ÷ (1 + 9%) × 9% = 1 320.77（元），应当从当期进项税额中转出（补缴增值税）。

在计算企业所得税时，在税前可以扣除的损失 = 10 210 + 1 320.77 = 11 530.77（元）

【知识链接】

以前年度未扣除资产损失的处理

企业以前年度发生的资产损失未能在当年税前扣除的，可以向税务机关说明并进行专项申报扣除。实际资产损失准予追补至该项损失发生年度扣除，其追补期限一般不得超过 5 年。企业因以前年度实际资产损失未在税前扣除而多缴的企业所得税税款，可在追补确认年度企业所得税应纳税款中予以抵扣，不足抵扣的，向以后年度递延抵扣。

（12）环境保护、生态恢复等专项资金支出。

企业依照法律、行政法规有关规定提取的用于环境保护、生态恢复等方面的专项资金，准予扣除。但提取后又改变用途的，不得扣除，已扣除的应计入当期的应纳税所得额。

（13）劳保费用。

企业发生的合理的劳动保护支出，准予扣除。

（14）总机构分摊的管理费。

非居民企业在中国境内设立机构、场所，就其中国境外总机构发生的与该机构、场所生产经营有关的费用，能够提供总机构出具的费用汇集范围、定额、分配依据和方法等证明文件，并合理分摊的，准予扣除。

（15）手续费和佣金支出。

①自2019年1月1日起，保险企业发生与其经营活动有关的手续费及佣金支出，不超过当年全部保费收入扣除退保金等后余额的18%（含本数）的部分，在计算应纳税所得额时准予扣除；超过部分，允许结转以后年度扣除。不再区分险种扣除。

②其他企业：不超过服务协议或合同确认的收入金额的5%以内的部分，准予扣除；超过部分，不得扣除。

③从事代理服务，主营业务收入为手续费、佣金的企业（如证券、期货、保险代理等），为取得该类收入而实际发生的营业成本，准予在税前扣除。

【提示1】企业应与具有合法经营资格的中介服务企业或个人签订代办协议或合同，并按国家有关规定支付手续费及佣金。除委托个人代理外，企业以现金等非转账方式支付的手续费及佣金不得在税前扣除。

【提示2】企业不得将手续费及佣金支出计入回扣、业务提成、返利、进场费等费用。

【提示3】企业已计入固定资产、无形资产等相关资产的手续费及佣金支出，应当通过折旧、摊销等方式分期扣除，不得在发生当期直接扣除。

【提示4】企业支付的手续费及佣金不得直接冲减服务协议或合同金额，并如实入账。

【提示5】企业为发行权益性证券而支付给有关证券承销机构的手续费和佣金，不得在税前扣除。

【提示6】企业应当如实向当地主管税务机关提供当年手续费及佣金计算分配表和其他相关资料，并依法取得合法真实凭证。

（16）有关资产的费用。

企业转让各类固定资产发生的费用，允许扣除。企业按规定计算的固定资产折旧费、无形资产和递延资产的摊销费，准予扣除。

（17）党组织工作经费。

国有企业（包括国有独资、全资和国有资本绝对控股、相对控股企业）纳入管理费用的党组织工作经费，实际支出不超过职工年度工资薪金总额1%的部分，可以据实在企业所得税前扣除。

非公有制企业党组织工作经费比照国有企业执行。

（18）依法可以扣除的其他项目。

依照有关法律、行政法规和国家有关税法的规定允许扣除的其他项目，如会员费、合理的会议费、差旅费、违约金、诉讼费用等。

5.2.1.4 不得扣除项目

《企业所得税法》规定，在计算应纳税所得额时，下列项目不得扣除：

（1）向投资者支付的股息、红利等权益性投资收益款项。

（2）企业所得税税款。

（3）税收滞纳金。

（4）罚金、罚款和被没收财物的损失。纳税人违反国家法律、法规，被有关部门处以罚金、罚款，以及被没收财物的损失，不得扣除。但逾期归还银行贷款，银行按规定加收的罚息，不属于行政性罚款，允许在税前扣除。

（5）超过规定标准的公益性捐赠。纳税人的非公益性捐赠不得扣除；超过税法规定扣除标准的以及不符合税法规定的捐赠方式的公益性捐赠，不得扣除。

（6）赞助支出。是指企业发生的与生产经营活动无关的各种非广告性质支出。

（7）未经核定的准备金支出。企业提取的存货跌价准备金、短期投资跌价准备金、长期投资减值准备金、风险准备金（包括投资风险准备金），以及国家税收法规规定的可提取准备金之外的任何形式的准备金，不得扣除。

（8）企业之间支付的管理费、企业内营业机构之间支付的租金和特许权使用费，以及非银行企业内营业机构之间支付的利息。

（9）与取得收入无关的其他支出。

5.2.1.5 亏损弥补

亏损，是指企业将纳税年度的收入总额减除不征税收入、免税收入和各项扣除后小于零的数额。税法规定，企业某一纳税年度发生的亏损，可以用以后年度的所得弥补，但延续弥补年限最长不得超过5年，且为连续不间断的5年。连续发生年度亏损时，也必须从第一个亏损年度算起，先亏先补。

【提示】企业在汇总计算缴纳所得税时，境内营业机构之间可以相互弥补；境外营业机构的亏损不得抵减境内营业机构的盈利；境外不同国家的营业机构之间不能相互弥补。

【知识链接】

亏损弥补期限的特殊规定

自2018年1月1日起，当年具备高新技术企业或科技型中小企业资格的企业，其具备资格年度之前5个年度发生的尚未弥补完的亏损，准予结转以后年度弥补，最长结转年限由5年延长至10年。

勤思考 5 –6

某商业企业 2017 年至 2023 年度的盈亏情况如表 5 –4 所示，试分析企业亏损弥补的方法。

表 5 –4

年度	2017 年	2018 年	2019 年	2020 年	2021 年	2022 年	2023 年
应纳税所得额（万元）	–150	–70	20	30	40	50	90

【解析】该企业 2017 年度亏损 150 万元，按照税法可以申请用 2018—2022 年度的应纳税所得额弥补。虽然该企业 2018 年也发生了亏损，但仍应作为计算 2017 年度亏损弥补的第一年。所以，2017 年度的亏损实际上是用 2019—2022 年度的应纳税所得额 140 万元来弥补，尚未弥补完的 10 万元亏损不能再用以后年度的税前利润弥补。2018 年的亏损 70 万元按税法可以申请用 2019—2023 年度的应纳税所得额弥补，由于 2018—2022 年度的所得已用于弥补 2017 年的亏损，所以 2018 年度的亏损只能用 2023 年度的所得弥补。2023 年应纳税所得额 90 万元，其中 70 万元用于弥补 2018 年度的亏损，剩余的 20 万元应按税法规定缴纳企业所得税。

【知识拓展】

亏损弥补的税收筹划

【筹划思路】亏损发生前：预计亏损不可避免时，尽量做到先亏后盈，将成本、费用、损失在前期多列支，收入推后实现，把亏损提前。亏损发生后：尽量利用 5 年时间弥补完，特别是补亏期限将满时，应尽量将成本、费用、损失往后推，收入尽量提前，以使盈利集中在补亏期内实现。

【筹划案例】兴远公司 2017 纳税年度发生亏损 200 万元，该公司 2018—2022 年纳税年度各年应纳税所得额分别为 20 万元、20 万元、40 万元、60 万元、20 万元、120 万元。请计算该企业 2022 年、2023 年应当缴纳的企业所得税，并提出筹划方案。

2022 年应缴纳的企业所得税 =0

2023 年应缴纳的企业所得税 =120 ×25% =30（万元）

【筹划方案】由于 2022 年是亏损弥补的最后一年，尚有 40 万的亏损未弥补，应尽量利用 5 年时间将亏损弥补完，将收入尽量提前，成本、费用、损失往后推，增加 2022 年的应纳税所得额到 60 万元，减少 2023 年的应纳税所得额到 80 万元。则：

2022 年应缴纳企业所得税 =0

2023 年应缴纳企业所得税 =80 ×25% =20（万元）

5.2.1.6 非居民企业的应纳税所得额

非居民企业在中国境内未设立机构、场所的，或者虽设立机构、场所但取得的所得与其所设机构、场所没有实际联系的非居民企业，取得的来源于中国境内的所得，按照下列方法计算其应纳税所得额：

（1）股息、红利等权益性投资收益和利息、租金、特许权使用费所得，以收入全额为应纳税所得额。

（2）转让财产所得，以收入全额减除财产净值后的余额为应纳税所得额。

（3）其他所得，参照前两项规定的方法计算应纳税所得额。

【学中练 5－11】

2023 年，某国 A 公司购买我国 B 公司股票取得股息收入 50 万元，向我国 C 公司转让专利技术，取得收入 100 万元，同时向 C 公司出租一设备，取得年租金收入 60 万元，后以 500 万元转让给 C 公司，该设备出租前已经使用 4 年，预计使用年限为 10 年，设备原值为 800 万元。要求：计算 A 公司 2023 年应纳税所得额。

【解析】 A 公司 2019 年应纳税所得额 $=50+100+60+[500-(800-800\div10\times5)]=310$（万元）

5.2.2 企业所得税应纳税额的计算

5.2.2.1 企业所得税应纳税额的基本计算方法

企业所得税实行按年计算，分月或分季预缴，年终汇算清缴，多退少补的征收方法。

企业所得税应纳税额＝应纳税所得额×适用税率－减免税额－抵免税额

1. 预缴所得税的计算

纳税人预缴所得税时，应当按纳税期限的实际数预缴，按实际数预缴有困难的，可以按上一年度应纳税所得额的 1/12 或 1/4，或者经当地税务机关认可的其他方法分期预缴所得税。预缴方法一经确定，不得随意改变。

月（季）预缴税额＝月（季）应纳所得税额×适用税率

或＝上年应纳税所得额×1/12（或 1/4）×适用税率

2. 年终汇算清缴应补（退）所得税税额的计算

年终应补（退）所得税税额＝全年应纳税所得额×适用税率－全年累计预缴所得税税额－减免税额－抵免税额

【学中练 5－12】

某国有企业 2022 年亏损 100 万元；2023 年实现利润 300 万元，经查实，该企业购买国债利息收入 20 万元列入营业外收入，被工商部门罚款 5 万元列入营业外支出，擅自多提折旧30万元，其2023年1—12月已预缴企业所得税28万元。已知企业所得税税率为25%。计算该企业年终汇算清缴时应补缴的企业所得税税额。

【解析】

（1）纳税调整增加额 = 5 + 30 = 35（万元）

（2）弥补亏损100万元

（3）应纳税所得额 = 300 + 35 - 100 - 20 = 215（万元）

（4）全年应纳税额 = 215 × 25% = 53.75（万元）

（5）应补缴所得税税额 = 53.75 - 28 = 25.75（万元）

【知识拓展】

预缴所得税中的递延纳税技术应用

【筹划思路】灵活选择预缴方法，预计当年应纳税所得额较上年低时，选择按当年实际应纳税所得额预缴；预计当年应纳税所得额较上年高时，选择按上年度应纳税所得额的1/12或1/4预缴。

【筹划案例】某企业2022年缴纳企业所得税1 200万元，企业预计2023年应纳税所得额会有一个比较大的增长，每季度实际的应纳税所得额分别为1 500万元、1 600万元、1 400万元、1 700万元。企业选择按照纳税期限的实际数额来预缴企业所得税。计算该企业每季度预缴企业所得税的数额，并提出企业所得税纳税筹划方案。

【筹划分析】按照25%的企业所得税税率计算，该企业需要在每季度预缴企业所得税分别为375万元、400万元、350万元、425万元。由于企业2023年预计的应纳税所得额比2022年高，因此，企业可以选择按上一年度应税所得额的1/4的方法按季度分期预缴所得税。这样，该企业在每季度只需要预缴企业所得税300万元，假设银行活期存款利息为1%，每年计算一次利息。则，该企业可以获得利息收入：(375 - 300) × 1% × 9/12 + (400 - 300) × 1% × 6/12 + (350 - 300) × 1% × 3/12 = 1.19（万元）。

5.2.2.2 境外所得已纳税款抵免的计算

1. 抵免范围

企业取得的下列所得中已在境外缴纳的所得税税额，可以从其当期应纳税额中抵免：

（1）居民企业来源于中国境外的应税所得；

（2）非居民企业在中国境内设立机构、场所，取得发生在中国境外但与该机构、场所有实际联系的应税所得。

居民企业从其直接控制（直接持有外国企业20%以上股份）或者间接控制（间接持有外国企业20%以上股份）的外国企业分得的来源于中国境外的股息、红利等权益性投资收益，外国企业在境外实际缴纳的所得税税额中属于该项所得负担的部分，可以作为该居民企业的可抵免境外所得税税额，在上述规定的抵免限额内抵免。

2. 抵免方法

境外已纳税款抵免限额为该项所得依照我国税法规定计算的应纳税额。

纳税人在境外实际缴纳的税款低于抵免限额的，可以从应纳税额中按实抵免；

超过抵免限额的部分，当年不能扣除，可以在以后5个年度内，用每年度抵免限额抵免当年应抵税额后的余额进行抵补。

抵免限额的计算公式如下：

境外所得税税款抵免限额＝境内、境外所得按税法计算的应纳税总额×来源于某外国的所得额÷境内、境外所得总额

全年应纳所得税额＝全年境内、境外应纳税所得额×税率－抵免税额

【学中练5－13】

我国某公司当年的境内应纳税所得额为300万元，该公司适用25%的所得税税率。其在A国分支机构取得的应纳税所得额为100万元，A国所得税税率为20%，已在A国缴纳20万元税款；在B国分支机构取得的应纳税所得额为100万元，B国所得税税率30%，已在B国缴纳30万元税款。假设A、B两国分支机构按国内税法计算的应纳税所得额与国外的一致，问其如何向我国税务机关纳税？

【解析】

（1）按我国税法计算境内、境外所得应缴纳的税款：

应纳税额＝(300＋100＋100)×25%＝125（万元）

（2）计算A、B两国抵免限额：

A国抵免限额＝(300＋100＋100)×25%×100÷500＝25（万元）

B国抵免限额＝(300＋100＋100)×25%×100÷500＝25（万元）

（3）计算该公司实际向我国税务机关缴纳的税款：

实际应纳税额＝125－20－25＝80（万元）

说明：①上面A国分支机构实际缴纳的20万元所得税税款，低于25万元的A国抵免限额，可以按实抵免。②B国分支机构实际缴纳30万元所得税税款，高于25万元的B国抵免限额，只能抵免25万元。

【学中练5－14】

1. 某企业2023年经营情况如下：

（1）销售收入5 000万元，销售成本3 000万元，缴纳增值税700万元，缴纳消费税、城建税、教育附加费共100万元。

（2）销售费用500万元，其中含广告费400万元。

（3）管理费用500万元，其中含研发费用100万元，未形成无形资产。

（4）财务费用100万元，其中含非金融机构借款50万元，年息为10%（银行同期存款利率为6%）。

（5）营业外支出200万元，其中公益性捐赠100万元。

已知企业所得税税率为25%，计算该企业当年应纳所得税额。

【解析】

利润总额＝5 000－3 000－100－500－500－200－100＝600（万元）

纳税调整：

（1）广告扣除限额＝5 000×15%＝750（万元）（不需调整）

（2）研发费用加计扣除100（万元）

（3）财务费用扣除限额＝50×6%＝3（万元）　纳税调增：50×10%－3＝2（万元）

（4）捐赠扣除限额＝600×12%＝72（万元）　纳税调增：100－72＝28（万元）

（5）应纳所得税额＝(600－100＋2＋28)×25%＝132.5（万元）

2. 某企业在汇算清缴企业所得税时向税务机关申报：2023年度应纳税所得额为1 189.8万元，已累计预缴企业所得税179.5万元，应补缴企业所得税103.2万元。在对该企业纳税申报表进行审核时，税务机关发现如下问题，要求该企业纠正后重新申报。

（1）缴纳的房产税、城镇土地使用税、车船税、印花税等税金74万元已在管理费用中列支，但在计算应纳税所得额时又重复扣除；

（2）将违法经营罚款25万元、税收滞纳金0.3万元列入营业外支出中并予以扣除；

（3）2023年6月1日以经营租赁方式租入1台机器设备，合同约定租赁期10个月，租赁费15万元，该企业未分期摊销这笔租赁费，而是一次性列入2023年度管理费用中扣除；

（4）从境外取得税后利润24万元，境外适用企业所得税率20%，未补缴企业所得税。

该企业适用25%的企业所得税。

要求：

（1）该企业2023年度境内所得应纳所得税税额；

（2）该企业2023年度境外所得应补缴所得税额；

（3）该企业2023年度境内、境外所得应补缴的所得税税额。

【解析】

（1）境内所得应纳所得税额＝(1 189.8＋74＋25＋0.3＋15÷10×3)×25%

＝324.9（万元）

（2）境外所得应补缴所得税额＝24÷(1－20%)×(25%－20%)＝1.5（万元）

（3）应补缴的所得税税额 = 324.9 − 179.5 + 1.5 = 146.9（万元）

3. 某企业为居民企业，2023 年经营业务如下：取得销售收入 5 000 万元，销售成本 2 200万元，发生销售费用 1 340 万元（其中广告费 900 万元），管理费用 960 万元（其中业务招待费 30 万元），财务费用 120 万元，税金及附加 80 万元，营业外收入 140 万元，营业外支出 100 万元（含通过公益性社会团体向贫困山区捐款 60 万元，支付税收滞纳金 12 万元），计入成本、费用中的实发工资总额 300 万元，拨缴职工工会经费 6 万元，提取职工福利费 46 万元，职工教育经费 26.5 万元。

要求：计算该企业实际缴纳的企业所得税税额。

【解析】

（1）年度利润总额 = 5 000 + 140 − 2 200 − 1 340 − 960 − 120 − 80 − 100 = 340（万元）

（2）广告费调增所得额 = 900 − 5 000 × 15% = 150（万元）

（3）5 000 × 5‰ = 25（万元）> 30 × 60% = 18（万元）

则业务招待费调增所得额 = 30 − 18 = 12（万元）

（4）捐赠支出调增所得额 = 60 − 340 × 12% = 19.2（万元）

（5）工会经费扣除限额 = 300 × 2% = 6（万元）

实际拨缴 6 万元，不需调整。

（6）职工福利经费扣除限额 = 300 × 14% = 42（万元）

实际发生 46 万元，应调增 4 万元。

（7）职工教育经费扣除限额 = 300 × 8% = 24（万元）

实际发生 26.5 万元，应调增 2.5 万元。

（9）应纳企业所得税额 =（340 + 150 + 12 + 19.2 + 4 + 2.5 + 12）× 25% = 134.925（万元）

5.2.2.3 核定征收所得税应纳税额的计算

如果企业不能提供完整、准确的收入和成本费用核算资料，不能正确计算应纳税所得额，为了保证国家的税收收入，税务机关将按规定采用核定征收的方式征收企业所得税。

1. 核定征收的范围

纳税人有下列情形之一的，应采取核定征收方式征收企业所得税：

（1）依照法律、行政法规的规定可以不设置账簿的。

（2）依照法律、行政法规的规定应当设置但未设置账簿的。

（3）擅自销毁账簿或者拒不提供纳税资料的。

（4）虽设置账簿，但账目混乱或者成本资料、收入凭证、费用凭证残缺不全，难以查账的。

（5）发生纳税义务，未按照规定的期限办理纳税申报，经税务机关责令限期申报，逾期仍不申报的。

（6）申报的计税依据明显偏低，又无正当理由的。

2. 核定征收的方式

核定征收方式包括定额征收和核定应税所得率征收，以及其他合理的方式。

（1）定额征收。核定应纳所得税额，是指税务机关按照一定的标准、程序和方法，直接核定纳税人年度应纳企业所得税额，由纳税人按规定进行申报缴纳的办法。

（2）核定应税所得率征收。核定应税所得率，是指税务机关按照一定的标准、程序和方法，预先核定纳税人的应税所得率，由纳税人根据纳税年度内的收入总额或成本费用等项目的实际发生额，按预先核定的应税所得率计算缴纳企业所得税的办法。实行核定应税所得率征收办法的，应纳所得税额的计算公式如下：

应纳所得税额 = 应纳税所得额 × 适用税率

应纳税所得额 = 收入总额 × 应税所得率

或应纳税所得额 = 成本费用支出额 ÷（1 − 应税所得率）× 应税所得率

其中，应税所得率见表5－5。

表5－5　核定征收所得税应税所得率表

行　业	应税所得率（%）
农、林、牧、渔业	3—10
制造业	5—15
批发和零售贸易业	4—15
交通运输业	7—15
建筑业	8—20
饮食业	8—25
娱乐业	15—30

【学中练5－15】

某商品生产企业2023全年收入总额为2 000万元，成本费用则不清楚，核定应税所得率为7%，适用所得税税率为25%，计算该企业应纳企业所得税额。

【解析】 应纳税额 = 2 000 × 7% × 25% = 35（万元）

5.2.2.4　特别纳税调整

1. 转让定价税制

企业与其关联方之间的业务往来，不符合独立交易原则而减少企业或者其关联方应纳税收入或者所得额的，税务机关有权按照合理方法调整。

［提示1］ 关联方，是指与企业有下列关联关系之一的企业、其他组织或者个人：

①在资金、经营、购销等方面存在直接或者间接的控制关系；

②直接或者间接地同为第三者控制；

③在利益上具有相关联的其他关系。

[提示2] 独立交易原则，是指没有关联关系的交易各方，按照公平成交价格和营业常规进行业务往来遵循的原则。

（1）合理方法。

①可比非受控价格法，是指按照没有关联关系的交易各方进行相同或者类似业务往来的价格进行定价的方法；

②再销售价格法，是指按照从关联方购进商品再销售给没有关联关系的交易方的价格，减除相同或者类似业务的销售毛利进行定价的方法；

③成本加成法，是指按照成本加合理的费用和利润进行定价的方法；

④交易净利润法，是指按照没有关联关系的交易各方进行相同或者类似业务往来取得的净利润水平确定利润的方法；

⑤利润分割法，是指将企业与其关联方的合并利润或者亏损在各方之间采用合理标准进行分配的方法；

⑥其他符合独立交易原则的方法。

（2）成本分摊。

企业与其关联方共同开发、受让无形资产，或者共同提供、接受劳务发生的成本，在计算应纳税所得额时应当按照独立交易原则进行分摊。

[提示]

①企业可以依照规定，按照独立交易原则与其关联方分摊共同发生的成本，达成成本分摊协议。

②企业与其关联方分摊成本时，应当按照成本与预期收益相配比的原则进行分摊，并在税务机关规定的期限内，按照税务机关的要求报送有关资料。

③企业与其关联方分摊成本时违反规定的，其自行分摊的成本不得在计算应纳税所得额时扣除。

（3）预约定价安排。

预约定价安排，是指企业就其未来年度关联交易的定价原则和计算方法，向税务机关提出申请，与税务机关按照独立交易原则协商、确认后达成的协议。

企业可以向税务机关提出与其关联方之间业务往来的定价原则和计算方法，税务机关与企业协商、确认后，达成预约定价安排。

（4）资料提供义务。

企业向税务机关报送年度企业所得税纳税申报表时，应当就其与关联方之间的业务往来，附送年度关联业务往来报告表。

税务机关在进行关联业务调查时，企业及其关联方，以及与关联业务调查有关的其他企业，应当按照规定提供相关资料。

［提示］相关资料，包括：

①与关联业务往来有关的价格、费用的制定标准、计算方法和说明等同期资料；

②关联业务往来所涉及的财产、财产使用权、劳务等的再销售（转让）价格或者最终销售（转让）价格的相关资料；

③与关联业务调查有关的其他企业应当提供的与被调查企业可比的产品价格、定价方式以及利润水平等资料；

④其他与关联业务往来有关的资料。

企业应当在税务机关规定的期限内提供与关联业务往来有关的价格、费用的制定标准、计算方法和说明等资料。关联方以及与关联业务调查有关的其他企业应当在税务机关与其约定的期限内提供相关资料。

（5）核定应纳税所得额。

企业不提供与其关联方之间业务往来资料，或者提供虚假、不完整资料，未能真实反映其关联业务往来情况的，税务机关有权依法核定其应纳税所得额。

［提示］税务机关依照规定核定企业的应纳税所得额时，可以采用下列方法：①参照同类或者类似企业的利润率水平核定；②按照企业成本加合理的费用和利润的方法核定；③按照关联企业集团整体利润的合理比例核定；④按照其他合理方法核定。

企业对税务机关按照上述方法核定的应纳税所得额有异议的，应当提供相关证据，经税务机关认定后，调整核定的应纳税所得额。

2. 受控外国企业税制

由居民企业，或者由居民企业和中国居民控制的设立在实际税负明显低于12.5%的国家（地区）的企业，并非由于合理的经营需要而对利润不作分配或者减少分配的，上述利润中应归属于该居民企业的部分，应当计入该居民企业的当期收入。

［提示1］中国居民，是指根据《中华人民共和国个人所得税法》的规定，就其从中国境内、境外取得的所得在中国缴纳个人所得税的个人。

［提示2］上述控制，包括：

①居民企业或者中国居民直接或者间接单一持有外国企业10%以上有表决权股份，且由其共同持有该外国企业50%以上股份；

②居民企业，或者居民企业和中国居民持股比例没有达到第①项规定的标准，但在股份、资金、经营、购销等方面对该外国企业构成实质控制。

3. 一般反避税税制

企业实施其他不具有合理商业目的的安排而减少其应纳税收入或者所得额的，税务机关有权按照合理方法调整。

不具有合理商业目的，是指以减少、免除或者推迟缴纳税款为主要目的。

4. 对避税行为的处理

（1）加收利息。

税务机关依照规定做出纳税调整，需要补征税款的，应当补征税款，并自税款所属纳税年度的次年6月1日起至补缴税款之日止的期间，按日加收利息。补征的税款和加收的利息，不得在计算应纳税所得额时扣除。

［提示］加收的利息应当按照税款所属纳税年度中国人民银行公布的与补税期间同期的人民币贷款基准利率加5个百分点计算。企业依照规定提供有关资料的，可以只按人民币贷款基准利率计算利息。

（2）特别纳税调整期限。

企业与其关联方之间的业务往来，不符合独立交易原则，或者企业实施其他不具有合理商业目的安排的，税务机关有权在该业务发生的纳税年度起10年内，进行纳税调整。

5.3 资产的税务处理

引例

某企业于2023年12月在“管理费用——绿化费”中列支绿化费支出，此部分费用为采买的摆放用花植，税务机关检查时认为应按期分摊吗？

【分析】对于绿化费，国家税务总局目前没有明确规定作为管理费用一次扣除，还是按生产性生物资产分期摊销。部分地方税务机关认为，绿化费并未形成生产性生物资产，可以计入管理费用一次扣除。专家建议：

（1）企业应考虑绿化费的具体情况处理，对于厂区植物建设形成的绿化费可以分期摊销，对于办公植摆，可以一次性扣除。

（2）由于国家税务局没有明确规定，企业应同主管税务机关进行沟通，结合税务机关的意见进行处理。

企业的各项资产，包括固定资产、生产性生物资产、无形资产、长期待摊费用、投资资产、存货等，以历史成本为计税基础，即取得该项资产时实际发生的支出。

［提示1］收益性支出，允许在发生当期直接扣除，对于资本性支出应当分期扣除或者计入有关资产成本，不得在发生当期直接扣除。

［提示2］企业转让资产，该项资产的净值，允许在计算应纳税所得额时扣除。

［提示3］企业持有各项资产期间资产增值或者减值，除国务院财政、税务主管部门规定可以确认损益外，不得调整该资产的计税基础。

5.3.1 固定资产的税务处理

固定资产，是指企业为生产产品、提供劳务、出租或者经营管理而持有的、使用时间超过12个月的非货币性资产，包括房屋、建筑物、机器、机械、运输工具以及其他与生产经营活动有关的设备、器具、工具等。

［提示］未作为固定资产管理的工具、器具等作为低值易耗品，可以一次或分次扣除。

5.3.1.1 固定资产的计税基础

1. 外购的固定资产

计税基础 = 购买价款 + 相关税费 + 包装费 + 运杂费 + 安装费

2. 自行建造的固定资产

计税基础 = 竣工结算前发生的支出

3. 融资租入的固定资产

合同约定了付款总额：计税基础 = 付款总额 + 承租人发生在合同签订后的相关费用

合同未约定付款总额：计税基础 = 公允价值 + 承租人发生在合同签订后的相关费用

4. 盘盈的固定资产

计税基础 = 重置完全价值

5. 通过捐赠、投资、非货币性资产交换、债务重组等方式取得的固定资产

计税基础 = 公允价值 + 支付的相关税费

6. 改建的固定资产

固定资产的改建支出，是指改变房屋或者建筑物结构、延长使用年限等发生的支出。

计税基础 = 未提完折旧 + 改建支出

【提示】已足额提取折旧的固定资产和租入固定资产的改建支出作为长期待摊费用。

【学中练5-16】

某企业一厂房原值1 000万元，预计使用20年，现已使用14年，现发生改建支出500万元，改建后在原基础上可延长使用5年，不考虑净残值，如何计提折旧？

【解析】计税基础 =（1 000 − 1 000 ÷ 20 × 14）+ 500 = 800（万元）

800万元按照11年计提折旧。

5.3.1.2 固定资产的折旧

1. 折旧的计提方法

（1）固定资产按照直线法计算的折旧，准予扣除。

（2）企业的固定资产应当从投入使用月份的次月起计提折旧。

（3）停止使用的固定资产，应当从停止使用月份的次月起停止计提折旧。

（4）企业应当根据固定资产的性质和使用情况，合理确定固定资产的预计净残值。固定资产的预计净残值一经确定，不得变更。

2. 固定资产计算折旧的最低年限

除国务院财政、税务主管部门另有规定外，固定资产计算折旧的最低年限如下：

（1）房屋、建筑物，为20年。

（2）飞机、火车、轮船、机器、机械和其他生产设备，为10年。

（3）与生产经营活动有关的器具、工具、家具等，为5年。

（4）飞机、火车、轮船以外的运输工具，为4年。

（5）电子设备，为3年。

3. 不得计算折旧扣除的固定资产

在计算应纳税所得额时，下列固定资产不得计算折旧扣除：

（1）房屋、建筑物以外未投入使用的固定资产。

（2）以经营租赁方式租入的固定资产。

（3）以融资租赁方式租出的固定资产。

（4）已足额提取折旧仍继续使用的固定资产。

（5）与经营活动无关的固定资产。

（6）单独估价作为固定资产入账的土地。

（7）其他不得计算折旧扣除的固定资产。

【知识拓展】

固定资产折旧的税收筹划

【筹划思路】一般情况下，固定资产选用加速折旧法或缩短折旧年限。但当企业处于特殊时期（如减免税期或税前补亏后期或预计以后税率将提高），则应设法多实现盈利，此时的固定资产折旧应采用直线法计提折旧。

【筹划案例】D公司2022年末购入一台管理用设备，预计使用年限5年，采用直线法计提折旧。但该设备符合税收优惠条件，依税法规定可以按3年期限计算年折旧额予以税前扣除（即缩短折旧年限）。

1. 一般情况下，为减轻税负，企业应按几年计提折旧？为什么？

2. 简要分析在下列两种不相关的情况下，企业是否应对该设备按3年期限计列折旧费申报税前扣除（仅从所得税筹划角度考虑）：

（1）该企业2023—2025年享受免征所得税优惠，2026—2028年减半征税，2029年开始正常纳税。

（2）该企业于2018年发生巨额亏损，至2023年初还有未弥补亏损500万元。

【筹划分析】

1. 一般情况下，企业为提前扣完折旧，宜采用按3年期限计算折旧额。

2. 企业2023—2025年享受免征，应采用直线法计提折旧。

3. 2018年的巨额亏损至2023年初尚有500万元未弥补，也应采用直线法计提折旧。

5.3.2 生产性生物资产的税务处理

生物资产，是指有生命的动物和植物。分为消耗性生物资产、生产性生物资产和公益性生物资产。

生产性生物资产，是指企业为生产农产品、提供劳务或者出租等而持有的生物资产，包括经济林、薪炭林、产畜和役畜等。

5.3.2.1 生产性生物资产的计税基础

（1）外购的生产性生物资产：计税基础 = 购买价款 + 相关税费

（2）接受捐赠、投资、交换、债务重组的生产性生物资产：计税基础 = 公允价值 + 相关税费

5.3.2.2 生产性生物资产的折旧方法

（1）生产性生物资产按照直线法计算的折旧，准予扣除。

（2）企业应当自生产性生物资产投入使用月份的次月起计算折旧。

（3）停止使用的生产性生物资产，应当自停止使用月份的次月起停止计算折旧。

（4）企业应当根据生产性生物资产的性质和使用情况，合理确定生产性生物资产的预计净残值。生产性生物资产的预计净残值一经确定，不得变更。

5.3.2.3 生产性生物资产的最低折旧年限

（1）林木类生产性生物资产，为 10 年。

（2）畜类生产性生物资产，为 3 年。

5.3.3 无形资产的税务处理

无形资产，是指企业为生产产品、提供劳务、出租或者经营管理而持有的、没有实物形态的非货币性长期资产，包括专利权、商标权、著作权、土地使用权、非专利技术、商誉等。

5.3.3.1 无形资产的计税基础

（1）外购的无形资产：计税基础 = 购买价款 + 相关税费 + 其他支出

（2）自行开发的无形资产：计税基础 = 符合资本化条件后至达到预定用途前发生的支出

（3）接受捐赠、投资、交换、债务重组的无形资产：计税基础 = 公允价值 + 相关税费

5.3.3.2 无形资产的摊销方法

（1）无形资产按照直线法计算的摊销费用，准予扣除。

（2）无形资产的摊销年限不得低于 10 年。

（3）作为投资或者受让的无形资产，有关法律规定或者合同约定了使用年限的，可以按照规定或者约定的使用年限分期摊销。

（4）外购商誉的支出，在企业整体转让或者清算时，准予扣除。

5.3.3.3 不得计算摊销费用扣除的无形资产

（1）自行开发的无形资产，其研发支出已在计算应纳税所得额时扣除的。

（2）自创商誉。

（3）与经营活动无关的无形资产。

（4）其他不得计算摊销费用扣除的无形资产。

5.3.4 长期待摊费用的税务处理

长期待摊费用，是指企业发生的应在一个年度或几个年度进行摊销的费用。企业发生的下列支出作为长期待摊费用，按规定摊销的，准予扣除：

（1）已足额提取折旧的固定资产的改建支出，按预计尚可使用年限分期摊销。

（2）租入固定资产的改建支出，按合同约定的剩余租赁期限分期摊销。

（3）固定资产的大修理支出，按尚可使用年限分期摊销。

（4）其他应当作为长期待摊费用的支出，自支出发生月份的次月起，分期摊销，摊销年限不得低于3年。

【提示】固定资产的大修理支出，是指同时符合下列条件的支出：

（1）修理支出达到取得固定资产时的计税基础50%以上；

（2）修理后固定资产的使用年限延长2年以上。

5.3.5 投资资产的税务处理

投资资产，是指企业对外进行权益性投资和债权性投资形成的资产。企业对外投资期间，投资资产的成本在计算应纳税所得额时不得扣除。企业在转让或者处置投资资产时，投资资产的成本，准予扣除。

投资资产按照以下方法确定成本：

（1）支付现金方式取得的投资资产：成本＝购买价款

（2）支付现金以外的方式取得的投资资产：成本＝公允价值＋相关税费

5.3.6 存货的税务处理

存货，是指企业持有以备出售的产品或者商品、处在生产过程中的在产品、在生产或者提供劳务过程中耗用的材料和物料等。

5.3.6.1 存货的计税基础

（1）支付现金方式取得的存货：成本＝购买价款＋相关税费

（2）支付现金以外的方式取得的存货：成本＝公允价值＋相关税费

（3）生产性生物资产收获的农产品：成本＝材料费＋人工费＋分摊的间接费用

5.3.6.2　存货的成本计算方法

企业使用或者销售存货，按照规定计算的存货成本，在计算应纳税所得额时准予扣除。企业使用或者销售的存货的成本计算方法，可以在先进先出法、加权平均法、个别计价法中选用一种。计价方法一经选用，不得随意变更。

【知识拓展】

存货计价的税收筹划

【筹划思路】在物价持续上涨环境下，存货计价避免采用先进先出法，而在物价持续下跌环境下，存货计价应采用加权平均法。

【筹划案例】某商业企业经营的“存货——库存商品”采用实际成本计价，且品种单一，2023 年 12 月扣除销售的库存商品成本前的账面利润为 100 万元。12 月存货商品收、发、存的数据资料见表 5－6。

表 5－6　　12 月库存商品收、发、存明细表

日期	摘要	单位成本（元/吨）	购入数量（吨）	发出数量（吨）	结存数量（吨）
12 月 1 日	月初结存	1 000			250
12 月 3 日	购入	1 100	200		450
12 月 8 日	发出			300	150
12 月 12 日	购入	1 200	400		550
12 月 22 日	发出			400	150
12 月 30 日	购入	1 300	150		300

【筹划分析】

方案 1：企业发出存货采用先进先出法计价

利润中扣除存货成本 $= 250 \times 1\,000 + (300 - 250) \times 1\,100 + 150 \times 1\,100 + (400 - 150) \times 1\,200 = 77$（万元）

12 月应纳企业所得税 $= (100 - 77) \times 25\% = 5.75$（万元）

方案 2：企业发出存货采用全月一次加权平均法计价

利润中扣除存货成本 $= (1\,000 \times 250 + 1\,100 \times 200 + 1\,200 \times 400 + 1\,300 \times 150) / (250 + 200 + 400 + 150) \times 700 = 80.15$（万元）

12 月应纳企业所得税 $= (100 - 80.15) \times 25\% = 4.96$（万元）

从以上两种方案可以看出，在不同存货计价方法下，存货成本对当期的利润影响不一样。本例中存货采用加权平均法时，从利润中扣除的存货成本较大，应纳税所得额较小，对企业更有利。先进先出法是遵循历史成本的计价方法，适用于物价走低的

市场环境。物价走低，先采购的存货的价格就高，先发出去，成本就相对大一些，交纳的企业所得税就低。

当然，在成本价格处于上涨趋势，才得出加权平均法对该企业最有利的结论。在纳税筹划中，企业应根据自身的实际情况，针对存货的价格波动做出正确的决策。

5.4 企业所得税税款缴纳与申报

引例

A公司2022年度应纳税所得额150万元，投资一合伙企业B，持股比例80%，B企业2022年度调整后应纳税所得额为-8万元。2022年度A公司按150万元应纳税所得额申报企业所得税。

2023年度B企业调整后应纳税所得额19万元，应调增A公司应纳税所得额11万元(19-8)，应在什么项目进行调整?

【分析】依据财政部、国家税务总局关于印发《关于个人独资企业和合伙企业投资者征收个人所得税的规定》(财税〔2000〕91号)以及企业所得税年度纳税申报表填报说明，2022年度B企业亏损不应影响A公司应纳税所得额，而是在B企业中自行结转弥补；2023年度对B企业应纳税所得额11万元，在纳税申报表中第11行进行纳税调增。

5.4.1 申报缴纳期限

企业所得税的申报缴纳期限具体见表5-7。

表5-7 企业所得税的申报缴纳期限

	申报缴纳期限	报送资料
预缴	月度或季度终了之日起15日内	预缴企业所得税纳税申报表及有关资料
年终汇缴	年度终了之日起5个月内	年度企业所得税纳税申报表、年度财务会计报告及有关资料
中途终止经营汇缴	实际经营终止之日起60日内	当期企业所得税纳税申报表及有关资料
	注销税务登记前	清算所得纳税申报表及有关资料
代扣代缴	自代扣之日起7日内缴入国库	扣缴企业所得税报告表及有关资料

[提示] 企业申报缴纳企业所得税，以人民币计算。企业所得以人民币以外的货币计算的，预缴时，按月或季度最后一日的汇价折合计算。年终汇缴时，对已经按月或季度预

缴税款的，不再重新折合计算，只就未缴纳部分，按纳税年度最后一日的人民币汇价折算。

5.4.2 纳税地点

1. 居民企业的纳税地点

除税收法律、行政法规另有规定外，居民企业以企业登记注册地为纳税地点；登记注册地在境外的，以实际管理机构所在地为纳税地点。

居民企业在中国境内设立不具有法人资格的营业机构的，应当汇总计算并缴纳企业所得税。

2. 非居民企业的纳税地点

非居民企业在中国境内设立机构、场所的，其所设机构、场所地为纳税地点。在境内设立两个或者两个以上机构、场所的，经税务机关审核批准，可以选择由其主要机构、场所汇总缴纳企业所得税。

非居民企业在中国境内未设立机构、场所的，或者虽设立机构、场所但取得的所得与其所设机构、场所没有实际联系的，以扣缴义务人所在地为纳税地点。

5.4.3 企业所得税的纳税申报

纳税人在纳税年度内无论盈利或亏损，都应当按照规定的期限，向当地主管税务机关报送所得税纳税申报表和年度财务会计报告。

中华人民共和国企业所得税年度纳税申报表如表5－8所示，其他附表略。

表5－8　　A100000　中华人民共和国企业所得税年度纳税申报表（A类）

行次	类别	项目	金额
1	利润总额计算	一、营业收入（填写A101010\101020\103000）	
2		减：营业成本（填写A102010\102020\103000）	
3		减：税金及附加	
4		减：销售费用（填写A104000）	
5		减：管理费用（填写A104000）	
6		减：财务费用（填写A104000）	
7		减：资产减值损失	
8		加：公允价值变动收益	
9		加：投资收益	
10		二、营业利润（1－2－3－4－5－6－7＋8＋9）	

续表

行次	类别	项目	金额
11	应纳税所得额计算	加：营业外收入（填写 A101010 \ 101020 \ 103000）	
12		减：营业外支出（填写 A102010 \ 102020 \ 103000）	
13		三、利润总额（10 + 11 - 12）	
14		减：境外所得（填写 A108010）	
15		加：纳税调整增加额（填写 A105000）	
16		减：纳税调整减少额（填写 A105000）	
17		减：免税、减计收入及加计扣除（填写 A107010）	
18		加：境外应税所得抵减境内亏损（填写 A108000）	
19		四、纳税调整后所得（13 - 14 + 15 - 16 - 17 + 18）	
20		减：所得减免（填写 A107020）	
21		减：弥补以前年度亏损（填写 A106000）	
22		减：抵扣应纳税所得额（填写 A107030）	
23		五、应纳税所得额（19 - 20 - 21 - 22）	
24	应纳税额计算	税率（25%）	
25		六、应纳所得税额（23 × 24）	
26		减：减免所得税额（填写 A107040）	
27		减：抵免所得税额（填写 A107050）	
28		七、应纳税额（25 - 26 - 27）	
29		加：境外所得应纳所得税额（填写 A108000）	
30		减：境外所得抵免所得税额（填写 A108000）	
31		八、实际应纳所得税额（28 + 29 - 30）	
32		减：本年累计实际已预缴的所得税额	
33		九、本年应补（退）所得税额（31 - 32）	
34		其中：总机构分摊本年应补（退）所得税额（填写 A109000）	
35		财政集中分配本年应补（退）所得税额（填写 A109000）	
36		总机构主体生产经营部门分摊本年应补（退）所得税额（填写 A109000）	
37	实际应纳税额计算	减：民族自治地区企业所得税地方分享部分（□免征□减征：减征幅度______%）	
38		十、本年实际应补（退）所得税额（33 - 37）	

【纳税申报实训案例】

甲公司主营业务为电子产品的生产制造和销售，位于 A 市，为增值税一般纳税人，2019 年经认定为高新技术企业，2024 年 3 月委托 A 市某税务师事务所对 2023 年度进行所得税汇算清缴，税务师在工作底稿中记载相关内容如下：

（1）甲公司 2023 年度利润表中营业收入为 6 500 万元，营业成本为 3 900 万元，税金及附加 265.5 万元，管理费用 1 650 万元，财务费用 280 万元，销售费用 980 万元，资产减值损失 265 万元，公允价值变动损失 60.5 万元，投资收益 600 万元，营业外收入 800 万元，营业外支出 350 万元。

（2）经检查发现甲公司当年管理费用中有 100 万元取得的发票不符合税法规定。

（3）管理费用中业务招待费 65 万元，财务费用中利息支出 150 万元（经检查发现该利息支出系向乙公司借款发生，取得乙公司开具的相关发票不符合税法规定），销售费用中有 600 万元为广告费，以前年度结转扣除的广告费为 10 万元。

（4）资产减值损失系计提坏账准备 80 万元，固定资产减值准备 100 万元，存货跌价准备 85 万元。

（5）公允价值变动损失系某交易性金融资产期末公允价值下降。

（6）投资收益包括两笔，第一笔为对 A 公司进行股权投资收到的分红（甲公司经营范围中有股权投资，A 公司为上市公司，甲公司于 2023 年 3 月投资，A 公司于 6 月 2 日分红 200 万元），第二笔为对 B 公司的股权投资（对 B 公司投资作为长期股权投资并采用权益法核算，B 公司当年实现净利润，甲公司按持股比例确认的投资收益为 400 万元）。

（7）营业外收入中有 300 万元系当地政府发放的指定专项用途的财政补贴（已列支费用 100 万元）。

（8）营业外支出中有支付 C 公司的违约金 10 万元，有支付工商罚款 4 万元，有通过当地红十字会对灾区的捐赠款 20 万元，已取得捐赠支出票据，有达到使用年限集中报废固定资产损失 50 万元，有未达到预定使用年限提前报废固定资产损失 10 万元，有债务重组损失 30 万元，有非广告性质的产品赞助支出 226 万元（已知该批产品市场售价与账面成本相同，均为 200 万元）。甲公司针对资产损失已留存相关资料备查。

（9）已在成本费用中列支的工资薪金 650 万元，工会经费 15 万元（已全额上缴），职工教育经费 62 万元（已全部使用），职工福利费 90 万元（实际使用 85 万元）。

（10）固定资产明细账列明 2023 年 11 月 11 日购入一台无须安装的研发仪器并于当月投入使用，专用于新产品的研发，支付价款 90 万元，增值税 11.7 万元。公司估计该固定资产可以使用 5 年，预计净残值为零，采用年限平均法计提折旧。公司选择一次性计入成本费用扣除。

（11）企业研发费用台账中列明当年发生的研究开发费用合计为 300 万元，其中包括工资薪金 35 万元（包括在上述 650 万元工资薪金中），社保费 19.25 万元，设备租赁费 35 万元，直接耗用材料费 100.5 万元，试制产品检验费 2.5 万元，研发设备检修费 6.5 万元，固定资产折旧费 28.25 万元，委托外部机构进行研发活动发生费用 10 万元，研发团队的差旅费 20 万元、会议费 33 万元，职工福利费 10 万元。

（12）2021 年甲公司亏损 125 万元，2022 年所得税汇算清缴未弥补亏损前应纳税所得额为116万元，当年已弥补2021年亏损116万元，2021年以前没有尚未弥补亏损。

（13）甲公司当年预缴所得税22.35万元。

要求：

（1）根据相关资料，请计算甲公司当年的利润总额。

（2）计算当年“三项经费”合计调整应纳税所得额的金额。

（3）分别计算甲公司当年购进固定资产研发仪器应纳税调整减少的金额。

（4）分别计算甲公司当年纳税调增金额及调减金额。

【解析】

（1）利润总额＝6 500－3 900－265.5－1 650－280－980－265－60.5＋600＋800－350＝149（万元）。（将计算出来的利润总额填列在年度纳税申报表（A类）13行）

（2）职工福利费扣除限额＝650×14%＝91（万元），因有5万元只计提未使用，所以纳税调增＝90－85＝5（万元）；（将计提和实际使用的职工福利费的金额分别填列在职工薪酬支出及纳税调整明细表3行的第1栏和第2栏，将调增金额填列在该表第3行的6栏内）

职工教育经费扣除限额＝650×8%＝52（万元），纳税调增＝62－52＝10（万元），可以结转以后年度扣除＝62－650×8%＝10（万元）；（将计提和实际使用的职工教育经费分别填列在职工薪酬支出及纳税调整明细表第4行的第1栏和第2栏内，调整金额填列在该表4行第6栏）。

工会经费调增＝15－650×2%＝2（万元）；三项经费合计调增＝2＋10＋5＝17（万元）（将计提和实际使用的工会经费分别填列在职工薪酬支出及纳税调整明细表第7行第1栏和第2栏内，调整的金额分别填列在该行的第6栏内）。

（3）企业新购进的设备、器具（指除房屋、建筑物以外的固定资产），单位价值不超过500万元的，允许一次性计入当期成本费用在计算应纳税所得额时扣除，不再分年度计算折旧。调减金额＝90－90÷（5×12）＝88.5（万元）（原值填列在资产折旧、摊销及纳税调整明细表第11行的第1栏内，将调整金额填列在该表的第9栏内）。

（4）调增金额＝200（视同销售收入）＋17（三项经费）＋(65－34.5)（业务招待费）＋(20－149×12%)（捐赠支出）＋150（利息支出）＋4（工商罚款）＋226（赞助支出）＋100（未取得合规发票）＋265（资产减值准备）＋60.5（公允价值变动损失）＋100（不征税收入形成的支出）＝1 155.12（万元）（纳税调整项目明细表第3栏）。

调减金额＝400（投资收益）＋300（不征税收入）＋200（视同销售成本）＋88.5（固定资产加速折旧）＋10（结转扣除的广告费）＝998.5（万元）（纳税调整项目明细表第4栏）。

职业道德与素质

案例1

2023年3月，某市税务稽查分局在对该市一家机械设备厂进行2022年度所得税缴纳情况检查时，发现该厂挂账的销售收入为1 284 568.52元，均为预收设备销售款。经核查有关销售合同，稽查人员发现多数合同已经实现。又经对购货方企业询问，合同单位已经收到发出的货物，但是该机械设备厂却未结转收入。另外，经审核“产品销售成本”中的单位成本远高于“产成品”账户中的单位成本。由此税务机关初步认定，该厂已结转“预收账款”中的销售成本。后经对企业财务人员询问，发现该企业利用“预收账款”进行利润截留的事实。

分析：企业截留利润往往以“预收账款”为调整器。按照企业财务制度与税法的有关规定，预收账款要在货物发出后，才形成企业销售收入。因此，当企业有一定数量的预售货物业务时，就可以使企业保持微利，甚至亏损，达到偷逃所得税的目的。

企业具体操作方法是，首先确定当月的利润额（微利），然后将当月成本、费用发生额与所开发票销售额相比较，如果费用成本过小使得利润额大于预定利润，则将差额以“预收账款”中发出产品的耗用材料成本摊入当月销售成本抵销；反之则按实际数入账。

所以该机械设备厂2022年度“预收账款”中的1 284 568.52元，其制造成本已提前结转，销售已经实现，该数额实为其多年来截留利润的累计额。由此可见，企业通过多列成本、销售收入挂往来账等方式隐匿销售利润。因此，税务机关在日常的稽查工作中，都会对长期亏损或长期微利的企业进行重点审查。

税务处理：该企业挂账的销售收入为1 284 568.52元，应补缴增值税147 782.22元（1 284 568.52 ÷ 1.13 × 13%），调增利润1 136 786.30元（1 284 568.52 − 147 782.22），补缴企业所得税款284 196.58元（1 136 786.30 × 25%），并处以偷税额2倍的罚款。

案例2

某企业在对外经营活动中，购进材料并取得增值税专用发票，税务机关核查查证在已抵扣的发票中有一张作废发票。该企业既未作增值税的进项税额转出，在企业所得税纳税申报中也未对已扣除的该笔材料成本进行纳税调整。

分析：《国家税务总局关于加强增值税征收管理若干问题的通知》（国税发〔1995〕192号）规定，纳税人购进货物或应税劳务，支付运输费用，所支付款项的单位，必须与开具抵扣凭证的销售单位、提供劳务的单位一致，才能够申报抵扣进项税额，否则不予抵扣。

企业实际发生的与取得收入有关的、合理的支出，准予在计算应纳税所得额时扣除。依据国家税务总局《关于印发〈进一步加强税收征管若干具体措施〉的通知》（国税发〔2009〕114号）的规定，未按规定取得的合法有效凭据不得在税前扣除。

因此该企业应在增值税计税中做进项税额转出，同时在企业所得税计税中对该笔材料成本做调增处理。

项目小结

任务	学习目标	重难点
知识准备	了解企业所得税的历史沿革，掌握企业所得税的含义和一般特征	企业所得税的特征
企业所得税税收制度	掌握企业所得税的纳税人义务人、征税范围、税率及税收优惠政策	征收范围、税率及税收优惠政策
企业所得税的计算与筹划	掌握企业所得税的不征税收入、免税收入、扣除项目及标准、不得扣除项目、税前补亏标准；掌握企业所得税应纳税所得额及应纳税额的计算与筹划	应纳税所得额、应纳税额的计算与筹划
资产的税务处理	掌握各项资产的税务处理方法和相关纳税筹划方法	固定资产、无形资产、长期待摊费用的税务处理
企业所得税的征收管理	掌握企业所得税的申报期限和纳税地点，掌握企业所得税的纳税申报	企业所得税的纳税申报

专业能力评价

评价内容	权重	考核点	考核得分		
			小组评价	教师评价	综合得分
职业素养（20分）	10分	熟悉企业所得税的各项征收制度			
	10分	在税收筹划过程中，采用合理、合法的方法和途径进行筹划，禁止涉及违法行为			
业务处理（80分）	80分	掌握企业所得税纳税申报流程及电子报税操作；能熟练计算分析企业所得税涉税事项；能对企业所得税涉税业务提出科学的筹划思路和方法			
组长签字：		教师签字：		年　月　日	

职业能力训练

（一）单项选择题

1. 根据企业所得税法的规定，下列是企业所得税纳税人的是（　　）。

A. 个体工商户　　B. 个人独资企业

C. 合伙企业　　D. 非居民企业

2. 下列各项中，关于企业所得税所得来源的确定正确的是（　　）。

A. 权益性投资资产转让所得按照投资企业所在地确定

B. 销售货物所得，按照交易活动发生地确定

C. 提供劳务所得，按照所得支付地确定

D. 转让不动产，按照转让不动产的企业或机构、场所所在地确定

3. 根据企业所得税法的规定，企业所得税税率说法不正确的是（　　）。

A. 企业所得税税率统一为25%

B. 企业所得税法实行比例税率

C. 现行企业所得税的基本税率为25%

D. 在中国境内未设立机构场所的非居民企业可以使用企业所得税的低税率缴纳所得税

4. 下列关于所得税收入的确认，说法不正确的是（　　）。

A. 企业自产的产品转移至境外的分支机构，属于视同销售，应当确认收入

B. 特许权使用费收入，按照合同约定的特许权使用人应付特许权使用费的日期确认收入的实现

C. 企业自产的产品转为自用，应当视同销售货物。按企业同类产品同期对外销售价格确认销售收入

D. 企业发生的损失，减除责任人赔偿和保险赔款后的余额，准予在所得税前扣除。但企业已经作为损失处理的资产，在以后纳税年度又全部收回或者部分收回时，应当计入当期收入

5. 某软件生产企业为居民企业，2023 年实际发生的工资支出 100 万元，职工福利费支出 15 万，职工培训费用支出 4 万元，2023 年该企业计算应纳税所得额时，应调增应纳税所得额（　　）万元。

A. 1　　　　B. 1.5

C. 2　　　　D. 2.5

6. 某商贸企业 2023 年销售收入情况如下：开具增值税专用发票的收入 2 000 万元，开具普通发票的金额 904 万元。企业发生管理费用 110 万元（其中：业务招待费 20 万元），发生的销售费用 600 万元（其中：广告费 300 万元、业务宣传费 180 万元），发生的财务费用 200 万元，准予在企业所得税前扣除的期间费用为（　　）万元。

A. 850　　　　B. 842

C. 844　　　　D. 902

7. 某企业财务资料显示，2023 年开具增值税专用发票取得收入 2 000 万元，另外从事运输服务，取得收入 220 万元。收入对应的销售成本和运输成本合计为 1 550 万元，期间费用、税金及附加为 200 万元，营业外支出 100 万元（其中 90 万元为公益性捐赠支出），

上年度企业自行计算亏损 50 万元，经税务机关核定的亏损为 30 万元。企业 2023 年度在所得税前可以扣除的捐赠支出为（　　）万元。

A. 90　　B. 40.8

C. 44.4　　D. 23.4

8. 某企业 2023 年度境内所得应纳税所得额为 400 万元，全年已预缴税款 25 万元，来源于境外某国税前所得 100 万元，境外实纳税款 20 万元，该企业当年汇算清缴应补（退）的税款为（　　）万元。

A. 50　　B. 60

C. 70　　D. 80

9. 某白酒生产企业因扩大生产规模新建厂房，由于自有资金不足，2023 年 1 月 1 日向银行借入长期借款 1 笔，金额 3 000 万元，贷款年利率是 4.2%，2023 年 4 月 1 日该厂房开始建设，12 月 31 日房屋交付使用，则 2023 年度该企业可以在税前直接扣除的该项借款费用是（　　）万元。

A. 36.6　　B. 35.4

C. 32.7　　D. 31.5

10. 下列关于企业手续费及佣金支出税前扣除的规定，表述不正确的是（　　）。

A. 保险企业按当年全部保费收入扣除退保金等后余额的 18% 计算限额

B. 其他非保险企业，按与具有合法经营资格中介服务机构或个人（不含交易双方及其雇员、代理人和代表人等）所签订服务协议或合同确认的收入金额的 5% 计算限额

C. 企业计入固定资产、无形资产等相关资产的手续费及佣金支出，在发生当期直接扣除

D. 除委托个人代理外，企业以现金等非转账方式支付的手续费及佣金不得在税前扣除

11. 下列关于房地产开发企业的利息支出税前扣除的陈述，正确的是（　　）。

A. 企业为建造开发产品借入资金而发生的符合税收规定的借款费用，直接在税前扣除

B. 企业集团或其成员企业统一向金融机构借款分摊集团内部其他成员企业使用的，借入方凡能出具从金融机构取得借款的证明文件，一律由集团企业或借款企业在税前扣除

C. 企业为建造开发产品借入资金而发生的符合税收规定的借款费用，可按企业会计准则的规定进行归集和分配，其中属于财务费用性质的借款费用，可直接在税前扣除

D. 企业集团或其成员企业统一向金融机构借款分摊集团内部其他成员企业使用的，借入方不能出具从金融机构取得借款的证明文件，可以由使用借款的企业间合理分摊利息费用，使用借款的企业分摊的合理利息准予在税前扣除

12. 下列关于资产的摊销处理中，不正确的做法是（　　）。

A. 生产性生物资产的支出，准予按成本扣除

B. 无形资产的摊销年限不得低于 10 年

C. 自行开发无形资产的费用化支出，不得计算摊销费用

D. 在企业整体转让或清算时，外购商誉的支出，准予扣除

13. 根据企业所得税法的规定某国家重点扶持的高新技术企业，2021 年度亏损 15 万元，2022 年度亏损 10 万元，2023 年度盈利 125 万元，根据企业所得税法的规定，企业 2019 年度应纳企业所得税税额为（　　）万元。

A. 187.5　　B. 17.25

C. 15　　D. 25

（二）多项选择题

1. 下列关于居民企业和非居民企业的说法符合企业所得税法的规定的有（　　）。

A. 企业分为居民企业和非居民企业

B. 居民企业应当就其来源于中国境内、境外所得缴纳企业所得税

C. 非居民企业在中国境内设立机构、场所，其机构、场所取得的来源于中国境内、境外所得都要缴纳企业所得税

D. 非居民企业在中国境内设立机构、场所，只就其机构、场所取得的来源于中国境内所得缴纳企业所得税

E. 非居民企业在中国境内未设立机构、场所的，只就其中国境内所得缴纳企业所得税

2. 根据企业所得税法的规定，下列收入的确认正确的有（　　）。

A. 权益性投资收益，按照投资方取得投资收益的日期确认收入的实现

B. 利息收入，按照收到利息的日期确认收入的实现

C. 租金收入，按照实际收取租金的日期确认收入的实现

D. 特许权使用费收入，按照合同约定的特许权使用人应付特许权使用费的日期确认收入的实现

E. 接受捐赠收入，按照实际收到的捐赠资产的日期确认收入的实现

3. 根据企业所得税法的规定，下列收入中应计入企业所得税征税的有（　　）。

A. 软件企业收到的即征即退的增值税用于扩大再生产

B. 补贴收入

C. 汇兑收益

D. 确实无法偿付的应付款项

E. 接受捐赠的固定资产

4. 企业缴纳的下列保险金可以在税前直接扣除的有（　　）。

A. 为特殊工种的职工支付的人身安全保险费

B. 为没有工作的董事长夫人缴纳的社会保险费用

C. 为投资者或者职工支付的商业保险费

D. 按照国家规定，为董事长缴纳的补充养老保险金

E. 企业为投资者支付的补充养老保险

5. 根据企业所得税法的规定，在计算企业所得税应纳税所得额时，下列项目不得在企业所得税税前扣除的有（　　）。

A. 计提的用于生态恢复方面的专项资金

B. 违反法律被司法部门处以的罚金

C. 非广告性质的赞助支出

D. 银行按规定加收的罚息

E. 外购货物管理不善发生的损失

6. 对（　　）企业发生的广告费和业务宣传费支出，不超过当年销售（营业）收入30%的部分，准予扣除；超过部分，准予在以后纳税年度结转扣除。

A. 化妆品制造　　　　B. 医药制造

C. 饮料制造　　　　D. 酒类制造

E. 卷烟制造

7. 根据企业所得税法的规定，下列固定资产可以计提折旧在税前扣除的有（　　）。

A. 以融资租赁方式租出的固定资产

B. 以融资租赁方式租入的固定资产

C. 单独估价作为固定资产入账的土地

D. 未投入使用的房屋

E. 以经营租赁方式租入的固定资产

8. 对于在中国境内未设立机构、场所的，或者虽设立机构、场所但取得所得与其所设机构、场所没有实际联系的非居民企业的所得，应纳税所得额的确定，说法正确的有（　　）。

A. 权益性投资收益所得，以收入全额扣除投资成本后的余额为应纳税所得额

B. 租金所得以收入全额减去发生的合理费用后的余额为应纳税所得额

C. 转让财产所得，以收入全额减除财产净值后的余额为应纳税所得额

D. 特许权使用费所得以收入全额为应纳税所得额

E. 租金所得以收入全额减去发生的税金后的余额为应纳税所得额

9. 税法规定的企业所得税的税收优惠方式包括免税、减税、（　　）等。

A. 加计扣除　　　　B. 减计收入

C. 税额抵免　　　　D. 费用返还

E. 加速折旧

10. 根据企业所得税法的规定，下列说法中不正确的有（　　）。

A. 企业自年度终了之日起 4 个月内，向税务机关报送年度企业所得税纳税申报表，并汇算清缴，结清应缴应退税款

B. 企业在年度中间终止经营活动的，应当自实际经营终止之日起 30 日内，向税务机关办理当期企业所得税汇算清缴

C. 企业清算时，应当以清算期间作为一个纳税年度

D. 企业所得税按年计征，分月或者分季预缴，年终汇算清缴，多退少补

E. 依照企业所得税法缴纳的企业所得税，以人民币以外的货币计算的，应当折合成人民币计算并缴纳税款

（三）判断题

1. 由于个人独资企业不适用企业所得税法，所以一人有限公司也不适用企业所得税法。（　　）

2. 境外的个人独资企业和合伙企业可能会成为企业所得税法规定的我国非居民企业纳税人，也可能会成为企业所得税法规定的我国居民企业纳税人。（　　）

3. 我国企业所得税法对居民企业的判定标准采取的是登记注册地标准和实际管理控制地标准相结合的原则，依照这一标准在境外登记注册的企业属于是非居民企业。（　　）

4. 非居民企业偶尔委托个人在中国境内从事生产经营活动的，则该个人不视为非居民企业在中国境内设立的机构、场所。（　　）

5. 非居民企业在中国境内设立机构、场所的，应当就其来源于中国境内的所得按 25% 的税率缴纳企业所得税。（　　）

6. 具有法人资格的企业才能成为居民纳税企业。（　　）

7. 居民企业承担无限纳税义务，非居民企业承担有限纳税义务。（　　）

8. 居民企业适用税率 25%，非居民企业适用税率 20%。（　　）

9. 国家级高新技术开发区内的高新技术企业才能享受 15% 优惠税率的规定。（　　）

10. 在计算应纳税所得额时，企业财务、会计处理办法与税收法律、行政法规的规定不一致的，应当依照税收法律、行政法规的规定计算。（　　）

11. 企业对外投资期间，投资资产的成本在计算应纳税所得额时准予扣除。（　　）

12. 企业所得税法中的亏损和财务会计中的亏损含义是不同的。企业所得税法所称亏损，是指企业依照《企业所得税法》和《条例》的规定将每一纳税年度的收入总额减除不征税收入、免税收入和各项扣除以后小于零的数额。（　　）

13. 企业所得税法中的转让财产收入是指企业转让固定资产、无形资产、流动资产、股权、股票、债券、债权等所取得的收入。（　　）

14. 企业取得的所得税返还（退税）和出口退税的增值税进项属于不征税收入项目。（　　）

15. 根据企业所得税法的规定，在我国目前的税收体系中，允许税前扣除的是除企业所得税和允许抵扣的增值税以外的各项税金及附加。（　　）

16. 企业发生的公益救济性捐赠，在应纳税所得额12%以内的部分，准予在计算应纳税所得额时扣除，超过部分允许在以后三年纳税年度结转扣除。（　　）

17. 企业所得税法允许按规定的比例在税前扣除的准备金只有坏账准备金和商品削价准备金两种。（　　）

18. 企业已经作为损失处理的资产，在以后纳税年度又全部收回或者部分收回时，应当计入损失发生年度的收入。（　　）

19. 按照企业所得税法的规定准予在计算应纳税所得额时扣除的费用，是指企业在生产经营活动中发生的销售费用、管理费用、财务费用和已经计入成本的有关费用。（　　）

20. 企业以非货币形式取得的收入，应当按照公允价值确定收入额。（　　）

21. 企业销售货物涉及现金折扣的，应当按照扣除现金折扣后的金额确定销售货物收入金额。（　　）

22. 销售货物涉及商业折扣的，应当按照扣除商业折扣的金额确定销售货物收入金额。（　　）

23. 企业取得国家财政性补贴和其他补贴收入应当依法缴纳企业所得税。（　　）

24. 企业受托加工制造大型机械设备、船舶、飞机等，以及从事建筑、安装、装配工程业务或者提供劳务等，持续时间超过12个月的，按照全部纳税年度完工进度或者完成的工作量确认收入的实现。（　　）

（四）计算题

1. 某县生产企业为增值税一般纳税人，员工30人，注册资本50万元，主营办公用品。2023年有关经营情况和纳税情况如下：

（1）销售办公用品开具专用发票150万元，以物换货取得原材料一批，开具普通发票56.5万元，另有一换出资产公允价值20万元（不含税），企业已经确认收入，出租商铺，取得租金收入10万元；

（2）销售成本120万元，税金及附加2.96万元；

（3）销售费用60万元，其中业务宣传费5万元，自制凭证支付给单位销售员佣金2万元；

（4）管理费用20万元，其中业务招待费5.5万元；

（5）财务费用账户列支20万元，其中：2023年6月1日向非金融企业借入资金200万元用于厂房扩建，借款期限7个月，当年支付利息12万元，该厂房于9月底竣工结算并交付使用，同期银行贷款年利率为6%。

不考虑其他税费，该企业已经按规定取得所得税优惠审批，根据以下问题分别计算：

(1) 该企业所得税前可以扣除的销售费用（　　）万元。

A. 27.18　　B. 29.98

C. 58　　D. 60

(2) 该企业所得税前可以扣除的管理费用（　　）万元。

A. 7.48　　B. 15.65

C. 20.56　　D. 21.15

(3) 该企业税前可以扣除的财务费用（　　）万元。

A. 11　　B. 27

C. 28　　D. 31

(4) 该企业应纳所得税税额（　　）万元。

A. 0.56　　B. 8.25

C. 5.60　　D. 16

2. 某市一餐饮企业于2023年4月成立，职工共有50人，企业的资产总额为500万元，企业2023年销售收入1 000万元，销售成本750万元，财务费用、管理费用、销售费用、税金及附加共计270万元，企业自行计算的应纳税所得额为-20万元，在汇算清缴时经会计师事务所审核，发现以下事项未进行纳税调整：

(1) 企业的“其他应付款”科目隐瞒餐饮收入30万元，相应成本20万元为从零售市场购进的肉蛋、蔬菜等食材；

(2) 已计入成本费用中实际支付的工资86万元，并计提但未上缴工会经费1.72万元，计提职工福利费12.04万元，实际列支7万元，计提6万元的职工教育经费（已经全部用于员工的技能培训）；

(3) 管理费用中列支的业务招待费20万元；

(4) 管理费用中列支企业的财产保险费用12万元，为股东支付的商业保险费15万元；

(5) 销售费用中列支的业务宣传费20万元，广告费30万元。

要求：根据上述资料，回答下列问题：

(1) 企业应补缴的增值税、城市维护建设税和教育费附加为（　　）万元。

A. 1.98　　B. 1.55

C. 1.5　　D. 1.35

(2) 企业工资及三项费用调整金额为（　　）万元。

A. 6.61　　B. 6.76

C. 6.91　　D. 6.56

（3）企业管理费用和销售费用应调整的金额为（　　）万元。

A. 23　　B. 29.85

C. 32.25　　D. 89.15

（4）企业应纳企业所得税为（　　）万元。

A. 3.74　　B. 0.62

C. 6.24　　D. 8.23

3. 某市生产企业为增值税一般纳税人，为居民企业。2023 年度发生相关业务如下：

（1）销售产品取得不含税销售额 8 000 万元，债券利息收入 240 万元（其中国债利息收入 30 万元）；应扣除的销售成本 5 100 万元，缴纳增值税 600 万元、城市维护建设税及教育附加 60 万元。

（2）发生销售费用 1 400 万元，其中广告费用 800 万元、业务宣传费用 450 万元；发生财务费用 200 万元，其中支付向某企业流动资金周转借款 2 000 万元 1 年的借款利息 160 万元（同期银行贷款利率为 6%）；发生管理费用 1 100 万元，其中用于新产品、新工艺研制而实际支出的研究开发费用 300 万元，尚未形成无形资产。

（3）2021 年度、2022 年度经税务机关确认的亏损额分别为 70 万元和 40 万元。

（4）2023 年度在 A 国、B 国分别设立两个全资子公司，其中在 A 国设立了甲公司，在 B 国设立乙公司。2023 年，甲公司亏损 30 万美元，乙公司应纳税所得额 50 万美元。乙公司在 B 国按 20% 的税率缴纳了所得税。

（说明：该企业要求其全资子公司税后利润全部汇回；1 美元 =8 元人民币）

要求：根据所给资料，回答下列问题：

（1）应纳税所得额时准予扣除的销售费用为（　　）万元。

A. 1 500　　B. 1 750

C. 1 300　　D. 1 350

（2）应纳税所得额时准予扣除的财务费用为（　　）万元。

A. 140　　B. 180

C. 130　　D. 160

（3）2023 年境内应纳税所得额为（　　）万元。

A. 140　　B. 18

C. 30　　D. 160

（4）从 A 国分回的境外所得应予抵免的税额为（　　）万元。

A. 0　　B. 8

C. 7.5　　D. −7.5

（5）计算从 B 国分回的境外所得应予抵免的税额为（　　）万元。

A. 100　　B. 70

C. 80　　D. 107.5

（6）2023 年度实际应缴纳的企业所得税为（　　）万元。

A. 50.75　　B. 27.50

C. 55.25　　D. 56.25

4. 某中外合资家电生产企业，2023 年销售产品取得不含税收入 2 500 万元，会计利润 600 万元，已预缴所得税 120 万元。经会计师事务所审核，发现以下问题：

（1）期间费用中广告费 450 万元、业务招待费 15 万元、未形成无形资产的研究开发费用 20 万元；

（2）营业外支出 50 万元（含通过公益性社会团体向贫困山区捐款 30 万元，直接捐赠 6 万元）；

（3）计入成本、费用中的实发工资总额 150 万元、拨缴职工工会经费 3 万元、支付职工福利费和职工教育经费 37 万元；

（4）7 月购置并投入使用的安全生产专用设备企业未进行账务处理，购置设备投资额 80 万元，预计使用 10 年，假定不考虑增值税的影响；

（5）在 A 国设有分支机构，A 国分支机构当年应纳税所得额 300 万元，其中生产经营所得 200 万元，A 国规定税率为 20%；特许权使用费所得 100 万元，A 国规定的税率为 30%；从 A 国分回税后利润 230 万元，尚未入账处理。

已知三项经费均超过税法规定的扣除标准。

要求：根据上述资料，回答下列问题：

（1）广告费、业务招待费的税前调整额（　　）万元。

A. 60　　B. 70.62

C. 79.62　　D. 81

（2）对外捐赠的纳税调整额（　　）万元。

A. 6　　B. 75

C. 9.41　　D. 0

（3）三项经费应调增所得额（　　）万元。

A. 4　　B. 7.62

C. 12.25　　D. 8.29

（4）境内所得应纳税所得额是（　　）万元。

A. 640.18　　B. 650.62

C. 672.59　　D. 689.58

（5）A 国分支机构在我国应补缴企业所得税额（　　）万元。

A. 5　　B. 15

C. 35　　D. 75

（6）年终汇算清缴实际缴纳的企业所得税（　　）万元。

A. 6　　B. 6.26

C. 24.55　　D. 16.27

技能强化训练

1. 昌盛公司是一个从事商品流通的居民企业，该公司2023年度销售货物收入100万元，权益性投资收益3万元，其他收入5万元，与收入有关的、合理的成本50万元，税金5万元，费用10万元，其他支出2万元，上述事项会计与税法确认均无差异。除此以外，该公司当年还发生以下交易或事项：

（1）国债利息收入2万元；企业债券利息收入1万元。

（2）收到与收益相关的财政性资金5万元（金额较小）。

（3）通过市人民政府向市儿童福利院捐款8万元，直接向贫困地区一所希望小学捐款3万元。

（4）违反交通法规罚款支出1万元，因逾期归还银行贷款支付罚息2万元。

（5）职工薪金支出10万元，另有职工福利支出2万元，残疾人员工资支出1万元。

（6）合理广告费支出5.62万元。

（7）当年1月1日购入并当日交付管理部门使用的设备1台，实际支付价款及相关税费9万元，该设备常年处于高腐蚀状态，预计净残值为零，会计上采用直线法计提折旧，将预计使用寿命缩短为2年（税法规定的折旧年限为5年）。

（8）尚有未弥补的2017年度发生的亏损2万元。

又知该公司当年会计利润为15.25万元。

要求：不考虑其他因素，计算该公司2023年度的应纳企业所得税。

2. 试根据企业当年度发生的亏损，可用不超过5年的税前利润弥补的法律规定对企业亏损发生前后进行合理的纳税筹划（提示：从亏损发生前、亏损发生后两方面筹划）。

3. 假定某企业为工业企业，2023年资产总额是2 800万元，在职职工人数80人，全年经营业务如下：

（1）取得销售收入2 500万元。

（2）销售成本1 343万元。

（3）发生销售费用670万元（其中广告费450万元），管理费用400万元（其中业务招待费15万元），财务费用60万元。

（4）销售税金160万元（含增值税120万元）。

（5）营业外收入70万元，营业外支出50万元（含通过公益性社会团体向贫困山区捐款10万元，支付税收滞纳金6万元）。

（6）计入成本、费用中的实发工资总额150万元，拨缴职工工会经费3万元，支出职工福利费和职工教育经费 39 万元，经核定职工福利费和教育经费均超过扣除限额。

要求：计算该企业应缴纳的企业所得税。

4. 某企业的 A 分公司账面列支 2021 年 1 月“长期待摊费用——开办费”，按 4 年分摊，截至 2022 年 11 月已摊销部分，A 分公司计划于 2023 年 3 月注销，剩余开办费在 2022 年 12 月一次摊销完。开办费未摊销完，企业进行注销，企业所得税税前如何扣除？

项目 6

个人所得税计算与筹划

核心目标

知识目标

- 熟悉个人所得税的税目
- 掌握个人所得税的计算
- 掌握个人所得税的纳税申报流程

能力目标

- 能正确计算个人涉税业务
- 能对个人所得税进行简单的税收筹划

素质目标

- 具有一定的沟通交流能力
- 具有依法纳税意识

核心概念

个人所得税、居民纳税人、非居民纳税人、所得来源地、应纳税所得额

思政案例

个税优惠政策再出台， 减轻家庭负担保护居民收入

当前，我国“上有老下有小”的人数众多，提高“一老一小”专项附加扣除标准，

有利于减轻家庭生育养育和赡养老人负担，更好保障和改善民生。2023 年，通过享受婴幼儿照护、子女教育、赡养老人三项个税专项附加扣除新标准，如果 2 个小孩，每年有 84 000 元的收入不用缴税。假设居民个人年收入约为 20 万元，适用 10% 的个人所得税税率，此前，“一老一小”专项附加扣除每年能减税 4 800 元，而此次标准提高后，每年则能减税 8 400 元，也就是每年少缴税 3 600 元。

背景资料

我国个人所得税的改革历程如表 6－1 所示。

表 6－1　　个人所得税的改革历程

改革时间	改革标签	改革要点
1980. 09	个人所得税法正式颁布	免征额 800 元
1986. 09	个人收入调节税暂行条例、城乡个体工商户所得税	“双轨制”：居民 400 元，非居民 800 元
1993. 10	第一次修正	“三税合并”，统一免征额 800 元，附加扣除 3 200 元
1999. 08	第二次修正	开征储蓄存款利息税
2005. 10	第三次修正	2006 年 1 月免征额调升至 1 600 元，附加扣除 3 200 元
2007. 06	第四次修正	储蓄存款利息所得的个人所得税调整问题授权国务院做出规定
2007. 12	第五次修正	2008 年 3 月开始免征额调升至 2 000 元，附加扣除 2 800 元
2011. 06	第六次修正	2011 年 9 月免征额调升至 3 500 元，附加扣除 1 300 元，税率由 9 级变为 7 级
2018. 08	第七次修正	2018 年 10 月免征额调升至 5 000 元，2019. 1 对部分所得实行综合征收

知识准备

1. 个人所得税的概念

个人所得税，是以自然人取得的各类应税所得为征税对象而征收的一种所得税，是政府利用税收对个人收入进行调节的一种手段。

2. 个人所得税的分类

从世界范围看，个人所得税的税制模式有三种：分类税制、综合税制与混合税制：

- 分类税制，就是将纳税人不同来源、性质的所得项目，分别规定不同的税率征收；
- 综合税制，是对纳税人全年的各项所得加以汇总，就其总额进行征税；
- 混合税制，是对纳税人不同来源、性质的所得先分别按照不同的税率征税，然后将全年的各项所得进行汇总征税。

三种不同的征收模式各有其优缺点。以前我国个人所得税一直采用的是第一种模式，即分类税制。自 2019 年 1 月 1 日起，我国实现了从分类税制向分类与综合税制相结合模式的转变。

6.1 个人所得税征收制度

引例

张艺兴担任湖南税务纳税服务宣传大使

2021年12月22日，国家税务总局湖南省税务局官微宣布，张艺兴担任“湖南税务纳税服务宣传大使”。张艺兴被聘为湖南税务纳税服务宣传大使，不仅是对其个人在纳税方面的深度认同和认可，而且是对出道以来张艺兴所作所为的全面肯定。在2018年官方的年度税收报表里，张艺兴工作室纳税额度排艺人首位，并且纳税信用等级为A级。张艺兴一直都是根正苗红的青年艺人，从小就被爷爷教导要“好好纳税”，绝对不能有逃税行为。成名之后的张艺兴更是主动要求多缴税款，希望自己可以上法律允许最高的税点，当时他心里想的是，如果自己不尽可能多缴税款，可能会影响国家的国防建设。

6.1.1 个人所得税的纳税义务人

个人所得税纳税人，包括中国公民、个体工商户、个人独资企业投资人和合伙企业的个人合伙人。

纳税义务人依据住所和居住时间两个标准，区分为居民纳税人和非居民纳税人，分别承担不同的纳税义务。

6.1.1.1 居民纳税人

在中国境内有住所，或者无住所而在一个纳税年度内在中国境内居住累计满183天的个人，为居民纳税人。居民纳税人负有无限纳税义务，其从中国境内和境外取得的所得，均须缴纳个人所得税。

【提示】

(1) 现行税法中关于“中国境内”的概念，是在中国大陆地区，目前还不包括中国香港、澳门和台湾地区。

(2) 所谓在中国境内有住所的个人，是指因户籍、家庭、经济利益关系，而在中国境内习惯性居住的个人。

(3) 纳税年度，自公历1月1日至12月31日。

(4) 无住所个人1个纳税年度内在中国境内累计居住天数，按照个人在中国境内累计停留的天数计算。在中国境内停留的当天满24小时的，计入中国境内居住天数，在中国境内停留的当天不足24小时的，不计入中国境内居住天数。

6.1.1.2 非居民纳税人

在中国境内无住所又不居住，或者无住所而一个纳税年度内在中国境内居住累计不满183天的个人，为非居民纳税人。非居民纳税义务人承担有限纳税义务，仅就其来源于中国境内的所得，缴纳个人所得税。

居民纳税人与非居民纳税人承担的纳税义务见表6－2。

表6－2　居民纳税人与非居民纳税人承担的纳税义务

居住时间	纳税人性质	来自境内的所得		来自境外的所得	
		境内支付或境内负担	境外支付	境内支付	境外支付
累计不超过90天	非居民纳税人	√	免税	×	×
累计超过90天，不超过183天		√	√	×	×
超过183天的年度，连续不满六年的	居民纳税人	√	√	√	免税
超过183天的年度，连续满六年的		√	√	√	√

注意1：居住累计满183天的任一年度中有一次离境超过30天的，其在中国境内居住满183天的年度的连续年限重新起算，视为第三类情形。

注意2：满六年的起算时间自2019年（含）以后年度开始。

勤思考6－1

根据个人所得税法律制度的规定，下列各项中，属于个人所得税纳税人的有：①合伙企业自然人合伙人；②一人有限责任公司；③个体工商户；④个人独资企业投资人。

【解析】①③④属于非企业法人，缴纳个人所得税；②属于法人，缴纳企业所得税。

勤思考6－2

中国居民张某，在境外工作，请问张某在境外的所得需要在中国缴纳个人所得税吗?

【解析】需要。虽然在境外工作，但张某（住所地在中国）仍属于我国个人所得税居民个人，应当就其从中国境内和境外取得的全部所得，纳税个人所得税。

勤思考6－3

在中国境内无住所的下列外籍个人中，属于2022年度中国个人所得税居民个人的是：①亨利2022年9月1日入境，2022年12月10日出境；②查理2022年1月20日入境，2022年7月10日出境；③乔治2022年3月15日入境，2022年10月25日出境；④约翰2022年10月1日入境，2023年5月5日出境。

【解析】③，乔治2022年度在中国境内居住累计满183天，均属于居民个人；亨利和查理2022年度，约翰2022年和2023年两个会计年度在中国境内居住累计均不满183天，属于非居民个人。

6.1.1.3 个人所得税所得来源地的确定

除国务院财政、税务主管部门另有规定外，下列所得，不论支付地点是否在中国境内，均为来源于中国境内的所得：

（1）因任职、受雇、履约等而在中国境内提供劳务取得的所得；

（2）将财产出租给承租人在中国境内使用而取得的所得；

（3）许可各种特许权在中国境内使用而取得的所得；

（4）转让中国境内的不动产等财产或者在中国境内转让其他财产取得的所得；

（5）从中国境内企业、事业单位、其他经济组织以及居民个人取得的利息、股息、红利所得。

6.1.2 个人所得税应税所得项目

按应纳税所得的来源划分，现行个人所得税共分为9个应税项目（见表6-3）。

表6-3 个人所得税应税所得项目及计税规则

应税所得项目	计税规则
工资、薪金所得	居民个人：该4项所得均纳入综合所得，按纳税年度合并计算个人所得税 非居民个人：按月或者按次分项计算个人所得税
劳务报酬所得	
稿酬所得	
特许权使用费所得	
经营所得	按年
利息、股息、红利所得	按次
财产租赁所得	按次（以1个月内取得的收入为一次）
财产转让所得	按次
偶然所得	按次

6.1.2.1 工资、薪金所得

工资、薪金所得，是指个人因任职或者受雇而取得的工资、薪金、奖金、年终加薪、劳动分红、津贴、补贴以及与任职或者受雇有关的其他所得。

下列项目不属于工资、薪金性质的补贴、津贴，不征收个人所得税：

（1）独生子女补贴；

（2）执行公务员工资制度未纳入基本工资总额的补贴、津贴差额和家属成员的副食补贴；

（3）托儿补助费；

（4）差旅费津贴、误餐补助。其中，误餐补助是指按照财政部规定，个人因公在城区、郊区工作，不能在工作单位或返回就餐的，根据实际误餐顿数，按规定的标准领取的误餐费。单位以误餐补助名义发给职工的补助、津贴不包括在内。

勤思考 6－4

根据个人所得税法律制度的规定，下列属于工资、薪金所得项目的有哪些？①年终加薪；②托儿补助费；③独生子女补贴；④差旅费津贴。

【解析】①年终加薪属于工资、薪金所得项目。托儿补助费、独生子女补贴、差旅费津贴不征收个人所得税。

6.1.2.2　劳务报酬所得

劳务报酬所得，是指个人从事劳务取得的所得，包括从事设计、装潢、安装、制图、化验、测试、医疗、法律、会计、咨询、讲学、翻译、审稿、书画、雕刻、影视、录音、录像、演出、表演、广告、展览、技术服务、介绍服务、经纪服务、代办服务以及其他劳务取得的所得。

【知识链接】

“劳务报酬所得”和“工资、薪金所得”如何区分

区分“劳务报酬所得”和“工资、薪金所得”，主要看是否存在雇佣与被雇佣的关系。“工资、薪金所得”是个人从事非独立劳动，从所在单位（雇主）领取的报酬，存在雇佣与被雇佣的关系，即在机关、团体、学校、部队、企事业单位及其他组织中任职、受雇而得到的报酬。而“劳务报酬所得”则是指个人独立从事某种技艺，独立提供某种劳务而取得的报酬，一般不存在雇佣关系。个人所得税所列各项“劳务报酬所得”一般属于个人独立从事自由职业取得的所得或属于独立个人劳动所得。如果从事某项劳务活动取得的报酬是以工资、薪金形式体现的，如演员从其所属单位领取工资，教师从学校领取工资，就属于“工资、薪金所得”，而不属于“劳务报酬所得”。如果从事某项劳务活动取得的报酬不是来自聘用、雇佣或工作单位，如演员“走穴”演出取得的报酬，教师自行举办学习班、培训班等取得的收入，就属于“劳务报酬所得”或“个体工商户的生产、经营所得”。特别地：

（1）个人兼职需要看是否存在任职受雇关系来确定收入项目；

（2）律师以个人名义再聘请其他人员为其工作而支付的报酬，应由该律师按“劳务报酬所得”应税项目负责代扣代缴个人所得税；

（3）保险营销员、证券经纪人取得的佣金收入，属于劳务报酬所得，以不含增值税的收入减除20%的费用后的余额为收入额，收入额减去展业成本以及附加税费后，并入当年综合所得，计算缴纳个人所得税。保险营销员、证券经纪人展业成本按照收入额的25%计算。

勤思考 6-5

下列收入应按个人所得税劳务报酬所得项目来缴税的有哪些?

①笔译翻译收入;②审稿收入;③现场书画收入;④雕刻收入。

【解析】 上述收入都应按劳务报酬所得来缴税,都属于独立从事某种技艺取得的收入。

【提示】 审稿和书画收入不属于稿酬所得。

6.1.2.3 稿酬所得

稿酬所得,是指个人因其作品以图书、报刊等形式出版、发表而取得的所得。作品包括文学作品、书画作品、摄影作品,以及其他作品。

作者去世后,财产继承人取得的遗作稿酬,也应征收个人所得税。

勤思考 6-6

某画家2023年8月将其精选的书画作品交由某出版社出版。从出版社取得报酬10万元。该笔报酬在缴纳个人所得税时适用的税目是什么?

【解析】 稿酬所得。稿酬所得是指个人因其作品以图书、报刊形式出版、发表而取得的所得。作品包括文学作品、书画作品、摄影作品,以及其他作品。本题中作家将其书画作品通过出版社出版取得的报酬,应属于“稿酬所得”。

6.1.2.4 特许权使用费所得

特许权使用费所得,是指个人提供专利权、商标权、著作权、非专利技术以及其他特许权的使用权取得的所得;提供著作权的使用权取得的所得,不包括稿酬所得。

1. 作者将自己的文字作品手稿原件或复印件公开拍卖(竞价)取得的所得,按“特许权使用费所得”项目征收个人所得税。

2. 个人取得特许权的经济赔偿收入,应按“特许权使用费所得”项目缴纳个人所得税,税款由支付赔偿的单位或个人代扣代缴。

3. 对于剧本作者从电影、电视剧的制作单位取得的剧本使用费,不再区分剧本的使用方是否为其任职单位,统一按“特许权使用费所得”项目征收个人所得税。

勤思考 6-7

下列所得,不应按特许权使用费所得征收个人所得税的有:①专利权;②著作权;③稿酬;④非专利技术。

【解析】 ③稿酬。稿酬不应按特许权使用费所得征收个人所得税。

6.1.2.5 经营所得

1. 个体工商户从事生产、经营活动取得的所得,个人独资企业投资人、合伙企业的个人合伙人来源于境内注册的个人独资企业、合伙企业生产、经营的所得;

2. 个人依法从事办学、医疗、咨询以及其他有偿服务活动取得的所得；

3. 个人对企业、事业单位承包经营、承租经营以及转包、转租取得的所得；

4. 个人从事其他生产、经营活动取得的所得。

6.1.2.6 利息、股息、红利所得

利息、股息、红利所得，是指个人拥有债权、股权而取得的利息、股息、红利所得。其中，利息一般是指存款、贷款和债券的利息。股息、红利是指个人拥有股权取得的公司、企业分红。

6.1.2.7 财产租赁所得

财产租赁所得，是指个人出租不动产、机器设备、车船以及其他财产取得的所得。

6.1.2.8 财产转让所得

财产转让所得，是指个人转让有价证券、股权、合伙企业中的财产份额、不动产、机器设备、车船以及其他财产取得的所得。

6.1.2.9 偶然所得

偶然所得，是指个人得奖、中奖、中彩以及其他偶然性质的所得。得奖是指参加各种有奖竞赛活动，取得名次得到的奖金；中奖、中彩是指参加各种有奖活动，如有奖储蓄，或者购买彩票，经过规定程序，抽中、摇中号码而取得的奖金。

6.1.3 个人所得税的税率

个人所得税实行超额累进税率与比例税率相结合的税率体系。

1. 综合所得适用税率

综合所得适用3%—45%的超额累进税率（见表6－4）。

表6－4　　个人所得税税率表（综合所得适用）

级数	全年应纳税所得额	税率（%）	速算扣除数
1	不超过36 000元的	3	0
2	超过36 000元至144 000元的部分	10	2 520
3	超过144 000元至300 000元的部分	20	16 920
4	超过300 000元至420 000元的部分	25	31 920
5	超过420 000元至660 000元的部分	30	52 920
6	超过660 000元至960 000元的部分	35	85 920
7	超过960 000元的部分	45	181 920

注：①本表所称全年应纳税所得额是指依照个人所得税法第六条的规定，居民个人取得综合所得以每一纳税年度收入额减除费用六万元以及专项扣除、专项附加扣除和依法确定的其他扣除后的余额。②非居民个人取得工资、薪金所得，劳务报酬所得，稿酬所得和特许权使用费所得，依照本表按月换算后计算应纳税额。

2. 经营所得适用税率

经营所得适用5%—35%的5级超额累进税率（见表6－5）。

表 6-5　个人所得税税率表二（经营所得适用）

级数	全年应纳税所得额	税率（%）	速算扣除数
1	不超过 30 000 元的	5	0
2	超过 30 000 元至 90 000 元的部分	10	1 500
3	超过 90 000 元至 300 000 元的部分	20	10 500
4	超过 300 000 元至 500 000 元的部分	30	40 500
5	超过 500 000 元的部分	35	65 500

注：本表所称全年应纳税所得额是指依照本法第六条的规定，以每一纳税年度的收入总额减除成本、费用以及损失后的余额。

3. 利息、股息、红利所得，财产租赁所得，财产转让所得和偶然所得适用税率

利息、股息、红利所得，财产租赁所得，财产转让所得和偶然所得适用 20% 的比例税率。

【提示】 自 2001 年 1 月 1 日起，对个人出租住房取得的所得暂减按 10% 的税率征收个人所得税。

6.1.4 税收优惠

6.1.4.1 免税项目

（1）省级人民政府、国务院部委和中国人民解放军军以上单位，以及外国组织、国际组织颁发的科学、教育、技术、文化、卫生、体育、环境保护等方面的奖金。

（2）国债和国家发行的金融债券利息。

（3）按照国家统一规定发给的补贴、津贴。

（4）福利费、抚恤金、救济金。

（5）保险赔款。

（6）军人的转业费、复员费、退役金。

（7）按照国家统一规定发给干部、职工的安家费、退职费、基本养老金或者退休费、离休费、离休生活补助费。

（8）依照有关法律规定应予免税的各国驻华使馆、领事馆的外交代表、领事官员和其他人员的所得。

（9）中国政府参加的国际公约、签订的协议中规定免税的所得。

（10）国务院规定的其他免税所得。该项免税规定，由国务院报全国人民代表大会常务委员会备案。

6.1.4.2 减税项目

有下列情形之一的，可以减征个人所得税，具体幅度和期限，由省、自治区、直辖市人民政府规定，并报同级人民代表大会常务委员会备案：

（1）残疾、孤老人员和烈属的所得。

（2）因自然灾害遭受重大损失的。

国务院可以规定其他减税情形，报全国人大常委会备案。

6.1.4.3 暂免征税项目

（1）下列所得，暂免征收个人所得税：

①外籍个人以非现金形式或实报实销形式取得的住房补贴、伙食补贴、搬迁费、洗衣费。

②外籍个人按合理标准取得的境内、外出差补贴。

③外籍个人取得的探亲费、语言训练费、子女教育费等，经当地税务机关审核批准为合理的部分。

④外籍个人从外商投资企业取得的股息、红利所得。

⑤凡符合下列条件之一的外籍专家取得的工资、薪金所得，可免征个人所得税：

Ⅰ根据世界银行专项借款协议，由世界银行直接派往我国工作的外国专家；

Ⅱ联合国组织直接派往我国工作的专家；

Ⅲ为联合国援助项目来华工作的专家；

Ⅳ援助国派往我国专为该国援助项目工作的专家；

Ⅴ根据两国政府签订的文化交流项目来华工作两年以内的文教专家，其工资、薪金所得由该国负担的；

Ⅵ根据我国大专院校国际交流项目来华工作两年以内的文教专家，其工资、薪金所得由该国负担的；

Ⅶ通过民间科研协定来华工作的专家，其工资、薪金所得由该国政府机构负担的。

自2022年1月1日起，外籍个人符合居民条件的，不再享受住房补贴、语言训练费、子女教育费津补贴免税优惠政策，应按规定享受专项附加扣除。

（2）个人取得上市公司股票转让所得。

（3）个人转让全国中小企业股份转让系统（新三板）挂牌公司非原始股取得的所得。

（4）个人举报、协查各种违法、犯罪行为而获得的奖金。

（5）个人办理代扣代缴手续，按规定取得的扣缴手续费。

（6）个人转让自用达5年以上，并且是唯一的家庭生活用房取得的所得。

（7）对个人购买福利彩票、赈灾彩票、体育彩票，一次中奖收入在1万元以下的（含1万元）暂免征收个人所得税，超过1万元的，全额征收个人所得税。

（8）个人取得单张有奖发票奖金所得不超过800元（含800元）的。

（9）达到离休、退休年龄，但确因工作需要，适当延长离休、退休年龄的高级专家（指享受国家发放的政府特殊津贴的专家、学者），其在延长离休、退休期间的工资、薪金所得，视同离休、退休工资免征个人所得税。

（10）个人领取原提存的住房公积金、基本医疗保险金、基本养老保险金，以及失业保险金，免予征收个人所得税。

（11）对工伤职工及其近亲属按照《工伤保险条例》规定取得的工伤保险待遇，免征个人所得税。

（12）企事业单位按照国家或省（自治区、直辖市）人民政府规定的缴费比例或办法实际交付的基本养老保险费、基本医疗保险费和失业保险费，免征个人所得税；个人按照国家或省（自治区、直辖市）人民政府规定的缴费比例或办法实际交付的基本养老保险费、基本医疗保险费和失业保险费，允许在个人应纳税所得额中扣除。

（13）企业和事业单位根据国家有关政策规定的办法和标准，为在本单位任职或者受雇的全体职工缴付的企业年金或职业年金单位缴费部分，在计入个人账户时，个人暂不缴纳个人所得税。

个人根据国家有关政策规定缴付的年金个人缴费部分，在不超过本人缴费工资计税基数的4%标准内的部分，暂从个人当期的应纳税所得额中扣除。

年金基金投资运营收益分配计入个人账户时，个人暂不缴纳个人所得税。

（14）对国有企业职工，因企业依照《中华人民共和国企业破产法（试行）》宣告破产，从破产企业取得的一次性安置费收入，免予征收个人所得税。

（15）自2008年10月9日（含）起，对储蓄存款利息所得暂免征收个人所得税。

（16）自2015年9月8日起，个人从公开发行和转让市场取得的上市公司股票，持股期限超过1年的，股息红利所得暂免征收个人所得税。

（17）自2019年7月1日至2024年6月30日，个人持有全国中小企业股份转让系统挂牌公司的股票，持股期限超过1年的，对股息红利所得暂免征收个人所得税。

（18）对被拆迁人按照国家有关城镇房屋拆迁管理办法规定的标准取得的拆迁补偿款，免征个人所得税。

（19）个体工商户、个人独资企业和合伙企业或个人从事种植业、养殖业、饲养业、捕捞业取得的所得，暂不征收个人所得税。

（20）自2022年1月1日起，对法律援助人员按照《中华人民共和国法律援助法》规定获得的法律援助补贴，免征个人所得税。

（21）自2022年10月1日至2023年12月31日，对出售自有住房并在现住房出售后1年内在市场重新购买住房的纳税人，对其出售现住房已缴纳的个人所得税予以退税优惠。其中，新购住房金额大于或等于现住房转让金额的，全部退还已缴纳的个人所得税；新购住房金额小于现住房转让金额的，按新购住房金额占现住房转让金额的比例退还出售现住房已缴纳的个人所得税。现住房转让金额为该房屋转让的市场成交价格。

税收法律、行政法规、部门规章和规范性文件中未明确规定纳税人享受减免税必须经税务机关审批，且纳税人取得的所得完全符合减免税条件的，无须经主管税务机关审核，纳税人可自行享受减免税。

税收法律、行政法规、部门规章和规范性文件中明确规定纳税人享受减免税必须经税务机关审批的，或者纳税人无法准确判断其取得的所得是否应享受个人所得税减免的，必须经主管税务机关按照有关规定审核或批准后，方可减免个人所得税。

勤思考 6–8

根据个人所得税法律制度的规定，下列各项中，免征或暂免征收个人所得税的有：①个人取得的保险赔款；②军人的转业费；③国家金融债券利息收入；④企业债券利息收入。

【解析】①②③属于免征个人所得税的项目。企业债券利息不属于免征个人所得税的范围。

6.2 个人所得税应纳税额的计算与筹划

引例

虚假填报继续教育专项附加扣除，补征税款，并依法加收滞纳金

吉林省税务部门在2022年度个税汇算退税审核时发现，某出版社存在部分纳税人错误填报继续教育专项附加扣除的情况。根据《个人所得税专项附加扣除暂行办法》规定，纳税人接受职业资格继续教育的，在取得该证书的当年可以享受个税继续教育专项附加扣除。

经查，该单位少数纳税人在汇算时选择以“出版专业技术人员职业资格”填报专项附加扣除的继续教育，实际仅为取得证书后每年的学时教育，不符合继续教育专项附加扣除相关规定。

吉林省税务部门进一步对该单位纳税人以前年度的专项附加扣除填报情况进行了核查，对错误填报的纳税人逐一纠正补征税款，并依法加收滞纳金。

6.2.1 个人所得的形式

个人所得的形式，包括现金、实物、有价证券和其他形式的经济利益。所得为实物的，应当按照取得的凭证上的价格计算应纳税所得额；无凭证的实物或者凭证上所注明的价格明显偏低的，参照市场价格核定应纳税所得额；所得为有价证券的，根据票面价格和市场价格核定应纳税所得额；所得为其他形式的经济利益的，参照市场价格核定应纳税所得额。

6.2.2 综合所得的计算

6.2.2.1 居民个人综合所得计税方法的一般规定

居民纳税人的综合所得按年计征，分月或分次预缴，年终汇算清缴。

6.2.2.2 居民个人综合所得年终汇算清缴的计算

1. 应纳税额

综合所得年终汇算清缴应纳税额的计算公式为：

应纳税额＝应纳税所得额×适用税率－速算扣除数

＝(每一纳税年度的收入额－费用－专项扣除－专项附加扣除－依法确定的其他扣除)×适用税率－速算扣除数

2. 收入额

工资、薪金所得以全额为收入额；

劳务报酬所得、稿酬所得、特许权使用费所得以每次收入减除费用后的余额为收入额；其中，稿酬所得的收入额减按百分之七十计算，计算公式如下：

(1) 劳务报酬所得、特许权使用费所得的收入额＝收入×(1－20%)

(2) 稿酬所得的收入额＝收入×(1－20%)×70%

3. 专项扣除

专项扣除，包括居民个人按照国家规定的范围和标准缴纳的基本养老保险、基本医疗保险、失业保险等社会保险费和住房公积金等。

4. 专项附加扣除项目（见表6－6）

表6－6 专项附加扣除项目具体规定

项目	扣除标准	扣除方法	其他提醒事项
子女教育专项附加扣除	纳税人的子女接受全日制学历教育的相关支出，按照每个子女每月2 000元的标准定额扣除	父母可以选择由其中一方按扣除标准的100%扣除，也可以选择由双方分别按扣除标准的50%扣除，具体扣除方式在一个纳税年度内不能变更	(1) 学历教育包括义务教育（小学、初中教育）、高中阶段教育（普通高中、中等职业、技工教育）、高等教育（大专本科、大学本科、硕士研究生、博士研究生教育） (2) 年满3岁至小学入学前教育阶段的子女，按本条执行 (3) 纳税人子女在中国境外接受教育的，纳税人应当留存境外学校录取通知书、留学签证等相关教育的证明资料备查

续表

项目	扣除标准	扣除方法	其他提醒事项
继续教育专项附加扣除	(1) 纳税人在中国境内接受学历（学位）继续教育的支出，在学历（学位）教育期间按照每月400元（每年4 800元）定额扣除。同一学历（学位）继续教育的扣除期限不能超过48个月 (2) 纳税人接受技能人员职业资格继续教育、专业技术人员职业资格继续教育的支出，在取得相关证书的当年，按照3 600元定额扣除	个人接受本科及以下学历（学位）继续教育，符合本办法规定扣除条件的，可以选择由其父母扣除，也可以选择由本人扣除	纳税人接受技能人员职业资格继续教育、专业技术人员职业资格继续教育的，应当留存相关证书等资料备查
大病医疗专项附加扣除	在一个纳税年度内，纳税人发生的与基本医保相关的医药费用支出，扣除医保报销后个人负担（指医保目录范围内的自付部分）累计超过15 000元的部分，由纳税人在办理年度汇算清缴时，在80 000元限额内据实扣除	纳税人发生的医药费用支出可以选择由本人或者其配偶扣除；未成年子女发生的医药费用支出可以选择由父母一方扣除纳税人及其配偶、未成年子女发生的医药费用支出，按本办法规定分别计算扣除额	纳税人应当留存医药服务收费及医保报销相关票据原件（或者复印件）等资料备查
住房贷款利息专项附加扣除	纳税人本人或者配偶单独或者共同使用商业银行或者住房公积金个人住房贷款为本人或者其配偶购买中国境内住房，发生的首套住房贷款利息支出，在实际发生贷款利息的年度，按照每月1 000元（每年12 000元）的标准定额扣除，扣除期限最长不超过240个月（20年）	(1) 纳税人只能享受一次首套住房贷款的利息扣除 (2) 经夫妻双方约定，可以选择由其中一方扣除，具体扣除方式在一个纳税年度内不能变更	(1) 夫妻双方婚前分别购买住房发生的首套住房贷款，其贷款利息支出，婚后可以选择其中一套购买的住房，由购买方按扣除标准的100%扣除，也可以由夫妻双方对各自购买的住房分别按扣除标准的50%扣除，具体扣除方式在一个纳税年度内不能变更 (2) 纳税人应当留存住房贷款合同，贷款还款支出凭证备查
住房租金专项附加扣除	纳税人在主要工作城市没有自由住房所发生的住房租金支出，可以按照以下标准定额扣除： (1) 直辖市、省会（首府）城市、计划单列市以及国务院确定的其他城市，扣除标准为每月1 500元 (2) 其他城市，市辖区户籍人口超过100万的城市，扣除标准为每月1 100元 (3) 市辖区户籍人口不超过100万的城市，扣除标准为每月800元	(1) 纳税人的配偶在纳税人的主要工作城市有自有住房的，视同纳税人在主要工作城市有自有住房 (2) 夫妻双方主要工作城市相同的，只能由一方扣除住房租金支出 (3) 住房租金支出由签订租赁合同的承租人扣除 (4) 纳税人及其配偶在一个纳税年度内不能同时分别享受住房贷款利息和住房租金专项附加扣除	(1) 主要工作城市是指纳税人任职受雇的直辖市、计划单列市、副省级城市、地级市（地区、州、盟）全部行政区域范围 (2) 纳税人应当留存住房租赁合同、协议等有关资料备查

续表

项目	扣除标准	扣除方法	其他提醒事项
赡养老人专项附加扣除	纳税人赡养一位及以上被赡养人的赡养支出，统一按照以下标准定额扣除： （1）纳税人为独生子女的，按照每月3 000元的标准定额扣除 （2）纳税人为非独生子女的，由其与兄弟姐妹分摊每月3 000元的扣除额度，每人分摊的额度不能超过每月1 500元	兄弟姐妹间的分摊方式可以由赡养人均摊或者约定分摊，也可以由被赡养老人指定分摊，具体分摊方式和额度在一个纳税年度内不能变更	被赡养人是指年满60岁的父母，以及子女均已去世的年满60岁的祖父母、外祖父母
3岁以下婴幼儿照护	纳税人照护3岁以下婴幼儿子女的相关支出，按照每个婴幼儿每月2 000元的标准定额扣除	父母可以选择由其中一方按扣除标准的100%扣除，也可以选择由双方分别按扣除标准的50%扣除，具体扣除方式在一个纳税年度内不能变更	时间：婴幼儿出生的当月至年满3周岁的前一个月

附注：上述规定所称父母，是指生父母、继父母、养父母。上述规定所称子女，是指婚生子女、非婚生子女、继子女、养子女。父母之外的其他人担任未成年人的监护人的，比照本办法规定执行。

5. 其他扣除项目

依法确定的其他扣除，包括个人缴付符合国家规定的企业年金、职业年金，个人购买符合国家规定的商业健康保险（扣除限额200元/月，2 400元/年）、税收递延型商业养老保险的支出，以及国务院规定可以扣除的其他项目。

单位统一为员工购买符合规定的商业健康保险产品的支出，应分别计入员工个人工资薪金，视同个人购买，允许在当年（月）计算应纳税所得额时予以税前扣除，扣除限额为2 400元/年（200元/月）。

专项扣除、专项附加扣除和依法确定的其他扣除，以居民个人1个纳税年度的应纳税所得额为限；1个纳税年度扣除不完的，不能结转以后年度扣除。

【学中练6-1】

中国公民王某在国内甲公司任职，2023年为乙公司提供一项设计服务，取得一次性收入4 500元，则在计算当年综合所得时，应该计入多少收入额？

【案例解析】 该项劳务报酬所得的收入额 =4 500×（1-20%）=3 600（元）

【想一想】 如果上述案例中王某取得的是稿酬所得，那么在计算当年综合所得时，应该计入多少收入额？

【学中练6-2】

中国境内甲公司职员李某2023年取得工资、薪金收入250 000元。当地规定的社会保险和住房公积金个人缴存比例：基本养老保险8%，基本医疗保险2%，失业保险0.5%，住房公积金12%。李某缴纳社会保险费核定的月缴费工资基数为10 000元。李某正在偿还首套住房贷款及利息；李某为独生女，其独生子正在就读大学3年级；李某父母均已年过60岁。李某夫妻约定由李某扣除住房贷款利息和子女教育费。

【案例解析】 专项扣除 =10 000 ×(8% +2% +0.5% +12%) ×12 =27 000（元）

专项附加扣除：子女教育专项附加扣除 =2 000 ×12 =24 000（元）

住房贷款利息专项附加扣除 =1 000 ×12 =12 000（元）

赡养老人专项附加扣除 =3 000 ×12 =36 000（元）

法定扣除项目合计 =60 000 +27 000 +24 000 +12 000 +36 000 =159 000（元）

应纳税所得额 =250 000 −159 000 =91 000（元）

应纳税额 =91 000 ×10% −2 520 =6 580（元）

6.2.2.3 居民个人综合所得的预扣预缴

1. 工资、薪金所得的预扣预缴

扣缴义务人向居民个人支付工资、薪金所得时，按照累计预扣预缴法计算预扣预缴税款，并按月办理扣缴申报。累计预扣法，是指扣缴义务人在一个纳税年度内预扣预缴税款时，以纳税人在本单位截至本月取得工资、薪金所得累计收入减除累计免税收入、累计减除费用、累计专项扣除、累计专项附加扣除和累计依法确定的其他扣除后的余额为累计预扣预缴应纳税所得额，适用个人所得税预扣率表一（见表6－7），计算累计应预扣预缴税额，再减除累计减免税额和累计已预扣预缴税额，其余额为本期应预扣预缴税额。

余额为负值时，暂不退税。纳税年度终了后余额仍为负值时，由纳税人通过办理综合所得年度汇算清缴，税款多退少补。

具体计算公式如下：

本期应预扣预缴税额 =(累计预扣预缴应纳税所得额 ×预扣率 −速算扣除数) −累计减免税额 −累计已预扣预缴税额

累计预扣预缴应纳税所得额 =累计收入 −累计免税收入 −累计减除费用 −累计专项扣除 −累计专项附加扣除 −累计依法确定的其他扣除

（1）适用税率

工资、薪金所得适用累计预扣预缴制，适用七级超额累计预扣率（见表6－7）。

表6－7　个人所得税预扣率表一（居民个人工资、薪金所得预扣预缴适用）

级数	累计预扣预缴应纳税所得额	预扣率（%）	速算扣除数
1	不超过36 000元的	3	0
2	超过36 000元至144 000元的部分	10	2 520
3	超过144 000元至300 000元的部分	20	16 920

续表

级数	累计预扣预缴应纳税所得额	预扣率（%）	速算扣除数
4	超过 300 000 元至 420 000 元的部分	25	31 920
5	超过 420 000 元至 660 000 元的部分	30	52 920
6	超过 660 000 元至 960 000 元的部分	35	85 920
7	超过 960 000 元的部分	45	181 920

（2）累计扣除费用（见表 6 –8）

表 6 –8　　累计扣除费用具体情形

劳动者	累计扣除费用
一般劳动者	按 5 000 元/月累计
首次参加工作入职当月	按 5 000 元/月乘以纳税人当年截至本月月份数计算
低收入劳动者	自 2021 年 1 月起直接按照全年 6 万元计算扣除【说明】适用对象：上一完整纳税年度内每月均在同一单位预扣预缴工资、薪金所得个人所得税且全年工资、薪金收入不超过 6 万元

【学中练 6 –3】

中国居民纳税人刘某为独生子女，2023 年每月工资 30 000 元，每月减除费用 5 000 元。个人每月负担的基本养老保险 2 400 元、基本医疗保险 600 元、失业保险 120 元、住房公积金 1 380 元，“三险一金”合计 4 500 元。假设刘某父母均已满 60 岁，育有 2 个孩子，一个 5 岁，一个 1 岁，由刘某跟妻子按 50% 扣除，没有减免收入、其他收入及减免税额等情况。请问企业应每月预扣预缴刘某个税多少钱？

【案例解析】

本案例所涉及的专项附加扣除及标准：赡养老人 3 000 元/月（刘某为独生子女）；子女教育 2 000 元/月，刘某跟妻子按 50% 扣除，每月按 1 000 元扣除；3 岁以下婴幼儿照护 2 000 元/月，刘某跟妻子按 50% 扣除，每月按 1 000 元扣除。

1 月：(30 000 –5 000 –4 500 –3 000 –1 000 –1 000) ×3% =465 元；

2 月：(30 000 ×2 –5 000 ×2 –4 500 ×2 –3 000 ×2 –1 000 ×2 –1 000 ×2) ×3% –465 =465；

3 月：(30 000 ×3 –5 000 ×3 –4 500 ×3 –3 000 ×3 –1 000 ×3 –1 000 ×3) ×10% –2 520 –465 –465 =1 200 元；

4 月：(30 000 ×4 –5 000 ×4 –4 500 ×4 –3 000 ×4 –1 000 ×4 –1 000 ×4) ×10% –2 520 –465 –465 –1 200 =1 550 元；

5 月：(30 000 ×5 –5 000 ×5 –4 500 ×5 –3 000 ×5 –1 000 ×5 –1 000 ×5) ×10% –2 520 –465 –465 –1 200 –1 550 =1550 元；

6 月：(30 000 ×6 –5 000 ×6 –4 500 ×6 –3 000 ×6 –1 000 ×6 –1 000 ×6) ×10% –

2 520 -465 -465 -1 200 -1 550 ×2 =1 550 元；

7 月：（30 000 ×7 -5 000 ×7 -4 500 ×7 -3 000 ×7 -1 000 ×7 -1 000 ×7）×10% -2 520 -465 -465 -1 200 -1 550 ×3 =1 550 元；

8 月：（30 000 ×8 -5 000 ×8 -4 500 ×8 -3 000 ×8 -1 000 ×8 -1 000 ×8）×10% -2 520 -465 -465 -1 200 -1 550 ×4 =1 550 元；

9 月：（30 000 ×9 -5 000 ×9 -4 500 ×9 -3 000 ×9 -1 000 ×9 -1 000 ×9）×10% -2 520 -465 -465 -1 200 -1 550 ×5 =1 550 元；

10 月：（30 000 ×10 -5 000 ×10 -4 500 ×10 -3 000 ×10 -1 000 ×10 -1 000 ×10）×20% -16 920 -465 -465 -1 200 -1 550 ×6 -2 650 元；

11 月：（30 000 ×11 -5 000 ×11 -4 500 ×11 -3 000 ×11 -1 000 ×11 -1 000 ×11）×20% -16 920 -465 -465 -1 200 -1 550 ×6 -2 650 =3 100 元；

12 月：（30 000 ×12 -5 000 ×12 -4 500 ×12 -3 000 ×12 -1 000 ×12 -1 000 ×12）×20% -16 920 -465 -465 -1 200 -1 550 ×6 -2 650 -3 100 =3 100 元。

2. 劳务报酬所得、稿酬所得、特许权使用费所得的预扣预缴

（1）适用税率

①劳务报酬所得适用 3 级超额累进预扣率（见表 6 -9）。

表 6 -9　　个人所得税预扣率表二（居民个人劳务报酬所得预扣预缴适用）

级数	预扣预缴应纳税所得额	预扣率（%）	速算扣除数
1	不超过 20 000 元的	20	0
2	超过 20 000 元至 50 000 元的部分	30	2 000
3	超过 50 000 元的部分	40	7 000

②稿酬所得、特许权使用费所得适用 20% 的比例税率。

（2）应纳税所得额

劳务报酬所得、稿酬所得、特许权使用费所得以每次收入减除费用后的余额为收入额；其中，稿酬所得的收入额减按 70% 计算。

减除费用：劳务报酬所得、稿酬所得、特许权使用费所得每次收入不超过 4 000 元的，减除费用按 800 元计算；每次收入 4 000 元以上的，减除费用按收入的 20% 计算。

应纳税所得额：劳务报酬所得、稿酬所得、特许权使用费所得，以每次收入额为预扣预缴应纳税所得额。

（3）预缴税额

预缴税额 = 应纳税所得额 × 适用税率 - 速算扣除数

【学中练 6 -4】

我国居民孙某 2023 年共取得 4 次劳务报酬，分别为 2 000 元，24 000 元，50 000 元，

80 000 元。要求计算各次应缴纳的所得税税额。

【案例解析】 第一次：3 000 <4 000，费用扣除：800，应纳税所得额：2 200。

应纳税额 =2 200 ×20% =440（元）

第二次：24 000 >4 000，费用扣除：20%，应纳税所得额：19 200。

应纳税额 =19 200 ×20% =3 840（元）

第三次：50 000 >4 000，费用扣除：20%，应纳税所得额：40 000。

应纳税额 =40 000 ×30% −2 000 =10 000（元）

第四次：80 000 >4 000，费用扣除：20%，应纳税所得额：64 000。

应纳税额 =64 000 ×40% −7 000 =18 600（元）

【学中练 6 −5】

2023 年 10 月我国居民刘某出版一部小说，取得稿酬 15 000 元。计算李某当月稿酬所得应扣缴的个人所得税税额。

【案例解析】

①刘某 10 月稿酬所得额 =15 000 ×（1 −20%）×70% =8 400（元）

②应扣缴的个人所得税税额 =8 400 ×20% =1 680（元）

6.2.2.4 对个人取得全年一次性奖金等计算征收个人所得税的方法

居民个人取得全年一次性奖金，在 2027 年 12 月 31 日前，可选择不并入当年综合所得，按以下计税办法，由扣缴义务人发放时代扣代缴：

将居民个人取得的全年一次性奖金，除以 12 个月，按其商数依照按月换算后的综合所得税率表确定使用税率和速算扣除数（见表 6 −10）。

表 6 −10　　按月换算后的综合所得税率表

级数	应纳税所得额	税率（%）	速算扣除数
1	不超过 3 000 元的	3	0
2	超过 3 000 元至 12 000 元的部分	10	210
3	超过 12 000 元至 25 000 元的部分	20	1 410
4	超过 25 000 元至 35 000 元的部分	25	2 660
5	超过 35 000 元至 55 000 元的部分	30	4 410
6	超过 55 000 元至 80 000 元的部分	35	7 160
7	超过 80 000 元的部分	45	15 160

在一个纳税年度内，对每一个纳税人，该计税办法只允许采用一次。

居民个人取得全年一次性奖金，也可以选择并入当年综合所得计算纳税。

全年一次性奖金，是指行政机关、企事业单位等扣缴义务人根据其全年经济效益和对雇员全年工作业绩的综合考核情况，向雇员发放的一次性奖金，也包括年终加薪、实行年薪制和绩效工资办法的单位根据考核情况兑现的年薪和绩效工资。

居民个人取得除全年一次性奖金以外的其他各种名目的奖金，如半年奖、季度奖、加班奖、先进奖、考勤奖等，一律与当月工资、薪金合并，按税法规定缴纳个人所得税。

【学中练 6－6】

中国公民肖某2023年1－12月取得每月取得工资4 800元，2023年12月31日又一次性领取年终奖金36 000元。不考虑其他因素，请计算肖某2023年全年应纳个人所得税。

【案例解析】

计税方式一：（单独计算，不并入当年综合所得）

肖某每月工资4 800元，每月取得的工资、薪金不需要缴纳个人所得税；

年终奖应纳的个人所得税：①36 000 ÷ 12 = 3 000（元），适用税率为3%，速算扣除数为0元；②36 000 × 3% = 1 080（元）

计税方式二：（年终奖并入当年综合所得计算）

（4 800 × 12 + 36 000 － 60 000）× 3% = 1 008（元）

【筹划思路】当纳税人工资、薪金所得不高时（≤6万元），取得的全年一次性奖金应与工资、薪金所得合并计税；反之，取得的全年一次性奖金应单独计税。

【知识链接】

工资、薪金所得的其他规定

1. 个人领取企业年金、职业年金的征税规定

个人达到国家规定的退休年龄，领取的企业年金、职业年金，符合相关规定的，不并入综合所得，全额单独计算应纳税款。其中按月领取的，适用月度税率表计算纳税；按季领取的，平均分摊计入各月，按每月领取额适用月度税率表计算纳税；按年领取的，适用综合所得税率表计算纳税。

个人因出境定居而一次性领取的年金个人账户资金，或个人死亡后，其指定的受益人或法定继承人一次性领取的年金个人账户余额，适用综合所得税率表计算纳税。对个人除上述特殊原因外一次性领取年金个人账户资金或余额的，适用月度税率表计算纳税。

2. 个人因与用人单位解除劳动关系取得一次性补偿收入征税规定

个人与用人单位解除劳动关系取得一次性补偿收入（包括用人单位发放的经济补偿金、生活补助费和其他补助费），在当地上年职工平均工资3倍数额以内的部分，免征个人所得税；超过3倍数额的部分，不并入当年综合所得，单独适用综合所得税率表，计算纳税。

3. 个人提前退休取得的一次性补贴收入的征税规定

个人办理提前退休手续而取得的一次性补贴收入，应按照办理提前退休手续至法

定离退休年龄之间实际年度数平均分摊，确定适用税率和速算扣除数，单独适用综合所得税率表，计算纳税。计算公式：

应纳税额 = ｛〔（一次性补贴收入 ÷ 办理提前退休手续至法定退休年龄的实际年度数）－费用扣除标准〕×适用税率－速算扣除数｝×办理提前退休手续至法定退休年龄的实际年度数

4. 内部退养取得一次性收入的征税规定

内部退养是未办理退休手续，只是提前离开工作岗位，取得的工资、薪金，不属于离退休工资，应按“工资、薪金所得”项目计征个人所得税。企业减员增效和行政、事业单位、社会团体在机构改革过程中实行内部退养的人员，在办理内部退养手续后从原任单位取得的一次性收入，应按办理内部退养手续至法定离退休年龄之间的所属月份进行平均，并与领取当月的“工资、薪金所得”合并后减除当月费用扣除标准，以余额为基数确定适用税率，再将当月工资、薪金加上取得的一次性收入，减去费用扣除标准，按适用税率计征个人所得税。

个人在办理内部退养手续后至法定退休年龄之间重新就业取得的“工资、薪金所得”，应与其从原任职单位取得的同一月份的“工资、薪金所得”合并，并依法自行向主管税务机关申报缴纳个人所得税。

5. 退休人员所得的征税规定

（1）按照国家统一规定发给干部、职工的安家费、退职费、基本养老金或退休费、离休费、离休生活补助费，免征个人所得税。

（2）退休人员再任职取得的收入，符合相关条件的，在减除按税法规定的费用扣除标准后，按“工资、薪金所得”缴纳个人所得税。

（3）达到离休、退休年龄，但确因工作需要，适当延长离休、退休年龄的高级专家（指享受国家发放的政府特殊津贴的专家、学者），其在延长离休、退休期间的工资、薪金所得，视同离休、退休工资免征个人所得税。

（4）其他补贴、奖金、实物

离退休人员除按规定领取离退休工资或养老金外，另从原任职单位取得的各类补贴、奖金、实物，不属于免税的退休工资，离休工资、离休生活补助费，应按“工资、薪金所得”缴纳个人所得税。

6. 基本养老保险费、基本医疗保险费、失业保险费、住房公积金的征税规定

企事业单位和个人超过规定的比例和标准缴付的基本养老保险费、基本医疗保险费、失业保险费、住房公积金，应将超过部分并入个人当期的工资、薪金收入，计征个人所得税。

单位和个人分别在不超过职工本人上一年度月平均工资12%的幅度内，其实际缴

存的住房公积金，允许在个人应纳税所得额中扣除。单位和职工个人缴存住房公积金的月平均工资不得超过职工工作地所在设区城市上一年度职工月平均工资的3倍，具体标准按照各地有关规定执行。单位和个人超过规定比例和标准缴付的住房公积金，应将超过部分并入个人当期的工资、薪金收入，计征个人所得税。

7. 企业为员工支付保险金的征税规定

企业为员工支付各项免税之外的保险金，应在企业向保险公司缴付时并入员工当期的工资收入，按“工资，薪金所得”计征个人所得税，税款由企业负责代扣代缴。

8. 单位低价向职工售房的征税规定

单位按低于购置或建造成本价格出售住房给职工，职工因此而少支出的差价部分，符合相关规定的，不并入当年综合所得，以差价收入除以12个月得到的数额，按照月度税率表确定适用税率和速算扣除数，单独计算纳税。计算公式为：

应纳税额＝职工实际支付的购房价款低于该房屋的购置或建造成本价格的差额×适用税率－速算扣除数

9. 个人取得公务交通、通讯补贴收入的征税规定

个人因公务用车和通讯制度改革而取得的公务用车、通讯补贴收入，扣除一定标准的公务费用后，按照“工资、薪金所得”计征个人所得税。按月发放的，并入当月工资、薪金所得计征个人所得税；不按月发放的，直接并入发放当月计税。

10. 科技人员的现金奖励的征税规定

依法批准设立的非营利性研究开发机构和高等学校根据《中华人民共和国促进科技成果转化法》规定，从职务科技成果转化收入中给予科技人员的现金奖励，可减按50%计入科技人员当月“工资、薪金所得”，依法缴纳个人所得税。

6.2.3 非居民个人的综合所得的计算

扣缴义务人向非居民个人支付工资、薪金所得，劳务报酬所得，稿酬所得和特许权使用费所得时，按月或者按次代扣代缴税款，适用个人所得税税率表三（见表6－11）计算应纳税额。

表6－11　个人所得税税率表三（非居民个人工资、薪金所得，劳务报酬所得，稿酬所得，特许权使用费所得适用）

级数	应纳税所得额	税率（%）	速算扣除数
1	不超过3 000元的	3	0
2	超过3 000元至12 000元的部分	10	210
3	超过12 000元至25 000元的部分	20	1 410
4	超过25 000元至35 000元的部分	25	2 660

续表

级数	应纳税所得额	税率（%）	速算扣除数
5	超过35 000元至55 000元的部分	30	4 410
6	超过55 000元至80 000元的部分	35	7 160
7	超过80 000元的部分	45	15 160

1. 工资、薪金所得

应纳税额=(每月收入额-5 000)×适用税率-速算扣除数

2. 劳务报酬所得

应纳税额=每次收入×(1-20%)×适用税率-速算扣除数

3. 稿酬所得

应纳税额=每次收入×(1-20%)×70%×适用税率-速算扣除数

4. 特许权使用费所得

应纳税额=每次收入×(1-20%)×适用税率-速算扣除数

【学中练6-7】

2023年6月汤姆（非居民纳税人）从本单位取得工资20 000元，从出版社取得稿酬10 000元。请计算当月汤姆应税所得需代扣代缴的个人所得税税额。

【案例解析】

工资、薪金所得应代扣代缴个人所得税=(20 000-5 000)×20%-1 410
=1 590（元）

稿酬所得应代扣代缴个人所得税=10 000×(1-20%)×70%×10%-210
=210（元）

6.2.4 经营所得的计算

6.2.4.1 应纳税所得额的确定

1. 经营所得应纳税所得额的计算

经营所得，以每一纳税年度的收入总额减除成本、费用以及损失后的余额，为应纳税所得额。成本、费用，是指生产、经营活动中发生的各项直接支出和分配计入成本的间接费用以及销售费用、管理费用、财务费用；损失，是指生产、经营活动中发生的固定资产和存货的盘亏、毁损、报废损失，转让财产损失，坏账损失，自然灾害等不可抗力因素造成的损失以及其他损失。

取得经营所得的个人，没有综合所得的，计算其每一纳税年度的应纳税所得额时，应当减除费用6万元、专项扣除、专项附加扣除以及依法确定的其他扣除。专项附加扣除在办理汇算清缴时减除。

从事生产、经营活动，未提供完整、准确的纳税资料，不能正确计算应纳税所得额的，由主管税务机关核定应纳税所得额或者应纳税额。

2. 个体工商户经营所得应纳税所得额计算的具体规定

（1）基本计算规定

个体工商户的生产、经营所得，以每一纳税年度的收入总额，减除成本、费用、税金、损失、其他支出以及允许弥补的以前年度亏损后的余额，为应纳税所得额。

（2）个体工商户下列支出不得扣除

①个人所得税税款；

②税收滞纳金；

③罚金、罚款和被没收财物的损失；

④不符合扣除规定的捐赠支出；

⑤赞助支出；

⑥用于个人和家庭的支出；

⑦与取得生产经营收入无关的其他支出；

⑧国家税务总局规定不准扣除的支出。

（3）业主及从业人员相关支出的扣除

①个体工商户实际支付给从业人员的、合理的工资薪金支出，准予扣除。个体工商户业主的工资薪金支出不得税前扣除。

②个体工商户按照国务院有关主管部门或者省级人民政府规定的范围和标准为其业主和从业人员缴纳的基本养老保险费、基本医疗保险费、失业保险费、工伤保险费和住房公积金，准予扣除。

③个体工商户为从业人员缴纳的补充养老保险费、补充医疗保险费，分别在不超过从业人员工资总额5%标准内的部分据实扣除；超过部分，不得扣除。

④个体工商户业主本人缴纳的补充养老保险费、补充医疗保险费，以当地（地级市）上年度社会平均工资的3倍为计算基数，分别在不超过该计算基数5%标准内的部分据实扣除；超过部分，不得扣除。

⑤除个体工商户依照国家有关规定为特殊工种从业人员支付的人身安全保险费和财政部、国家税务总局规定可以扣除的其他商业保险费外，个体工商户业主本人或者为从业人员支付的商业保险费，不得扣除。

⑥个体工商户向当地工会组织拨缴的工会经费、实际发生的职工福利费支出、职工教育经费支出分别在工资薪金总额的2%、14%、2.5%的标准内据实扣除。工资薪金总额是指允许在当期税前扣除的工资薪金支出数额。职工教育经费的实际发生数额超出规定比例当期不能扣除的数额，准予在以后纳税年度结转扣除。个体工商户业主本人向当地工会组织缴纳的工会经费、实际发生的职工福利费支出、职工教育经费支出，以当地（地级市）

上年度社会平均工资的3倍为计算基数，在规定比例内据实扣除。

⑦个体工商户发生的合理的劳动保护支出，准予扣除。

表6-12 经营所得从业人员与业主扣除费用区别

项目	从业人员	业主
工资	√	×（减除费用）
“五险一金”	√	√
补充养老保险	从业人员工资总额×5%	当地上年度社会平均工资的3倍×5%
补充医疗保险	从业人员工资总额×5%	当地上年度社会平均工资的3倍×5%
符合条件的商业健康保险	-	不超过2 400元/年
商业保险（特例除外）	×	×
合理劳动保护支出	√	√
三项经费（工会经费、职工福利经费、职工教育经费）	工资薪金总额×2%、14%、2.5%	当地上年度社会平均工资的3倍×2%、14%、2.5%

（4）借款费用与利息支出的扣除

个体工商户在生产经营活动中发生的合理的不需要资本化的借款费用，准予扣除。个体工商户在生产经营活动中发生的下列利息支出，准予扣除：

①向金融企业借款的利息支出；

②向非金融企业和个人借款的利息支出，不超过按照金融企业同期同类贷款利率计算的数额的部分。

（5）业务招待费与广告宣传费支出的扣除

①个体工商户发生的与生产经营活动有关的业务招待费，按照实际发生额的60%扣除，但最高不得超过当年销售（营业）收入的5‰。业主自申请营业执照之日起至开始生产经营之日止所发生的业务招待费，按照实际发生额的60%计入个体工商户的开办费。

②个体工商户每一纳税年度发生的与其生产经营活动直接相关的广告费和业务宣传费不超过当年销售（营业）收入15%的部分，可以据实扣除；超过部分，准予在以后纳税年度结转扣除。

（6）开办费及研发费支出的扣除

①个体工商户自申请营业执照之日起至开始生产经营之日止所发生符合规定的费用，除为取得固定资产、无形资产的支出，以及应计入资产价值的汇兑损益、利息支出外，作为开办费，个体工商户可以选择在开始生产经营的当年一次性扣除，也可以自生产经营月份起在不短于3年期限内摊销扣除，但一经选定，不得改变。开始生产经营之日为个体工商户取得第1笔销售（营业）收入的日期。

②个体工商户研究开发新产品、新技术、新工艺所发生的开发费用，以及研究开发新产品、新技术而购置单台价值在10万元以下的测试仪器和试验性装置的购置费准予直接

扣除；单台价值在10万元以上（含10万元）的测试仪器和试验性装置，按固定资产管理，不得在当期直接扣除。

（7）公益性捐赠的扣除

①个体工商户通过公益性社会团体或者县级以上人民政府及其部门，用于《中华人民共和国公益事业捐赠法》规定的公益事业的捐赠，捐赠额不超过其应纳税所得额30%的部分可以据实扣除；

②财政部、国家税务总局规定可以全额在税前扣除的捐赠支出项目，按有关规定执行；

③个体工商户直接对受益人的捐赠不得扣除。

（8）其他支出的扣除

①个体工商户按照规定缴纳的摊位费、行政性收费、协会会费等，按实际发生数额扣除；

②个体工商户参加财产保险，按照规定缴纳的保险费，准予扣除；

③个体工商户生产经营活动中，应当分别核算生产经营费用和个人、家庭费用。对于生产经营与个人、家庭生活混用难以分清的费用，其40%视为与生产经营有关的费用，准予扣除。

（9）亏损结转

个体工商户纳税年度发生的亏损，准予向以后年度结转，用以后年度的生产经营所得弥补，但结转年限最长不得超过5年。

3. 个人独资企业和合伙企业经营所得应纳税所得额计算的具体规定

（1）个人独资企业和合伙企业应纳税所得额的确定

①个人独资企业的投资者以全部生产经营所得为应纳税所得额。

投资者兴办2个或2个以上企业，并且企业性质全部是个人独资的，年度终了后汇算清缴时，应汇总其投资兴办的所有企业的经营所得作为应纳税所得额，以此确定适用税率，计算出全年经营所得的应纳税额，再根据每个企业的经营所得占所有企业经营所得的比例，分别计算出每个企业的应纳税额和应补缴税额。

②合伙企业的投资者按照下列原则确定应纳税所得额：

合伙企业的合伙人以合伙企业的生产经营所得和其他所得，按照合伙协议约定的分配比例确定应纳税所得额；

合伙协议未约定或者约定不明确的，以全部生产经营所得和其他所得，按照合伙人协商决定的分配比例确定应纳税所得额；

协商不成的，以全部生产经营所得和其他所得，按照合伙人实缴出资比例确定应纳税所得额；

无法确定出资比例的，以全部生产经营所得和其他所得，按照合伙人数量平均计算每个合伙人的应纳税所得额。

③生产经营所得，包括个人独资企业和合伙企业分配给投资者个人的所得和企业当年留存的所得（利润）。

④个人独资企业和合伙企业与其关联企业之间的业务往来，应当按照独立企业之间的业务往来收取或者支付价款、费用。不按照独立企业之间的业务往来收取或者支付价款、费用，而减少其应纳税所得额的，主管税务机关有权进行合理调整。

（2）查账征收的个人独资企业和合伙企业各项支出的扣除

①查账征收的个人独资企业和合伙企业（以下简称企业）的扣除项目比照个体工商户经营所得应纳税所得额计算的具体规定确定。

②投资者兴办2个或2个以上企业的，其投资者个人费用扣除标准由投资者选择在其中一个企业的生产经营所得中扣除。

③企业计提的各种准备金不得扣除。

（3）个人独资企业和合伙企业的核定征收

国家对下列情形的个人独资企业和合伙企业实行核定征收个人所得税：

①依照国家有关规定应当设置但未设置账簿的；

②虽设置账簿，但账目混乱或者成本资料、收入凭证、费用凭证残缺不全，难以查账的；

③纳税人发生纳税义务，未按照规定的期限办理纳税申报，经税务机关责令限期申报，逾期仍不申报的。

核定征收方式包括定额征收、核定应税所得率征收以及其他合理的征收方式。

自2022年1月1日起，持有股权、股票、合伙企业财产份额等权益性投资的个人独资企业、合伙企业，一律适用查账征收方式计征个人所得税。

6.2.4.2 应纳税额的计算

1. 个体工商户的生产、经营所得应纳税额

应纳税额＝应纳税所得额×适用税率－速算扣除数

＝（全年收入总额－成本、费用、税金、损失、其他支出及以前年度亏损）×适用税率－速算扣除数

2. 个体工商户的生产、经营所得税收优惠

自2023年1月1日至2027年12月31日，对个体工商户经营所得年应纳税所得额不超过200万元的部分，减半征收个人所得税。个体工商户在享受现行其他个人所得税优惠政策的基础上，可叠加享受上述优惠政策。个体工商户不区分征收方式，均可享受。个体工商户在预缴税款时即可享受，其年应纳税所得额暂按截至本期申报所属期末的情况进行判断，并在年度汇算清缴时按年计算、多退少补。若个体工商户从两处以上取得经营所得，需在办理年度汇总纳税申报时，合并个体工商户经营所得年应纳税所得额，重新计算

减免税额，多退少补。

个体工商户按照以下方法计算减免税额：

减免税额 =（个体工商户经营所得应纳税所得额不超过200万元部分的应纳税额 - 其他政策减免税额 × 个体工商户经营所得应纳税所得额不超过200万元部分 ÷ 经营所得应纳税所得额）×50%

【学中练6-8】

2023年纳税人张三同时经营个体工商户A和个体工商户B，年应纳税所得额分别为80万元和150万元。张某的独生女正在读小学，课外辅导班支出30 000元，为妻子购买轿车支出100 000元。已知：张某当年没有综合所得，专项扣除27 000元，子女教育专项附加扣除标准为2 000元/月，由张某按扣除标准的100%扣除。2023年张三需要缴纳多少税费？

【案例解析】 由于张三从两处以上取得经营所得，在办理年度汇总纳税申报时，需要合并个体工商户A和个体工商户B年应纳税所得额。

张三全年应纳税所得额 = 800 000 + 1 500 000 - 60 000 - 27 000 - 24 000
= 2 189 000（元）

张三该项政策的减免税额 =（2 000 000 × 35% - 65 500）× 50% = 317 250（元）

2023年张某应纳税额 =（2 189 000 × 35% - 65 500）- 317 250 = 383 400（元）

6.2.5 利息、股息、红利所得

利息、股息、红利所得，以每次收入额为应纳税所得额。

应纳税额 = 每次收入额 × 20%

【提示】 每次收入额就是应纳税所得额，没有任何扣除。

表6-13　个人取得股息红利税务处理

情形	关键点	具体处理规则	
取得上市公司（非限售股）股息红利	持股期限	1个月以内（含1个月）	全额计入应纳税所得额
		1个月以上至1年（含1年）	暂减按50%计入应纳税所得额
		超过1年	暂免征收
取得上市公司（限售股）股息红利	—	解禁前	暂减按50%计入应纳税所得额
		解禁后	按照上市公司股息红利差别化个人所得税政策规定计算纳税，持股时间自解禁日起计算
取得非上市公司股息红利	—	个人从非上市公司取得的红利应按“利息、股息、红利”所得项目征税，每次收入额即为应纳税所得额，不得减除任何支出、费用	

【学中练 6-9】

张先生为自由职业者，2023 年 3 月取得如下所得：取得 A 上市公司股息所得 16 000 元，已持有该股票 5 个月；从 B 非上市公司取得股息所得 7 000 元，已持有该股票 2 年；兑现 8 月 10 日到期的 1 年期银行储蓄存款利息所得 1 500 元。计算张先生上述所得应缴纳的个人所得税税额。

【案例解析】 张先生应纳个人所得税 = 16 000 × 20% × 50% + 7 000 × 20% = 3 000（元）

6.2.6 财产租赁所得

6.2.6.1 特殊规定

1. 个人取得的房屋转租收入，属于“财产租赁所得”项目。取得转租收入的个人向房屋出租方支付的租金，凭房屋租赁合同和合法支付凭据允许在计算个人所得税时，从该项转租收入中扣除。

2. 房地产开发企业与商店购买者个人签订协议，以优惠价格出售其商店给购买者个人，购买者个人在一定期限内必须将购买的商店无偿提供给房地产开发企业对外出租使用。该行为实质上是购买者个人以所购商店交由房地产开发企业出租而取得的房屋租赁收入支付了部分购房价款。对购买者个人少支出的购房价款，应视同个人财产租赁所得，按照“财产租赁所得”项目征收个人所得税。每次财产租赁所得的收入额，按照少支出的购房价款和协议规定的租赁月份数平均计算确定。

6.2.6.2 应纳税所得额的确定

财产租赁所得，以一个月内取得的收入为一次。

费用扣除标准为：在扣除相关税费和修缮费用（每次 800 元为限）后，每次收入 4 000元及以下扣 800 元，4 000 元以上扣 20%。

【提示】 修缮费用一次最多只允许扣除 800 元，超过部分留待下次扣除。

（1）每次收入不超过 4 000 元的：

应纳税所得额 = 每次收入额 − 相关税费 − 修缮费用（800 元为限）− 800

（2）每次收入 4 000 元以上的：

应纳税所得额 = [每次收入额 − 相关税费 − 修缮费用（800 元为限）] × (1 − 20%)

6.2.6.3 应纳税额的计算

应纳税额 = 应纳税所得额 × 20%（或 10%）

【提示】 自 2001 年 1 月 1 日起，个人出租住房适用 10% 的税率。

【学中练 6-10】

王某 2023 年 1 月将自有房屋出租给李某居住，租期 1 年。王某每月收取租金 3 000

元，请计算王某2023年就房屋租金收入应缴纳的个人所得税（不考虑相关税费）。

【案例解析】王某2023年收取12个月的房屋租金，即其应当缴纳12次个人所得税，每次收入3 000元，未超过4 000元，费用扣除标准为800元。

全年应缴纳的个人所得税 = (3 000 - 800) × 10% × 12 = 2 640（元）

【想一想】假设上例中王某2023年2月发生修缮费用1 000元，其他条件不变，王某全年应纳的个人所得税如何计算？

6.2.7 财产转让所得

6.2.7.1 特殊规定

1. 个人将投资于在中国境内成立的企业或组织（不包括个人独资企业和合伙企业）的股权或股份，转让给其他个人或法人的行为，按照“财产转让所得”项目，依法计算缴纳个人所得税，具体包括以下情形：①出售股权；②公司回购股权；③发行人首次公开发行新股时，按被投资企业股东将其持有的股份以公开发行方式一并向投资者发售；④股权被司法或行政机关强制过户；⑤以股权对外投资或进行其他非货币性交易；⑥以股权抵偿债务；⑦其他股权转移行为。

2. 个人因各种原因终止投资、联营、经营合作等行为，从被投资企业或合作项目、被投资企业的其他投资者以及合作项目的经营合作人取得股权转让收入、违约金、补偿金、赔偿金及以其他名目收回的款项等，均属于个人所得税应税收入，应按照“财产转让所得”项目适用的规定计算缴纳个人所得税。

3. 个人以非货币性资产投资，属于个人转让非货币性资产和投资同时发生。对个人转让非货币性资产的所得，应按照“财产转让所得”项目，依法计算缴纳个人所得税。

4. 纳税人收回转让的股权征收个人所得税的方法

（1）股权转让合同履行完毕、股权已作变更登记，且所得已经实现的，转让人取得的股权转让收入应当依法缴纳个人所得税。转让行为结束后，当事人双方签订并执行解除原股权转让合同、退回股权的协议，是另一次股权转让行为，对前次转让行为征收的个人所得税款不予退回。

（2）股权转让合同未履行完毕，因执行仲裁委员会做出的解除股权转让合同及补充协议的裁决、停止执行原股权转让合同，并原价收回已转让股权的，由于其股权转让行为尚未完成、收入未完全实现，随着股权转让关系的解除，股权收益不复存在，纳税人不缴纳个人所得税。

5. 对个人转让全国中小企业股份转让系统（新三板）挂牌公司原始股取得的所得，按照“财产转让所得”征收个人所得税。原始股是指个人在新三板挂牌公司挂牌前取得的股票，以及在该公司挂牌前和挂牌后由上述股票滋生的送、转股。

6. 个人通过招标、竞拍或其他方式购置债权以后，通过相关司法或行政程序主张债权而取得的所得，应按照“财产转让所得”项目缴纳个人所得税。

7. 个人通过网络收购玩家的虚拟货币，加价后向他人出售取得的收入，应按照“财产转让所得”项目计算缴纳个人所得税。

6.2.7.2 一般情况下财产转让所得应纳税额的计算

应纳税额 =（每次收入额 - 财产原值 - 合理费用）×20%

【提示】 个人转让房屋的个人所得税应税收入不含增值税，其取得房屋时所支付价款中包含的增值税计入财产原值，计算转让所得时可扣除的税费不包括本次转让缴纳的增值税。

6.2.7.3 个人转让无偿受赠不动产所得应纳税额的计算

受赠人转让受赠房屋的，以其转让受赠房屋的收入减除原捐赠人取得该房屋的实际购置成本以及赠予和转让过程中受赠人支付的相关税费后的余额，为受赠人的应纳税得额，依法计征个人所得税。受赠人转让受赠房屋价格明显偏低且无正当理由的，税务机关可以依据该房屋的市场评估价格或其他合理方式确定的价格核定其转让收入。

6.2.7.4 个人股权转让所得应纳税额的计算

1. 上市公司股票

（1）对境内上市公司股票（非限售股）转让所得，暂不（免）征个人所得税。

（2）对个人转让上市公司限售股取得的所得，按照“财产转让所得”，适用20%的比例税率征收个人所得税。

2. 非上市公司股权

个人将投资于在中国境内成立的企业或组织（不包括个人独资企业和合伙企业）的股权或股份，转让给其他个人或法人的行为，按照“财产转让所得”，依法计算缴纳个人所得税。

【学中练 6 - 11】

中国公民张某2023年1月转让自用住房一套，取得转让收入100万元，支付转让税费5万元，该套住房购买价为80万元，购买时间为2015年6月，非唯一的家庭生活用房。要求：计算张某转让住房应缴纳的个人所得税。

【案例解析】 张某应缴纳的个人所得税 =（100 - 80 - 5）×20% =3（万元）

【想一想】 如果上例中张某的住房为唯一的家庭生活用房，其他条件不变，请问张某应缴纳多少个人所得税？

【学中练 6 - 12】

王某持有甲公司（非上市公司）股权，2023年1月初取得红利2 000元，月底将股权出售给赵某，取得转让款50 000元。假设王某取得该股权原值为20 000元，按照规定可以扣除的合理费用为5 000元。要求：计算王某转让股权应缴纳的个人所得税。

【案例解析】由于甲公司属于非上市公司，王某出售股权应按“财产转让所得”缴纳个人所得税。

应纳税额＝(50 000－20 000－5 000)×20%＝5 000（元）

【想一想】如果上例中甲公司为上市公司，其他条件不变，请问王某应如何缴纳个人所得税？

6.2.8 偶然所得

6.2.8.1 特殊规定

1. 企业对累积消费达到一定额度的顾客，给予额外抽奖机会，个人的获奖所得，按照“偶然所得”项目，全额缴纳个人所得税。

2. 个人取得单张有奖发票奖金所得超过800元的，应全额按照“偶然所得”项目征收个人所得税。税务机关或其指定的有奖发票兑奖机构，是有奖发票奖金所得个人所得税的扣缴义务人。

3. 个人为单位或他人提供担保获得收入，按照“偶然所得”项目计算缴纳个人所得税。

4. 房屋产权所有人将房屋产权无偿赠予他人的，受赠人因无偿受赠房屋取得的受赠收入，按照“偶然所得”项目计算缴纳个人所得税。符合以下情形的，对当事双方不征收个人所得税：

（1）房屋产权所有人将房屋产权无偿赠予配偶、父母、子女、祖父母、外祖父母、孙子女、外孙子女、兄弟姐妹；

（2）房屋产权所有人将房屋产权无偿赠予对其承担直接抚养或者赡养义务的抚养人或者赡养人；

（3）房屋产权所有人死亡，依法取得房屋产权的法定继承人、遗嘱继承人或者受遗赠人。

5. 企业在业务宣传、广告等活动中，随机向本单位以外的个人赠送礼品（包括网络红包，下同），以及企业在年会、座谈会、庆典以及其他活动中向本单位以外的个人赠送礼品，个人取得的礼品收入，按照“偶然所得”项目计算缴纳个人所得税，但企业赠送的具有价格折扣或折让性质的消费券、代金券、抵用券、优惠券等礼品除外。

6. 企业在销售商品（产品）和提供服务过程中向个人赠送礼品，属于下列情形之一的，不征收个人所得税：

（1）企业通过价格折扣、折让方式向个人销售商品（产品）和提供服务；

（2）企业在向个人销售商品（产品）和提供服务的同时给予赠品，如通信企业对个人购买手机赠话费、入网费，或者购话费赠手机等；

（3）企业对累积消费达到一定额度的个人按消费积分反馈礼品。

6.2.8.2 应纳税额的计算

应纳税额 = 每次收入额 × 20%

【学中练 6－13】

陈某在参加商场的有奖销售过程中，中奖所得共计价值20 000元。试计算商场应代扣代缴的个人所得税。

【解析】 应纳税额（即商场代扣税款）=20 000×20% =4 000（元）

【学中练 6－14】

中国公民王某是国内甲公司工程师。2023年全年有关收支情况如下：

（1）每月工资、薪金收入20 000元。

（2）到乙公司连续开展技术培训取得报酬3 800元。

（3）出版技术专著取得稿酬收入15 000元，发生材料费支出4 000元。

（4）取得企业债券利息3 000元，取得机动车保险赔款4 000元，参加有奖竞赛活动取得奖金2 000元，电台抽奖获得价值5 000元免费旅游一次。

已知：当地规定的社会保险和住房公积金个人缴存比例：基本养老保险8%，基本医疗保险2%，失业保险0.5%，住房公积金12%；王某正在偿还首套住房贷款及利息；王某为独生女，其独生子正在就读大学3年级；王某父母均已年过60岁。某夫妻约定由王某扣除住房贷款利息和子女教育费。

【案例解析】 2023年度综合所得收入=20 000×12+3 800×(1－20%)+15 000×(1－20%)×70% =251 440（元）

专项扣除=12 000×(8% +2% +0.5% +12%)×12=32 400（元）

专项附加扣除：子女教育专项附加扣除=2 000×12=24 000（元）

住房贷款利息专项附加扣除=1 000×12=12 000（元）

赡养老人专项附加扣除=3 000×12=36 000（元）

法定扣除项目合计=60 000+32 400+24 000+12 000+36 000=164 400（元）

综合所得应纳税所得额=251 440－164 400=87 040（元）

综合所得应纳税额=87 040×10% －2 520=6 184（元）

企业债券利息应纳税额=3 000×20% =600（元）

保险赔偿免税

参加有奖竞赛活动取得奖金应纳税额=2 000×20% =400（元）

电台抽奖应纳税额=5 000×20% =1 000（元）

王某全年应纳税额=6 184+600+400+1 000=8 184（元）

6.2.9 个人所得税计算中的其他规定

6.2.9.1 公益救济性捐赠的征税问题

1. 限额扣除

个人将其所得对教育、扶贫、救济贫困等公益慈善事业进行捐赠，捐赠额未超过纳税人申报的应纳税所得额30%的部分，可以从其应纳税所得额中扣除；国务院规定对公益救济事业捐赠实行全额扣除的，从其规定。

应纳税所得额，是指计算扣除捐赠额之前的应纳税所得额。

接受捐赠或办理转赠的非营利社会团体和国家机关，应按照财务隶属关系分别使用由中央或省级财政部门统一印（监）制的捐赠票据，并加盖接受捐赠或转赠单位的财务专用印章，税务机关据此对捐赠个人进行税前扣除。

2. 全额扣除

国务院规定对公益救济事业捐赠实行全额扣除的包括：

（1）个人通过非营利性的社会团体和国家机关向红十字事业的捐赠；

（2）个人通过非营利性的社会团体和国家机关向教育事业的捐赠；

（3）个人通过非营利的社会团体和国家机关向农村义务教育的捐赠；

【提示】农村义务教育的范围是指政府和社会力量举办的农村乡镇（不含县和县级市政府所在地的镇）、村的小学和初中以及属于这一阶段的特殊教育学校。纳税人对农村义务教育与高中在一起的学校的捐赠，也享受规定的所得税前扣除政策。

（4）个人通过非营利性社会团体和国家机关对公益性青少年活动场所（其中包括新建）的捐赠；

（5）个人通过非营利性的社会团体和政府部门向福利性、非营利性老年服务机构捐赠；

（6）通过特定基金会，用于公益救济的捐赠。

【学中练6－15】

居民孙某于2023年3月取得租金收入3 000元，他当即将租金收入中的1 000元通过国家机关捐赠给贫困地区（取得捐赠证明），赵某的捐赠能否全额扣除？当月应缴纳多少个人所得税？

【案例解析】租金收入按财产租赁所得项目纳税。

租金收入捐赠限额＝(3 000－800)×30%＝660（元）

租金收入应纳税所得额＝(3 000－800－660)×20%＝215.6（元）

赵某应纳个人所得税215.6元。

【想一想】如果上述案例中是向农村义务教育的捐赠，其他条件不变，应如何进行计算？

【知识链接】

公益性捐赠的税收筹划

【筹划思路】对于个人所得的捐赠，一般情况下有扣除限额，而有些特殊情形可以全额扣除，当捐赠金额超过限额时应尽量使捐赠额能全额扣除。

【筹划案例】中国公民甲参加社会抽奖，中奖所得共计100万元，如果甲将其所得90万元通过民政局捐赠给贫困山区儿童，计算甲应缴纳的个人所得税并提出筹划方案。

【案例解析】通过民政局捐赠给贫困山区儿童，属于限额扣除的情况。偶然所得的扣除限额 =100×30% =30（万元）

应纳个人所得税 =(100－30)×20% =14（万元），其应纳税额14万元超过了其实际所得10万元。

【筹划方案】甲将其所得90万元捐赠给红十字会，捐赠额可以全额扣除。则甲个人所得税应纳税额 =(100－90)×20% =2（万元），实际可得8万元。

6.2.9.2 两个以上的纳税人共同取得同一项所得的征税问题

两个或两个以上的个人共同取得同一项所得的，应当对每个人取得的收入分别按照个人所得税法规定减除费用后计算纳税。

【学中练6－16】

甲、乙两人合作发表一篇文章，共得稿费收入1 600元。甲、乙应如何缴纳个人所得税？

【案例解析】若甲、乙平分，两人各得800元，则两人可分别减除费用800元后，应纳个人所得税额为0；若甲分得1 000元，乙分得600元，则甲应纳税额 =［(1 000－800)×70% ×20%］=28元，而乙应纳个人所得税额为0。

6.2.9.3 境外所得的征税问题

居民个人从中国境内、外取得的综合所得、经营所得，应当分别合并计算应纳税额；从中国境内、外取得的其他所得，应当分别单独计算应纳税额。

纳税人取得的境外所得计算应纳税额时，可以抵免已在境外缴纳的所得税税额的限额（以下简称抵免限额）。除国务院财政、税务主管部门另有规定外，来源于中国境外一个国家（地区）的综合所得抵免限额、经营所得抵免限额以及其他所得抵免限额之和，为来源于该国家（地区）所得的抵免限额，其中：

来源于一国（地区）综合所得的抵免限额 = 中国境内、外综合所得依照我国税法计算的综合所得应纳税总额 × 来源于该国（地区）的综合所得收入额 ÷ 中国境内、境外综合所得收入总额；

来源于一国（地区）经营所得的抵免限额 = 中国境内、外经营所得依照我国税法计算的经营所得应纳税总额×来源于该国（地区）的经营所得收入额÷中国境内、境外经营所得的应纳税所得额；

来源于一国（地区）其他所得项目抵免限额，为来源于该国（地区）的其他所得项目依照我国税法计算的应纳税额。

境外已纳税额小于抵免限额时，补缴差额税额；境外已纳税额大于抵免限额时，按抵免限额抵免，超过部分结转以后五个年度在该国该项目的余额中抵免；

居民个人申请抵免已在境外缴纳的个人所得税税额，应当提供境外税务机关出具的税款所属年度的有关纳税凭证。

【学中练 6－17】

张某在2023年度，从A、B两国取得应税收入。其中，在A国因出租一项资产取得租金收入30 000元，该项收入在A国已经缴纳个人所得税4 000元；因在B国转让一项财产，取得收入15 000元，该财产取得时原价10 000元，并在B国缴纳个人所得税1 200元。要求：分析计算张某的纳税情况。

【案例解析】

（1）A国所得个人所得税的抵免：

财产租赁所得抵免限额＝30 000×(1－20%)×20%＝4 800（元）

张某从A国取得的应税所得的抵免限额为4 800元，其在A国实际缴纳的个人所得税为4 000元，低于扣减限额，可以全额扣除，在中国补缴税款＝4 800－4 000＝800元。

（2）B国所得个人所得税的抵免：

财产转让所得抵免限额＝(15 000－10 000)×20%＝1 000（元）

张某从B国取得的应税所得的抵免限额为1 000元，其在B国实际缴纳的个人所得税为1 200元，超过抵免限额200（1 200－1 000）元，其超出部分不能在本年度扣除，但可以在以后的5年内补扣。

6.2.9.4 出租车驾驶员取得所得的征税问题

1. 出租汽车经营单位对出租车驾驶员采取单车承包或承租方式运营，出租车驾驶员从事客货营运取得的收入，按“工资、薪金所得”项目征税。

2. 出租车属于个人所有，但挂靠出租汽车经营单位或企事业单位，驾驶员向挂靠单位缴纳管理费的，或出租汽车经营单位将出租车所有权转移给驾驶员的，出租车驾驶员从事客货运营取得的收入，比照“经营所得”项目征税。

3. 从事个体出租车运营的出租车驾驶员取得的收入，按“经营所得”项目缴纳个人所得税。

6.2.9.5 企业改组改制过程中个人取得的量化资产征税问题

根据国家有关规定，集体所有制企业在改制为股份合作制企业时，可以将有关资产量化给职工个人。为了支持企业改组改制的顺利进行，对于企业在改制过程中个人取得量化资产的征税问题，税法做出了如下规定：

1. 对职工个人以股份形式取得的仅作为分红依据，不拥有所有权的企业量化资产，不征收个人所得税。

2. 对职工个人以股份形式取得的拥有所有权的企业量化资产，暂缓征收个人所得税；待个人将股份转让时，就其转让收入额，减除个人取得该股份时实际支付的费用支出和合理转让费用后的余额，按“财产转让所得”项目计征个人所得税。

3. 对职工个人以股份形式取得的企业量化资产参与企业分配而获得的股息、红利，应按“利息、股息、红利所得”项目征收个人所得税。

6.2.9.6 企业为个人购买房屋或其他资产的征税问题

1. 适用范围

符合以下情形的房屋或其他财产，不论所有权人是否将财产无偿或有偿交付企业使用，其实质均为企业对个人进行了实物性质的分配，应依法计征个人所得税：

（1）企业出资购买房屋及其他财产，将所有权登记为投资者个人、投资者家庭成员或企业其他人员的；

（2）企业投资者个人、投资者家庭成员或企业其他人员向企业借款用于购买房屋及其他财产，将所有权登记为投资者、投资者家庭成员或企业其他人员，且借款年度终了后未归还借款的。

2. 征税税目界定（见表6－14）

表6－14 企业为个人购房或其他资产的税务处理

情形		税务处理
个人投资者或其家庭成员	个人独资企业、合伙企业	按照“经营所得”计征个人所得税
	其他企业	按照“利息、股息、红利所得”计征个人所得税
企业其他人员		按照“综合所得”计征个人所得税（居民个人）

6.3 个人所得税的申报与缴纳

引例

王宝强借钱缴税

王宝强是娱乐圈的一股清流，没有出众长相，也没有优越家世，凭借着自己对表演的热爱，硬是闯出了一条路。2016年，王宝强打官司的时候经济上遇到了困难，银行卡里只剩几十万元，连律师费都交不起，哪怕他已经是焦头烂额，但依然没有忘记自己要纳税的义务。王宝强向其朋友借了300万元，缴纳了律师费和诉讼费之后，剩下的180多万元用来缴纳了个人和工作室的税金。“借钱交税”的王宝强可谓是娱乐圈第一人，在危急关头，他没有卖惨，而是勇于承担责任，真正做到了一个公众人物应有的担当。

6.3.1 纳税申报

6.3.1.1 纳税人与扣缴义务人

1. 个人所得税以所得人为纳税人，以支付所得的单位或者个人为扣缴义务人。

2. 代扣代缴的具体规定：

（1）扣缴义务人应当按照国家规定办理全员全额扣缴申报。

（2）扣缴义务人每月或者每次预扣、代扣的税款，应当在次月15日内缴入国库，并向税务机关报送扣缴个人所得税申报表及相关涉税信息资料。

（3）对扣缴义务人按照所扣缴的税款，税务机关给付2%的手续费。

6.3.1.2 纳税办理纳税申报的情形

1. 取得综合所得需要办理汇算清缴的情形

（1）在两处或者两处以上取得综合所得，且综合所得年收入额减去专项扣除的余额超过6万元。

（2）取得劳务报酬所得、稿酬所得、特许权使用费所得中一项或者多项所得，且综合所得年收入额减去专项扣除的余额超过6万元。

（3）纳税年度内预缴税额低于应纳税额的。

（4）纳税人申请的退税。

2. 其他应办理纳税申报的情形

（1）取得应税所得没有扣缴义务人。

（2）取得应税所得，扣缴义务人未扣缴税款。

（3）取得境外所得。

（4）因移居境外注销中国户籍。

（5）非居民个人在中国境内从两处以上取得工资、薪金所得。

（6）国务院规定的其他情形。

6.3.1.3 专项附加扣除信息的提供及减除

居民个人取得工资、薪金所得时，可以向扣缴义务人提供专项附加扣除有关信息，由扣缴义务人扣缴税款时减除专项附加扣除。纳税人同时从两处以上取得工资、薪金所得，并由扣缴义务人减除专项附加扣除的，对同一专项附加扣除项目，在1个纳税年度内只能选择从一处取得的所得中减除。

居民个人取得劳务报酬所得、稿酬所得、特许权使用费所得，应当在汇算清缴时向税务机关提供有关信息，减除专项附加扣除。

纳税人、扣缴义务人应当按照规定保存与专项附加扣除相关的资料。税务机关可以对纳税人提供的专项附加扣除信息进行抽查，具体办法由国务院税务主管部门另行规定。税务机关发现纳税人提供虚假信息的，应当责令改正并通知扣缴义务人；情节严重的，有关部门应当依法予以处理，纳入信用信息系统并实施联合惩戒。

6.3.1.4 修正申报与退税

纳税人发现扣缴义务人提供或者扣缴申报的个人信息、所得、扣缴税款等与实际情况不符的，有权要求扣缴义务人修改。扣缴义务人拒绝修改的，纳税人应当报告税务机关，税务机关应当及时处理。

纳税人申请退税时提供的汇算清缴信息有错误的，税务机关应当告知其更正；纳税人更正的，税务机关应当及时办理退税。扣缴义务人未将扣缴的税款解缴入库的，不影响纳税人按照规定申请退税，税务机关应当凭纳税人提供的有关资料办理退税。

6.3.2 纳税期限

1. 综合所得

（1）居民个人取得综合所得，按年计算个人所得税；有扣缴义务人的，由扣缴义务人按月或者按次预扣预缴税款，需要办理汇算清缴的，应当在取得所得的次年“3月1日至6月30日”内办理汇算清缴。

（2）非居民个人取得工资、薪金所得，劳务报酬所得，稿酬所得和特许权使用费所得，有扣缴义务人的，由扣缴义务人“按月或者按次”代扣代缴税款，不办理汇算清缴。

2. 经营所得

纳税人取得经营所得，按年计算个人所得税，由纳税人在月度或者季度终了后“15日内”向税务机关报送纳税申报表，并预缴税款；在取得所得的次年“3月31日”前办理汇算清缴。

3. 利息、股息、红利所得，财产租赁所得，财产转让所得和偶然所得

纳税人取得上述所得，按月或者按次计算个人所得税，有扣缴义务人的，由扣缴义务人按月或者按次代扣代缴税款。

4. 纳税人取得应税所得没有扣缴义务人

应当在取得所得的次月15日内向税务机关报送纳税申报表，并缴纳税款。

5. 扣缴义务人未扣缴税款

（1）纳税人应当在取得所得的次年6月30日前，缴纳税款；

（2）税务机关通知限期缴纳的，纳税人应当按照期限缴纳税款。

6. 居民个人从中国境外取得所得

应当在取得所得的次年3月1日至6月30日内申报纳税。

7. 非居民个人在中国境内从两处以上取得工资、薪金所得应当在取得所得的次月15日内申报纳税。

8. 纳税人因移居境外注销中国户籍，应当在注销中国户籍前办理税款清算。

【提示】纳税期限的最后一日是法定休假日的，以休假日的次日为期限的最后一日。

6.3.3 货币单位及外币折算

各项所得的计算，以人民币为单位。所得为人民币以外货币的，按照办理纳税申报或扣缴申报的上一月最后一日人民币汇率中间价，折合成人民币计算应纳税所得额。

年度终了后办理汇算清缴的，对已经按月、按季或者按次预缴税款的人民币以外货币所得，不再重新折算；对就当补缴税款的所得部分，按照上一纳税年度最后一日人民币汇率中间价，折合成人民币计算应纳税所得额。

6.3.4 个人所得税纳税申报

个人所得税年度自行纳税申报表（A 表）

（仅取得境内综合所得年度汇算适用）

税款所属期：　　年　　月　　日至　　年　　月　　日

纳税人姓名：

纳税人识别号：□□□□□□□□□□□□□□□□□□-□□　　　　金额单位：人民币元（列至角分）

<table>
<tr><td colspan="6">基本情况</td></tr>
<tr><td>手机号码</td><td></td><td>电子邮箱</td><td></td><td>邮政编码</td><td>□□□□□□</td></tr>
<tr><td>联系地址</td><td colspan="5">____省（区、市）____市____区（县）__________街道（乡、镇）</td></tr>
<tr><td colspan="6">纳税地点（单选）</td></tr>
<tr><td colspan="3">1. 有任职受雇单位的，需选本项并填写“任职受雇单位信息”：</td><td colspan="3">□任职受雇单位所在地</td></tr>
<tr><td rowspan="2">任职受雇单位信息</td><td>名称</td><td colspan="4"></td></tr>
<tr><td>纳税人识别号</td><td colspan="4">□□□□□□□□□□□□□□□□□□</td></tr>
<tr><td colspan="3">2. 没有任职受雇单位的，可以从本栏次选择一地：</td><td colspan="3">□ 户籍所在地　□经常居住地　□主要收入来源地</td></tr>
<tr><td colspan="2">户籍所在地/经常居住地/主要收入来源地</td><td colspan="4">省（区、市）　市　区（县）　街道（乡、镇）</td></tr>
<tr><td colspan="6">申报类型（单选）</td></tr>
<tr><td colspan="3">□首次申报</td><td colspan="3">□更正申报</td></tr>
<tr><td colspan="6">综合所得个人所得税计算</td></tr>
<tr><td colspan="4">项目</td><td>行次</td><td>金额</td></tr>
<tr><td colspan="4">一、收入合计（第 1 行 = 第 2 行 + 第 3 行 + 第 4 行 + 第 5 行）</td><td>1</td><td></td></tr>
<tr><td colspan="4">（一）工资、薪金</td><td>2</td><td></td></tr>
<tr><td colspan="4">（二）劳务报酬</td><td>3</td><td></td></tr>
<tr><td colspan="4">（三）稿酬</td><td>4</td><td></td></tr>
<tr><td colspan="4">（四）特许权使用费</td><td>5</td><td></td></tr>
<tr><td colspan="4">二、费用合计［第 6 行 =（第 3 行 + 第 4 行 + 第 5 行）×20%］</td><td>6</td><td></td></tr>
<tr><td colspan="4">三、免税收入合计（第 7 行 = 第 8 行 + 第 9 行）</td><td>7</td><td></td></tr>
<tr><td colspan="4">（一）稿酬所得免税部分［第 8 行 = 第 4 行 ×（1 - 20%）×30%］</td><td>8</td><td></td></tr>
</table>

续表

项目	行次	金额
（二）其他免税收入（附报《个人所得税减免税事项报告表》）	9	
四、减除费用	10	
五、专项扣除合计（第11行=第12行+第13行+第14行+第15行）	11	
（一）基本养老保险费	12	
（二）基本医疗保险费	13	
（三）失业保险费	14	
（四）住房公积金	15	
六、专项附加扣除合计（附报《个人所得税专项附加扣除信息表》） （第16行=第17行+第18行+第19行+第20行+第21行+第22行+第23行）	16	
（一）子女教育	17	
（二）继续教育	18	
（三）大病医疗	19	
（四）住房贷款利息	20	
（五）住房租金	21	
（六）赡养老人	22	
（七）3岁以下婴幼儿照护	23	
七、其他扣除合计（第24行=第25行+第26行+第27行+第28行+第29行+第30行）	24	
（一）年金	25	
（二）商业健康保险（附报《商业健康保险税前扣除情况明细表》）	26	
（三）税延养老保险（附报《个人税收递延型商业养老保险税前扣除情况明细表》）	27	
（四）允许扣除的税费	28	
（五）个人养老金	29	
（六）其他	30	
八、准予扣除的捐赠额（附报《个人所得税公益慈善事业捐赠扣除明细表》）	31	
九、应纳税所得额 （第32行=第1行−第6行−第7行−第10行−第11行−第16行−第24行−第31行）	32	
十、税率（%）	33	
十一、速算扣除数	34	
十二、应纳税额（第35行=第32行×第33行−第34行）	35	
全年一次性奖金个人所得税计算 （无住所居民个人预判为非居民个人取得的数月奖金，选择按全年一次性奖金计税的填写本部分）		
一、全年一次性奖金收入	36	
二、准予扣除的捐赠额（附报《个人所得税公益慈善事业捐赠扣除明细表》）	37	
三、税率（%）	38	
四、速算扣除数	39	

续表

项目			行次	金额
五、应纳税额［第 40 行 =（第 36 行 - 第 37 行）×第 38 行 - 第 39 行］			40	
税额调整				
一、综合所得收入调整额（需在“备注”栏说明调整具体原因、计算方式等）			41	
二、应纳税额调整额			42	
应补/退个人所得税计算				
一、应纳税额合计（第 43 行 = 第 35 行 + 第 40 行 + 第 42 行）			43	
二、减免税额（附报《个人所得税减免税事项报告表》）			44	
三、已缴税额			45	
四、应补/退税额（第 46 行 = 第 43 行 - 第 44 行 - 第 45 行）			46	
无住所个人附报信息				
纳税年度内在中国境内居住天数		已在中国境内居住年数		
退税申请 （应补/退税额小于 0 的填写本部分）				
□ 申请退税（需填写“开户银行名称”“开户银行省份”“银行账号”）			□ 放弃退税	
开户银行名称		开户银行省份		
银行账号				
备注				

谨声明：本表是根据国家税收法律法规及相关规定填报的，本人对填报内容（附带资料）的真实性、可靠性、完整性负责。

纳税人签字：　　年　　月　　日

经办人签字： 经办人身份证件类型： 经办人身份证件号码： 代理机构签章： 代理机构统一社会信用代码：	受理人： 受理税务机关（章）： 受理日期：　　年　　月　　日

国家税务总局监制

【实训案例】 某研究所高级工程师李某2023年的收入情况如下：

（1）每月工资收入为15 000元；

（2）向某家公司转让专有技术一项，获得特许权使用费8 000元；

（3）为某企业进行产品设计，取得报酬30 000元；

（4）取得特许权的经济赔偿收入2 000元。

已知：当地规定的社会保险和住房公积金个人缴存比例为：基本养老保险8%，基本医疗保险2%，失业保险0.5%，住房公积金12%。李某缴纳社会保险费核定的缴费工资基数为6 000元。李某为独生子女，其父母均已年过60岁；两个子女：女儿初三，儿子小学三年级。请问：李某2023年应缴纳多少个人所得税？

【实训案例解析】

（1）工资、薪金 = 15 000 × 12 = 180 000（元）（业务一所得）

（2）劳务报酬 = 30 000（元）（业务三所得）

（3）特许权使用费 = 8 000 + 2 000 = 10 000（元）（业务二和业务四所得）

（4）费用合计 = (30 000 + 10 000) × (1 − 20%) = 32 000（元）

（5）减除费用 = 60 000（元）

（6）基本养老保险费 = 15 000 × 8% × 12 = 14 400（元）

（7）基本医疗保险费 = 15 000 × 2% × 12 = 3 600（元）

（8）失业保险费 = 15 000 × 0.5% × 12 = 900（元）

（9）住房公积金 = 15 000 × 12% × 12 = 21 600（元）

（10）子女教育 = 1 000 × 2 × 12 = 24 000（元）

（11）赡养老人 = 3 000 × 12 = 36 000（元）

（12）应纳税所得额 = 180 000 + 30 000 + 10 000 − 32 000 − 60 000 − 14 400 − 3 600 − 900 − 21 600 − 24 000 − 36 000 = 27 500（元）

（13）全年应纳个人所得税 = 27 500 × 3% = 825（元）

职业道德与素质

【案例背景】

江苏省苏州市税务部门在2022年度个税汇算退税数据分析时发现，纳税人吴某存在虚假填报捐赠扣除和大病医疗专项附加扣除的情况。经查，吴某先后就职于苏州某人力资源有限公司、苏州某房地产经纪有限公司，在办理2022年度个税汇算时，填报了大额的公益性捐赠扣除和大病医疗专项附加扣除，并提供了伪造的“国家医保服务平台”相关扣除截图和捐赠支出凭证截图。税务部门进一步对该纳税人以前年度的个税汇算情况进行了核查，发现该纳税人在办理2019—2021年度个税汇算时，均存在以上类似情况。吴某在个税年度汇算时存在伪造证据骗取国家税款的情况，性质较为恶劣，税务部门已对其立案稽查，并在后续三年纳入税收监管重点人员名单。

【分析】依法办理个税汇算是每个纳税人的法定义务，轻信所谓退税秘籍或虚假传言，不仅会因虚假填报影响自己的纳税信用，而且可能将个人隐私信息泄露给网络诈骗不法分子。希望纳税人在办理汇算时，通过个人所得税APP认真查看自己的收入、扣除、扣缴税款等信息，依法诚信办理汇算。对于存在虚假填报收入或扣除项目、篡改证明材料等恶劣情节的，税务部门将依法严肃处理，追缴税款和滞纳金；对拒不整改的，将依法依规立案稽查。在此，税务机关也提醒广大扣缴单位，冒用他人身份，为未支付所得的纳税人办理虚假扣缴申报是违法行为，扣缴单位要严格遵守《中华人民共和国个人所得税法》规定，依法履行全员全额明细申报义务。

项目小结

任务	学习目标	重难点
征收制度	熟悉个人所得税纳税义务人，掌握个人所得税征税范围的9个税目，了解个人所得税的税收优惠	征税范围
应纳税额的计算	熟练掌握个人所得税计税依据的确定方法，掌握个人所得税应纳税额的计算方法，掌握个人所得税计算中的特殊情况	个人所得税的计算
缴纳与申报	熟悉个人所得税的纳税义务发生时间、纳税期限及纳税地点，了解个人所得税的纳税申报流程	纳税申报期限

专业能力评价

评价内容	权重	考核点	考核得分		
			小组评价	教师评价	综合得分
职业素养（20分）	10	了解个人所得税纳税申报流程			
	10	在税收筹划的过程中，采用合理、合法的途径进行筹划，禁止涉及违法行为			
案例分析（80分）	80	熟悉个人所得税的基本征收制度，能熟练地对个人所得税的涉税案例进行计算分析，对个人所得的纳税事项提出筹划思路和筹划方法			
组长签字：		教师签字：	年　月　日		

职业能力训练

（一）单项选择题

1. 根据税法规定，下列各项中，属于居民个人的是（　　）。

A. 在中国境内有住所的个人

B. 在中国境内无住所且一个纳税年度内在中国境内居住不满 183 天的个人

C. 在中国境内无住所又不居住的个人

D. 在中国境内无住所而一个纳税年度内在中国境内居住累计不满 90 天的个人

2. 根据个人所得税法律制度的规定，下列所得中，应缴纳个人所得税的是（　　）。

A. 加班工资　　B. 独生子女补贴

C. 差旅费津贴　　D. 国债利息收入

3. 甲企业退休职工刘某本月取得的下列收入中，应当按照规定计算缴纳个人所得税的是（　　）。

A. 退休工资 1 500 元　　B. 国家发行的金融债券利息收入 500 元

C. 稿酬所得 3 000 元　　D. 保险赔偿 5 000 元

4. 中国公民张某 2023 年每月从单位取得工资 8 000 元，张某个人负担的基本社会保险费用 1 800 元，住房公积金 960 元。根据税法规定，计算张某 2023 年综合所得的应纳税所得额时，专项扣除项目金额为（　　）元。

A. 27 600　　B. 21 600

C. 93 120　　D. 33 120

5. 2023 年 4 月中国公民李某在某杂志发表专业文章一篇，取得稿酬 3 500 元，根据税法的规定，有关在计算李某 2023 年综合所得的应纳税所得额时该项收入应确定的收入额，下列计算列式正确的是（　　）。

A. 3 500 ×（1 − 20%）　　B. 3 500 ×（1 − 20%）× 70%

C. 3 500 − 800　　D. （3 500 − 800）× 70%

6. 2023 年 3 月中国某演出单位演员李某取得“走穴”演出报酬共计 20 000 元，根据税法规定，有关在计算李某 2023 年综合所得的应纳税所得额时该项收入应确定的收入额，下列计算列式正确的是（　　）。

A. 20 000 ×（1 − 20%）　　B. 20 000 ×（1 − 20%）× 70%

C. 20 000 ×（1 − 20%）× 20%　　D. 20 000 ×（1 − 20%）× 20% × 70%

7. 下列所得，应按“特许权使用费所得”缴纳个人所得税的是（　　）。

A. 转让土地使用权取得的收入　　B. 转让债权取得的收入

C. 提供房屋使用权取得的收入　　D. 转让专利所有权取得的收入

8. 中国公民叶某任职国内甲企业，2023 年为乙公司设计营销方案，取得一次性设计费 10 000 元，该收入适用的个人所得税税目为（　　）。

A. 偶然所得　　B. 工资薪金所得

C. 劳务报酬所得　　D. 特许权使用费所得

9. 某个体工商户发生的下列支出中，允许在计算个人所得税应纳税所得额时扣除的是（　　）。

A. 家庭生活用电支出

B. 直接向某灾区小学的捐赠

C. 已缴纳的城市维护建设税及教育费附加

D. 代公司员工负担的个人所得税税款

10. 某画家 2023 年 3 月将其精选的书画作品交由某出版社出版，从出版社取得报酬 10 万元。该笔报酬在缴纳个人所得税时适用的税目是（　　）。

A. 工资薪金所得　　B. 劳务报酬所得

C. 稿酬所得　　D. 特许权使用费所得

11. 据税法规定，在计算居民个人的个人所得税应纳税所得额时，下列各项中，按照定额与比例相结合的方法扣除费用的是（　　）。

A. 劳务报酬所得　　B. 特许权使用费所得

C. 经营所得　　D. 财产租赁所得

12. 作家马某 2023 年 2 月从某电视剧制作中心取得剧本使用费 50 000 元。关于马某该项收入计缴个人所得税的下列表述中，正确的是（　　）。

A. 应按“稿酬所得”计缴个人所得税

B. 应按“工资、薪金所得”计缴个人所得税

C. 应按“劳务报酬所得”计缴个人所得税

D. 应按“特许权使用费所得”计缴个人所得税

13. 王某从 2023 年 4 月 1 日出租用于居住的住房，每月取得出租住房的租金收入为 3 000元；7 月份发生房屋的维修费 1 600 元，不考虑其他税费。计算王某 2023 年出租房屋应纳个人所得税为（　　）元。

A. 1 560　　B. 1 570

C. 1 820　　D. 1 550

14. 张某以 120 万元的价格出售普通住宅一套，该住宅系 3 年前以 40 万元的价格购买，交易过程中支付相关税费等共计 8 万元（发票为证），则张某应缴纳的个人所得税为（　　）万元。

A. 0　　B. 14.4

C. 16　　D. 24

15. 2023 年 3 月，李某从非上市公司取得利息 8 000 元，从中拿出 2 000 元通过国家机关捐赠给受灾地区。李某 3 月份应缴纳的个人所得税是（　　）元。

A. 1 600　　　　B. 1 000

C. 1 400　　　　D. 1 200

16. 赵某于 2023 年 3 月取得一项特许权使用费收入 3 000 元，4 月取得另一项特许权使用费收入 4 500 元。赵某上述收入应预缴个人所得税税额的下列计算中，正确的是（　　）。

A. （3 000 − 800）×20% + 4 500 ×（1 − 20%）×20% = 720（元）

B. （3 000 + 4 500）×（1 − 20%）×20% = 1 200（元）

C. （3 000 + 4 500）×20% = 1 500（元）

D. （3 000 + 4 500 − 800）×20% = 1 340（元）

17. 据税法规定，税务机关对扣缴义务人按照所扣缴的税款，给予一定比例的手续费。该比例为（　　）。

A. 1%　　　　B. 2%

C. 3%　　　　D. 5%

18. 据税法规定，居民个人取得综合所得需要办理汇算清缴的，应当在法定期限内办理。该法定期限为（　　）。

A. 当年 12 月 31 日前　　　　B. 次年 1 月 1 日至 5 月 31 日

C. 次年 1 月 1 日至 6 月 30 日　　　　D. 次年 3 月 1 日至 6 月 30 日

（二）多项选择题

1. 根据个人所得税法律制度的规定，将个人所得税的纳税义务人区分为居民纳税人和非居民纳税人，依据的标准有（　　）。

A. 境内有无住所　　　　B. 境内工作时间

C. 取得收入的工作地　　　　D. 境内居住时间

2. 根据税法规定，下列各项居民个人所得中，属于综合所得的有（　　）。

A. 特许权使用费所得　　　　B. 劳务报酬所得

C. 稿酬所得　　　　D. 财产租赁所得

3. 根据个人所得税法律制度的规定，下列所得中，属于工资薪金的有（　　）。

A. 年终奖金　　　　B. 劳动分红

C. 季度奖金　　　　D. 加班工资

4. 根据税法规定，非居民个人取得的下列所得中，应按月或者按次分项计算个人所得税的有（　　）。

A. 工资、薪金所得　　　　B. 劳务报酬所得

C. 财产租赁所得　　D. 偶然所得

5. 根据个人所得税法律制度的规定，下列个人所得中，应按“劳务报酬所得”项目征收个人所得税的有（　　）。

A. 某大学教授从甲企业取得咨询费

B. 某公司高管从乙大学取得的讲课费

C. 某设计院设计师从丙家装公司取得的设计费

D. 某编剧从丁电视剧制作单位取得的剧本使用费

6. 下列个人收入，属于纳税人应按“劳务报酬”所得缴纳个人所得税的有（　　）。

A. 刘某审稿收入

B. 陈某为证券经纪人，从证券公司取得的佣金收入

C. 张某受雇于某律师事务所取得的工作报酬

D. 钱某在一家公司做兼职获得的收入

7. 根据个人所得税法律制度的规定，下列各项中，应按“工资、薪金所得”税目征收个人所得税的有（　　）。

A. 不在甲公司任职、受雇，只担任甲公司董事的张某，从甲公司取得的董事费收入1万元

B. 在甲公司任职同时兼任监事的王某，从甲公司取得的监事费收入1万元

C. 在乙杂志社任职的记者韩某因在本单位杂志上发表作品取得收入1万元

D. 受雇于乙杂志社的清洁工李某因在本单位杂志上发表作品取得收入1万元

8. 根据个人所得税法律制度的规定，下列收入中，按照“特许权使用费所得”税目缴纳个人所得税的有（　　）。

A. 提供商标权收入　　B. 转让土地使用权收入

C. 转让著作权收入　　D. 转让专利权收入

9. 根据个人所得税法律制度的规定，下列表述中不正确的有（　　）。

A. 作者去世后，财产继承人取得的遗作稿酬，不征收个人所得税

B. 出版社的专业作者翻译的作品，由本社以图书形式出版而取得的稿费收入，应按“工资、薪金所得”项目征收个人所得税

C. 作者将自己的文字作品手稿原件或复印件公开拍卖取得的收入，应按“稿酬所得”项目征收个人所得税

D. 个人取得特许权的经济赔偿收入，应按“特许权使用费所得”项目缴纳个人所得税

10. 个体工商户王某聘请工人李某从事食品加工，在按“经营所得”计算王某应缴纳的个人所得税时，下列各项可以扣除的有（　　）。

A. 王某支取的工资　　B. 李某支取的工资

C. 为王某缴纳的基本社会保险　　D. 为李某缴纳的基本社会保险

11. 个体工商户发生的下列支出中，在按“经营所得”计算个人所得税时不得扣除的有（　　）。

A. 个人所得税税款　　B. 税收滞纳金

C. 用于个人和家庭的支出　　D. 行政罚款

12. 某人有A、B、C三套住房，其中A、B两套用于出租，3月份共收取租金9 600元，其中住宅A租金4 799元，住宅B租金4 801元，同时两套住宅分别发生修缮费用，各900元，则下列说法中正确的有（　　）（不考虑个人出租住房应缴纳的其他税费）。

A. 出租A住房应缴纳个税319.9元

B. 出租A住房应缴纳个税311.92元

C. 出租B住房应缴纳个税312.08元

D. 出租B住房应缴纳个税320.08元

13. 下列属于财产转让所得的有（　　）。

A. 转让剧本使用权　　B. 转让设备

C. 转让股票　　D. 转让非专利技术

14. 下列情形中，不征收个人所得税的有（　　）。

A. 企业通过价格折扣方式向个人销售商品

B. 企业向个人提供服务的同时给予赠品

C. 企业对累积消费达到一定额度的个人按消费积分反馈礼品

D. 企业对累积消费达到一定额度的顾客，给予额外抽奖机会，个人获奖所得

15. 根据个人所得税法律制度的规定，下列各项中，应计算缴纳个人所得税的有（　　）。

A. 职工个人以股份形式取得的仅作为分红依据、不拥有所有权的企业量化资产

B. 职工个人以股份形式取得的拥有所有权的企业量化资产

C. 职工个人以股份形式取得的拥有所有权的企业量化资产，转让时取得的收入

D. 职工个人以股份形式取得的企业量化资产参与企业分配而获得的股息、红利

16. 根据个人所得税法律制度的规定，下列个人所得税中，免征个人所得税的有（　　）。

A. 王某将自己名下的房产赠送给子女

B. 残疾人取得的中奖收入

C. 作家拍卖手稿所得

D. 储蓄存款利息

17. 根据个人所得税法律制度的规定，下列各项中，免征个人所得税的有（　　）。

A. 离退休人员从社保部门提取的养老金

B. 国债利息

C. 个人取得的保险赔款

D. 个人提取由单位和个人共同缴付的住房公积金

18. 根据税法规定，下列情形中，纳税人应当依法办理纳税申报的有（　　）。

A. 取得综合所得需要办理汇算清缴的

B. 取得应税所得，扣缴义务人未扣缴税款的

C. 取得境外所得的

D. 因移居境外注销中国户籍的

（三）判断题

1. 在中国境内有住所，或者无住所而在境内居住满200天的个人，属于我国个人所得税居民纳税人。（　　）

2. 个人独资企业和合伙企业既是个人所得税的纳税义务人，又是企业所得税的纳税义务人。（　　）

3. 根据税法规定，稿酬所得的收入额减按80%计算。（　　）

4. 作者去世后，财产继承人取得的遗作稿酬，不征收个人所得税。（　　）

5. 作者将自己的文字作品手稿原件或复印件公开拍卖取得的所得，应按稿酬所得项目征收个人所得税。（　　）

6. 个人通过非营利性社会团体向营利性老年服务机构捐赠，准予在缴纳个人所得税前全额扣除。（　　）

7. 个体工商户生产经营活动中，应当分别核算生产经营费用和个人、家庭费用；对于生产经营与个人、家庭生活混用难以分清的费用，计算“经营所得”的个人所得税时，不得扣除。（　　）

8. 律师以个人名义聘请助理刘某为辅助其工作，每月为刘某支付工资1万元。根据个人所得税法律制度的规定，刘某每月取得的工资收入应当按“工资、薪金所得”缴纳个人所得税。（　　）

9. 个人因购买和处置债权取得的所得，按“财产转让所得”缴纳个人所得税。（　　）

10. 非居民个人在中国境内从两处以上取得工资、薪金所得的，应当在取得所得的次月15日内申报纳税。（　　）

（四）不定项选择题

一、中国公民王先生为某大学教授，同时是甲公司（非上市公司）的股东，2023年取得的收入情况如下：

（1）每月工资收入9 000元、托儿补助费500元、住房补贴1 000元、差旅费津贴300元；

（2）取得甲公司为其购买的价值120万元的小轿车一辆，该车所有权登记在王先生名下；

（3）取得其月初购入的A上市公司股票红利0.2万元（该股票于本月28日转让）；

（4）将其持有的B上市公司股票（非限售股）转让，转让净收入3万元；

（5）购买福利彩票中奖5万元，发生领奖交通费0.5万元，餐费0.1万元。

要求：根据上述资料，不考虑其他因素，分析回答下列小题。

1. 下列各项中，应计入“工资、薪金所得”的是（ ）。

A. 工资收入9 000元　　B. 托儿补助费500元

C. 住房补贴1 000元　　D. 差旅费津贴300元

2. 有关王先生取得甲公司为其购买的小轿车，下列说法正确的是（ ）。

A. 无须计算缴纳个人所得税

B. 应按“工资、薪金所得”计征个人所得税

C. 应按“经营所得”计征个人所得税

D. 应按“利息、股息、红利所得”计征个人所得税

3. 有关王先生取得的上市公司股利和上市公司股票转让收入，下列说法正确的是（ ）。

A. 王先生取得的上市公司股利免征个人所得税

B. 王先生取得的上市公司股利应全额计入应纳税所得额，按“利息、股息、红利所得”计征个人所得税

C. 王先生取得的上市公司股票转让收入不征收个人所得税

D. 王先生取得的上市公司股票转让收入，应按“财产转让所得”计征个人所得税

4. 有关王先生取得福利彩票中奖收入应缴纳的个人所得税，下列计算正确的是（ ）。

A. $(5-0.5-0.1)\times 20\%$　　B. $(5-0.5)\times 20\%$

C. $(5-0.1)\times 20\%$　　D. $5\times 20\%$

二、作家李某是居民个人，2023年取得的收入如下：

（1）提供著作权的使用权取得所得10 000元；将自己的文字作品手稿原件拍卖取得所得20 000元。

（2）从某电视剧制作中心取得剧本使用费50 000元。

（3）为某报社专栏撰稿并发表，取得收入3 500元，发生材料费支出200元。

（4）11月参加某专卖店店庆活动，购买一双原价1 000元的皮鞋，李某获得价格折扣400元，实际支付600元。

（5）提供法律援助，按规定获得的法律援助补贴 2 500 元。

（6）获赠父母名下价值 2 000 000 元的住房一套。

（7）将投资于境内某有限责任公司的股权转让给其他单位，取得转让收入 80 000 元。

要求：根据上述资料，不考虑其他因素，分析回答下列小题。

1. 下列各项，应按“稿酬所得”缴纳个人所得税的是（　　）。

A. 提供著作权的使用权取得的所得 10 000 元

B. 将自己的文字作品手稿原件拍卖取得的所得 20 000 元

C. 从电视剧制作单位取得的剧本使用费 50 000 元

D. 为报社专栏撰稿取得的收入 3 500 元

2. 计算李某取得报社专栏撰稿收入应预扣预缴个人所得税税额的下列算式中，正确的是（　　）。

A. $(3\ 500-200-800)\times 20\%=500$（元）

B. $(3\ 500-200-800)\times 70\%\times 20\%=350$（元）

C. $(3\ 500-800)\times 20\%=540$（元）

D. $(3\ 500-800)\times 70\%\times 20\%=378$（元）

3. 李某取得的下列收入中，不缴纳个人所得税的是（　　）。

A. 从专卖店获得的价格折扣 400 元

B. 按规定获得的法律援助补贴 2 500 元

C. 获赠父母名下价值 2 000 000 元的住房

D. 股权转让收入 80 000 元

4. 李某取得综合所得需要办理汇算清缴的，应当在取得所得的次年（　　）办理汇算清缴。

A. 3 月 1 日至 6 月 30 日内

B. 1 月 1 日至 2 月 28 日内

C. 5 月 31 日前

D. 3 月 31 日前

三、居民个人张某是个体工商户业主，主要从事小商品批发和零售。张某两个女儿分别在读小学和初中。2023 年有关收支情况如下：

（1）取得小商品批发和零售收入 1 000 000 元。

（2）因生产经营发生成本、费用、税金等 600 000 元，其中包括雇员小李的工资 70 000 元、代小李负担的个人所得税 12 元、张某本人工资 100 000 元、财产保险费 20 000 元、业务招待费 8 000 元。

（3）张某出租另一处闲置门面房，取得不含增值税月租金 20 000 元，每月缴纳的可以税前扣除的相关税费 2 400 元，每月为租户负担水电费 2 000 元，9 月发生修缮费 400 元。

已知：张某经营所得减除费用为 60 000 元，专项扣除为 24 000 元，子女教育专项附加扣除标准为每个子女 2 000 元/月，由张某按扣除标准的 100% 扣除。要求：根据上述资料，不考虑其他因素，分析回答下列小题。

1. 计算张某2023年度经营所得个人所得税应纳税所得额时，下列支出中，不得扣除的是（　　）。

A. 雇员小李的工资70 000元　　B. 代小李负担的个人所得税12元

C. 张某本人工资100 000元　　D. 财产保险费20 000元

2. 计算张某2023年度经营所得个人所得税应纳税所得额时，准予扣除的业务招待费是（　　）元。

A. 0　　B. 4 800

C. 5 000　　D. 8 000

3. 计算张某2023年度经营所得个人所得税应纳税所得额的下列算式中，正确的是（　　）。

A. 1 000 000 − 600 000 + 12 + 100 000 − 60 000 − 24 000 = 416 012（元）

B. 1 000 000 − 600 000 + 100 000 − 60 000 − 24 000 − 2 000 × 2 × 12 = 368 000（元）

C. 1 000 000 − 600 000 + 12 + 100 000 +（8 000 − 4 800）− 60 000 − 24 000 − 2 000 × 12 = 395 212（元）

D. 1 000 000 − 600 000 + 12 + 100 000 +（8 000 − 4 800）− 60 000 − 24 000 − 2 000 × 2 × 12 = 371 212（元）

4. 计算张某2023年9月财产租赁所得应缴纳个人所得税税额的下列算式中，正确的是（　　）。

A.（20 000 − 2 400 − 2 000 − 400）×（1 − 20%）× 20% = 2 432（元）

B.（20 000 − 2 400 − 400）×（1 − 20%）× 20% = 2 752（元）

C.（20 000 − 2 400 − 800）×（1 − 20%）× 20% = 2 688（元）

D.（20 000 − 2 400）× 20% = 3 520（元）

技能强化训练

某企业管理者2023年工资薪金所得总额为52万元（含年终奖），个人负担的“三险一金”4 500元/月，赡养老人的专项附加扣除为3 000元/月。

请结合年终奖新政策，下列哪种发放方式的个税最少？

（1）年终奖发3.6万元，正常工资48.4万元；

（2）年终奖发14.4万元，正常工资37.6万元；

（3）年终奖发30万元，正常工资22万元；

（4）年终奖发0元，正常工资52万元。

项目 7

其他税种的税务管理

核心目标

知识目标

- 了解房产税、城镇土地使用税、契税、耕地占用税、车辆购置税、车船税、印花税、资源税、土地增值税、城市维护建设税与教育费附加、船舶吨税、环境保护税、烟叶税的定义
- 掌握房产税、城镇土地使用税、契税、耕地占用税、车辆购置税、车船税、印花税、资源税、土地增值税、城市维护建设税与教育费附加、船舶吨税、环境保护税、烟叶税的征收制度以及应纳税额的计算

能力目标

- 具备计算房产税、城镇土地使用税、契税、耕地占用税、车辆购置税、车船税、印花税、资源税、土地增值税、城市维护建设税与教育费附加、船舶吨税、环境保护税、烟叶税的应纳税额的能力
- 具有在税务系统进行纳税申报的能力
- 具备根据企业的具体情况进行纳税筹划的能力

素质目标

- 树立法治观念，知法守法，依法纳税
- 培养社会责任感

核心概念

房产税、城镇土地使用税、契税、耕地占用税、车辆购置税、车船税、印花税、资源税、土地增值税、城市维护建设税与教育费附加、船舶吨税、环境保护税、烟叶税，各税

种的纳税义务人、征税范围、计税依据、税率、应纳税额计算以及税收优惠。

思政案例

据财政部、税务总局公告，为活跃资本市场，提振投资者信心，自2023年8月28日起，证券交易印花税实施减半征收。

据了解，证券交易印花税由普通印花税发展而来，是专门针对股票交易发生额进行征收。1990年印花税在深圳开征，当时征收标准是由卖出股票的交易者缴纳成交金额的6‰；同年的11月，深圳市场对买家也开征了6‰的印花税。

据人民网财经梳理，自1990年至今，我国资本市场证券交易印花税前后经历了多次调整，期间呈现逐年下调的趋势——1991年10月10日，证券交易印花税由6‰下调到3‰，这是我国证券市场史上第一次调整印花税；1997年5月12日，证券交易印花税由3‰上调到5‰；1998年6月12日，证券交易印花税由5‰下调到4‰；2001年11月16日，证券交易印花税由4‰下调到2‰；2005年1月23日，证券交易印花税再次下调，由2‰下调到1‰；2007年5月30日，证券交易印花税由1‰上调到3‰；2008年4月24日，证券交易印花税从3‰调整为1‰；2008年9月19日，证券交易印花税由双边征收改为单边征收，税率保持1‰。

对此，平安证券表示，从投资者的交易成本来看，在买卖股票的时候，投资者需要支付交易所规费、券商佣金、证券交易印花税3笔费用。此前证券交易印花税按照卖出时成交金额单边千分之一收取，相比之下，证券交易印花税在投资者交易成本中占了较大的比重。本次证券交易印花税由单边征收1‰下调至0.5‰，按10万元交易金额计算，证券交易印花税费用由100元下降至50元，大幅降低了投资者的交易成本，有望提振市场情绪。

前海开源基金首席经济学家杨德龙表示，这一举措被视为对当前市场走势的重大利好，有助于改变市场的低迷趋势，对于活跃资本市场、提振投资者信心起到了催化作用。从过去25年的历史来看，几乎每一次对印花税的调整都对市场走势产生了重大利好的推动作用，使得市场表现强劲，投资者信心也得到了极大的提振。

也有行业人士认为，证券交易印花税的下调，能够有效降低A股投资者交易成本、增加股市投资价值、促进投资者交易积极性的提升。同时，证券交易印花税下调，向投资者传达了政策呵护股市的态度，可以展现政府推动资本市场发展的意愿，有利于提振股民信心，对于提升资本市场活跃度、促进A股市场估值合理提升具有较大的帮助。

7.1 房产税

引例

某市联运公司，系交通局下属的集体企业，注册资金368万元，现有职工274人，经营公路铁路联运，国内、国际集装箱和汽车客货运输。2023 年度账面实现主营业务收入 430 万元。主营利润 22 万元，其他业务利润 13 万元，营业外收入 42 万元，利润总额 53 万元。

在 2023 年的日常税务稽查中，稽查人员发现该公司房租收入数额较大，但未及时申报缴纳房产税，且房租收入归类混乱，有些收入反映在“其他业务收入”账户，有些则反映在“营业外收入”账户。税务人员经查询得知，收入归类混乱是年度中间会计更换频繁所致。经核实，该公司 2023 年 1 月至 9 月期间共取得房租收入 26 万元，未申报房产税。

问题：计算联运公司未申报的房税部分应补交的金额是多少？分析该公司房租收入归类混乱的原因？提出你们的看法。

【分析】根据《房产税暂行条例》第三条规定，房产出租的，以房产租金收入为房产税的计税依据；第四条规定，房产税的税率，依照房产租金收入计算缴纳的，税率为 12%。因此，该联运公司应补缴房产税 3.12 万元（26×12%）。

从客观上看，该公司违反我国《会计法》有关规定，年度中间频繁更换会计，导致会计工作缺乏连续性，执行会计制度不严格，从而忽视了房产税的及时申报工作。

从主观上看，由于房产税是小税种，公司领导和会计以前接触较少，这方面的纳税意识薄弱，因此房租收入虽然记作“其他业务收入”或“营业外收入”，却不及时申报纳税。

知识准备

房产税，是以房屋为征税对象，按房屋的计税余值或租金收入为计税依据，向产权所有人或经营管理人等征收的一种地方财产税。征收房产税有利于地方政府筹集财政收入，也有利于加强房产管理。

7.1.1 房产税的纳税义务人

房产税的纳税人，是指在我国城市、县城、建制镇和工矿区内拥有房屋产权的单位和个人。包括国家所有和集体、个人所有房屋的产权所有人、承典人、代管人或使用人三类。

（1）产权属国家所有的，由经营管理单位纳税；产权属集体和个人所有的，由集体单位和个人纳税。

所称单位，包括国有企业、集体企业、私营企业、股份制企业、外商投资企业、外国企业以及其他企业和事业单位、社会团体、国家机关、军队以及其他单位；所称个人，包括个体工商户以及其他个人。

（2）产权出典的，由承典人纳税。

所谓产权出典，是指产权所有人将房屋、生产资料等的产权，在一定期限内典当给他人使用，而取得资金的一种融资业务。这种业务大多发生于出典人急需用款，但又想保留产权回赎权的情况。承典人向出典人交付一定的典价之后，在质典期内即获抵押物品的支配权，并可转典。产权的典价一般低于卖价。出典人在规定期间内须归还典价的本金和利息，方可赎回出典房屋等产权。由于在房屋出典期间，产权所有人已无权支配房屋，因此，税法规定由房屋具有支配权的承典人为纳税人。

（3）产权所有人、承典人不在房屋所在地的，或者产权未确定及租典纠纷未解决的，居民住宅区内业主共有的经营性房产，由房产代管人或者使用人纳税。

所谓租典纠纷，是指产权所有人在房产出典和租赁有关系上，与承典人、租赁人发生各种争议，特别是权利和义务的争议悬而未决的。此外还有一些产权归属不清的问题，也都属于租典纠纷。对租典纠纷尚未解决的房产，规定由代管人或使用人为纳税人，主要目的在于加强征收管理，保证税收公平。

（4）产权出租的，由出租人纳税。若应税单位“无租使用”其他单位的房产，由使用人代缴房产税。

7.1.2 房产税征税范围

房产税以房产为课税对象。所谓房产，是指有屋面和围护结构（有墙或两边有柱），能够遮风避雨，可供人们在其中生产、学习、工作、娱乐、居住或储藏物资的场所。独立于房屋之外的建筑物，如围墙、烟囱、水塔、菜窖、室外游泳池等不属于房产税的征税范围。

房地产开发企业建造的商品房，在出售前，不征收房产税；但对出售前房地产开发企业已使用或出租、出售的商品房应按规定征收房产税。

房产税的征收范围为城市、县城、建制镇和工矿区，不包括农村。具体规定如下：

（1）城市，是指国务院批准设立的市。

（2）县城，是指县人民政府所在地的地区。

（3）建制镇，是指经省、自治区、直辖市人民政府批准设立的建制镇。

（4）工矿区，是指工商业比较发达、人口比较集中、符合国务院规定的建制镇标准但尚未设立建制镇的大中型工矿企业所在。开征房产税的工矿区须经省、自治区、直辖市人民政府批准。

勤思考7-1

小王在一家房地产公司工作，公司在2023年开发并完工一个楼盘，将其中的一栋作为公司办公楼，其他作为商品房出售，且在办公楼前建了一个露天游泳池。而小王自己在农村拥有一栋3层的居住房，另外在A城市购置了一个门面房。上述的房屋及建筑征收房产税的有哪些？

【解析】房产税的征收范围为城市、县城、建制镇和工矿区，不包括农村。房地产开发企业建造的商品房，在出售前，不征收房产税。建在室外的露天游泳不属于房产。故上述房屋及建筑物需缴纳房产税的有房地产公司办公楼、小王个人在A城市拥有的门面房。

7.1.3 房产税计税依据

房产税的计税依据是房产的计税余值或房产租金收入。按照房产计税余值征税的，称为从价计征；按照房产租金收入计征的，称为从租计征。

7.1.3.1 从价计征

从价计征的房产税，是以房产余值为计税依据，根据规定按房产原值一次减除10%—30%后的余值计算缴纳。各地扣除比例由当地省、自治区、直辖市人民政府确定。

1. 房产原值

房产原值，是指纳税人按照会计制度规定，在会计核算账簿“固定资产”账户中记载的房屋原价。因此，凡按会计制度规定在账簿中记载有房屋原价的，应以房屋原价按规定减除一定比例后作为房产余值计算房产税；没有记载房屋原价的，按照上述原则，并参照同类房屋确定房产原值，按规定计征房产税。

【提示】

（1）房产原值包括与房屋不可分割的附属设施或一般不单独计价的配套设施。凡以房屋为载体，不可随意移动的附属设备和配套设施，如给排水、采暖、消防、中央空调、电气及智能化楼宇设备等，无论在会计核算中是否单独记账与核算，都应计入房产原值，计征房产税。

（2）纳税人对原有房屋进行改建、扩建的，要相应增加房屋的原值。对于更换房屋附属设备和配套设施的，在将其价值计入房产原值时，可扣减原来相应设备和设施的价值；对附属设备和配套设施中易损坏、需要经常更换的零配件，更新后不再计入房产原值。

2. 房产余值

房产余值，是房产的原值减除规定比例后的剩余价值。

3. 需要注意的特殊问题

（1）以房产联营投资的，房产税计税依据应区别对待：

①以房产联营投资，共担经营风险的，以房产余值为计税依据计征房产税；

②以房产联营投资，收取固定收入，不承担经营风险，实际是以联营名义取得房产租金，因此应由出租方按租金收入计征房产税。

（2）融资租赁房屋。以房产余值为计税依据计征房产税。

（3）居民住宅区内业主共有经营性房产。由实际经营的代管人或使用人缴纳房产税。其中：自营的依照房产原值减除10%—30%后的余值计征；出租的依照租金收入计征。

勤思考 7－2

某公司 2023 年购进一处房产，2024 年 5 月 1 日用于投资联营（收取固定收入，不承担联营风险），投资期 3 年，当年取得固定收入 160 万元。该房产原值 3 000 万元，当地政府规定的减除幅度为 30%，该公司 2024 年应缴纳的房产税的计税依据为多少万元？

【学中练 7－1】

顺和公司因为生产规模扩大，购置了源源公司的仓库 1 栋，产权转移书据上注明的交易价格为 1 200 万元，在企业“固定资产”账户上记载的原值为 1 250 万元，取得了房屋权属证书。已知当地省政府规定的房产税计算余值的扣除比例为 30%。计算房产税时该仓库的原值是多少？计税余值是多少？

【解析】1. 计算房产税时该仓库的原值是 1 250 万元。

2. 计税余值是 1 250 × (1 − 30%) = 875 万元。

【知识拓展】

合理降低房产原值的税收筹划

【筹划思考】房产原值的大小直接决定房产税的多少，纳税人可以如何合理减少房产原值以减少房产税支出呢？

【筹划案例】甲公司位于某市区内，企业除厂房、办公用房外，还包括厂区围墙、烟囱、水塔、变电塔、游泳池、停车场等建筑物，总计工程造价 10 亿元，除厂房、办公用房外的建筑设施工程造价为 2 亿元。请问甲公司可以如何筹划？

【筹划分析】房产原值是指房屋的造价，包括与房屋不可分割的各种附属设备或一般不单独计算价值的配套设施。按照税法规定，独立于房屋之外的建筑物，如围墙、烟囱、水塔、变电塔、油池油柜、酒窖菜窖、酒精池、糖蜜池、室外游泳池、玻璃暖房、砖瓦石灰窑以及各种油气罐等，不属于房产，不用缴纳房产税。

因此，纳税人可以将停车场、游泳池等建筑建成露天建筑，这些建筑的价值可以不用计入房产原值中计算缴纳房产税。

7.1.3.2 从租计征

房产出租的，以房屋出租取得的租金收入为计税依据，计缴房产税。

所谓房产的租金收入，是房屋产权所有人出租房产使用权所得的报酬，包括货币收入和实物收入。

如果是以劳务或者其他形式为报酬抵付房租收入的，应根据当地同类房产的租金水平，确定一个标准租金金额从租计征。

7.1.4 房产税税率

我国现行房产税采用的是比例税率。房产税的计税依据分为从价计征和从租计征两种形式，房产税的税率有两种：

（1）按房产原值一次减除10%—30%后的余值计征，税率为1.2%。

（2）按房产出租的租金收入计征，税率为12%。

自2008年3月1日起，对个人出租住房，不区分用途，按4%的税率征收房产税。

单位向个人或专业化规模化住房租赁企业出租住房，减按4%的税率征收房产税。

7.1.5 应纳税额的计算

房产税的计税依据有两种，与之相适应的应纳税额计算也分为两种：一是从价计征的计算；二是从租计征的计算，具体见表7-1。

表7-1 房产税应纳税额的计算

计税方法	计税依据	税率	税额计算公式
从价计征	房产计税余额	1.2%	全年应纳税额=应税房产原值×（1-扣除比例）×1.2%
从租计征	房屋租金	12%（个人为4%）	全年应纳税额=租金收入×12%（个人为4%）

【提示】个人房产出租的，计征房产税的租金收入不含增值税。

【学中练7-2】

1. 某企业的经营用房原值为5 000万元，按照当地规定允许减除30%后按余额计税，适用税率为1.2%。请计算其应纳房产税税额。

【解析】应纳税额=5 000×(1-30%)×1.2%=42（万元）

2. 某公司出租房屋10间，年租金收入为300 000元，适用税率为12%。请计算其应纳房产税税额。

【解析】应纳税额=300 000×12%=36 000（万元）

7.1.6 房产税税收优惠

（1）国家机关、人民团体、军队自用的房产免征房产税。但上述免税单位的出租房产以及非自身业务使用的生产、营业用房，不属于免税范围。

（2）由国家财政部门拨付事业经费的单位，如学校、医疗卫生单位、托儿所、幼儿园、敬老院、文化、体育、艺术这些实行全额或差额预算管理的事业单位所有的，本身业务范围内使用的房产免征房产税。

（3）宗教寺庙、公园、名胜古迹自用的房产免征房产税。对个人拥有的营业用房或者出租的房产，不属于免税房产，应照章纳税。

（4）个人所有非营业用的房产免征房产税。个人所有的非营业用房，主要是指居民住房，不分面积多少，一律免征房产税。

对个人拥有的营业用房或者出租的房产，不属于免税房产，应照章纳税。

（5）经财政部批准免税的其他房产主要有：

①毁损不居住的房屋和危险房屋，经有关部门鉴定，在停止使用后，可免征房产税。

②纳税人因房屋大修导致连续停用半年以上的，在房屋大修期间，免征房产税，免征税额由纳税人在申报缴纳房产税时自行计算扣除，并在申报表附表或备注栏中作相应说明。

③在基建工地为基建工地服务的各种工棚、材料棚、休息棚和办公室、食堂、茶炉、汽车房等临时性房屋，施工期间一律免税。但工程结束后，施工企业将这种临时性房屋交还或估价转让给基建单位的，应从基建单位接收的次月起，照章纳税。

④对房管部门经租的居民住房，在房租调整改革之前收取租金偏低的，可暂缓征收房产税。对房管部门经租的其他非营业用房，是否给予照顾，由各省、自治区、直辖市根据当地具体情况按税收管理体制的规定办理。

⑤对高校学生公寓免征房产税。

⑥对非营利性医疗机构、疾病控制机构和妇幼保健机构等卫生机构自用的房产，免征房产税。

⑦老年服务机构自用的房产免征房产税。

⑧对公共租赁住房免征房产税。公共租赁住房经营单位应单独核算公共租赁住房租金收入，未单独核算的，不得享受房产税优惠政策。

⑨国家机关、军队、人民团体、财政补助事业单位、居民会、村民委员会拥有的体育馆，用于体育活动的房产，免征房产税。

经费自理事业单位、体育社会团体、体育基金会、体育类民办非企业单位拥有并运营管理的体育馆，符合相关条件的，其用于体育活动的房产，免征房产税。

企业拥有并运营管理的体育馆，其用于体育活动的房产，减半征房产税。

享受上述税收优惠体育场馆的运动场地用于体育活动的天数不得低于全年自然天数的70%。

⑩自2019年6月1日至2025年12月31日，为社区提供养老、托育、家政等服务的机构自有或其通过承租、无偿使用等方式取得并用于提供社区养老、托育、家政服务的房产，免征房产税。

⑪自2023年1月1日至2027年12月31日，对增值税小规模纳税人、小型微利企业和个体工商户减半征收房产税。

⑫自2019年1月1日至2027年12月31日，对国家级、省级科技企业孵化器、大学

科技园和国家备案众创空间自用以及无偿或通过出租等方式提供给在孵对象使用的房产，免征房产税。

⑬自 2019 年 1 月 1 日至 2027 年 12 月 31 日，对农产品批发市场、农贸市场（包括自有和承租）专门用于经营农产品的房产，暂免征收房产税。对同时经营其他产品的，按其他产品与农产品交易场地面积的比例确定征免房产税。

⑭自 2019 年 1 月 1 日至 2027 年供暖期结束，对向居民供热收取采暖费的供热企业，为居民供热所使用的厂房免征房产税。供暖期是指当年下半年供暖开始至次年上半年供暖结束的时间。

7.1.7　房产税征收管理

7.1.7.1　纳税义务发生时间

房产税纳税义务发生时间具体见表 7－2。

表 7－2　纳税义务发生时间

房产用途	纳税义务发生时间
1. 将原有房产用于生产经营	从生产经营之月起
2. 自行新建房屋用于生产经营	从建成之次月起
3. 委托施工企业建设的房屋	从办理验收手续之次月起（此前已使用或出租、出借的新建房屋，应从使用或出租、出借的当月起）
4. 纳税人购置新建商品房	自房屋交付使用之次月起
5. 购置存量房	自办理房屋权属转移、变更登记手续，房地产权属登记机关签发房屋权属证书之次月起
6. 纳税人出租、出借房产	自交付出租、出借房产之次月起
7. 房地产开发企业自用、出租、出借自建商品房	自房屋使用或交付之次月起
8. 其他	因房产的实物或权利状态发生变化而依法终止房产税纳税义务的，其应纳税款的计算应截止到房产的实物或权利状态发生变化的当月末

【学中练 7－3】

甲企业是增值税小规模纳税人，2023 年 1 月委托施工企业建造仓库，工程 4 月竣工，5 月办妥了验收手续。该仓库在甲企业账簿“固定资产”科目中记载的原值为 300 万元；3 月该企业还购置了乙企业的一处办公用房，产权转移书据上注明的交易价格为 120 万元，在企业“固定资产”科目上记载的原值为 1.25 万元，取得了房屋权属证书（其他相关资料：已知当地省政府规定的房产税计算余值的扣除比例为 30%）。

请计算甲企业应交纳的房产税是多少？

【解析】 甲企业是增值税小规模纳税人，自2023年1月1日起享受房产税减半征收优惠。

（1）建造的仓库应交纳的房产税为：$300\times(1-30\%)\times7\div12\times1.2\%\times50\%=0.735$（万元）

（2）购置仓库的房产税为：$125\times(1-30\%)\times9\div12\times1.2\%\times50\%=0.39375$（万元）

（3）甲企业应缴纳房产税为：$0.735+0.39375=1.12875$（万元）

7.1.7.2 纳税地点

房产税在房产所在地缴纳。房产不在同一地方的纳税人，应按房产的坐落地点分别向房产所在地的税务机关纳税。

7.1.7.3 纳税期限

房产税实际按年计算、分期缴纳的征收方法，具体纳税期限由省、自治区、直辖市人民政府确定。

7.2 城镇土地使用税

引例

某工厂10年前购买200亩土地，并按照土地使用证上面的土地面积每年都在缴纳土地使用税。5月，税务稽查部门约谈企业，认为企业有漏交土地使用税。稽查局发现企业购买土地时，《土地转让协议》上面的土地面积比土地使用证面积多出1 000平方米，所以稽查局要求就高原则，要求企业按照《土地转让协议书》上的约定面积补交10年来的土地使用税及滞纳金。

问题：土地使用税缴纳依据是哪个面积？是否按照稽查局说的从高原则？企业是否有少交土地使用税呢？

【分析】 土地增值税的计算，应当按照测定的实际占用的面积为准，未测定的，则按照土地使用证上的面积计算缴纳城镇土地使用税。注意一点：实际面积也不是谁量了就算的，按照文件规定得由省级政府确定的单位测定。

根据《国家税务局关于检发〈关于土地使用税若干具体问题的解释和暂行规定〉的通知》（〔1988〕国税地字第15号）规定：纳税人实际占用的土地面积，是指由省、自治区、直辖市人民政府确定的单位组织测定的土地面积。尚未组织测量，但纳税人持有政府部门核发的土地使用证书的，以证书确认的土地面积为准；尚未核发土地使用证书的，应由纳税人据实申报土地面积。

本案例中，企业在招拍挂后，签订了《土地转让协议》，招拍挂出让协议上的注明土地面积是不准确的。招拍挂完成后，土地重新测量之后，国土资源局发了土地使用证，土地使用证面积比之前的协议的约定面积要小。企业按照土地使用证面积缴纳土地使用税是正确的。

知识准备

城镇土地使用税，是国家在“城市、县城、建制镇和工矿区”范围内，对拥有土地使用权的单位和个人征收的一种税。征收城镇土地使用税有利于促进土地的合理使用，调节土地级差收入，也有利于筹集地方财政资金。

7.2.1 纳税义务人

城镇土地使用税的纳税义务人，是使用城市、县城、建制镇和工矿区土地的单位和个人，包括：内资企业、外商投资企业和外国企业在华机构、事业单位、社会团体、国家机关、军队及其他单位，个体工商户及个人也是纳税人。

纳税人通常包括以下几类：

（1）拥有土地使用权的单位和个人。

（2）拥有土地使用权的单位和个人不在土地所在地的，其土地的实际使用人和代管人为纳税人。

（3）土地使用权未确定或权属纠纷未解决的，其实际使用人为纳税人。

（4）土地使用权共有的，共有各方都是纳税人，由共有各方分别纳税。土地使用权共有的，以共有各方实际使用土地面积占总面积的比例，分别计算缴纳城镇土地使用税。

勤思考 7－3

某城市的 A 公司与 B 公司共同拥有一块土地使用权，这块土地面积为 2 000 平方米，A 实际使用 1/4，B 实际使用 3/4，请问对于 A、B 两家公司共同拥有的土地，该如何确定该城镇土地使用税的纳税人？

【解析】（1）A 公司是其所占 500 平方米（2 000 × 1/4）的土地的城镇土地使用税的纳税人。

（2）B 公司是其所占 1 500 平方米（2 000 × 3/4）的土地的城镇土地使用税的纳税人。

7.2.2 城镇土地使用税范围

城镇土地使用税的征税范围是：城市、县城、建制镇和工矿区内属于国家所有和集体所有的土地，不包括农村集体所有的土地。

上述城市、县城、建制镇和工矿区内按以下标准确认：

（1）城市是指国务院批准设立的市，其征收范围包括市区和郊区的土地。

（2）县城是指县人民政府所在地的地区，其征收范围为县人民政府所在地的土地。

（3）建制镇是指经省、自治区、直辖市人民政府批准设立的建制镇。其征收范围为镇人民政府所在地的土地。

（4）工矿区是指工商业比较发达、人口比较集中、符合国务院规定的建制镇标准但尚未设立建制镇的大中型工矿企业所在。开征房产税的工矿区须经省、自治区、直辖市人民政府批准。

建立在城市、县城、建制镇和工矿区外的工矿企业则不需要缴纳城镇土地使用税。

【提示】公园、名胜古迹内的索道公司经营用地，应按规定缴纳城镇土地使用税。

7.2.3 计税依据

城镇土地使用税的计税依据是纳税人实际占用的土地面积。土地面积以平方米为计量标准。具体按以下办法确定：

（1）以测定面积为计税依据，适用于由省、自治区、直辖市人民政府确定的单位组织测定土地面积的纳税人。

（2）以证书确认的土地面积为计税依据，适用于尚未组织测量土地面积，但持有政府部门核发的土地使用证书的纳税人。

（3）以申报的土地面积为计税依据，适用于尚未核发土地使用证书的纳税人。待核发土地使用证以后再做调整。

7.2.4 税率

城镇土地使用税采用定额税率，即采用有幅度的差别税额。按大、中、小城市和县城、建制镇、工矿区分别规定每平方米土地使用税年应纳税额。具体标准见表7－3。

表7－3　　土地使用税税率

级别	人口（人）	每平方米税额（元）
大城市	50万以上	1.5—30
中等城市	20万—50万	1.2—24
小城市	20万以下	0.9—18
县城、建制镇、工矿区		0.6—12

【提示】城镇土地使用税单位税额有较大差别。最高与最低税额之间相差50倍，同一地区最高与最低税额之间相差20倍。

这主要考虑到我国各地区存在悬殊的土地级差收益，同一地区不同地段的市政建设情况和经济繁荣程度也有较大的差别。

各省、自治区、直辖市人民政府可根据市政建设情况和经济繁荣程度在规定税额幅度内，确定所辖地区的适用税额幅度。

经济落后地区，税额可适当降低，但降低额不得超过税率表中规定的最低税额的30%。经济发达地区的适用税额可适当提高，但需报财政部批准。

【知识拓展】

合理降低适用税率的税收筹划

【筹划思路】城镇土地使用税根据土地级别确定单位税额，因此不同地区税额不同，在不影响经营的情况下纳税人应尽量选择低税率地区。

【筹划案例】甲公司想要扩大生产基地。由于公司总部在北京，所以董事会的初步方案是将生产基地建在北京郊区，面积为10 000平方米，选用的土地为四级土地，每平方米土地每年需缴纳城镇土地使用税12元，因此每年需缴纳城镇土地使用税12万元。请问该公司可以如何进行筹划？

【筹划分析】城镇土地使用税根据适用的土地级别确定单位税额，甲公司可以将生产基地建在更低土地级别的地区，减少城镇土地使用税的支出，降低土地占地成本等，达到多重筹划效果。

7.2.5 应纳税额的计算

城镇土地使用税的应纳税额可以通过纳税人实际占用的土地面积乘以该土地所在地段的适用税额求得。其计算公式如下：

（全年）应纳税额 = 实际占用应税土地面积（平方米）×适用税额

【学中练7-4】

1. 设在某城市的一家企业使用土地面积为20 000平方米，经税务机关核定该土地为应税土地，每平方米年税额为4元。请计算其全年应纳的土地使用税税额。

【解析】全年应纳税额 = 20 000 × 4 = 80 000（元）

2. 某城市的A公司与B公司共同拥有一块土地的使用权，这块土地面积为2 000平方米，并在共同建设一栋10层高的办公楼，建成之后，A实际使用4层，B实际使用6层，每平方米年税额为10元。

问题：A公司与B公司应缴纳的土地使用税是多少？

【解析】（1）A公司应缴纳的土地使用税是2 000 × 4/10 × 10 = 800（元）

（2）B公司应缴纳的土地使用税是2 000 × 6/10 × 10 = 1 200（元）

7.2.6 税收优惠

7.2.6.1 《暂行条例》或其他法规中规定的统一免税项目

（1）国家机关、人民团体、军队自用的土地。

（2）由国家财政部门拨付事业经费的单位自用的土地。

（3）宗教寺庙、公园、名胜古迹自用的土地。

以上单位的生产、经营用地和其他用地，不属于免税范围，应按规定缴纳土地使用税。如公园、名胜古迹中附设的营业单位如影剧院、饮食部、茶社、照相馆使用的土地。

（4）市政街道、广场、绿化地带等公共用地。

（5）直接用于农、林、牧、渔业的生产用地。

包括：在城镇土地使用税征收范围内经营采摘、观光农业的单位和个人，其直接用于采摘、观光的种植、养殖、饲养的土地。

不包括：农副产品加工场地和生活办公用地。

（6）经批准开山填海整治的土地和改造的废弃土地，从使用的月份起免缴土地使用税5—10年。

（7）对非营利性医疗机构、疾病控制机构和妇幼保健机构等卫生机构自用的土地，免征城镇土地使用税。

（8）企业办的学校、医院、托儿所、幼儿园，其用地能与企业其他用地明确区分的，免征城镇土地使用税。

（9）对行使国家行政管理职能的中国人民银行总行（含国家外汇管理局）所属分支机构自用的土地，免征城镇土地使用税。

免税单位无偿使用纳税单位的土地（如公安、海关等单位使用铁路、民航等单位的土地），免征城镇土地使用税。纳税单位无偿使用免税单位的土地，纳税单位应照章缴纳城镇土地使用税。

纳税单位与免税单位共同使用、共有使用权土地上的多层建筑，对纳税单位可按其占用的建筑面积占建筑总面积的比例计征城镇土地使用税。

（10）为社区提供养老、托育、家政等服务的机构自有或其通过承租、无偿使用等方式取得并用于提供社区养老、托育、家政服务的房产，免征城镇土地使用税。

（11）公园、名胜古迹内的“索道公司经营用地”，免征城镇土地使用税。

（12）物流企业自有（包括自用和出租）或承租的大宗商品仓储设施用地，减半征收城镇土地使用税。

（13）自2023年1月1日至2027年12月31日，对增值税小规模纳税人、小型微利企业和个体工商户减半征收城镇土地使用税。

（14）国家机关、军队、人民团体、财政补助事业单位、居民会、村民委员会拥有的体育馆，用于体育活动的房产，免征城镇土地使用税。

经费自理事业单位、体育社会团体、体育基金会、体育类民办非企业单位拥有并运营管理的体育馆，符合相关条件的，其用于体育活动的房产，免征城镇土地使用税。

企业拥有并运营管理的体育馆，其用于体育活动的房产，减半征城镇土地使用税。

享受上述税收优惠体育场馆的运动场地用于体育活动的天数不得低于全年自然天数的 70%。

（15）政策性免税：

①企业的铁路专用线、公路等用地，在厂区以外、与社会用地段未隔离的。

②企业厂区以外的公共绿化用地和向社会开放的公园用地。

③盐场的盐滩、盐矿的矿井用地。

④城市公交场站、道路客运场站的经营用地。

（16）自 2023 年 10 月 1 日起，对保障性住房项目建设用地免征城镇土地使用税；在商品住房等开发项目中配套建造保障性住房的，依据政府部门出具的相关材料，可按保障性住房建筑面积占总建筑面积的比例免征城镇土地使用税、印花税。

7.2.6.2 省、自治区、直辖市税务局确定减免土地使用税的优惠

（1）个人所有的居住房屋及院落用地。

（2）房产管理部门在房租调整改革前经租的居民住房用地。

（3）免税单位职工家属的宿舍用地。

（4）集体和个人办的各类学校、医院、托儿所、幼儿园用地。

自 2019 年 1 月 1 日起，由省、自治区、直辖市人民政府根据本地区实际情况，以及宏观调控需要确定，对增值税小规模纳税人可以在 50% 的税额幅度内减征土地使用税。增值税小规模纳税人已依法享受土地使用税税收优惠政策的，可叠加享减征 50% 的优惠政策。

7.2.7 征收管理

7.2.7.1 纳税期限

城镇土地使用税实行按年计算、分期缴纳的征收方法，具体纳税期限由省、自治区、直辖市人民政府确定。

7.2.7.2 纳税义务发生时间

（1）纳税人购置新建商品房，自房屋交付使用之次月起，缴纳城镇土地使用税。

（2）纳税人购置存量房，为自办理房屋权属转移、变更登记手续，房地产权属登记机关签发房屋权属证书之次月起。

（3）纳税人出租、出借房产，为自交付出租、出借房产之次月起。

（4）以出让或转让方式有偿取得土地使用权的，应由受让方从合同约定交付土地时间

的次月起缴纳城镇土地使用税；合同未约定交付时间的，由受让方从合同签订的次月起缴纳城镇土地使用税。

（5）纳税人新征用的耕地，自批准征用之日起满1年时开始缴纳土地使用税。

（6）纳税人新征用的非耕地，自批准征用次月起缴纳土地使用税。

（7）纳税人因土地的权利发生变化而依法终止城镇土地使用税纳税义务的，其应纳税款的计算应截止到土地权利发生变化的当月末。

7.2.7.3 纳税地点

在土地所在地缴纳城镇土地使用税。

纳税人使用的土地不属于同一省、自治区、直辖市管辖的，由纳税人分别向土地所在地的税务机关缴纳土地使用税；在同一省、自治区、直辖市管辖范围内，纳税人跨地区使用的土地，其纳税地点由各省、自治区、直辖市税务局确定。

7.3 契税

引例

立遗嘱人：陈某，男，今年65岁，患有心脏病，身体随时可能会发生意外，因此特立此遗嘱，以表明我去世之后对自己所有财产的处理意愿。我名下现有两处房产，在我死后按如下方式予以分割和继承：

1. 一套3间2厅150平方米由我儿子继承。

2. 一套2间2厅90平方米赠送给胡某。

就上述遗嘱成立后，对于其儿子继承的房产和胡某接受遗赠房屋，是否需要缴纳契税？为什么？

【分析】国家税务总局关于继承土地、房屋权属有关契税问题的批复（国税发〔2004〕1036号）规定：

1. 对于《中华人民共和国继承法》规定的法定继承人（包括配偶、子女、父母、兄弟姐妹、祖父母、外祖父母）继承土地、房屋权属，不征契税。

2. 按照《中华人民共和国继承法》规定，非法定继承人根据遗嘱承受死者生前的土地、房屋权属，属于赠与行为，应征收契税。

所以，个人继承或接受遗赠的房屋，是否要缴纳契税，要根据情况不同而不同。

知识准备

契税是以在中华人民共和国境内转移土地、房屋权属为征税对象，向产权承受人征收的一种财产税。征收契税有利于增加地方财政收入，有利于保护合法产权，避免产权纠纷。

7.3.1 纳税义务人

契税的纳税义务人是境内转移土地、房屋权属，承受的单位和个人。契税由权属承受人缴纳。

这里所说的“承受”，是指以受让、购买、受赠、交换等方式取得土地、房屋权属的行为。土地、房屋权属，是指土地使用权和房屋所有权；单位包括内外资企业、事业单位、国家机关、军事单位和社会团体以及其他组织；个人包括中国公民和外籍人员。

7.3.2 征税范围

契税的征税对象是在境内转移土地、房屋权属这种行为。土地、房屋权属没发生转移的，不征收契税。

契税征税对象包括以下五种具体情况：

7.3.2.1 国有土地使用权出让

国有土地使用权出让是指土地使用者向国家交付土地使用权出让费，国家将国有土地使用权在一定年限内让与土地使用者的行为。对承受国有土地使用权支付的土地出让金，要计征契税。不得因减免土地出让金而减免契税。

7.3.2.2 国有土地使用权转让

国有土地使用权转让是指土地使用者以出售、赠予、交换或其他方式将土地使用权转移给其他单位和个人的行为。土地使用权的转让不包括农村集体土地承包经营权的转移。

7.3.2.3 房屋买卖

房屋买卖是指房屋所有者将其房屋出售，由承受者交付货币、实物、无形资产或其他经济利益的行为。

以下几种特殊情况视同买卖房屋：

1. 以房产抵债或实物交换房屋

这种情况视同买卖房屋，应由产权承受人，按房产现价款缴纳契税。例如王某因无法偿还李某债务，而以现有的房产折价抵偿债务。经双方同意，有关部门批准，李某取得王某的房屋产权，在办理产权过户手续时，按房产折价款缴纳契税。如以实物（金银首饰等等价物品）交换房屋，应视同以货币购买房屋。

【提示】对已缴纳契税的单位和个人，在未办理房屋变更登记前退房的，退还已纳契税；在办房屋权属变更登记后退房的，不予退还已纳契税。

2. 以房产作投资或作股权转让

这种交易业务属于产权转移，应由产权承受方按契税税率计算缴纳契税。例如 A 公司以自有房产投资于B公司取得相关的股权。其房屋产权变为B公司所有，故产权所有人发生变化。因此，B公司在办理产权登记手续后，按A公司入股房产现值（国有企事业房产须经国有资产管理评估核价）缴纳契税。

【提示】以自有房产作股投入本人独资经营的企业，免纳契税。

3. 买房拆料或翻建新房

例如王某购买李某的房产，不论其目的是取得该房产的建筑材料或是翻建新房，实际构成房屋买卖，王某应首先办理房屋产权变更手续，并按买价缴纳契税。

7.3.2.4 房屋赠予与继承

（1）各种赠予不动产行为，都是契税征税范围。

（2）继承要加以区分：

①法定继承人继承土地、房屋权属，不征收契税。

②非法定继承人根据遗嘱承受死者生前的土地、房屋权属，属于赠与行为，应征收契税。

7.3.2.5 房屋交换

房屋交换，是指房屋所有者之间相互交换房屋的行为。

除上述情形外，在实际中还有其他一些转移土地、房屋权属的形式，如以获奖方式承受的土地、房屋权属；以预购方式或者预付集资建房款方式房屋权属等。

土地、房屋典当、分拆、抵押以及出租等行为，不属于契税的征税范围。

7.3.3 税率

按比例征收的税种，税率在3%—5%的范围。实际幅度税率考虑到我国经济发展的不平衡，各地经济差别较大的实际情况，因此由各省、自治区、直辖市人民政府可在3%—5%的幅度税率范围内提出，报同级人大常委会决定，并报全国人大常委会和国务院备案。

【提示】自2010年10月1日起，对个人购买90平方米及以下且属家庭唯一住房的普通住房，减按1%的税率征收契税。

7.3.4 计税依据

契税计税依据是不动产的价格。由于不动产的转移方式、定价方法不同，契税计税依据有以下几种情况：

（1）国有土地使用权出让、土地使用权出售、房屋买卖，以成交价格为计税依据。

（2）土地使用权赠予、房屋赠予，由征收机关参照土地使用权出售、房屋买卖的市场价格核定。

（3）土地使用权交换、房屋交换，以所交换的土地使用权、房屋的价格差额为计税依据。

（4）以划拨方式取得土地使用权，经批准转让房地产时，由房地产转让者补交契税，计税依据为补交的土地使用权出让费用或者土地收益。

（5）对于个人无偿赠予不动产行为（法定继承人除外），应对受赠人全额征收契税。

为了防止纳税人隐瞒、虚报成交价格以偷、逃税款，对成交价格明显低于市场价格而无正当理由的，或所交换的土地使用权、房屋价格的差额明显不合理并且无正当理由的，征收机关参照市场价格核定计税依据。

勤思考 7－4

土地使用权出售、国有土地使用权出让、土地使用权赠予、以划拨方式取得土地使用权应征收契税时的计税依据分别如何确定？

【解析】土地使用权出售、国有土地使用权出让，有成交价格，故以成交价格为计税依据；土地使用权赠予，没有成交价格，由征收机关核定计税依据。以划拨方式取得土地使用权，经批准转让房地产时，由房地产转让者补交契税，计税依据为补交的土地使用权出让费用或者土地收益。

【知识拓展】

合理选择房产交易方式的税收筹划

【筹划思路】尽量将房屋买卖变为房屋交换，降低契税计税依据，减少契税支出。

【筹划案例】李某有一套自有房屋，现欲将该房屋以 500 万元的价格出售给王某，然后再从丁某处购入另一套价值为 520 万元的房子。买卖双方签订房屋购销合同，本地区规定契税的适用税率为 5%。请问谁需要交契税？应交多少？能否进行筹划？

【筹划分析】按照税法规定，房屋买卖由购买方依据成交价格计算缴纳契税，故李某需缴纳 26 万元（520×5%）契税，王某需缴纳 25 万元（500×5%）契税，共需缴纳 51 万元契税。实际上李某只是将自己 500 万元的房子换成了 520 万元的房子而已，他可以与王某协商，先由王某向丁某购买价值 520 万元的房子，并缴纳 26 万元契税；然后他再将手头价值 500 万元的房子与王某进行交换，在该项交易中李某需缴纳 1 万元（20×5%）契税，整个过程王某和李某只交了 26 万元契税，比之前的交易方式要减少 25 万元的契税支出。其中，王某多缴纳的 1 万元契税李某可以通过增加补偿差价等方式补偿给他。

7.3.5 应纳税额的计算

契税应纳税税额依照省、自治区、直辖市人民政府确定的适用税率和税法规定的计税依据计算征收。其计算公式为：

应纳税额 = 计税依据 × 适用税率

【学中练 7-5】

1. 居民乙因拖欠居民甲 180 万元款项无力偿还，2024 年 6 月经当地有关部门调解，以房产抵偿该笔债务，居民甲因此取得该房产的产权并支付给居民乙差价款 20 万元。假定当地省政府规定的契税税率为 5%。请问甲与乙谁是契税的纳税义务人，其应缴纳的契税又是多少？

【解析】（1）房屋产权承受人是甲居民，因此甲居民是契税的纳税义务人；

（2）以房屋抵债按房屋的折价款作为计税依据，抵债房屋的价值 = 180 + 20 = 200（万元），所以甲缴纳契税 = 200 × 5% = 10（万元）

2. 2024 年，王某获得单位奖励房屋一套，王某得该房屋后又将其与李某拥有的一套房屋进行交换。经房地产评估机构评估王某获奖房屋价值 30 万元，李某房屋价值 35 万元。两人协商后，王某实际向李某支付房屋交换差价款 5 万元。税务机关核定奖励王某的房屋价值 28 万元。已知当地省政府规定的契税税率为 5%。

问题：（1）王某获奖承受房屋权属应缴纳多少契税？

（2）王某交换房屋承受房屋权属应缴纳多少契税？

【解析】（1）王某获奖承受房屋权属应缴纳的契税 = 28 × 5% = 1.4（万元）

（2）以房换房按差价作为计税依据，王某获奖承受房屋权属应缴纳的契税 = 5 × 5% = 0.25（万元）

7.3.6 税收优惠

（1）国家机关、事业单位、社会团体、军事单位承受土地、房屋用于办公、教学、医疗、科研和军事设施的，免征契税。

（2）非营利性的学校、医疗机构、社会福利机构承受土地、房屋权属用于办公、教学、医疗、科研、养老、救助。

（3）承受荒山、荒沟、荒丘、荒滩土地使用权，并用于农、林、牧、渔业生产的，免征契税。

（4）婚姻关系存续期间夫妻之间变更土地、房屋权属，免征契税。

（5）法定继承人通过继承承受土地、房屋权属，免征契税。

（6）依照法律规定应当予以免税的外国驻华使馆、领事馆及其外交代表、领事官员等承受土地、房屋权属。

（7）夫妻因离婚分割共同财产发生土地、房屋权属变更的。

（8）城镇职工按规定第一次购买公有住房的。

（9）外国银行分行按照规定改制为外商独资银行（或其分行），改制后的外商独资银行（或其分行）承受原外国银行分行的房屋可能性的。

（10）土地、房屋被县级以上人民政府征用、占用后，重新承受土地、房屋权属的，由省、自治区、直辖市人民政府决定是否减免。

（11）因不可抗力灭失住房而重新购买住房的，由省、自治区、直辖市人民政府决定是否减免。

经批准减征、免征契税的纳税人，改变有关土地、房屋用途的，就不再属于减征、免征契税的范围，并且应当补缴已经减征、免征的税款。

（12）自 2023 年 1 月 1 日起，对保障性住房经营管理单位回购保障性住房继续作为保障性住房房源的，免征契税；对个人购买保障性住房，减按 1% 的税率征收契税。

7.3.7 征收管理

7.3.7.1 纳税义务发生时间

纳税人在签订土地、房屋权属转移合同的当天，或者取得其他具有土地、房屋权属转移合同性质凭证的当天，为纳税义务发生时间。

7.3.7.2 纳税期限

纳税人应当在依法办理土地、房屋权属登记手续前申报缴纳契税。未按照规定缴纳契税的，不动产登记机构不予办理土地、房屋权属登记。按规定不再需要办理土地、房屋权属登记的，纳税人应自纳税义务发生之日起 90 日内申报缴纳契税。

7.3.7.3 纳税地点

契税实际属于地方征收管理，纳税人发生契税纳税义务时，应向土地、房屋坐落地的税务征收机关申报纳税。

7.3.7.4 特殊退税

在依法办理土地、房屋权属登记前，权属转移合同、权属转移合同性质凭证不生效、无效、被撤销或者被解除的，纳税人可以向税务机关申请退还已缴纳的税款，税务机关应当依法办理。

7.4 耕地占用税

引例

2022 年 4 月，大连长兴岛经济技术开发区人民检察院在履职中发现，长兴岛某公司在大连长兴岛经济技术开发区长兴岛街道办事处沙包村某项目建设占地面积 977 平方米，其中占用耕地706平方米，自开工至案发一直未缴纳耕地占用税。长兴岛检察院遂向相关部门发出诉前检察建议，同时与多部门联合召开公益诉讼圆桌会议，搭建涉农土地案件信息共享机制，完善信息移送、协作配合等制度。经长兴岛检察院诉前检察建议监督，相关部门已经履行了监管职责，向该公司追缴耕地占用税及滞纳金总计85 397.76元。

【分析】根据《中华人民共和国耕地占用税法》第二条第一款“在中华人民共和国境内占用耕地建设建筑物、构筑物或者从事非农业建设的单位和个人，为耕地占用税的纳税人，应当依照本法规定缴纳耕地占用税。”农田是农业的根基，习近平总书记多次强调耕地是粮食生产的命根子，要像保护大熊猫一样保护耕地。农村承包地“三权分置”后，农村耕地非农化、非粮化现象普遍。近年来，随着社会经济发展，部分村民、一些不法企业私自占用耕地建房、建厂，进行工程承包项目建设，蚕食着耕地保护红线。部分企业在行政部门作出行政处罚后并未向税务部门进行缴税申报，导致非法占用耕地税漏缴、欠缴，造成国有资产流失。

知识准备

耕地占用税，是为了合理利用土地资源，加强土地管理，保护耕地，对占用耕地建房或从事其他非农业建设的单位和个人，就其实际占用的耕地面积征收的一种税，它属于对特定土地资源占用课税。《中华人民共和国耕地占用税法》已由中华人民共和国第十三届全国人民代表大会常务委员会第七次会议于2018年12月29日通过，自2019年9月1日起施行。

7.4.1 纳税义务人

耕地占用税的纳税义务人，是占用耕地建房或从事非农业建设的单位和个人。

所称单位，包括国有企业、集体企业、私营企业、股份制企业、外商投资企业、外国企业以及其他企业和事业单位、社会团体、国家机关、军队以及其他单位；所称个人，包括个体工商户以及其他个人。

7.4.2 征税范围

耕地占用税的征税范围包括纳税人建房或从事其他非农业建设而占用的国家所有和集体所有的耕地。

耕地，是指种植农业作物的土地，包括菜地、园地。其中，园地包括花圃、苗圃、茶园、果园、桑园和其他种植经济林木的土地。

占用鱼塘及其他农用地建房或从事其他非农业建设，也视同占用耕地，必须依法征收耕地占用税。占用已开发从事种植、养殖的滩涂、草场、水面和林地等从事非农业建设，由省、自治区、直辖市本着有利于保护土地资源和生态平衡的原则，结合具体情况确定是否征收耕地占用税。

占用园地、林地、草地、农田水利用地、养殖水面、渔业水域滩涂以及其他农用地建设建筑物、构筑物或者从事非农业建设的，依法缴纳耕地占用税。

用于农业生产并由相关行政主管部门发放使用权证的草地，以及用于种植芦苇并定期进行人工养护管理的苇田，属于耕地占用税的征税范围。

占用耕地建设农田水利设施的，不缴纳耕地占用税。

7.4.3 税率

耕地占用税实行地区差别定额税率。根据不同地区的人均耕地和经济发展情况实行有地区差别的幅度税额标准，每平方米 5—50 元。具体的税率标准见表 7－4。

表 7－4 耕地占用税税率

人均耕地（以县为单位）	单位税额（平方米/元）
1 亩以下（含 1 亩）	10—50
1—2 亩以下（含 2 亩）	8—40
2—3 亩以下（含 3 亩）	6—30
3 亩以上	5—25

经济特区、经济技术开发区和经济发达、人均耕地特别少的地区，适用税额可以适当提高，但最多不得超过上述规定税额的 50%。

占用基本农田的，适用税率应当由国务院、税务主管部门规定的当地适用税率的基础上提高 50%。

7.4.4 计税依据

耕地占用税以纳税人实际占用的耕地面积为计税依据，以每平方米为计量单位，按照适用税额计算应纳税额，一次性缴纳。

实际占用的耕地面积＝“经批准”占用的耕地面积＋“未经批准”占用的耕地面积

纳税人实际占用面积的核定以农用地转用审批文件为主要依据，必要的时候应当实地勘测。

7.4.5 应纳税额的计算

耕地占用税应纳税税额计算公式为：

应纳税额＝实际占用耕地面积（平方米）×适用税率

7.4.6 税收优惠

（1）军事设施、学校、幼儿园、社会福利机构、医疗机构占用耕地，免征耕地占用税。

（2）铁路线路、公路线路、飞机场跑道、停机坪、港口、航道、水利工程占用耕地，减按每平方米二元的税额征收耕地占用税。

（3）农村居民在规定用地标准以内占用耕地新建自用住宅，按照当地适用税额减半征收耕地占用税；其中农村居民经批准搬迁，新建自用住宅占用耕地不超过原宅基地面积的部分，免征耕地占用税。

（4）农村烈士遗属、因公牺牲军人遗属、残疾军人以及符合农村最低生活保障条件的农村居民，在规定用地标准以内新建自用住宅，免征耕地占用税。

（5）自2023年1月1日至2027年12月31日，对增值税小规模纳税人、小型微利企业和个体工商户减半征收耕地占用税。

耕地占用税的税收优惠小结见表7－5。

表7－5 耕地占用税的税收优惠

免征	（1）军事设施占用耕地
	（2）学校、幼儿园、养老院、医院占用耕地
减征	（1）铁路线路、公路线路、飞机场跑道、停机坪、港口、航道占用耕地，减按每平方米2元的税额征收耕地占用税
	（2）农村居民占用耕地新建住宅，按照当地适用税额减半征收耕地占用税
	（3）由省、自治区、直辖市人民政府根据本地区实际情况，以及宏观调控需要确定，对增值税小规模纳税人可以在50%的税额幅度内减征耕地占用税

7.4.7 征收管理

7.4.7.1 纳税义务发生时间

经批准占用耕地的，耕地占用税义务发生时间为纳税人收到土地管理部门办理占用农用地手续通知的当天。

未经批准占用耕地的，耕地占用税义务发生时间为纳税人实际占用耕地的当天。

7.4.7.2 纳税地点和征收机构

纳税人占用耕地或其他农用地，应当在耕地或其他农用地所在地申报纳税。

耕地占用税由税务机关负责征收。土地管理部门在通知单位或者个人办理占用耕地手续时，应当同时通知耕地所在地同级税务机关。获准占用耕地的单位或者个人应当在收到土地管理部门的通知之日起30日内缴纳耕地占用税。土地管理部门凭耕地占用税完税凭证和其他有关文件发放建设用地批准书。

纳税人临时占用耕地，应当依照规定缴纳耕地占用税，在批准临时占用耕地的期限内恢复原状的，可部分退还已经缴纳的耕地占用税。

7.5 车辆购置税

引例

小张于2023年7月1日购置一辆排气量为125毫升的摩托车，还需要申报缴纳车辆购置税吗？

【分析】不需要缴纳。车辆购置税的纳税义务发生时间为纳税人购置应税车辆的当日。按照自2019年7月1日起实施的《中华人民共和国车辆购置税法》的规定，排气量在一百五十毫升（含）以下的摩托车，不属于车辆购置税的征收范围，因此不用缴纳车辆购置税。

知识准备

车辆购置税，是以在中国境内购置规定车辆为课税对象、在特定的环节向车辆购置者征收的一种税。就其性质而言，属于直接税的范畴。《中华人民共和国车辆购置税法》已由中华人民共和国第十三届全国人民代表大会常务委员会第七次会议于2018年12月29日通过，自2019年7月1日起施行。

7.5.1 纳税义务人

车辆购置税的纳税人，是指在我国境内购置汽车、有轨电车、汽车挂车、排气量超过一百五十毫升的摩托车（以下统称应税车辆）的单位和个人。其中，购置，是指以购买、进口、自产、受赠、获奖或者其他方式取得并自用应税车辆的行为。纳税人进口自用应税车辆，是指纳税人直接从境外进口或者委托代理进口自用的应税车辆，不包括在境内购买的进口车辆。

所称单位，包括国有企业、集体企业、私营企业、股份制企业、外商投资企业、外国企业以及其他企业和事业单位、社会团体、国家机关、军队以及其他单位。

所称个人，包括个体工商户以及其他个人，既包括中国公民又包括外国公民。

7.5.2 征税范围

车辆购置税征税范围包括：汽车、有轨电车、汽车挂车、排气量超过一百五十毫升的摩托车（以下统称应税车辆）。

地铁、轻轨等城市轨道交通车辆，装载机、平地机、挖掘机、推土机等轮式专用机械车，以及起重机（吊车）、叉车、电动摩托车，不属于应税车辆。

7.5.3 税率

车辆购置税采用统一比例税率10%。

7.5.4 计税依据

由于应税车辆购置的来源不同，计税价格的组成也就不一样。车辆购置税的计税依据有以下几种情况：

7.5.4.1 购买自用应税车辆计税依据的确定

自2020年6月1日起，纳税人购置应税车辆，以发票电子信息中的不含增值税价作为计税依据。纳税人依据相关规定提供其他有效价格凭证的情形除外。

应税车辆存在多条发票电子信息或者没有发票电子信息的，纳税人按照购置应税车辆实际支付给销售方的全部价款（不含增值税税款）申报纳税。

7.5.4.2 进口自用应税车辆的计税依据的确定

纳税人进口自用的应税车辆以组成计税价格为计税依据。

组成计税价格 = 关税完税价格 + 关税 + 消费税

【提示】 如果进口自用的是应缴消费税的小轿车，这个组价也是进口消费税、增值税的计税依据。

7.5.4.3 自产、受赠、获奖和以其他方式取得并自用应税车辆计税依据的确定

纳税人自产自用应税车辆的计税价格，按照纳税人生产的同类应税车辆的销售价格确定，不包括增值税税款。

纳税人以受赠、获奖或者其他方式取得自用应税车辆的计税价格，按照购置应税车辆时相关凭证载明的价格确定，不包括增值税税款。

7.5.4.4 税务机关核定计税价格

纳税人自产自用应税车辆的计税价格，按照同类应税车辆（即车辆配置序列号相同的车辆）的销售价格确定，不包括增值税税款；没有同类应税车辆销售价格的，按照组成计税价格确定。组成计税价格计算公式如下：

组成计税价格 = 成本 ×（1 + 成本利润率）

属于应征消费税的应税车辆，其组成计税价格中应加计消费税税额。

上述公式中的成本利润率，由国家税务总局各省、自治区、直辖市和计划单列市税务局确定。

纳税人申报的应税车辆计税价格明显偏低，又无正当理由的，由税务机关依照《中华人民共和国税收征收管理法》的规定核定其应纳税额。

【知识拓展】

合理分解计税依据的税收筹划

【筹划思路】

1. 使用委托方票据收取代收款项，避免代收款项计税；

2. 准确划分车款与其他相应费用，降低计税依据；

3. 将车辆牌照费、代收保险费等分开，由相关单位另行开具发票。

【筹划案例】小明到某品牌汽车4S店购车，得知裸车的销售价格为18万元，随后在销售人员的推荐下购买了维修工具箱，更换了真皮座椅、座套，安装了导航、倒车影像和行车记录仪等部件，一共花费20万元，由汽车4S店一同开具了销售发票。请问小明的购车方式是否存在不妥之处？

【筹划分析】纳税人在购置车辆时，其计税依据是购买应税车辆而支付给销售方的全部价款与价外费用，其中，价外费用项目较多，如果处理得当，可以将属于价外费用的项目不计入计税价格中，从而减少车辆购置税支出。因此，购车一族对车辆维修工具及汽车美容等可采取日后再配或到另外经销商处购买，以少缴车辆购置税。

7.5.5 应纳税额的计算

车辆购置税实行从价定率的方法计算应纳税额。计算公式如下：

应纳税额＝计税依据×税率

进口应税车辆应纳税额＝（关税完税价格＋关税＋消费税）×税率

【学中练7－6】

宋某2024年5月，从某汽车有限公司购买一辆小汽车供自己使用，支付了含增值税税款在内的款项226 000元，另支付代收临时牌照费565元、代收保险费1 000元，支付工具件和零配件价款3 390元，车辆装饰费1 260元。所支付的款项均由该汽车有限公司开具“机动车销售统一发票”和有关票据。请计算宋某应纳车辆购置税。

【解析】（1）计税依据＝(226 000＋565＋1 000＋3 390＋1 260)÷(1＋13%)

＝205 000（元）

（2）应纳税额＝205 000×10%＝20 500（元）

7.5.6 税收优惠

7.5.6.1 法定减免

（1）依照法律规定应当予以免税的外国驻华使馆、领事馆和国际组织驻华机构及其有关人员自用的车辆。

（2）中国人民解放军和中国人民武装警察部队列入装备订货计划的车辆。

（3）悬挂应急救援专用号牌的国家综合性消防救援车辆。

（4）设有固定装置的非运输专用作业车辆。

（5）城市公交企业购置的公共汽、电车辆。

城市公交企业购置的公共汽电车辆免征车辆购置税中的城市公交企业，是指由县级以上（含县级）人民政府交通运输主管部门认定的，依法取得城市公交经营资格，为公众提供公交出行服务，并纳入《城市公共交通管理部门与城市公交企业名录》的企业；公共汽电车辆是指按规定的线路、站点票价营运，用于公共交通服务，为运输乘客设计和制造的车辆，包括公共汽车、无轨电车和有轨电车。

（6）对购置日期在2024年1月1日至2025年12月31日的新能源汽车免征车辆购置税，其中，每辆新能源乘用车免税额不超过3万元；对购置日期在2026年1月1日至2027年12月31日的新能源汽车减半征收车辆购置税，其中，每辆新能源乘用车减税额不超过1.5万元。

7.5.6.2 退（补）税

1. 补缴税款

免税、减税车辆因转让、改变用途等原因不再属于免税、减税范围的，纳税人应当在办理车辆转移登记或者变更登记前缴纳车辆购置税。计税价格以免税、减税车辆初次办理纳税申报时确定的计税价格为基准，每满一年扣除百分之十。

（1）发生转让行为的，受让人为车辆购置税纳税人；未发生转让行为的，车辆所有人为车辆购置税纳税人。

（2）纳税义务发生时间为车辆转让或者用途改变等情形发生之日。

（3）应纳税额计算公式如下：

应纳税额＝初次办理纳税申报时确定的计税价格×（1－使用年限×10%）×10%－已纳税额应纳税额不得为负数

使用年限的计算方法是，自纳税人初次办理纳税申报之日起，至不再属于免税、减税范围的情形发生之日止。使用年限取整计算，不满一年的不计算在内。

2. 退还税款

纳税人将已征车辆购置税的车辆退回车辆生产企业或者销售企业的，可以向主管税务机关申请退还车辆购置税。退税额以已缴税款为基准，自缴纳税款之日至申请退税之日，每满一年扣除百分之十。

已征车辆购置税的车辆退回车辆生产或销售企业，纳税人申请退还车辆购置税的，应退税额计算公式如下：

应退税额＝已纳税额×（1－使用年限×10%）

应退税额不得为负数。

使用年限的计算方法是，自纳税人缴纳税款之日起，至申请退税之日止。

7.5.7 征收管理

7.5.7.1 纳税申报

车辆购置税实行一次征收制度，税款应当一次缴清。购置已征车辆购置税的车辆，不再征收车辆购置税。

车辆购置税由税务机关征收。纳税人购置应税车辆，应当向车辆登记地的主管税务机关申报缴纳车辆购置税；购置不需要办理车辆登记的应税车辆的，应当向纳税人所在地的主管税务机关申报缴纳车辆购置税。

7.5.7.2 纳税环节

纳税人应当在向公安机关交通管理部门办理车辆注册登记前，缴纳车辆购置税。

公安机关交通管理部门办理车辆注册登记，应当根据税务机关提供的应税车辆完税或者免税电子信息对纳税人申请登记的车辆信息进行核对，核对无误后依法办理车辆注册登记。

免税、减税车辆因转让、改变用途等原因不再属于免税、减税范围的，纳税人应当在办理车辆转移登记或者变更登记前缴纳车辆购置税。计税价格以免税、减税车辆初次办理纳税申报时确定的计税价格为基准，每满一年扣除百分之十。

7.5.7.3 纳税期限

车辆购置税的纳税义务发生时间为纳税人购置应税车辆的当日。纳税人应当自纳税义务发生之日起60日内申报缴纳车辆购置税。

纳税义务发生时间，按照下列情形确定：

（1）购买自用应税车辆的为购买之日，即车辆相关价格凭证的开具日期。

（2）进口自用应税车辆的为进口之日，即《海关进口增值税专用缴款书》或者其他有效凭证的开具日期。

（3）自产、受赠、获奖或者以其他方式取得并自用应税车辆的为取得之日，即合同、法律文书或者其他有效凭证的生效或者开具日期。

7.5.7.4 纳税地点

纳税人购置应税车辆，应当向车辆登记地的主管税务机关申报缴纳车辆购置税；购置不需要办理车辆登记的应税车辆的，应当向纳税人所在地的主管税务机关申报缴纳车辆购置税。

购置应税车辆的纳税人，应当到下列地点申报纳税：

（1）需要办理车辆登记的，向车辆登记地的主管税务机关申报纳税。

（2）不需要办理车辆登记的，单位纳税人向其机构所在地的主管税务机关申报纳税，个人纳税人向其户籍所在地或者经常居住地的主管税务机关申报纳税。

7.6 车船税

引例

2023年1月，王先生在购置新车后投保了车辆保险，但他对保险公司可代缴车船税却无法提供完税凭证表示质疑，认为自己不需要额外缴纳360元的车船税。经保险公司业务员详细解释车船税的相关规定后，王先生表示理解并主动配合缴纳。

【分析】 车船使用税是对行驶于公共道路的车辆和航行于国内河流、湖泊或领海内岸的船舶，按照其种类（如机动车辆、非机动车辆、载人汽车、载货汽车等）、吨位和规定的税额计算征收的一种使用行为税。在中华人民共和国境内，车辆、船舶（以下简称“车船”）的所有人或者管理人为车船税的纳税人，应当依照规定缴纳车船税。《中华人民共和国车船税法》第六条，《中华人民共和国车船税暂行条例》第八条、第十条、第十一条，《中华人民共和国车船税暂行条例实施细则》第二十条规定：纳税人缴纳车船税后，可凭借保险机构开具的含有完税信息的保险单作为完税证明，并应妥善保管此保险单。如需开具完税凭证，可持保险单前往纳税所在地的地方税务局办理。如需办理退税，也应携带此单办理退税事宜。

根据车船税相关规定，机动车的车船税缴纳由出售交通强制保险的保险公司代缴，车船税实行按年申报，纳税年度为公历1月1日至12月31日。也就是车主在投保交强险的同时，可通过保险公司代缴车船税。由于机动车交强险和车船税为同时缴纳，因此保险公司不会出具单独的车船税使用贴纸，车船税缴纳情况则会在交强险保单上显示。

知识准备

车船税，是指在中华人民共和国境内的车辆、船舶的所有人或者管理人应缴纳的一种税。

《中华人民共和国车船税法》（以下简称《车船税法》）于2011年2月5日经第十一届全国人大常务委员会通过，自2012年1月1日起施行。

7.6.1 纳税义务人

在中华人民共和国境内，车辆、船舶（以下简称车船）的所有人或者管理人。

从事机动车辆第三者责任强制保险业务的保险机构为机动车车船税的扣缴义务人。

7.6.2 征税范围

车船税的征税范围是指在中华人民共和国境内属于车船税法规定的应税车辆和船舶。具体包括：

（1）依法应当在车船管理部门登记的机动车辆和船舶。

（2）依法不需要在车船管理部门登记、在单位内部场所行驶或者作业的机动车辆和船舶。

其中，车船管理部门是指公安、交通运输、农业、渔业、军队、武装警察部队等依法具有车船登记管理职能的部门和船舶检验机构；单位是指依照中国法律、行政法规规定，在中国境内成立的行政机关、企业、事业单位、社会团体以及其他组织。

境内单位和个人租入外国籍船舶的，不征收车船税。境内单位和个人将船舶出租到境外的，应依法征收车船税。

7.6.3 税目与税率

车船税实行定额税率。根据《车船税法》的规定，对应税车船实行有幅度的定额税率，即对各类车船分别规定一个最低到最高限度的年税额。车船的适用税额依照税法所附“车船税税目税额表”执行。

车辆的具体适用税额由省、自治区、直辖市人民政府依照《车船税法》所附“车船税税目税额表”规定的税额幅度和国务院的规定确定。

船舶的具体适用税额也依照《车船税法》所附“车船税税目税额表”规定的税额幅度内确定。

车船税确定税额总的原则是：非机动车船的税负轻于机动车船；小吨位船舶的税负轻于大船舶。由于车辆与船舶的行驶情况不同，车船税的税额也有所不同（见表 7－6）。

表 7－6 车船税目税额表

税目		计税单位	年基准税额（元）	备注
乘用车（排气量）分档	1.0 升（含）以下	每辆	60—360	核定载客人数 9 人（含）以下
	1.0 升以上至 1.6 升（含）		300—540	
	1.6 升以上至 2.0 升（含）		360—660	
	2.0 升以上至 2.5 升（含）		660—1 200	
	2.5 升以上至 3.0 升（含）		1 200—2 400	
	3.0 升以上至 4.0 升（含）		2 400—3 600	
	4.0 升以上		3 600—5 400	

续表

<table>
<tr><th colspan="2">税目</th><th>计税单位</th><th>年基准税额（元）</th><th>备注</th></tr>
<tr><td rowspan="2">商用车</td><td>客车</td><td>每辆</td><td>480—1 440</td><td>核定载客人数 9 人（包括电车）以上</td></tr>
<tr><td>货车</td><td>整备质量每吨</td><td>16—120</td><td>1. 包括半挂牵引车、挂车、客货两用汽车、三轮汽车和低速载货汽车等
2. 挂车按照货车税额 50% 计算</td></tr>
<tr><td rowspan="2">其他车辆</td><td>专用作业车</td><td rowspan="2">整备质量每吨</td><td rowspan="2">16—120</td><td rowspan="2">不包括拖拉机</td></tr>
<tr><td>轮式专用机械车</td></tr>
<tr><td colspan="2">摩托车</td><td>每辆</td><td>36—180</td><td></td></tr>
<tr><td rowspan="2">船舶</td><td>机动船舶</td><td>净吨位每吨</td><td>3—6</td><td rowspan="2">拖船、非机动驳船分别按机动船舶税额的 50% 计算</td></tr>
<tr><td>游艇</td><td>艇身长度每米</td><td>600—2 000</td></tr>
</table>

其中，机动船舶的具体适用税额为：

（1）净吨位不超过 200 吨的，每吨 3 元。

（2）净吨位超过 200 吨但不超过 2 000 吨的，每吨 4 元。

（3）净吨位超过 2 000 吨但不超过 10 000 吨的，每吨 5 元。

（4）净吨位超过 10 000 吨的，每吨 6 元。

游艇的具体适用税额为：

（1）艇身长度不超过 10 米的，每米 600 元。

（2）艇身长度超过 10 米但不超过 18 米的，每米 900 元。

（3）艇身长度超过 18 米但不超过 30 米的，每米 1 300 元。

（4）艇身长度超过 30 米的，每米 2 000 元。

（5）辅助动力帆艇，每米 600 元。

【知识拓展】

合理利用临界点税额标准的税收筹划

【筹划思路】企业在临界点附近时，尽量选择购买排量（或净吨位）较小的车船，避免跳过临界点，以便适用较低的税率，达到税收筹划的目的。

【筹划案例】中国远洋运输公司欲添置一艘机动船，有两种机动船可供选择：一种净吨位 2 000 吨，适用单位税额 4 元/吨；另一种净吨位 2 010 吨，适用单位税额 5 元/吨。请问该公司应如何选择？

【筹划分析】机动船舶净吨位越大，单位税额越高，因此纳税人应重点关注临界点上下的税额差异。在本例中，很明显纳税人应选择净吨位2 000吨的机动船。

7.6.4 计税依据

车船税以车船的计税单位数量为计税依据。《车船税法》按车船的种类和性能，分别确定每辆、整备质量吨、净吨位和艇身长度每米为计量单位，具体见表7-6“车船税目税额表”。

7.6.5 应纳税额的计算与代收代缴

纳税人按照纳税地点所在的省、自治区、直辖市人民政府确定的具体适用税额缴纳车船税。车船税由税务机关负责征收。

7.6.5.1 应纳税额的计算

1. 车船税各税目应纳税额的计算公式

乘用车、客车和摩托车的应纳税额=辆数×适用年基准税额

货车、专用作业车和轮式专用机械车的应纳税额=整备质量吨×适用年基准税额

机动船舶的应纳税额=净吨位×适用年基准税额

拖船和非机驳船的应纳税额=净吨位×适用年基准税额×50%

游艇的应纳税额=艇身长度×适用年基准税额

【提示】

（1）拖船按照发动机功率每1千瓦=净吨位0.67吨计算征收车船税。

（2）游艇艇身长度是指游艇的总长。

（3）使用新能源的车辆包括纯电动商用车、插式车（含增程式）混合动力汽车、燃料电池商用车，这些车辆免征车船税，但必须符合国家有关标准。

（4）乘用车以车辆登记管理部门核发的机动车登记证或行驶证所载排气量确定税额区间。

（5）车船税所涉及的排气量、整备质量、核定载客人数、净吨位、马力、艇身长度，以车船管理部门核发的车船登记证书或者行驶证相应项目所载数据为准。

【学中练7-7】

某机械制造厂2023年拥有货车3辆，每辆货车的整备质量均为1.499吨；挂车1部，其整备质量为1.2吨；小汽车2辆。已知货车车船税税率为整备质量每吨年基准税额16元，小汽车车船税税率为每辆年基准税额360元。该厂2023年度应纳车船税是多少？

【解析】挂车按照货车税额的50%计算纳税。车船税法及其实施条例涉及的整备质

量、净吨位等计税单位，有尾数的一律按照含尾数的计税单位据实计算车船税应纳税额。

该机械制造厂 2023 年应纳的车船税 = 1.499 × 3 × 16 + 1.2 × 16 × 50% + 2 × 360
= 801.55（元）

2. 新购车船应纳税额的计算

购置的新车船，购置当年的应纳税额自纳税义务发生的当月起按月计算。计算公式为：

应纳税额 = (年应纳税额 ÷ 12) × 应纳税月份数

应纳税月份数 = 12 − 纳税义务发生时间（取月份）+ 1

【学中练 7-8】

王某 2023 年 4 月 12 日购买 1 辆发动机气缸容量为 1.6 升的乘用车，已知适用年基准税额为 480 元。计算王某 2023 年需缴纳的车船税。

【解析】 应纳税额 = 1 × 480 × 9 ÷ 12 = 360（元）

7.6.5.2 保险机构代收代缴车船税和滞纳金的计算

1. 车船税的计算

（1）购买短期交强险的车辆。对于境外机动车临时入境、机动车临时上道路行驶、机动车距规定的报废期限不足 1 年而购买短期交强险的车辆，保单中“当年应缴”项目的计算公式为：

当年应缴 = 计税单位 × 年单位税额 × 应纳税月份数 ÷ 12

其中，应纳税月份数为“交强险”有效期起始日期的当月至截止日期当月的月份数。

（2）对于已向税务机关缴税或税务机关已经批准免税车辆，保单中“当年应缴”项目应为零。对于税务机关已批准减税的机动车，保单中“当年应缴”项目应根据减税前的应税额扣除依据减税证明的减税幅度计算的减税额确定，计算公式为：

减税车辆应纳税额 = 减税前应纳税额 × (1 − 减税幅度)

（3）对于 2007 年 1 月 1 日前购置的车辆或者曾经缴纳过车船税的车辆，保单中“往年补缴”项目的计算公式为：

往年补缴 = 计税单位 × 年单位税额 × (本次缴税年度 − 前次缴税年度 − 1)

其中，对于 2007 年 1 月 1 日以前购置的车辆，纳税人从未缴纳车船税的，前次缴税年度设定为 2006 年。

（4）对于 2007 年 1 月 1 日以后购置的车辆，纳税人购置时起一直未缴纳车船税的，保单中“往年补交”项目的计算公式为：

往年补缴 = 购置当年欠缴的税款 + 购置年度以后欠缴税款

其中，购置当年欠缴的税款 = 计税单位 × 年单位税额 × 应纳税月份数 ÷ 12。应纳税月份数为登记日期的当月起至该年度终了的月份数。

购置年度以后欠缴税款 = 计税单位年单位税额 ×（本次缴税年度 − 车辆登记年度 −1）

2. 滞纳金的计算

对于纳税人在购买“交强险”截止日期以后购买“交强险”的，或以前年度没有缴纳车船税的，保险机构在代收代缴税款的同时，还应代收代缴欠缴税款的滞纳金。

保单中“滞纳金”项目为各年度欠税应加收滞纳金之和。

第一年度欠税应加收的滞纳金 = 欠税金额 × 滞纳天数 ×0.05%

滞纳天数的计算自应购买“交强险”截止日期的次日起到纳税人购买“交强险”当日止。纳税人连续2年以上欠缴车船税的，应分别计算每一年度欠税应加收的滞纳金。

7.6.6 税收优惠

7.6.6.1 下列车船免征车船税

（1）捕捞、养殖渔船。

（2）军队、武警专用的车船。

（3）警用车船。指公安机关、国家安全机关、监狱、劳动教养管理机关和人民法院、人民检察院领取警用牌照的车辆和执行警务的专用船舶。

（4）依照法律规定应当予以免税的外国驻华使馆、领事馆和国际组织驻华机构及其有关人员的车船。

（5）商用新能源的车船，免征车船税。使用新能源的车辆包括纯电动商用车、插式车（含增程式）混合动力汽车、燃料电池商用车。纯电动乘用车和燃料电池乘用车不属于车船税征税范围，对其不征车船税。

有尾数的计税单位应据实计算应纳税额，税额计算到分。

7.6.6.2 车船税其他税收优惠

（1）对节约能源车船，减半征收车船税

减半征收车船税的节约能源乘用车应同时符合以下标准：

①获得许可在中国境内销售的排量为1.6升以下（含1.6升）的燃用汽油、柴油的乘用车（含非插电式混合动力乘用车和双燃料乘用车）；

②综合工况燃料消耗量应符合标准；

③污染物排放符合《轻型汽车污染物排放限值及测量方法（中国第五阶段）》（GB18 352.5—2013）标准中Ⅰ型试验的限值标准。

减半征收车船税的节约能源商用车应同时符合下列标准：

①获得许可在中国境内销售的燃用天然气、汽油、柴油的重型商用车（含非插电式混合动力和双燃料重型商用车）；

②燃用汽油、柴油的重型商用车综合工况燃料消耗量应符合标准；

③污染物排放符合《车用压燃式、气体燃料点燃式发动机与汽车排气污染物排放限值

及测量方法（中国Ⅲ，Ⅳ，Ⅴ阶段）》（GB17 691—2 005）标准中第Ⅴ阶段的标准。

（2）省、自治区、直辖市人民政府根据当地实际情况，可以对公共交通车船，农村居民拥有并主要在农村地区使用的摩托车、三轮汽车和低速载货汽车定期减征或者免征车船税。

（3）对受地震、洪涝等严重自然灾害影响纳税困难以及其他特殊原因确需减免税的车船，可以在一定期限内减征或者免征车船税。具体减免期限和数额由省、自治区、直辖市人民政府确定，报国务院备案。

（4）临时入境的外国车船和港、澳、台的车船，不征车船税。

7.6.7 征收管理

7.6.7.1 纳税义务发生时间

车船税纳税义务发生时间为取得车船所有权或者管理权的当月，以购买车船的发票或其他证明文件所载日期的当月为准。

车船税的纳税义务发生时间，为车船管理部门核发的车船登记证书或行驶证书所记载日期的当月。纳税人未按照规定到车船管理部门办理应税车船登记手续的，以车船购置发票所载开具时间的当月作为车船税纳税义务发生时间。对未办理车船登记手续且无法提供车船购置发票的，由主管税务机关核定纳税义务发生时间。

7.6.7.2 纳税地点

车船税由税务机关负责征收。

车船税的纳税地点为车船的登记地或者车船税扣缴义务人所在地。依法不需要办理登记的车船，车船税的纳税地点为车船的所有人或者管理人所在地。

7.6.7.3 纳税申报

车船税按年申报，分月计算，一次性缴纳。具体申报纳税期限由省、自治区、直辖市人民政府规定。

7.7 印花税

引例

甲公司是一家商贸企业，为了解决资金周转紧张问题，甲公司分别与A银行和B商贸公司签订借款合同。那么，凡是借款合同是不是都需要缴纳印花税？

【分析】借款合同范围是指银行业金融机构、经国务院银行业监督管理机构批准设立的其他金融机构与借款人（不包括同业拆借）所签订的借款合同，按借款金额0.5‰缴纳印花税。因此，甲公司与A银行签订的借款合同需要缴纳印花税，与B商贸公司签订的借款合同不需要缴纳印花税。

知识准备

印花税，是以经济活动和经济交往中，书立、使用应税凭证及证券交易的行为为征税对象征收的一种税。

印花税因其采用在应税凭证上粘贴印花税票的方法缴纳税款而得名，属于行为税。

7.7.1　纳税义务人

印花税的纳税人，在中华人民共和国境内书立应税凭证、进行证券交易的、在中华人民共和国境外书立在境内使用的应税凭证的单位和个人。包括国内各类企业、事业、机关、团体、部队以及中外合资企业、外资企业、合作企业、外国企业和其他经济组织及其在华机构等单位和个人。

印花税的纳税人，按照所书立、使用、领受的应税凭证不同，可分为立合同人、立账簿人、立据人和使用人等。

（1）立合同人。立合同人指合同的当事人，即对凭证有直接权利义务关系的单位和个人，但不包括合同的担保人、证人、鉴定人。用委托贷款方式书立的借款合同纳税人，为受托人和借款人，不包括委托人；按买卖合同或者产权转移书据税目缴纳印花税的拍卖成交确认书纳税人，为拍卖标的的产权人和买受人，不包括拍卖人。各类合同包括购销、加工承揽、建筑工程、财产租赁、货物运输、仓储保额、借款、财产保险以及具有合同性质的凭证。

（2）立据人。立据人是指书立产权转移书据的单位和个人。

（3）立账簿人。立账簿人是指设立并使用营业账簿的单位和个人。如某企业因生产经营需要，设立了若干营业账簿，该企业即为印花税的纳税人。

（4）使用人。使用人是指在国外书立，但在国内使用的应税凭证，其纳税人是使用人。

【提示】对应税凭证，凡由两方或两方以上当事人共同书立应税凭证的，其当事人各方都是印花税的纳税人，应各就其所持凭证的计税金额履行纳税义务。

纳税人为境外单位或者个人，在境内有代理人的，以其境内代理人为扣缴义务人；在境内没有代理人的，由纳税人自行申报缴纳印花税。证券登记结算机构为证券交易印花税的扣缴义务人。

勤思考7-5

下列哪些属于印花税纳税人？

（1）借款合同的担保人；

（2）发放商标注册证的国家商标局；

（3）在国外书立，在国内使用技术合同的单位；

（4）签订加工承揽合同的两家中外合资企业。

【解析】(3)（4）属于印花税的纳税人；（1）不是印花税纳税人；（2）不属于印花税的征税范围。

7.7.2 征税范围

经济活动中的经济凭证种类繁多，数量巨大，我国现行印花税采取列举形式，只对《印花税暂行条例》列举的凭证征收，没有列举的凭证不征税。列举的凭证分五类，即经济合同、产权转移书据、营业账簿和经财政部门确认的其他凭证。具体征税范围的凭证如下：

7.7.2.1 经济合同

（1）买卖合同，包括供应、预购、采购、购销结合及协作、调剂、补偿、易货等合同；还包括各出版单位与发行单位（不包括订阅和个人）之间订立的图书、报刊、音像征订凭证。

对纳税人以电子形式签订的各类应税凭证按规定征收印花税。

发电厂与电网之间、电网与电网之间（国家电网、南方电网系统内部各级电网互供电量除外）签订的购售电合同，按买卖合同征收印花税。电网与用户之间签订的供用电合同不征收印花税。

（2）承揽合同，包括加工、定做、修缮、修理、印制、广告、测绘、测试等合同。

（3）建设工程合同，包括勘察、设计、建筑、安装工程合同的总包合同、分包合同和转包合同。

（4）租赁合同，包括租赁房屋、船舶、飞机、机动车辆、机械、器具、设备等合同；还包括企业、个人出租门店、柜台等所签订的合同，但不包括企业与主管部门签订的租赁承包合同。

（5）运输合同，包括民用航空运输、铁路运输、海上运输、公路运输和联运合同，不包括管道运输合同。

（6）保管合同，包括保管合同或作为合同使用的仓单、入库单。

（7）仓储合同。

（8）借款合同，包括银行及其他金融组织和借款人（不包括银行同业拆借）所签订的借款合同。

（9）融资租赁合同。

（10）财产保险合同，包括财产、责任、保证、信用等保险合同。

（11）技术合同，包括技术开发、转让、咨询、服务等合同。

其中技术转让合同包括专利申请权转让和非专利技术转让。但不包括专利权转让、专利实施许可所书立的合同。后者适用于“产权转移书据”。

技术咨询合同是合同当事人就有关项目的分析、论证、预测和调查订立的技术合同，但一般的法律、会计、审计等方面的咨询不属于技术咨询，其所立合同不贴印花。

技术服务合同征税范围包括技术服务合同、技术培训合同和技术中介合同。

7.7.2.2 产权转移书据

产权转移即财产权利关系的变更行为，表现为产权主体发生变更。产权转移书据是在产权的买卖、交换、继承、赠予、分割等产权主体变更过程中，由产权出让人与受让人所订立的民事法律文书。

产权转移书据包括财产所有权、版权、商标专利权、专利权、专有技术使用权等转移书据和专利实施许可证合同、土地使用权出让合同、土地使用权转让合同，商品房销售合同等权利转移合同。

7.7.2.3 营业账簿

营业账簿，是指单位或者个人记载生产经营活动的财务会计核算账簿。营业账簿按其反映的内容不同可以分为记载资金的账簿和其他账簿。

（1）记载资金的账簿，是指反映生产经营单位“实收资本”和“资本公积”金额增减变化的账簿。

（2）2018 年 5 月 1 日后，对资金账簿以外的其他账簿不再征收印花税。

7.7.2.4 证券交易

证券交易，指转让在依法设立的证券交易所、国务院批准的其他全国性证券交易场所交易的股票和以股票为基础的存托凭证。

对证券交易的出让方征收，不对证券交易的受让方征收。

7.7.2.5 经财政部门确认的其他凭证

7.7.3 税率

印花税的税率分为 5 档次，分别为万分之零点五、万分之二点五、万分之三、万分之五和千分之一。

（1）适用万分之零点五税率的为借款合同、融资租赁合同。

（2）适用万分之二点五税率的为营业账簿。

（3）适用万分之三税率的为买卖合同、承揽合同、建设工程合同、运输合同、技术合同、产权转移书据（商标专用权、著作权、专利权、专有技术使用权转让书据）。

（4）适用万分之五税率的为产权转移书据（除商标专用权、著作权、专利权、专有技术使用权转让书据以外的其他产权转移书据）。

（5）适用千分之一税率的为租赁合同、保管合同、仓储合同、财产保险合同、证券交易。

印花税科目及对应的税率见表7－7。

表7－7 印花税科目、计税依据、税率表

<table>
<tr><th colspan="2">合同或凭证</th><th>计税依据</th><th>税率</th></tr>
<tr><td colspan="2">借款合同</td><td>借款金额</td><td rowspan="2">万分之零点五</td></tr>
<tr><td colspan="2">融资租赁合同</td><td>租金</td></tr>
<tr><td colspan="2">买卖合同</td><td>合同价款</td><td rowspan="5">万分之三</td></tr>
<tr><td colspan="2">承揽合同</td><td>报酬</td></tr>
<tr><td colspan="2">建设工程合同</td><td>合同价款</td></tr>
<tr><td colspan="2">运输合同</td><td>运费</td></tr>
<tr><td colspan="2">技术合同</td><td>支付价款、报酬或者使用费</td></tr>
<tr><td colspan="2">租赁合同</td><td>租金</td><td rowspan="5">千分之一</td></tr>
<tr><td colspan="2">保管合同</td><td>保管费</td></tr>
<tr><td colspan="2">仓储合同</td><td>仓储费</td></tr>
<tr><td colspan="2">财产保险合同</td><td>保费</td></tr>
<tr><td colspan="2">证券交易</td><td>成交金额</td></tr>
<tr><td rowspan="2">产权转移书据</td><td>商标专用权、著作权、专利权、专有技术使用权转让书据</td><td rowspan="2">价款</td><td>万分之三</td></tr>
<tr><td>其他产权转移书据</td><td>万分之五</td></tr>
<tr><td colspan="2">营业账簿</td><td>①资金账簿："实收资本"与"资本公积"两项的合计金额②不记载金额的营业账簿免征印花税</td><td>万分之二点五</td></tr>
</table>

7.7.4 计税依据

1. 应税合同的计税依据：合同列明的价款或者报酬，不包括增值税税款；合同中价款或者报酬与增值税税款未分开列明的，按照合计金额确定。

2. 应税产权转移书据的计税依据：为产权转移书据列明的价款，不包括增值税税款；产权转移书据中价款与增值税税款未分开列明的，按照合计金额确定。

应税合同、产权转移书据未列明价款或者报酬的，按照下列方法确定计税依据：

（1）按照订立合同、产权转移书据时的市场价格确定；依法应当执行政府定价的，按照其规定确定。

（2）不能按照上述规定的方法确定的，按照实际结算的价款或者报酬确定。

3. 应税营业账簿的计税依据：为账簿记载的实收资本（股本）、资本公积合计金额。

4. 证券交易的计税依据：为成交金额。

7.7.5 应纳税额的计算

印花税应纳税额的计算公式为：

应纳税额 = 应税凭证计税金额 × 比例税率

【学中练 7-9】

1. 某建筑公司与甲企业签订一份建筑承包合同，合同金额6 000 万元（含相关费用50万元）。施工期间，该建筑公司又将其中价值800 万元的安装工程转包给乙企业，并签订转包合同。该建筑公司此项业务应缴纳印花税为多少万元？

【解析】 印花税 = (6 000 + 800) × 0.3‰ = 2.04（万元）。建筑安装工程承包合同，计税依据为承包金额，不得剔除任何费用。施工单位将自己承包的建设项目分包或转包给其他施工单位所签订的分包合同或转包合同，应以新的分包合同或转包合同所载金额为依据计算应纳税额。

2. 某公司与某运输公司签订了 2 份运输保管合同；第 1 份合同载明的金额合计为 50 万元（运费和保管费并未分别记载）；第 2 份合同中注明运输 30 万元、保管费 10 万元。分别计算该公司第 1 份、第 2 份合同应缴纳的印花税额。

【解析】（1）第 1 份合同应缴纳印花税税额：

500 000 × 1‰ = 500（元）

（2）第 2 份合同应缴纳印花税税额：

300 000 × 0.3‰ + 100 000 × 1‰ = 190（元）

7.7.6 税收优惠

对印花税的减免税优惠主要有：

（1）已缴纳印花税的凭证的副本或者抄本；但以副本或者抄本视同正本使用的，则应另贴印花。

（2）无息、贴息贷款合同。

（3）房地产管理部门与个人签订的用于生活居住的租赁合同。

（4）农牧业保险合同。对该类合同免税，是为了支持农村保险事业的发展，减轻农牧业生产和负担。

（5）与高校学生签订的高校学生公寓租赁合同。

高校“学生公寓”是指为高校学生提供住宿服务，按国家规定的收费标准收取住宿费的学生公寓。

（6）对公租房经营管理单位购买住房作为公租房，免征印花税；对公租房租赁双方签订租赁协议涉及的印花税免征。

（7）对改造安置住房经营管理单位、开发商与改造安置住房相关的印花税、购买安置住房的个人涉及的印花税。

（8）财产所有人将财产赠给政府、社会福利单位，所立书据免印花税。

（9）应纳税额不足1角的，免税。

（10）自2023年8月28日起，证券交易印花税实施减半征收。

（11）自2023年1月1日至2027年12月31日，对增值税小规模纳税人、小型微利企业和个体工商户减半征收印花税（不含证券交易印花税）。

（12）自2023年10月1日起，对保障性住房经营管理单位与保障性住房相关的印花税，以及保障性住房购买人涉及的印花税予以免征。

【学中练7－10】

1. 某公司是增值税小规模纳税人，2019年全体股东同意将企业2018年底未分配利润100万元转增为股本。该公司此项业务应缴纳印花税为多少万元?

【解析】 印花税＝100×0.25‰×50%＝0.0125（万元）。该企业资金账簿增加资本金100万元，可以享受资金账簿印花税减半征收税收优惠，同时是小规模纳税人，可叠加享受小微企业的普惠优惠，再减征50%。

2. 某公司为小规模纳税人，与某运输公司签订了2份运输保管合同；第1份合同载明的金额合计为50万元（运费和保管费并未分别记载）；第2份合同中注明运输30万元、保管费10万元。分别计算该公司第1份、第2份合同应缴纳的印花税额。

【解析】（1）第1份合同应缴纳印花税税额：

500 000×1‰×50‰＝250（元）

（2）第2份合同应缴纳印花税税额：

（300 000×0.3‰＋100 000×1‰）×50%＝95（元）

7.7.7 征收管理

7.7.7.1 纳税义务发生时间

印花税的纳税义务发生时间为纳税人书立应税凭证或者完成证券交易的当日。如果合同是在国外签订，并且不便在国外贴花的，应在将合同带入境时办理贴花纳税手续。

证券交易印花税扣缴义务发生时间为证券交易完成的当日。证券登记结算机构为证券交易印花税的扣缴义务人。

纳税人为境外单位或者个人，在境内有代理人的，以其境内代理人为扣缴义务人；在境内没有代理人的，由纳税人自行申报缴纳印花税，具体办法由国务院税务主管部门规定。

7.7.7.2 纳税地点

印花税纳税人为单位的，应当向其机构所在地的主管税务机关申报缴纳印花税；纳税人为个人的，应当向应税凭证书立地或者纳税人居住地的主管税务机关申报缴纳印花税。

不动产产权发生转移的，纳税人应当向不动产所在地的主管税务机关申报缴纳印花税。

7.7.7.3 纳税期限

印花税按季、按年或者按次计征。实行按季、按年计征的，纳税人应当自季度、年度终了之日起15日内申报缴纳税款；实行按次计征的，纳税人应当自纳税义务发生之日起15日内申报缴纳税款。

证券交易印花税按周解缴。证券交易印花税扣缴义务人应当自每周终了之日起5日内申报解缴税款以及银行结算的利息。

7.7.7.4 缴纳方法

根据税额大小，应税项目纳税次数多少以及税源控管的需要，印花税分别采用自行贴花、汇贴或汇缴、委托代征。

1. 自行贴花纳税

纳税人发生应税行为：自行计算应纳税额——自行购买印花税票——自行一次贴足印花税票并加以注销或划销，纳税义务才算全部履行完毕。

2. 汇贴或汇缴纳税

（1）此种方法一般适用于应纳税额较大或者贴花次数频繁的纳税人。

（2）汇贴纳税法。当1份凭证应纳税额超过500元时，应向税务机关申请填写缴款书或者完税凭证。

（3）汇缴纳税法。同一种类应税凭证需要频繁贴花的，可申请按期汇总缴纳印花税。汇总缴纳的期限，由当地税务机关确定，但最长不得超过1个月。

3. 委托代征

对通过国家有关部门发放、鉴证、公证或仲裁的应税凭证，税务部门可以委托这些部门代征印花税，发给代征单位代征委托书，明确双方的权利和义务。

7.8 资源税

引例

2022年2月，某稽查局对辖区内某矿业公司（简称甲公司）2018年1月至2021年12

月履行纳税义务、扣缴义务及其他涉税情况进行检查时，发现该公司为铅锌矿采掘企业，同时配套成立了专门负责选矿加工的另一矿业公司（简称乙公司），两家为同一实际控制人控制的关联企业，独立法人独立核算，甲公司开采原矿后销售给乙公司，经乙公司洗选成精矿后对外销售，形成上下游经营关系。2018—2020年一直由乙公司按照精矿销售计算缴纳资源税，甲公司未缴纳资源税。

【分析】按照湘财税〔2016〕16号文件第四款的规定："征税对象为精矿的，纳税人销售原矿时，应将原矿销售额换算为精矿销售额缴纳资源税"，我省铅锌矿换算比为2.5，采用"精矿销售额=原矿销售额×换算比"的公式进行换算后计算缴纳资源税。所以此案属于资源税的纳税主体及计算方式适用错误，造成了资源税的少交。

知识准备

资源税，是对在中华人民共和国领域和中华人民共和国管辖的其他海域开发应税资源的单位和个人课征的一种税。

开征资源税的作用是为了调节级差收入，促进企业之间开展平等竞争；促进对自然资源的合理开发利用；筹集财政资金。

7.8.1 纳税义务人

资源税的纳税义务人，是指在中华人民共和国领域和中华人民共和国管辖的其他海域开发应税资源的单位和个人。

所称单位，包括国有企业、集体企业、私营企业、股份制企业、外商投资企业、外国企业以及其他企业和事业单位、社会团体、国家机关、军队以及其他单位；所称个人，包括个体工商户以及其他个人。

对于中外合作开采陆上、海上石油资源的企业的规定有：

（1）合同期内：缴纳矿区使用费，不缴纳资源税。

（2）合同期满后：依法缴纳资源税。

7.8.2 征税范围

我国目前资源税的征税范围仅包括矿产品和盐类，具体包括：

（1）能源矿产。包括原油、天然气、煤、铀、钍、地热等。

（2）金属矿产。包括黑色金属（如铁）、有色金属（如金）。

（3）非金属矿产。包括矿物类（如高岭土）、岩石类（如花岗岩）、宝玉石类（如玛瑙）。

（4）水气矿产。包括二氧化碳气、硫化氢气、氦气、氡气等。

（5）盐。包括钠盐、钾盐、镁盐、锂盐；天然卤水；海盐。

纳税人开采或者生产应税产品，自用于连续生产应税产品的，不缴纳资源税；自用于其他方面的，视同销售，缴纳资源税。

7.8.3 税率

资源税采用比例税率和定额税率两种形式。

1. 绝大多数应税矿产品执行比例税率。

2. “地热、石灰岩、其他黏土、砂石、矿泉水、天然卤水”纳税人可以“选择适用”比例税率或者定额税率。

【知识窗】资源税税目税率表：http：//www.chinatax.gov.cn/chinatax/n364/c5136082/content.html

《税目税率表》中规定实行幅度税率的，其具体适用税率由省、自治区、直辖市人民政府统筹考虑该应税资源的品位、开采条件以及对生态环境的影响等情况，在《税目税率表》规定的税率幅度内提出，报同级人民代表大会常务委员会决定，并报全国人民代表大会常务委员会和国务院备案。《税目税率表》中规定征税对象为原矿或者选矿的，应当分别确定具体适用税率。

《税目税率表》中规定可以选择实行从价计征或者从量计征的，具体计征方式由省、自治区、直辖市人民政府提出，报同级人民代表大会常务委员会决定，并报全国人民代表大会常务委员会和国务院备案。

纳税人开采或者生产不同税目应税产品的，应当分别核算不同税目应税产品的销售额或者销售数量；未分别核算或者不能准确提供不同税目应税产品的销售额或者销售数量的，从高适用税率。

纳税人开采销售共伴生矿，共伴生矿与主矿产品销售额分开核算的，对共伴生矿暂不计征资源税；没有分开核算的，共伴生矿按主矿产品的税目和适用税率计征资源税。财政部、国家税务总局另有规定的，从其规定。

独立矿山、联合企业收购未税矿产品的单位，按照本单位应税产品税额标准，依据收购的数量代扣代缴资源税。

其他收购单位收购的未税矿产品，按税务机关核定的应税产品税额、税率标准，依据收购的数量代扣代缴资源税。

7.8.4 计税依据

资源税以纳税人开采或者生产应税矿产品的销售额或销售数量为计税依据。

7.8.4.1 销售额的确定

1. 销售额的构成

销售额是指纳税人销售应税产品向购买方收取的全部价款和价外费用（如违约金、优质费等），但不包括收取的增值税销项税额和运杂费。

价外费用是指销售方价外向购买方收取的基金、集资费、违约金（延期付款的利息）和手续费、包装费、储存费、优质费、包装费、包装物租金、赔偿金以及其他各种性质的价外收费。

运杂费是指应税产品从坑口或洗选地到车站、码头或购买方指定地点的运输费用、建设基金以及随运输产生的装卸、仓储、港杂费用等的运输费用。运杂费用应与销售额分别核算，凡未取得相应凭据或不能与销售额分别核算的，应当一并计征资源税。但以下项目不包括在内：

（1）同时符合以下条件的代垫运输费用：

①承运部门的运输费用发票开具给购买方的；

②纳税人将该项发票转交给购买方的。

（2）同时符合以下条件代为收取的政府性基金或者行政事业性收费：

①由国务院或者财政部门批准设立的政府性基金，由国务院或者省级人民政府及财政、价格主管部门批准设立的行政事业性收费；

②收取时开具省级以上财政部门印制的财政票据；

③所收款项全额上缴财政。

另外，纳税人以人民币以外的货币结算销售额的，应当折合成人民币计算。其销售额的人民币折合率可以选择销售额发生的当天或者当月 1 日的人民币汇率中间价。纳税人应事先确定采用何种折合率计算方法，确定后 1 年内不得变更。

2. 几种特殊销售额的确定

（1）应税产品为矿产品的，包括“原矿”和“选矿”。

①纳税人以自采原矿直接销售，或自用于应当缴纳资源税情形的，按照原矿计征资源税。

②纳税人以自采原矿洗选加工为选矿产品销售，或将选矿产品自用于应当缴纳资源税情形的，按照选矿产品计征资源税，在原矿移送环节不缴纳资源税。

（2）纳税人外购与自采应税产品混合销售或混合加工为应税产品销售。

①纳税人以外购与自采原矿混合为原矿销售，或以外购与自产选矿产品混合为选矿产品销售的，在计算应税产品销售额（数量）时，直接扣减外购原矿或选矿产品的购进金额（数量）。

②纳税人以外购原矿与自采原矿混合洗选加工为选矿产品销售的，在计算应税产品销售额（数量）时，准予扣减的外购应税产品购进金额（数量）＝外购原矿购进金额（数量）×（本地区原矿适用税率÷本地区选矿产品适用税率）。

准予扣减的外购应税产品的资源税（外购应税产品购进金额（数量）×本地区选矿产品适用税率）＝外购原矿购进金额（数量）×本地区原矿适用税率

上述情形，未准确核算外购应税产品的购进金额（数量），不得扣除，应当一并计算缴纳资源税。

（3）征税对象为精矿的，纳税人销售原矿时，应将原矿销售额换算为精矿销售额缴纳资源税；征税对象为原矿的，纳税人销售自采原矿加工的精矿，应将精矿销售额折算为原矿销售额缴纳资源税。换算比或折算率原则上应通过原矿售价、精矿售价和选矿比计算，也可以通过原矿销售额、加工环节平均成本和利润计算。

纳税人销售其自采原矿的，可采用成本法或市场法将原矿销售换算为精矿销售额计算缴纳资源税。

其中，成本法公式为：

精矿销售额 = 原矿销售额 + 原矿加工为精矿的成本 ×（1 + 成本利润率）

市场法公式为：

精矿销售额 = 原矿销售额 × 换算比

换算比 = 同类精矿单位价格 ÷（原矿销售额 × 选矿比）

选矿比 = 加工精矿耗用的原矿数量 ÷ 精矿数量

（4）纳税人申报的应税产品销售额明显偏低且无正当理由的，有视同销售应税产品行为而无销售额的，除财政部、国家税务总局另有规定外，按下列顺序确定销售额：

①按纳税人最近时期同类产品的平均销售价格确定；

②按其他纳税人最近时期同类的平均销售价格确定；

③按后续加工非应税产品销售价格，减去后续加工环节的成本利润后确定；

④按组成计税价格确定。组成计税价格为：

组成计税价格 = 成本 ×（1 + 成本利润率）÷（1 − 税率）

公式中的成本是指应税产品的实际生产成本。公式中的成本利润率由省、自治区、直辖市税务机关确定。

（5）纳税人开采或生产同一应税产品，其中既有享受减免税政策的又有不享受减免税政策的，按照免税、减税项目的产量占比等方法分别核算确定免税、减税项目的销售额（数量）。

7.8.4.2 课税数量的确定

实行从量定额的计税依据为销售数量，销售数量具体的规定如下：

（1）纳税人开采或者生产应税产品销售的，以实际销售数量为销售数量。

（2）纳税人开采或者生产应税产品自用的，以移送时的自用数量为销售数量。自产自用包括生产自用和非生产自用。

（3）纳税人不能准确提供应税产品销售数量或移送数量的，以应税产品的产量或者主管税务机关确定的折算比换算成的数量为计征资源税的销售数量。

（4）纳税人将其开采矿产品原矿自用于连续生产精矿产品，无法提供移送使用原矿数量的，可将其精矿按选矿比折算成原矿数量，以此作为销售数量。

（5）纳税人因减税、免税项目，应单独核算销售额和销售数量；未单独核算或者不能准确提供销售额和销售数量的，不予减税或者免税。

7.8.5 应纳税额的计算

资源税的应纳税额，按照从价定率或者从量定额的办法，分别以应税产品销售额乘以纳税人具体适用的比例税率或者以应税产品的销售数量乘以纳税人具体适用的定额税率计算。计算公式如下：

（1）实行从价定率计征办法的应税产品，资源税应纳税按销售额和比例税率计算：

应纳税额 = 应税产品的销售额 × 适用的比例税率

（2）实行从量定额计征办法的应税产品，资源税应纳税按销售数量和定额税率计算：

应纳税额 = 应税产品的销售数量 × 适用定额税率

【学中练 7－11】

1. 某油田2024年5月共计开采原油8 000吨，当月销售原油6 000吨，取得销售收入（不含增值税）18 000 000元，同时还向购买方收取违约金21 800元，优质费5 450元；支付运输费用20 000元（运输发票已比对）。已知销售原油的资源税税率为5%，则该油田5月应缴纳的资源税为多少？

【解析】取得违约金和优质费属于价外费用，价外费用一般都是含税的，这里要换算成不含税的。应缴纳的资源税 =［18 000 000 +（21 800 +5 450）÷（1 +9%）］×5% =901 250（元）

2. 某钨矿2024年6月销售当月生产的钨矿石取得销售收入600万元，销售精矿取得收入1 200万元，已知该矿山钨矿精矿换算比为20%。适用的资源税率为6.5%。计算该钨矿6月应纳资源税税额。

【解析】因为钨矿计算依据为精矿，因此铜矿销售额换算为精矿销售额。

（1）该铜矿当月应税产品的销售额 =600 ×20% +1 200 =1 320（万元）

（2）该铜矿6月应纳资源税税额 =1 320 ×6.5% =85.8（万元）

7.8.6 税收优惠

1. 有下列情形之一的，免征资源税：

（1）开采原油以及在油田范围内运输原油过程中用于加热的原油、天然气。

（2）煤炭开采企业因安全生产需要抽采的煤成（层）气。

2. 有下列情形之一的，减征资源税：

（1）从低丰度油气田开采的原油、天然气，减征百分之二十资源税；

（2）高含硫天然气、三次采油和从深水油气田开采的原油、天然气，减征百分之三十资源税；

（3）稠油、高凝油减征百分之四十资源税；

（4）从衰竭期矿山开采的矿产品，减征百分之三十资源税。

（5）对实际开采所在年限在 15 年以上的衰竭期矿山开采的矿产资源，资源税减征 30%。

（6）自 2018 年 4 月 1 日，对页岩气资源税（按 6% 的规定税率）减征 30%。

（7）自 2023 年 1 月 1 日至 2027 年 12 月 31 日，对增值税小规模纳税人、小型微利企业和个体工商户减半征收资源税（不含水资源税）。

（8）自 2014 年 12 月 1 日至 2027 年 12 月 31 日，对充填开采置换出来的煤炭，资源税减征 50%。

根据国民经济和社会发展需要，国务院对有利于促进资源节约集约利用、保护环境等情形可以规定免征或者减征资源税，报全国人民代表大会常务委员会备案。

3. 有下列情形之一的，省、自治区、直辖市可以决定免征或者减征资源税：

（1）纳税人开采或者生产应税产品过程中，因意外事故或者自然灾害等原因遭受重大损失；

（2）纳税人开采“共伴生矿、低品位矿、尾矿”。

纳税人的免税、减税项目，应当单独核算销售额或者销售数量；未单独核算或者不能准确提供销售额或者销售数量的，不予免税或者减税。

7.8.7 征收管理

7.8.7.1 纳税义务发生时间

（1）纳税人采取分期收款结算方式的，其纳税义务发生时间为销售合同规定的收款日期的当天。

（2）纳税人采取预收货款结算方式的，其纳税义务发生时间为发出应税产品的当天。

（3）纳税人采取其他结算方式的，其纳税义务发生时间为收讫销售款或者取得索取销售款凭据的当天。

（4）纳税人自产自用应税产品的纳税义务发生时间，为移送使用应税产品的当天。

（5）扣缴义务人代扣代缴税款的纳税义务发生时间，为支付首笔货款或首次开具支付货款凭据的当天。

7.8.7.2 纳税地点

（1）纳税人应当在矿产品的开采地或者海盐的生产地缴纳资源税。

（2）海上开采的原油和天然气资源税由海洋石油税务管理机构征收管理。

7.8.7.3 纳税期限

资源税按月或者按季申报缴纳；不能按固定期限计算缴纳的，可以按次申报缴纳。

按月或者按季申报的：月度或者季度终了之日起“15 日”内；按次申报的：纳税义务发生之日起“15 日”内。

7.9 土地增值税

引例

某私营工业企业于2016年1月向该市工商银行申请贷款500万元，用于引进先进设备，银行要求企业以其新建的一座厂房抵押。经企业同意后，双方于2016年2月15日签订借款合同，在合同中约定，企业以其新建的厂房作为抵押，向该市的工商银行贷款500万元，贷款期限为2年，贷款利率10%。到了2018年2月15日，该企业由于经营不善，无力偿还贷款。银行代其将新建厂房拍卖，取得600万元的收入，在偿还贷款本息及相关费用后，将余款交还给该企业。当地的税务机关经稽查后认定，该企业应于2018年2月就其厂房拍卖所得收入缴纳土地增值税。

问题：该私营工业企业应于何时交缴土地增值税？

【分析】 案例分析及税务处理：在上述案例中，该私营工业企业虽然以其新建的厂房作为抵押品取得了500万元的银行贷款，但其厂房的所有权并没有改变，500万元的银行贷款也并非是该企业取得的收入，而是必须在2年后还本付息的借款，因而其抵押行为并不属于土地增值税的征税范围，不需要缴纳土地增值税。2018年2月，银行代该企业拍卖其新建厂房，使得厂房的所有权发生了转移，该企业也间接获得了拍卖厂房所取得的收入，并以其偿还了银行的贷款。按照《土地增值税暂行条例》第二条的规定，上述拍卖行为应属于土地增值税的征税范围，应依法缴纳土地增值税。

知识准备

土地增值税是一种对单位和个人有偿转让国有土地使用权、地上建筑物及其附着物所取得收入征收的税。

7.9.1 纳税义务人

土地增值税的纳税义务人，是转让国有土地使用权、地上建筑物及其附着物并取得收入的单位和个人。

所称单位，包括国有企业、集体企业、私营企业、股份制企业、外商投资企业、外国企业以及其他企业和事业单位、社会团体、国家机关、军队以及其他单位；所称个人，包括个体工商户以及其他个人。

7.9.2 征税范围

土地增值税是对转让国有土地使用权及其地上建筑物和附着物的行为征税。

7.9.2.1 基本征税范围

土地增值税的基本征税范围具体见表7－8。

表7－8　　土地增值税基本征税范围

基本征税范围	不属于征税范围
1. 转让国有土地使用权，包括出售、交换和赠予 2. 地上的建筑物及其附着物连同国有土地使用权一并转让 3. 存量房地产的买卖	1. 不包括国有土地使用权出让所取得的行为 2. 不包括未转让土地使用权、房产产权的行为，如房地产的出租 3. 非公司制企业整体改制为有限责任公司或者股份有限公司，有限责任公司（股份有限公司）整体改制为股份有限公司（有限责任公司），对改制前的企业将国有土地使用权、地上的建筑物及其附着物（以下称房地产）转移、变更到改制后的企业，暂不征收土地增值税

7.9.2.2 征税范围的特殊规定

土地增值税征税范围的特殊规定具体见表7－9。

表7－9　　征税范围的特殊规定

有关事项	是否属于征税范围
继承、赠予	（1）继承：不征（无收入） （2）赠予：公益性赠予、赠予直系亲属或承担直接赡养义务人，不征；非公益性赠予，征
出租	不征（无权属转移）
房地产抵押	抵押期不征；抵押期满偿还债务本息不征；抵押期满，不能偿还债务，而以房地产抵债，征
房地产交换	单位之间换房，征；个人之间互换自有住房，免征
以房地产投资、联营	（1）房地产（房地产企业除外）转让到投资联营企业，暂免征；将投资联营房地产再转让，征 （2）投资、联营的企业属于从事房地产开发的，或者房地产开发企业以其建造的商品房进行投资和联营的，应当征收土地增值税
合作建房	建成后自用，暂免征；建成后转让，征
企业改制重组	暂免
代建房	不征（无权属转移）
重新评估	不征（无收入）

1. 房地产继承、赠予

（1）房地产的继承，房屋继承行为虽然发生了房地产的权属变更，但作为房产所有人、土地使用权人并没有因为权属变更而取得任何收入，因此，房地产继承不属于土地增值税的征税范围。

（2）房地产的赠予。房地产赠予是指房产所有人、土地使用权人将自己拥有的房地产无偿交给他人的行为，但这里的赠予包括：

①房地所有人、土地使用权人赠予直系亲属或承担赡养义务人的行为；

②房地所有人、土地使用权人进行公益性赠予的行为，非公益性赠予应征土地增

值税。

房屋赠予行为虽然发生了房地产的权属变更，但作为房产所有人、土地使用权人并没有因为权属变更而取得任何收入，因此，房地产赠予不属于土地增值税的征税范围。

2. 房地产出租

房地产出租，是指房产所有者或土地使用者，将房产或土地使用权租赁给承租人使用，由承租人向出租人支付租金的行为。房地产出租，出租人虽取得了收入，但没有发生房产产权、土地使用权的转让，因此，不属于土地增值税的征税范围。

3. 房地产的抵押

房地产抵押，是指房产所有者或土地使用者作为债务人或第三人向债权人提供不动产作为清偿债务担保的法律行为，不涉及权属转移。这种情况下房产的产权、土地使用权在抵押期间并没有发生权属变更，因此，对房地产的抵押，在抵押期间不征收土地增值税。抵押期满偿还债务本息不征；抵押期满，不能偿还债务，而以房地产抵债，应征收土地增值税。

4. 房地产交换

房地产交换，是指一方以房地产与另一方的房地产进行交换的行为，由于这种行为既发生了房产产权、土地使用权的转移，交换双方又取得了实物形态的收入，属于土地增值税的征税范围。但对个人之间互换自有住房，经当地税务机关核实，可以免征。

5. 合作建房

对一方出地，另一方出资金，双方合作建房，建成后按比例分房自用的，暂不征收土地增值税；建成后转让的，应征收土地增值税。

6. 房地产的代建行为

代建行为，是指房地产开发公司代客户进行房地产的开发，开发完成后向客户收取代建收入的行为。对于房地产开发公司而言，虽然取得了收入，但没有发生房地产权属的转移，因此，不征收土地增值税。

7. 房地产重新评估

国有企业在清产核资时对房产进行重新评估而产生的评估增值，因其既没有发生房地产权属的转移，也未取得收入，所以不属于土地增值税的范围。

8. 房地产改变用途

房地产开发企业将开发的部分房地产转为企业自用或用于出租等商业用途，如果产权未发生转移，不征收土地增值税。

9. 企业改制重组

在企业改制重组兼并中，对被兼并企业将房地产转让到兼并企业中的，暂免征收土地增值税。

10. 土地使用者处置土地使用权

土地使用者转让、抵押或转换土地，无论其是否取得了该土地的使用权属证书，是否与对方当事人办理国有土地使用权属证书变更登记手续，只要土地使用者享有使用、收益或处分该土地的权利，且有合同等证据表明其实质转让、抵押或置换了土地并取得了相应的经济利益，土地使用者及其对方当事人应当依法缴纳土地增值税和契税等。

7.9.3 税率

土地增值税实际四级超率累进税率：

（1）增值额未超过扣除项目金额50%的部分，税率为30%。

（2）增值额超过扣除项目金额50%的部分、未超过扣除项目金额100%的部分，税率为40%。

（3）增值额超过扣除项目金额100%的部分、未超过扣除项目金额200%的部分，税率为50%。

（4）增值额超过扣除项目金额200%的部分，税率为60%。

上述所列四级超率累进税率，每级“增值额未超过扣除项目”的比例，均包括本比例数。四级超率累进税率及速算扣除系数见表7－10。

表7－10　　土地增值税四级超率累进税率

级数	增值额与扣除项目金额的比率	税率（%）	速算扣除系数（%）
1	不超过50%的部分	30	0
2	超过50%至100%部分	40	5
3	超过100%至200%部分	50	15
4	超过200%部分	60	35

7.9.4 计税依据

土地增值税的计税依据是纳税人转让房地产所取得的增值额。转让房地产的增值额，是纳税人转让房地产的收入减除税法规定的扣除项目金额后的余额。土地增值额的大小，取决于转让房地产的收入和扣除项目金额两个因素。

7.9.4.1 应税收入的确定

根据《土地增值税暂行条例》及《实施细则》的规定，纳税人转让房地产取得的应税收入，应包括转让房地产的全部价款及有关的经济利益，从收入的形式来看，包括货币收入、实物收入和其他收入。纳税人转让房地产取得的收入为不含增值税收入。

7.9.4.2 扣除项目及其金额

1. 取得土地使用权所支付的金额

取得土地使用权所支付的金额包括以下两个方面的内容：

纳税人为取得土地使用权所支付的地价款。地价款确定的方式有三种：

（1）以协议、招标、拍卖等出让方式取得土地使用权的，地价款为纳税人所支付的土地出让金。

（2）以行政划拨方式取得土地使用权的，地价款为按照国家有关规定补交的土地出让金。

（3）以转让方式取得土地使用权的，地价款为向原土地使用权人实际支付的地价款。

纳税人在取得土地使用权时按国家统一规定缴纳的有关费用和税金。

2. 房地产开发成本

房地产开发成本，是指纳税人房地产开发项目实际发生的成本，包括土地征用及拆迁补偿费、前期工程费、建筑安装工程费、基础设施费、公共配套设施费、开发间接费用等。

（1）土地征用及拆迁补偿费，包括土地征用费、耕地占用税、劳动力安置费及有关地上、地下附着物拆迁补偿的净支出、安置拆迁房支出等。

（2）前期工程费，包括规划、设计、项目可行性研究和水文、地质、勘察、测绘、“三通一平”等支出。

（3）建筑安装工程费，是指以出包方式支付给承包单位的建筑安装工程费，以自营方式发生的建筑安装工程费。

（4）基础设施费，包括开发小区内道路、供水、供电、供气、排污、排洪、通讯、照明、环卫、绿化等工程发生的支出。

（5）公共配套设施费，包括不能有偿转让的开发小区内公共配套设施发生的支出。

（6）开发间接费用等，是指直接组织、管理开始项目发生的费用，包括工资、职工福利费、折旧费、修理费、办公费、水电费、劳动保护费、周转房摊销等。

7.9.4.3 房地产开发费用

房地产发费用，是指与房地产开发项目有关的销售费用、管理费用和财务费用。在计算土地增值税时，房地产开发费用并不是按照纳税人实际发生额进行扣除，关键取决于财务费用中的利息处理：

（1）财务费用中的利息支出，纳税人能够按转让房地产项目计算分摊利息支出，并能提供金融机构贷款证明的，允许据实扣除。但最高不能超过按商业银行同类同期贷款利率计算的金额。其他房地产开发费用，按取得土地使用权所支付的金额和房地产开发成本之和的5%以内计算扣除。计算公式为：

房地产开发费用＝利息＋（取得土地使用权所支付的金额＋房地产开发成本）×5%

（2）财务费用中的利息支出，纳税人不能按转让房地产项目计算分摊利息支出，或不能提供金融机构贷款证明的，房地产开发费用按取得土地使用权所支付的金额和房地产开发成本之和的10%以内计算扣除。计算公式为：

房地产开发费用＝（取得土地使用权所支付的金额＋房地产开发成本）×10%

利息扣除应注意三点：

①提供金融机构证明；

②不能超过按商业银行同类同期银行贷款利率计算的金额；

③不包括加息、罚息。

7.9.4.4 与转让房地产有关的税金

与转让房地产有关的税金，是指在转让房地产时缴纳的城市维护建设税、印花税，因转让房地产缴纳的教育费附加，也可视同税金扣除。

7.9.4.5 财政部确定的扣除项目

对于从事房地产开发的纳税人可按取得土地使用权所支付的金额和房地产开发成本之和，加计20%的扣除，此条件优惠只适用于从事房地产开发的纳税人，除此之外的其他纳税人不适用。

7.9.4.6 旧房及建筑物的扣除金额

纳税人转让旧房的，应按房屋及建筑物的评估价格、取得土地使用权所支付的地价款或出让金；按国家统一规定缴纳的有关费用，以及在转让环节缴纳的税金作为扣除项目金额计征土地增值税。取得土地使用权时未支付地价款或不能提供已支付的地价款凭据的，在计征土地增值各项不允许扣除。

旧房及建筑物评估价格是指在转让已使用的房屋及建筑物时，由政府批准设立的房地产评估机构的重置成本价乘以成新度折扣率后的价格。评估价格须经当地税务机关确认。

评估价格 = 重置成本价 × 成新度折扣率

重置成本的含义：对旧房及建筑物，按转让时的建材价格及人工费用计算建造同样面积、同样层次、同样结构、同样建设标准的新房及建筑物所需花费的成本费用。

成新度折扣率的含义是：按旧房的新旧程度作一定比例的折扣。

例如，一栋房屋已使用10年，建造时的造价为1 000万元，按转让时的建材及人工费用计算，建成同样一个标准的新房需花费5 000万元，假定房屋有7成新，则该房屋的评估价为5 000 ×70% =3 500（万元）。

纳税人转让旧房及建筑物，凡不能取得评估价格但能提供购房发票，经当地税务机关确认，《土地增值税暂行条例》规定扣除项目金额，可按发票所载金额并从购买年度起至转让年度止每年加计5%计算扣除。对纳税人购房时缴纳的契税，凡能提供契税完税凭证的，准予作为“与转让房地产有关的税金”予以扣除，但不作为加计5%的基数。

对于转让旧房及建筑物，既没有评估价格，又不能提供购房发票的，税务机关可以实行核定征收。

7.9.5 应纳税额的计算

土地增值税按照纳税人转让房地产所取得的增值额和规定的税率计算征收。土地增值税的计算公式是：

应纳税额 = 增值额 × 适用税率 − 扣除项目金额 × 速算扣除系数

其中，增值额 = 房地产转让收入 - 扣除项目

增值率 = 增值额 ÷ 扣除项目金额 ×100%

根据计算出来的增值率，从土地增值税率表确定适用税率及速算扣除率。

【学中练 7 -12】

2023 年某房地产开发公司销售其新建商品房一幢，取得销售收入 14 000 万元，已知该公司支付与商品房相关的土地使用权费及开发成本合计为 4 800 万元；该公司没有按房地产项目计算分摊银行借款利息；该商品房所在地的省政府规定计征土地增值税时房地产开发费用扣除比例为 5%；销售商品房缴纳的有关税金 770 万元。该公司销售该商品房应缴纳的土地增值税为多少？

【解析】（1）应税收入 =14 000（万元）

（2）扣除项目金额 =7 010（元）

①取得土地所有权所支付的金额及开发成本 =4 800（万元）

②房地产开发费用 =4 800 ×10% =480（万元）

③转让相关税金 =770（万元）

④其他扣除 =4 800 ×20% =960（万元）

（3）计算土地增值额 =14 000 -7 010 =6 990（万元）

（4）计算增值率 =6 990 ÷7 010 ×100% =99. 71%，适用税率为第二档，税率 40%、速算扣除系数 5%

（5）应纳土地增值税 =6 990 ×40% -7 010 ×5% =2 445. 5（万元）

【提示】 纳税人有下列情形之一的，则按照房地产评估价格计算征收土地增值税：

（1）隐瞒、虚报房地产成交价格的。

（2）提供扣除项目金额不实的。

（3）转让房地产的成交价格低于房地产评估价格，又无正当理由的。

（4）旧房及建筑物的转让。

7. 9. 6 税收优惠

（1）建造普通标准住宅的税收优惠。纳税人建造普通标准住宅出售，增值额未超过扣除项目金额 20% 的，免征土地增值税。如果超过 20% 的，应就其全部增值额按规定计税。

（2）因国家建设的需要而被政府征用、收回的房地产，免征土地增值税。

（3）因城市规划、国家建设需要而搬迁由纳税人自行转让原房地产的，免征土地增值税。

（4）对企事业单位、社会团体以及其他组织转让旧房作为公租房房源，且增值额未超过扣除项目金额 20% 的，免征土地增值税。

（5）自2008年11月1日起，对居民个人转让住房一律免征土地增值税。

（6）自2024年1月1日起，村民委员会、村民小组按照农村集体产权制度改革要求，将国有土地使用权、地上的建筑物及其附着物转移、变更到农村集体组织名下的，暂不征收土地增值税。农村集体经济组织是指，按规定在农业农村部门办理注册登记，被赋予以字母“N”开头的统一社会信用代码，并取得《农村集体经济组织登记证》。

（7）自2023年10月1日起，企事业单位、社会团体以及其他组织转让旧房作为保障性住房房源且增值额未超过扣除项目金额20%的，免征土地增值税。

【知识拓展】

合理控制增值率的税收筹划

【筹划思路】纳税人可通过增加扣除项目金额、对房地产项目进行合理定价或将不同房产合并或分别核算等方式合理控制增值率，避免税率级次的爬升，享受开发增值率在20%以下的普通住宅免税的土地增值税税收优惠，达到减轻税负的目的。但是在此项筹划中需注意的是，降低房屋销售价格或者增加可扣除项目金额会导致纳税人相关利润减少，此时是否可取，就得比较减少的利润和控制增值率减少的税金支出的大小，从而做出选择。

【筹划案例】某房地产开发公司同时开发A、B两幢商品房，且处于同一片土地上，销售A房产取得收入300万元，允许扣除的金额为200万元；销售B房产共取得收入400万元，允许扣除的项目金额为100万元；对于这两处房产，公司是分开核算还是合并核算更好？

【筹划分析】

（1）分开核算时：A房产的增值率 =（300 − 200）÷ 200 × 100% = 50%，适用税率30%；应纳的土地增值税为：（300 − 200）× 30% = 30（万元）；

B房产的增值率 =（400 − 100）÷ 100 × 100% = 300%，适用税率60%；应纳的土地增值税为：（400 − 100）× 60% − 100 × 35% = 145（万元）；

共缴纳土地增值税175万元。

（2）合并核算时：两幢房产的收入总额为：300 + 400 = 700（万元）；允许扣除的金额：200 + 100 = 300（万元）；增值率为：（700 − 300）÷ 300 × 100% = 133.3%，适用税率50%；应纳土地增值税为：（700 − 300）× 50% − 300 × 15% = 155（万元）。

由于土地增值税适用四档超率累进税率，其中最低税率为30%，最高税率为60%，如果将不同增值率的房地产合并在一起核算，就有可能降低高增值率房地产的适用税率，使该部分房地产的税负下降，同时提高低增值率房地产的适用税率，增加这部分房地产的税负，因此纳税人需要具体测算分开核算与合并核算的相应税额，再选择低税负的核算方法，以达到节税的目的。通过比较可以看出，在本案例中合并核算对纳税人是有利的，由于两类房产增值率相差很大，只要房地产开发公司将两处房产安排在一起开发、出售，并将两类房产的收入和扣除项目放在一起核算，一起申报纳税，就可以均衡公司的整体增值率，降低适用税率，从而使得合并核算比分开核算节税20万元。

7.9.7 征收管理

7.9.7.1 纳税申报

纳税人应在转让房地产合同签订后7日内，到房地产所在地主管税务机关办理纳税申报，并向税务机关提交房屋及建筑物产权、土地使用权证书，土地转让、房产买卖合同、房地产评估报告及其他与转让房地产有关的资料，然后在税务机关规定的期限内缴纳土地增值税。

纳税人因经常发生房地产转让而难以在每次转让后申报的，经税务机关审核同意后，可以按月或按季定期进行纳税申报，具体期限由主管税务机关根据情况确定。

纳税人采取预售方式销售房地产的，对在项目全部竣工结算前转让房地产取得的收入，税务机关可以预征土地增值税。具体办法由各省、自治区、直辖市税务局根据当地情况制定。

对于纳税人预售房地产所取得的收入，凡当地税务机关规定预征土地增值税的，纳税人应当到主管税务机关办理纳税申报，并按规定比例预交，待办理完纳税清算后，多退少补。

7.9.7.2 纳税清算

1. 土地增值税的清算单位

土地增值税以国家有关部门审批的房地产开发项目为单位进行清算，对于分期开发的项目，以分期项目为单位清算。

开发项目中同时包含普通住宅和非普通住宅的，应分别计算土地增值额。

2. 土地增值税的清算条件

（1）符合下列情形之一的，纳税人应当进行土地增值税的清算：

①房地产开发项目全部竣工、完成销售的。

②整体转让未竣工决算房地产开发项目的。

③直接转让土地使用权的。

（2）符合下列情形之一的，主管税务机关可要求纳税人进行土地增值税清算：

①已竣工验收的房地产开发项目，已转让的房地产建筑面积占整个项目可售建筑面积的比例在85%以上，或未超85%，但剩余可售建筑面积已经出租或自用；

②取得销售（预售）许可证满3年仍未销售完毕的；

③纳税人申请注销税务登记但未办理土地增值税清算手续的。

3. 土地增值税清算应报送的资料

纳税人办理土地增值税应报送以下资料：

（1）房地产开发企业清算土地增值税的书面申请、土地增值税纳税申报表。

（2）项目竣工决算报表、取得土地使用权所支付的地价款凭证、国有土地使用权出让合同、银行贷款利息结算通知单、项目工程合同结算单、商品房购销合同统计表等与转让房地产的收入、成本和费用有关的证明资料。

（3）主管税务机关要求报送的其他与土地增值税清算有关的证明资料等。

纳税人委托中介机构审核鉴证的清算项目，还应报送中介机构出具的《土地增值税清算税款鉴证报告》。

4. 清算后再转让房地产的处理

在土地增值税清算时未转让的房产，清算后销售或有偿转让的，纳税人应按规定进行土地增值税的纳税申报，扣除项目金额按清算时的单位建筑面积成本费用乘以销售或转让面积计算。

单位建筑面积成本费用＝清算时的扣除项目总金额÷清算的总建筑面积

5. 土地增值税核定征收

房地产开发企业有下列情形之一的，税务机关可以参照与其开发规模和收入水平相近的当地企业的土地增值税税负情况，按不低于预征率的征收率核定征收土地增值税：

（1）依照法律、行政法规的规定应当设置但未设置账簿的。

（2）擅自销毁账簿或者拒不提供纳税资料的。

（3）虽设置账簿，但账目混乱或者成本资料、收入凭证、费用凭证残缺不全，难以确定转让收入或扣除项目金额的。

（4）符合土地增值税清算条件，未按照规定的期限办理清算手续，经税务机关责令限期清算，逾期仍不清算的。

（5）申报的计税依据明显偏低，又无正当理由的。

7.9.7.3 纳税地点

土地增值税纳税人发生应税行为应向房地产所在地主管税务机关缴纳税款。

这里所说的房地产所在地，是指房地产的坐落地。纳税人转让的房地产坐落在两个或两个以上地区的，应按房地产所在地分别申报纳税。具体纳税地点的确定可以分为以下两种情况：

（1）纳税人是法人的，当转让的房地产坐落地与其机构所在地或经营所在地一致时，则在办理税务登记的原管辖税务机关申报纳税即可；如果转让的房地产坐落地与其机构所在地或经营所在地不一致时，则应在房地产坐落地所管辖的税务机关申报纳税。

（2）纳税人是自然人的，当转让的房地产坐落地与其居住所在地一致时，则在居住所在地税务机关申报纳税；当转让的房地产坐落地与其居住所在地不一致时，在办理过户手续所在地的税务机关申报纳税。

7.10 城市维护建设税与教育费附加

引例

甲公司位于A市，乙公司位于B县。2023年5月，甲公司与乙公司的增值税销项税额为100 000元，进项税额为70 000元，消费税为200 000元。假定乙公司5月发生的增值税、消费税的金额与甲公司一致。

问题：甲公司与乙公司在2023年5月缴纳城市维护建设税和教育费附加的金额是否一样？为什么？

【分析】 虽然两个公司的计税依据相同，甲公司与乙公司在2023年5月缴纳城市维护建设税和教育费附加的金额是不一样的，因为甲公司位于A市，乙公司位于B县。根据规定，城市维护建设税纳税人在市区的，税率为7%，在县城、建制镇的为5%，因为税率不同，则计算缴纳的税额就不同。

知识准备

城市维护建设税，是以纳税人实际缴纳的增值税、消费税额为计税依据所征收的一种税，主要目的是筹集城镇设施建设和维护资金。

7.10.1 城市维护建设税

7.10.1.1 纳税人

城市维护建设税的纳税人，是指实际缴纳增值税、消费税的单位和个人，包括各类企业、行政单位、事业单位、军事单位、社会团体及其他单位，以及个体工商户和其他个人。自2010年12月1日起，对外商投资企业、外国企业和外籍个人征收城市维护建设税和教育费附加。

7.10.1.2 征税范围

城市维护建设税的征税范围从地域上看分布很广，具体包括城市、县城、建制镇，以及规定征收增值税、消费税的其他地区。

7.10.1.3 税率

1. 税率的具体规定

城市维护建设税实行差别比例税率。按照纳税人所在地区的不同，设置了三档比例税率，即：纳税人所在地区为市区的，税率为7%；纳税人所在地在县城、镇的，税率为5%；纳税人所在地不在市区、县城或镇的，税率为1%。

2. 适用税率的确定

受托方代扣代缴、代收代缴增值税、消费税的纳税人，按受托方所在地适用税率计算代扣代缴、代收代缴的城市维护建设税。

流动经营等无固定纳税地点的单位和个人，在经营地缴纳增值税、消费税的，其城市维护建设税的缴纳按经营地适用税率执行。

7.10.1.4 计税依据

城市维护建设税的计税依据是纳税人实际缴纳的增值税和消费税税额之和。纳税人违反增值税、消费税有关规定，被查补增值税、消费税和被处以罚款时，也要对其未缴的城市维护建设税进行补税和罚款；计税依据不包括纳税人违反有关规定上缴的滞纳金和罚款。

7.10.1.5 应纳税额的计算

城市维护建设税应纳税额的计算比较简单，计税方法基本上与增值税、消费税一致，计算公式：

应纳税额 = （实纳增值税税额 + 实纳消费税税额） × 适用税率

【学中练 7 – 13】

位于某市区的一家公司，2023 年 12 月应缴纳的增值税为 300 000 元，实际缴纳 250 000元，实际缴纳消费税为 100 000 元，计算该公司 12 月应纳城市维护建设税的金额。

【解析】 应纳税额 = (实纳增值税税额 + 实纳消费税税额) × 适用比率

= (250 000 + 100 000) × 7% = 24 500 (元)

7.10.1.6 税收优惠

城市维护建设税属于增值税、消费税的一种附加税，原则上不单独规定税收减免条款。如果税法规定减免增值税、消费税，也就相应地减免了城市维护建设税。现行城市维护建设税的减免规定主要有：

（1）对于由减免增值税、消费税而发生退税的，可以同时退还已征收的城市维护建设税，但对出口产品退还增值税、消费税的，不退还已缴收的城市维护建设税。

（2）海关对进口产品代征的增值税、消费税，不征收城市维护建设税。

（3）对增值税、消费税实行先征后返、先征后退、即征即退办法的，除另有规定外，对随增值税、消费税附征的城建税和教育费附加，一律不予退（返）还。

（4）自 2023 年 1 月 1 日至 2027 年 12 月 31 日，对增值税小规模纳税人、小型微利企业和个体工商户减半征收城市维护建设税。

7.10.1.7 征收管理

1. 纳税义务发生时间

城市维护建设税以纳税人实际缴纳的增值税、消费税为计税依据，分别与增值税、消费税同时缴纳，说明城市维护建设税纳税义务发生时间基本上与增值税、消费税纳税义务发生时间一致。

2. 纳税地点

纳税人缴纳增值税、消费税的地点即是城市维护建设税纳税地点。有特殊情况按下列原则确定纳税地点：

（1）代扣代缴、代收代缴增值税、消费税的单位和个人，同时也是城市维护建设税的代扣代缴、代收代缴义务人，其城建税的纳税地点在代扣代收地。

（2）对流动经营等无固定纳税地点的单位和个人，应随同增值税、消费税在经营地按适用税率缴纳。

（3）纳税人跨地区提供建筑服务、销售和出租不动产的，应在建筑服务发生地、不动产所在地预缴增值税时，以预缴增值税税额为计税依据，并按预缴增值税所在地的城市维护建设税适用税率和教育费附加征收率就地计算缴纳城市维护建设税和教育费附加。预缴增值税的纳税人在其机构所在地申报缴纳增值税时，以其实际缴纳的增值税税额为计税依据，并按机构所在地的城市维护建设税适用税率和教育费附加征收率就地计算缴纳城市维护建设税和教育费附加。

3. 纳税期限

城市维护建设税由纳税人在缴纳增值税、消费税时同时缴纳。根据增值税和消费税暂行条例规定，增值税、消费税的纳税期限分别为 1 日、3 日、5 日、10 日、15 日、1 个月或者 1 个季度。

城市维护建设税的纳税期限就比照上述增值税、消费税的纳税期限，由主管税务机关根据纳税人应纳税额大小分别核定；不能按照固定期限纳税的，可以按次纳税。

7.10.2 教育费附加

7.10.2.1 征收范围

教育费附加的征收范围，为税法规定缴纳增值税、消费税的单位和个人。自 2010 年 12 月 1 日起，对外商投资企业、外国企业和外籍个人征收教育费附加。

7.10.2.2 计税依据

教育费附加以纳税人实纳增值税、消费税税额之和为计征依据。

7.10.2.3 征收比率

现行教育费附加的征收比率为 3%。

7.10.2.4 计算与缴纳

1. 计算公式

应纳教育费附加 =（实纳增值税税额 + 实纳消费税税额）× 征收比率

【学中练 7－14】

某公司 2023 年 12 月应缴纳的增值税为 300 000 元，实际缴纳 250 000 元，实际缴纳消费税为 100 000 元，计算该公司 12 月应纳教育费附加的金额。

【解析】 应纳教育费附加 =（实纳增值税税额 + 实纳消费税税额）× 征收比率

=（250 000 + 100 000）× 3% = 10 500（元）

2. 费用缴纳

教育费附加分别与增值税、消费税同时缴纳。

7.10.2.5 减免规定

教育费附加的减免，原则上比照增值税、消费税的减免规定，如果税法规定减免增值税、消费税，也就相应地减免教育费附加。主要的减免规定有：

（1）对于由减免增值税、消费税而发生退税的，可以同时退还已征收的城市维护建设税，但对出口产品退还增值税、消费税的，不退还已缴收的城市维护建设税。

（2）海关对进口产品代征的增值税、消费税，不征收城市维护建设税。

（3）自 2016 年 2 月 1 日起按月纳税的月销售额或营业额不超过 10 万元（按季度纳税的季度销售额或营业额不超过 30 万元）的缴纳义务人，免征教育费附加。

（4）自 2023 年 1 月 1 日至 2027 年 12 月 31 日，对增值税小规模纳税人、小型微利企业和个体工商户减半征收教育费附加。

7.11 船舶吨税

引例

中国籍船舶和平号将采购的货物从俄罗斯的圣彼得堡港运抵我国的天津港，需要缴纳船舶吨税吗？

【分析】《中华人民共和国船舶吨税法》，规定从我国境外港口进入境内港口的船舶都应当缴纳船舶吨税。所以中国籍船舶和平号也需要缴纳船舶吨税。

据介绍，吨税设置分为优惠税率和普通税率两种，其中，中华人民共和国国籍的应税船舶，船籍国（地区）与中华人民共和国签订含有相互给予船舶税费最惠国待遇条款的条约或者协定的应税船舶，适用优惠税率；其他应税船舶，适用普通税率。不过，以下种类船舶仍属于免征吨税范围：应纳税额在人民币50元以下的船舶；自境外以购买、受赠、继承等方式取得船舶所有权的初次进口到港的空载船舶；吨税执照期满后24小时内不上下客货的船舶；非机动船舶（不包括非机动驳船）；捕捞、养殖渔船；避难、防疫隔离、修理、终止运营或者拆解，并不上下客货的船舶；军队、武装警察部队专用或者征用的船舶；依照法律规定应当予以免税的外国驻华使领馆、国际组织驻华代表机构及其有关人员的船舶。

知识准备

船舶吨税是指对自中华人民共和国境外港口进入境内港口的船舶征收的一种税。船舶吨税属于行为税。1952年9月29日经政务院财经委员会批准、海关总署发布了《中华人民共和国海关船舶吨税暂行办法》。2011年11月23日，国务院第182次常务会议通过了《中华人民共和国船舶吨税暂行条例》。2017年12月27日第十二届全国人大常委会第三十一次会议通过了《中华人民共和国船舶吨税法》，自2018年7月1日起施行。

7.11.1 纳税义务人

对自中国境外港口进入中国境内港口的船舶（以下简称应税船舶）征收船舶吨税（以下简称吨税），以应税船舶负责人为纳税人。

7.11.2 征税范围

船舶吨税的征税范围包括自中国境外港口进入境内港口的船舶。

7.11.3 税率

吨税税目按船舶净吨位的大小分等级设置为几个税目。税率采用定额税率，分为30日、90日和1年三种不同的税率，具体分为两类：普通税率和优惠税率。我国国籍的应税船舶，船籍国（地区）与我国签订含有互相给予船舶税费最惠国待遇条款的条约或者协定的应税船舶，适用优惠税率；其他应税船舶，适用普通税率。我国现行吨税税目税率见表7－11。

表7－11 船舶吨税税目税率表

税目（按船舶净吨位划分）	税率（元/净吨）					
	普通税率（按执照期限划分）			优惠税率（按执照期限划分）		
	1年	90日	30日	1年	90日	30日
不超过2 000净吨	12.6	4.2	2.1	9.0	3.0	1.5
超过2 000净吨，但不超过10 000净吨	24.0	8.0	4.0	17.4	5.8	2.9
超过10 000净吨，但不超过50 000净吨	27.6	9.2	4.6	19.8	6.6	3.3
超过50 000净吨	31.8	10.6	5.3	22.8	7.6	3.8

7.11.4 计税依据

吨税以船舶净吨位为计税依据。拖船按照发动机功率每千瓦折合净吨位 0.67 吨，无法提供净吨位证明文件的游艇按照发动机功率每千瓦折合净吨位 0.05 吨，拖船和非机动驳船分别按相同净吨位船舶税率的 50% 计征。

7.11.5 应纳税额的计算

吨税按照船舶净吨位和吨税执照期限征收，应税船舶负责人在每次申报纳税时，可以按照“吨税税目税率表”选择申领一种期限的吨税执照。

应纳税额的计算公式为：

应纳税额 = 应税船舶净吨位 × 适用税率

海关根据船舶负责人的申报，审核其申报吨位与其提供的船舶吨位证明和船舶国籍证书或者海事部门签发的船舶国籍证书收存证明相符后，按其申报执照的期限计征吨税，并填发缴款凭证交船舶负责人缴纳税款。

7.11.6 税收优惠

下列船舶免征吨税：

1. 应纳税额在人民币 50 元以下的船舶。
2. 自境外以购买、受赠、继承等方式取得船舶所有权的初次进口到港的空载船舶。
3. 吨税执照期满后 24 小时内不上下客货的船舶。
4. 非机动船舶（不包括非机动驳船）。
5. 捕捞、养殖渔船。
6. 避难、防疫隔离、修理、终止运营或者拆解，并不上下客货的船舶。
7. 军队、武装警察部队专用或者征用的船舶。
8. 警用船舶。
9. 依照法律规定应当予以免税的外国驻华使领馆、国际组织驻华代表机构及其有关人员的船舶。
10. 国务院规定的其他船舶。

7.11.7 征收管理

7.11.7.1 纳税义务发生时间

吨税纳税义务发生时间为应税船舶进入境内港口的当日，应税船舶在吨税执照期满后尚未离开港口的，应当申领新的吨税执照，自上一执照期满的次日起续缴吨税。

应税船舶在进入港口办理入境手续时，应当向海关申报纳税领取吨税执照，或者交验吨税执照（或者申请核验吨税执照电子信息）。应税船舶在离开港口办理出境手续时，应当交验吨税执照（或者申请核验吨税执照电子信息）。

应税船舶负责人申领吨税执照时，应当向海关提供下列文件：

（1）船舶国籍证书或者海事部门签发的船舶国籍证书收存证明。

（2）船舶吨位证明。

7.11.7.2　纳税期限

应税船舶负责人应当自海关填发吨税缴款凭证之日起 15 日内缴清税款。未按期缴清税款的，自滞纳税款之日起至缴清税款之日止，按日加收滞纳税款万分之五的税款滞纳金。

应税船舶到达港口前，经海关核准先行申报并办结出入境手续的，应税船舶负责人应当向海关提供与其依法履行吨税缴纳义务相适应的担保；应税船舶到达港口后，按规定向海关申报纳税。

人民币、可自由兑换货币，汇票、本票、支票、债券、存单，银行、非银行金融机构的保函和海关依法认可的其他财产、权利，可以用于担保。

7.11.7.3　征收管理

船舶吨税由海关负责征收。海关征收吨税应当制发缴款凭证。

海关发现少征或者漏征税款的，应当自应税船舶应当缴纳税款之日起 1 年内，补征税款，但因应税船舶违反规定造成少征或者漏征税款的，海关可以自应当缴纳税款之日起 3 年内追征税款，并自应当缴纳税款之日起按日加征少征或者漏征税款万分之五的税款滞纳金。

海关发现多征税款的情况，应当在 24 小时内通知应税船舶办理退还手续，并加算银行同期活期存款利息。

应税船舶发现多缴税款的，可以自缴纳税款之日起 3 年内以书面形式要求海关退还多缴的税款并加算银行同期活期存款利息；海关应当自受理退税申请之日起 30 日内查实并通知应税船舶办理退还手续。

7.12　环境保护税

引例

厦门某养猪场，2023 年 2 月存栏数量 5 000 头，有 1 个排污口，粪便未经处理直排，未安装自动监测设备，如何计算该月环保税。

【分析】

①确定征收方式：未安装自动监测设备，无监测报告，采用核定征收方法。

②确定计税依据：污染当量数 =5 000（头）÷1 =5 000

③应纳税额 =5 000 ×1.4 =7 000（元）

知识准备

环境保护税是为了保护和改善环境，减少污染物排放，推进生态文明建设而征收的一种税。环境保护税的法律规范是于 2016 年 12 月 25 日第十二届全国人大常委会第二十五次会议通过、2018 年 10 月 26 日第十三届全国人大常委会第六次会议修正的《中华人民共和国环境保护税法》（以下简称《环境保护税法》）。

7.12.1 纳税义务人

环境保护税的纳税人为在中华人民共和国领域和中华人民共和国管辖的其他海域，直接向环境排放应税污染物的企业事业单位和其他生产经营者。按照规定征收环境保护税，不再征收排污费。

7.12.2 征税范围

环境保护税的征税范围是《环境保护税法》所附“环境保护税税目税额表”“应税污染物和当量值表”规定的大气污染物、水污染物、固体废物和噪声等应税污染物。

有下列情形之一的，不属于直接向环境排放污染物，不缴纳相应污染物的环境保护税。

（1）企业事业单位和其他生产经营者向依法设立的污水集中处理、生活垃圾集中处理场所排放应税污染物的。

（2）企业事业单位和其他生产经营者在符合国家和地方环境保护标准的设施、场所储存或者处置固体废物的。

依法设立的城乡污水集中处理、生活垃圾集中处理场所超过国家和地方规定的排放标准向环境排放应税污染物的，应当缴纳环境保护税。

企业事业单位和其他生产经营者储存或者处置固体废物不符合国家和地方环境保护标准的，应当缴纳环境保护税。

7.12.3 税率

环境保护税实行定额税率。税目、税额依照“环境保护税税目税额表”执行，见表 7 –12。

表 7－12　　环境保护税税目税额表

<table>
<tr><th colspan="2">税目</th><th>计税单位</th><th>税额</th><th>备注</th></tr>
<tr><td colspan="2">大气污染物</td><td>每污染当量</td><td>1.2—12 元</td><td></td></tr>
<tr><td colspan="2">水污染物</td><td>每污染当量</td><td>1.4—14 元</td><td></td></tr>
<tr><td rowspan="4">固体废物</td><td>煤矸石</td><td>每吨</td><td>5 元</td><td></td></tr>
<tr><td>尾矿</td><td>每吨</td><td>15 元</td><td></td></tr>
<tr><td>危险废物</td><td>每吨</td><td>1 000 元</td><td></td></tr>
<tr><td>冶炼渣、粉煤灰、炉渣、其他固体废物（含半固态、液态废物）</td><td>每吨</td><td>25 元</td><td></td></tr>
<tr><td rowspan="6">噪声</td><td rowspan="6">工业噪声</td><td>超标 1—3 分贝</td><td>每月 350 元</td><td rowspan="6">1. 一个单位边界上有多处噪声超标，根据最高一处超标声级计算应纳税额；当沿边界长度超过 100 米有两个以上噪声超标，按照两个单位计算应纳税额
2. 一个单位有不同地点作业场所的，应当分别计算应纳税额，合并计征
3. 昼、夜均超标的环境噪声，昼、夜分别计算应纳税额，累计计征
4. 声源一个月内超标不足 15 天的，减半计算应纳税额
5. 夜间频繁突发和夜间偶然突发厂界超标噪声，按等效声级和峰值噪声两种指标中超标分贝值高的一项计算应纳税额</td></tr>
<tr><td>超标 4—6 分贝</td><td>每月 700 元</td></tr>
<tr><td>超标 7—9 分贝</td><td>每月 1 400 元</td></tr>
<tr><td>超标 10—12 分贝</td><td>每月 2 800 元</td></tr>
<tr><td>超标 13—15 分贝</td><td>每月 5 600 元</td></tr>
<tr><td>超标 16 分贝以上</td><td>每月 11 200 元</td></tr>
</table>

应税大气污染物和水污染物的具体适用税额的确定和调整，由省、自治区、直辖市人民政府统筹考虑本地区环境承载能力、污染物排放现状和经济社会生态发展目标要求，在“环境保护税税目税额表”规定的税额幅度内提出，报同级人大常委会决定，并报全国人大常委会和国务院备案。

7.12.4　计税依据

7.12.4.1　应税污染物的计税依据

应税污染物的计税依据，按照下列方法确定：

1. 应税大气污染物按照污染物排放量折合的污染当量数确定。
2. 应税水污染物按照污染物排放量折合的污染当量数确定。
3. 应税固体废物按照固体废物的排放量确定。
4. 应税噪声按照超过国家规定标准的分贝数确定。

7.12.4.2 排放量和分贝数的计算

应税大气污染物、水污染物、固体废物的排放量和噪声的分贝数，按照下列方法和顺序计算：

1. 纳税人安装使用符合国家规定和监测规范的污染物自动监测设备的，按照污染物自动监测数据计算。

2. 纳税人未安装使用污染物自动监测设备的，按照监测机构出具的符合国家有关规定和监测规范的监测数据计算。

3. 因排放污染物种类多等原因不具备监测条件的，按照国务院生态环境主管部门规定的排污系数、物料衡算方法计算。

4. 不能按上述第 1 项至第 3 项规定的方法计算的，按照省、自治区、直辖市人民政府生态环境主管部门规定的抽样测算的方法核定计算。

7.12.5 应纳税额的计算

环境保护税应纳税额按照下列方法计算：

应税大气污染物的应纳税额 = 污染当量数 × 具体适用税额

应税水污染物的应纳税额 = 污染当量数 × 具体适用税额

应税固体废物的应纳税额 = 固体废物排放量 × 具体适用税额

应税噪声的应纳税额 = 超过国家规定标准的分贝数对应的具体适用税额

【学中练 7 -15】

2023 年 7 月甲公司产生炉渣 400 吨，其中 80 吨储存在符合国家和地方环境保护标准的设施中，100 吨综合利用且符合国家和地方环境保护标准，其余的直接倒弃于周边空地。已知，炉渣环境保护税税率为 25 元/吨。计算甲公司当月所产生炉渣应缴纳的环境保护税税额。

【解析】（400 − 80 − 100）× 25 = 5 500（元）

7.12.6 税收优惠

7.12.6.1 暂予免征环境保护税的情形

下列情形中，暂予免征环境保护税：

1. 农业生产（不包括规模化养殖）排放应税污染物的。

2. 机动车、铁路机车、非道路移动机械、船舶和航空器等流动污染源排放应税污染物的。

3. 依法设立的城乡污水集中处理、生活垃圾集中处理场所排放相应应税污染物，不超过国家和地方规定的排放标准的。

4. 纳税人综合利用的固体废物，符合国家和地方环境保护标准的。

5. 国务院批准免税的其他情形。

7.12.6.2 减征环境保护税的情形

1. 纳税人排放应税大气污染物或者水污染物的浓度值低于国家和地方规定的污染物排放标准30%的，减按75%征收环境保护税。

2. 纳税人排放应税大气污染物或者水污染物的浓度值低于国家和地方规定的污染物排放标准50%的，减按50%征收环境保护税。

7.12.7 征收管理

7.12.7.1 征收机关

环境保护税由税务机关依照《中华人民共和国税收征收管理法》和《环境保护税法》的有关规定征收管理。

生态环境主管部门应当将排污单位的排污许可、污染物排放数据、环境违法和受行政处罚情况等环境保护相关信息，定期交送税务机关。税务机关应当将纳税人的纳税申报、税款入库、减免税额、欠缴税款以及风险疑点等环境保护税涉税信息，定期交送生态环境主管部门。

7.12.7.2 纳税义务发生时间

环境保护税纳税义务发生时间为纳税人排放应税污染物的当日。

7.12.7.3 纳税地点

纳税人应当向应税污染物排放地的税务机关申报缴纳环境保护税。

7.12.7.4 纳税申报

环境保护税按月计算，按季申报缴纳。不能按固定期限计算缴纳的，可以按次申报缴纳。

纳税人按季申报缴纳的，应当自季度终了之日起15日内，向税务机关办理纳税申报并缴纳税款。纳税人按次申报缴纳的，应当自纳税义务发生之日起15日内，向税务机关办理纳税申报并缴纳税款。

7.13 烟叶税

引例

烟叶税价外补贴按实际还是按10%？

【分析】财政部、国家税务总局日前下发《关于明确烟叶税计税依据的通知》。通知称，纳税人收购烟叶实际支付的价款总额包括纳税人支付给烟叶生产销售单位和个人的烟叶收购价款和价外补贴。其中，价外补贴统一按烟叶收购价款的10%计算。

知识准备

烟叶税是向收购烟叶的单位征收的一种税。2006年4月28日国务院颁布《中华人民共和国烟叶税暂行条例》。2006年5月18日财政部、国家税务总局印发《关于烟叶税若干具体问题的规定》。2017年12月27日第十二届全国人大常委会第三十一次会议通过了《中华人民共和国烟叶税法》，自2018年7月1日起施行。

7.13.1 纳税义务人

烟叶税的纳税人为在中华人民共和国境内收购烟叶的单位。我国实行烟草专卖制度，因此烟叶税的纳税人具有特定性，一般是有权收购烟叶的烟草公司或者受其委托收购烟叶的单位。

7.13.2 征税范围

烟叶税的征税范围包括晾晒烟叶、烤烟叶。

7.13.3 税率

烟叶税实行比例税率，税率为20%。

7.13.4 计税依据

烟叶税的计税依据是纳税人收购烟叶实际支付的价款总额，包括纳税人支付给烟叶生产销售单位和个人的烟叶收购价款和价外补贴。其中，价外补贴统一，按烟叶收购价款的10%计算。

价款总额的计算公式为：

价款总额＝收购价款×(1＋10%)

7.13.5 应纳税额的计算

烟叶税应纳税额的计算公式为：

应纳税额＝价款总额×税率：

＝收购价款×(1＋10%)×税率

【学中练7－16】

2023年9月甲公司向烟农收购烟叶一批，支付收购价款1 000 000元，支付价外补贴

100 000 元，已开具农产品收购发票。已知，烟叶税税率为 20%，计算甲公司当月该笔业务应缴纳烟叶税税额。

【解析】(1 000 000 + 100 000) × 20% = 220 000（元）

7.13.6 征收管理

7.13.6.1 纳税义务发生时间

烟叶税的纳税义务发生时间为纳税人收购烟叶的当日。烟叶税在烟叶收购环节征收。纳税人收购烟叶即发生纳税义务。

7.13.6.2 纳税期限

烟叶税按月计征，纳税人应当于纳税义务发生月终了之日起 15 日内申报并缴纳税款。

7.13.6.3 纳税地点

纳税人收购烟叶，应当向烟叶收购地的主管税务机关申报纳税。

职业道德与素质

【案例背景】

彭先生于2012 年2 月份在别克 4S 店购买了一台凯越轿车，为了省去亲自办证的麻烦，彭先生被 4S 店代办车牌，代缴机动车购置税等一条龙服务吸引，将办证所需的资料和钱款交给 4S 店。没过多久，4S 店交付给彭先生完税凭证及车牌。

2015 年 5 月，彭先生被国税局通知他名下的别克凯越未缴纳购置税，被送达一张长沙市国家税务局车辆购置税征收管理分局责令限期改正通知书，要求其缴纳 8 600 元车辆购置税。后彭先生在国税局通过其持有的车辆购置税完税证明编号进行查询，发现该编号的完税证明是一辆广本汽车，并不是彭先生名下的别克凯越，也就是说 4S 店在给其代缴的车辆购置税并未进国税局账户，车辆购置税完税凭证是假的。事发后，彭先生去 4S 店了解情况，4S 店告知当时的销售人员已经离职，4S 店不对销售人员的行为负责，不对彭先生的损失进行赔偿，而当时的代办公司已经跑路，联系不上经办人员。

【分析】本例涉及 4S 店车辆购置税完税凭证造假引起的违约纠纷及国税局行政不作为。

本例中，别克 4S 店将为车主代办车牌、代缴机动车购置税为其销售吸引点，其向车主承诺的代办业务具有保证手续、证件合法的义务。现在车辆购置税完税凭证系伪造，4S 店构成违约，对于车主所遭受的财产损失，4S 店应当予以赔偿，不得以经办员工离职为免责事由。至于 4S 店与代办公司之间的纠纷，车主并无义务知晓，由 4S 店自行解决。国税局对于机动车购置税完税凭证造假的违法行为，应当在查清事实后对违法行为人实施行政处罚，而不是向同样是受害者的车主要求缴纳购置税。

国税局应当根据彭先生提供的线索，对别克 4S 店和代办公司进行调查，对实际违法行为人实施行政处罚。

项目小结

任务	学习目标	重难点
房产税	了解房产税的定义，掌握房产税的征收制度以及应纳税额的计算	房产税的计税依据、税率及应纳税额的计算
城镇土地使用税	了解城镇土地使用税的定义，掌握城镇土地使用税的征收制度以及应纳税额的计算	城镇土地使用税应纳税额的计算
契税	了解契税的定义，掌握契税的征收制度以及应纳税额的计算	契税的纳税人、征税范围及应纳税额的计算
耕地占用税	了解耕地占用税的定义，掌握耕地占用税的征收制度以及应纳税额的计算	耕地占用税应纳税额的计算及税收优惠
车辆购置税	了解车辆购置税的定义，掌握车辆购置税的征收制度以及应纳税额的计算	车辆购置税应纳税额的计算
车船税	了解车船税的定义，掌握车船税的征收制度以及应纳税额的计算	车船税的税目与税率及应纳税额的计算
印花税	了解印花税的定义，掌握印花税的征收制度以及应纳税额的计算	印花税税目、税率、计税依据及应纳税额的计算
资源税	了解资源税的定义，掌握资源税的征收制度以及应纳税额的计算	资源税计税依据及应纳税额的计算
土地增值税	了解土地增值税的定义，掌握土地增值税的征收制度以及应纳税额的计算	土地增值税的征税范围、计税依据及应纳税额的计算
城市维护建设税与教育费附加	了解城市维护建设税与教育费附加的定义，掌握城市维护建设税与教育费附加的征收制度以及应纳税额的计算	城市维护建设税与教育费附加应纳税额的计算
船舶吨税	了解船舶吨税的定义，掌握船舶吨税的征收制度以及应纳税额的计算	船舶吨税应纳税额的计算
环境保护税	了解环境保护税的定义，掌握环境保护税的征收制度以及应纳税额的计算	环境保护税计税依据及应纳税额的计算
烟叶税	了解烟叶税的定义，掌握烟叶税的征收制度以及应纳税额的计算	烟叶税应纳税额的计算

专业能力评价

<table>
<tr><th rowspan="2">评价内容</th><th rowspan="2">权重</th><th rowspan="2">考核点</th><th colspan="3">考核得分</th></tr>
<tr><th>小组评价</th><th>教师评价</th><th>综合得分</th></tr>
<tr><td rowspan="2">职业素养</td><td>10 分</td><td>熟悉税收征收管理法</td><td></td><td></td><td></td></tr>
<tr><td>10 分</td><td>在税收筹划的过程中，采用合理、合法的途径进行筹划，禁止涉及违法行为</td><td></td><td></td><td></td></tr>
<tr><td>案例分析</td><td>80 分</td><td>熟悉税收征管的具体规定，能充分利用税收法律法规所提供的优惠政策，合法运用税法中的非禁止事项，对涉税案例进行分析</td><td></td><td></td><td></td></tr>
<tr><td colspan="2">组长签字：</td><td colspan="4">教师签字：　　　　　　　　年　　月　　日</td></tr>
</table>

职业能力训练

（一）单项选择题

1. 甲企业为增值税一般纳税人，拥有一处自用房产，该房产原值 1 200 万元，已计提折旧 100 万元。该房产于 2022 年 12 月更换了监控系统，新系统价值 60 万元，原系统价值 20 万元。已知房产原值减除比例为 30%；房产税从价计征税率为 1.2%。计算甲企业该房产 2023 度应缴纳房产税税额的下列算式中，正确的是（　　）。

A. （1 200 − 100 + 60）×（1 − 30%）×1.2% = 9.74（万元）

B. （1 200 + 60）×1.2% = 15.12（万元）

C. （1 200 + 100 + 60）×（1 − 30%）×1.2% = 11.42（万元）

D. （1 200 − 20 + 60）×（1 − 30%）×1.2% = 10.42（万元）

2. 赵某 2023 年年初拥有一栋自有住房，房产原值 200 万元，3 月 31 日将其对外出租，租期 1 年，每月按照市场价格收取不含税租金 1 万元。已知房产税税率从价计征的为 1.2%，个人出租住房从租计征的为 4%，当地省政府规定计算房产余值的减除比例为 30%。2023 年赵某上述房产应缴纳房产税税额的下列计算中，正确的是（　　）。

A. 1 ×9 ×4% = 0.36（万元）

B. 200 ×（1 − 30%）×1.2% ÷12 ×3 + 1 ×9 ×4% = 0.78（万元）

C. 200 ×（1 − 30%）×1.2% ÷12 ×4 + 1 ×8 ×4% = 0.88（万元）

D. 200 ×（1 − 30%）×1.2% = 1.68（万元）

3. 根据房产税法律制度的规定，下列各项中，免征房产税的是（　　）。

A. 公园中附设的饮食部所使用的房产

B. 供热企业为居民供热所使用的厂房以外的其他厂房

C. 公立高校的教学楼

D. 企业拥有并运营管理的大型体育场馆

4. 根据城镇土地使用税法律制度的规定，下列关于城镇土地使用税纳税人的表述中，不正确的是（　　）。

A. 土地使用权未确定或权属纠纷未解决的，由实际使用人缴纳

B. 拥有土地使用权的纳税人不在土地所在地的，暂不缴纳

C. 土地使用权共有的，共有各方均为纳税人，由共有各方分别缴纳

D. 城镇土地使用税由拥有土地使用权的单位或个人缴纳

5. 甲公司购买一幢旧办公楼，2024 年 5 月 12 日签订合同并付讫全部款项，2024 年 6 月 3 日入驻办公楼，2024 年 7 月 2 日办理完权属变更登记。甲公司持有该办公楼城镇土地使用税的纳税义务发生时间为（　　）。

A. 2024 年 8 月　　　　B. 2024 年 7 月

C. 2024 年 6 月　　　　D. 2024 年 5 月

6. 2023 年 7 月甲公司开发住宅社区经批准共占用耕地 150 000 平方米，其中 800 平方米兴建幼儿园，5 000 平方米修建学校，已知耕地占用税适用税率为 30 元/平方米，甲公司应缴纳耕地占用税税额的下列算式中，正确的是（　　）。

A. 150 000 × 30 = 4 500 000（元）

B. （150 000 − 800 − 5 000）× 30 = 4 326 000（元）

C. （150 000 − 5 000）× 30 = 4 350 000（元）

D. （150 000 − 800）× 30 = 4 476 000（元）

7. 甲企业 2023 年 2 月经批准新占用一块耕地建造办公楼，另占用一块非耕地建造企业仓库。下列关于甲企业城镇土地使用税和耕地占用税的有关处理，说法正确的是（　　）。

A. 甲企业建造办公楼占地，应征收耕地占用税，并自批准征用之次月起征收城镇土地使用税

B. 甲企业建造办公楼占地，应征收耕地占用税，并自批准征用之日起满一年后征收城镇土地使用税

C. 甲企业建造仓库占地，不征收耕地占用税，应自批准征用之月起征收城镇土地使用税

D. 甲企业建造仓库占地，不征收耕地占用税，应自批准征用之日起满一年时征收城镇土地使用税

8. 根据耕地占用税法律制度的规定，纳税人应当自纳税义务发生之日起一定期限内申报缴纳耕地占用税。该期限为（　　）。

A. 90 日　　　　B. 60 日

C. 180 日　　D. 30 日

9. 根据契税法律制度的规定，下列各项中，属于契税纳税人的是（　　）。

A. 转让土地使用权的企业　　B. 出租自有住房的个人

C. 受赠房屋权属的个体工商户　　D. 继承父母车辆的子女

10. 陈某借给王某 200 万元用于生产经营，王某未能按期偿还。双方商定，王某以一套住房抵偿借款 160 万元，其余 40 万元以现金偿还。王某购入该套住房的价格为 100 万元。陈某取得该套住房时应缴纳契税的计税依据为（　　）。

A. 200 万元　　B. 160 万元

C. 100 万元　　D. 40 万元

11. 2023 年 5 月甲公司获赠原值 200 万元的房产一处，税务机关核定的不含增值税价格为 300 万元。已知契税适用税率为 4%。甲公司获赠该房产应缴纳契税税额为（　　）。

A. 8 万元　　B. 4.16 万元

C. 12 万元　　D. 12.48 万元

12. 根据土地增值税法律制度的规定，下列情形中，属于土地增值税征税范围的是（　　）。

A. 王某转让商铺　　B. 甲公司承租仓库

C. 陈某出租住房　　D. 乙公司抵押厂房

13. 根据土地增值税法律制度的规定，纳税人开发房地产项目发生的下列支出中，不计入房地产开发成本的是（　　）。

A. 建筑安装工程费　　B. 取得土地使用权时缴纳的契税

C. 拆迁补偿费　　D. 基础设施费

14. 根据土地增值税法律制度的规定，下列各项中，在计算土地增值税计税依据时不允许扣除的是（　　）。

A. 在转让房地产时缴纳的城市维护建设税

B. 纳税人为取得土地使用权所支付的地价款

C. 土地征用及拆迁补偿费

D. 超过贷款期限的利息部分

15. 甲公司与乙公司签订购销合同，合同约定丙为担保人，丁为鉴定人。下列关于该合同印花税纳税人的表述中，正确的是（　　）。

A. 甲、乙、丙和丁为纳税人　　B. 甲、乙和丁为纳税人

C. 甲、乙为纳税人　　D. 甲、乙和丙为纳税人

16. 某企业本月签订两份合同：（1）承揽合同，合同载明材料金额 30 万元，加工费 10 万元；（2）财产保险合同，合同载明被保险财产价值 1 000 万元，保险费 1 万元。已知承揽合同印花税税率 0.3‰，财产保险合同印花税税率 1‰。则应缴纳的印花税为（　　）。

A. $30\times0.3‰+1\ 000\times1‰=1.009$（万元）

B. $10\times0.3‰+1\ 000\times1‰=1.003$（万元）

C. $30\times0.3‰+1\times1‰=0.01$（万元）

D. $10\times0.3‰+1\times1‰=0.004$（万元）

17. 根据印花税法律制度的规定，下列各项中，应缴纳印花税的是（　　）。

A. 技术服务合同

B. 非记载资金的其他营业账簿

C. 个人与电子商务经营者订立的电子订单

D. 企业与主管部门签订的租赁承包经营合同

18. 根据印花税法律制度的规定，在下列各项中，印花税应当按月解缴的是（　　）。

A. 买卖合同印花税　　B. 产权转移书据印花税

C. 证券交易印花税　　D. 营业账簿印花税

19. 根据车船税法律制度的规定，下列各项中，属于机动车车船税扣缴义务人的是（　　）。

A. 机动车登记管理部门

B. 机动车销售机构

C. 机动车所有人所在单位

D. 从事机动车第三者责任强制保险业务的保险公司

20. 我国车船税的税率形式是（　　）。

A. 地区差别的比例税率　　B. 有档次的比例税率

C. 有幅度的定额税率　　D. 全国统一的定额税率

21. 2023 年 4 月甲公司购置了净吨位 600 吨的机动船舶和净吨位 300 吨的非机动驳船各 2 艘。已知机动船舶车船税适用年基准税额为净吨位每吨 4 元。计算甲公司 2023 年度上述船舶应缴纳车船税税额的下列算式中，正确的是（　　）。

A. $(600\times2\times4\times50\%+300\times2\times4)\div12\times8=3\ 200$（元）

B. $(600\times2\times4+300\times2\times4\times50\%)\div12\times9=4\ 500$（元）

C. $(600\times2\times4+300\times2\times4\times50\%)\div12\times8=4\ 000$（元）

D. $(600\times2\times4\times50\%+300\times2\times4)\div12\times9=3\ 600$（元）

22. 2024 年 3 月甲公司购置了商用货车、半挂牵引车、三轮汽车、纯电动乘用车各 1 辆，其中不属于车船税征税范围的是（　　）。

A. 商用货车　　B. 三轮汽车

C. 半挂牵引车　　D. 纯电动小汽车

23. 2023 年 11 月甲企业进口 3 辆小汽车用于日常经营活动，关税完税价格为 285 万元，缴纳进口关税 85.5 万元、消费税 18.75 万元。计算甲企业当月车辆购置税计税价格的下列算式中，正确的是（　　）。

A. 285 - 85.5 + 18.75 = 218.25（万元）　　B. 285 + 85.5 + 18.75 = 389.25（万元）

C. 285 - 85.5 - 18.75 = 180.75（万元）　　D. 285 + 85.5 - 18.75 = 351.75（万元）

24. 甲公司机构所在地为M市，于N市购进一辆应税汽车，在P市办理车辆登记，该汽车生产企业机构所在地为Q市。甲公司购置该汽车车辆购置税的纳税地点是（　　）。

A. N市　　B. Q市

C. M市　　D. P市

25. 甲公司为增值税一般纳税人，2024年5月应向税务机关缴纳消费税100万元，实际缴纳消费税90万元，按照留抵退税规定退还增值税60万元。已知城市维护建设税税率为7%。甲公司当月应缴纳城市维护建设税税额为（　　）。

A. 6.3万元　　B. 7万元

C. 2.1万元　　D. 2.8万元

26. 甲公司委托乙公司加工一批高档化妆品，材料费20 000元，加工费3 360元，该批产品没有同类产品销售价格，已知消费税税率为15%，甲公司、乙公司所在地城市维护建设税的税率分别为5%、7%，下列关于应纳城市维护建设税税额的计算列式中，正确的是（　　）。

A. （20 000 + 3 360）× 15% × 5% = 175.2（元）

B. （20 000 + 3 360）× 15% × 7% = 245.28（元）

C. （20 000 + 3 360）÷（1 - 15%）× 15% × 5% = 206.12（元）

D. （20 000 + 3 360）÷（1 - 15%）× 15% × 7% = 288.56（元）

27. 甲公司为增值税一般纳税人，2024年6月应向税务机关缴纳增值税200万元，实际缴纳增值税160万元。应向税务机关缴纳消费税120万元，实际缴纳消费税110万元。已知教育费附加征收比率为3%。甲公司当月应缴纳的教育费附加为（　　）。

A. 5.4万元　　B. 9.3万元

C. 8.1万元　　D. 9.6万元

28. 根据教育费附加的法律规定，下列关于教育费附加减免的表述中，正确的是（　　）。

A. 对出口产品退还增值税的，应同时退还全部已征的教育费附加

B. 对出口产品退还消费税的，应同时退还已征教育费附加的50%

C. 对海关进口产品征收的增值税，不征收教育费附加

D. 对外商投资企业在境内实际缴纳的增值税，不征收教育费附加

29. 根据资源税法律制度的规定，下列各项中，不属于资源税征税范围的是（　　）。

A. 开采的煤成（层）气　　B. 以空气加工生产的液氧

C. 开采的原煤　　D. 开采的天然气

30. 甲砂石企业开采砂石1 000吨，对外销售800吨，移送50吨砂石继续精加工。已知：砂石的资源税税率为4元/吨，甲企业应当缴纳的资源税的下列计算中，正确的是（　　）。

A. （800+50）×4=3 400（元）　　B. 800×4=3 200（元）

C. 1 000×4=4 000（元）　　D. 50×4=200（元）

31. 甲煤矿为增值税一般纳税人，2023年8月销售原煤取得不含增值税价款435万元，其中包含从坑口到码头的运输费用10万元、随运销产生的装卸费用5万元，均取得增值税发票。已知资源税税率为2%。甲煤矿当月应缴纳资源税税额为（　　）。

A. 8.4万元　　B. 8.9万元

C. 9万元　　D. 8.7万元

32. 根据环境保护税法律制度的规定，下列各项中，不属于环境保护税征税范围的是（　　）。

A. 噪声　　B. 固体废物

C. 光污染　　D. 水污染物

33. 甲建筑公司，2023年因施工作业导致产生的工业噪声超标16分贝以上，其中5月超标天数为12天，6月超标天数为22天，已知工业噪声超标16分贝以上每月税额为11 200元，则下列关于甲建筑公司应纳环境保护税的计算列式正确的是（　　）。

A. 11 200×2+60×（12+22）=12 693.33（元）

B. 11 200×2=22 400（元）

C. 11 200×50%+11 200=16 800（元）

D. 11 200+30×22=8 213.33（元）

34. 根据烟叶税法律制度的规定，下列各项中，属于烟叶税纳税人的是（　　）。

A. 销售香烟的单位　　B. 生产烟叶的个人

C. 收购烟叶的单位　　D. 消费香烟的个人

（二）多项选择题

1. 根据房产税法律制度的规定，下列房产中，属于房产税征税范围的有（　　）。

A. 位于县城的企业生产用房屋　　B. 市区的室内游泳池

C. 农村的菜窖　　D. 市郊公园中的饭店

2. 根据规定，下列各项中，不符合房产税纳税义务发生时间规定的有（　　）。

A. 纳税人将原有房产用于生产经营，从生产经营之次月起，缴纳房产税

B. 纳税人自行新建房屋用于生产经营，从建成之次月起，缴纳房产税

C. 纳税人委托施工企业建设的房屋，从办理验收手续之月起，缴纳房产税

D. 纳税人购置新建商品房，自房屋交付使用之次月起，缴纳房产税

3. 下列各项中，属于城镇土地使用税的征收范围的有（　　）。

A. 集体所有的建制镇土地　　B. 集体所有的城市土地

C. 集体所有的农村土地　　D. 国家所有的工矿区土地

4. 根据耕地占用税法律制度的规定，下列占用耕地的建设项目中，减征耕地占用税的有（　　）。

A. 经批准建设的国道的主体工程　　B. 经批准建设的城区内机动车道

C. 经批准建设的民用机场跑道　　D. 经批准建设的港口内供船舶停靠的场所

5. 纳税人转让旧房及建筑物，在计算土地增值税时，准予扣除的项目有（　　）。

A. 转让环节缴纳的税金　　B. 取得土地使用权所支付的地价款

C. 评估价格　　D. 重置成本

6. 下列合同中，应缴纳印花税的有（　　）。

A. 买卖合同　　B. 技术合同

C. 运输合同　　D. 租赁合同

7. 下列关于印花税计税依据的说法中，不正确的有（　　）。

A. 租赁合同，以所租赁财产的金额作为计税依据

B. 运输合同，以所运货物金额和运输费用的合计金额为计税依据

C. 借款合同，以借款金额和借款利息的合计金额为计税依据

D. 财产保险合同，以保险费收入为计税依据

8. 下列纳税主体中，属于车船税纳税人的有（　　）。

A. 在中国境内拥有并使用船舶的国有企业

B. 在中国境内拥有并使用车辆的外籍个人

C. 在中国境内拥有并使用船舶的内地居民

D. 在中国境内拥有并使用车辆的外国企业

9. 根据车船税法律制度的规定，下列车船中，以整备质量吨位数为计税依据的有（　　）。

A. 挂车　　B. 商用客车

C. 机动船舶　　D. 专用作业车

10. 根据车辆购置税法律制度的规定，下列情形中，应缴纳车辆购置税的有（　　）。

A. 自产应税车辆并自用　　B. 受赠应税车辆并自用

C. 购买应税车辆并自用　　D. 进口应税车辆并自用

11. 根据车辆购置税法律制度的规定，下列各项中，属于车辆购置税征收范围的有（　　）。

A. 汽车　　B. 汽车挂车

C. 排气量 125 毫升的摩托车　　D. 有轨电车

12. 根据车辆购置税法律制度的规定，下列车辆中，免征车辆购置税的有（　　）。

A. 贸易公司进口自用的商务汽车

B. 城市公交公司购买的公共汽车

C. 中国人民武装警察部队列入装备订货计划的小汽车

D. 设有固定装置的非运输专用作业车辆

13. 根据资源税法律制度的规定，下列各项中，免征资源税的有（　　）。

A. 在油田范围内运输原油过程中用于加热的原油

B. 煤炭开采企业因安全生产需要抽采的煤成气

C. 从低丰度油气田开采的原油

D. 从深水油气田开采的天然气

14. 根据环境保护税法律制度的规定，下列关于环境保护税计税依据的表述中，正确的有（　　）。

A. 应税固体废物按照固体废物的排放量确定

B. 应税大气污染物按照污染物排放量折合的污染当量数确定

C. 应税噪声按照超过国家规定标准的分贝数确定

D. 应税水污染物按照污染物排放量折合的污染当量数确定

15. 根据烟叶税法律制度的规定，下列各项中，属于烟叶税征收范围的有（　　）。

A. 晾晒烟叶　　B. 烟丝

C. 卷烟　　D. 烤烟叶

16. 根据烟叶税法律制度的规定，纳税人支付的下列款项中，应计入烟叶税计税依据的有（　　）。

A. 支付给物流公司的烟叶运输费用

B. 向税务机关缴纳的烟叶税

C. 支付给烟叶生产销售单位的烟叶收购价款

D. 支付给烟叶生产销售单位的价外补贴

（三）判断题

1. 房屋产权出典的，应以出典人为房产税纳税人。（　　）

2. 房地产开发企业建造的商品房，出售前已使用或出租、出借的，不缴纳房产税。（　　）

3. 对以房产投资联营、投资者参与利润分红、共担风险的，以房产余值作为计税依据计缴房产税。（　　）

4. 甲公司委托施工企业建设一栋办公楼，从该办公楼建成之次月起，缴纳房产税。（　　）

5. 纳税人出租房产，应自交付出租房产之月起缴纳城镇土地使用税。 (　　)

6. 城镇土地使用税可按月计算，一次性缴纳。 (　　)

7. 占用基本农田的，应当按照法定的当地适用税额，加按150%征收。 (　　)

8. 以划拨方式取得的土地使用权，经批准改为出让方式重新取得该土地使用权的，应由该土地使用权人以补缴的土地出让价款为计税依据缴纳契税。 (　　)

9. 李某的住房在地震中灭失，当他重新购买住房时，税务机关可酌情准予减征或者免征契税。 (　　)

10. 企业依照有关法律法规规定实施破产，非债权人承受破产企业土地、房屋权属，与原企业超过30%的职工签订服务年限不少于3年的劳动用工合同的，免征契税。 (　　)

11. 双方合作建商品房，建成后转让的，应征收土地增值税。 (　　)

12. 纳税人隐瞒、虚报房地产成交价格的，按照房产的购置原价计算征收土地增值税。 (　　)

13. 土地增值税纳税人发生应税行为，应向纳税人登记注册地主管税务机关缴纳土地增值税。 (　　)

14. 扣缴义务人代收代缴车船税的，纳税地点为扣缴义务人所在地。 (　　)

15. 车辆购置税实行一次性征收。 (　　)

16. 赵某2023年4月1日购入一辆小汽车自用，5月30日申报并缴纳车辆购置税10万元。由于车辆制动系统存在严重问题，2024年4月30日赵某将该车退回，则赵某可以申请退还的车辆购置税为9万元。 (　　)

17. 纳税人将其开采的原煤自用于连续生产洗选煤的，在原煤移送使用环节，不缴纳资源税。 (　　)

18. 采石厂将自采的花岗岩用于抵偿债务的，应当按规定缴纳资源税。 (　　)

19. 船舶吨税只针对自中国境外港口进入中国境内港口的外国船舶征收。 (　　)

20. 企业直接向环境排放应税污染物，应当向其机构所在地的税务机关申报缴纳环境保护税。 (　　)

（四）计算题

1. 2023年2月甲汽车租赁公司与乙企业签订汽车租赁合同，合同记载租赁费为800元/天，租赁期为1天；2023年5月乙企业与丙公司签订一份保管合同，双方约定将乙企业的一批材料放于丙公司的仓库保管，乙企业支付丙公司仓库保管费5万元，保管期限1年；另外乙企业对该批材料与保险公司签订财产保险合同，合同记载材料价值100万元，保险费10万元。请计算甲汽车租赁公司应缴纳多少印花税？乙企业应缴纳多少印花税？

2. 某油田2024年6月生产原油20吨，当月销售19.5万吨，取得不含增值税收入78

万元，加热、修井 0.5 万吨；开采天然气 100 万立方米，当月销售 90 万立方米，待售 10 万立方米，取得含增值税收入 218 万元，按当地规定，原油、天然气的比例税率均为 5%。请计算该油田本月应缴纳多少资源税？

3. 甲公司为增值税一般纳税人，拥有一处原值 3 000 万元的房产。2023 年 5 月甲公司将该自用房产对外出租，取得当年不含增值税租金收入 20 万元。已知房产税从价计征税率为 1.2%，从租计征税率为 12%，当地规定的房产原值扣除比例为 30%。计算甲公司 2023 年度该处房产应缴纳房产税税额。

4. 甲物流公司位于郊区，2023 年度实际占地 3 000 平方米，其中大宗商品仓储设施用地 2 000 平方米，办公生活区用地 1 000 平方米。已知城镇土地使用税每平方米年税额为 3 元。计算甲物流公司 2023 年度应缴纳城镇土地使用税税额。

5. 某企业 2023 年年初拥有小轿车 2 辆；当年 4 月，1 辆小轿车被盗，已按照规定办理退税。通过公安机关的侦查，9 月被盗车辆失而复得，并取得公安机关的相关证明。已知当地小轿车车船税年税额为 500 元/辆，该企业 2023 年实际应缴纳多少车船税？

6. 甲公司购买一辆本单位自用轿车，支付含增值税的价款 174 000 元，另支付购置工具件和零配件价款 2 260 元，车辆装饰费 4 000 元，支付销售公司代收保险费等 5 000 元，支付的各项价款均由销售公司开具统一发票。甲公司应纳车辆购置税是多少元？

7. 某航运公司 2023 年 4 月 26 日购置机动船舶 3 艘，每艘净吨位 1 200 吨，购置养殖船 2 艘，净吨位 2 000 吨，拖船 1 艘，发动机功率为 1 600 千瓦，所购船舶均在 5 月 15 日取得登记证书。所在省车船税计税标准为净吨位 201 吨以上 2 000 吨以下的，每吨 4 元。2023 年该公司应缴纳车船税多少元？

技能强化训练

天津市顺旺房地产开发公司 2023 年开发一个高层住宅楼，有关经营情况如下：

（1）该住宅楼销售 90%，取得销售收入 6 300 万元，并签订了销售合同。剩余 10% 作价 700 万对外进行投资，共担风险并将房产产权转移到所投资的企业中。

（2）签订土地使用权购买合同，支付与该项目相关的土地使用权价款 900 万元，相关税费 39 万元。

（3）发生土地拆迁补偿费 400 万元，前期工程费 200 万元，支付工程价款 1 000 万元，基础设施及公共配套设施费 250 万元，开发间接费用 50 万元。

（4）发生销售费用 300 万元，财务费用 60 万元，管理费用 80 万元。

（5）该房地产开发公司不能按转让房地产项目计算分摊利息，当地政府规定的开发费用扣除比例为 9%。

问题：（1）计算该房地产开发公司应缴纳的印花税。

（2）计算该房地产开发公司计算土地增值额时准予扣除的与转让房地产有关的税金

（不考虑地方教育附加）。

（3）计算该房地产开发公司计算土地增值额时准予扣除的取得土地使用权支付的金额。

（4）计算该房地产开发公司计算土地增值额时准予扣除的房地产开发成本。

（5）计算该房地产开发公司计算土地增值税时准予扣除项目的合计金额。

（6）计算该房地产开发公司应缴纳的土地增值税。

项目 8

税收征收管理

核心目标

知识目标

- 了解税收征收管理法、税务管理、税款征收、税务检查的概念
- 熟悉税收征纳主体的权利和义务、税款征收方式、税收减免和税款退还、补缴税款和税款追缴、纳税信用管理、税收违法行为检举管理、税务行政复议、重大税收违法失信案件信息公布、税收法律责任
- 掌握税务登记管理、账簿和凭证管理、发票管理、纳税申报管理、应纳税额的核定调整和缴纳、税款征收的保障措施、税务机关在税务检查中的职权和职责、税务行政复议的范围及管辖

能力目标

- 具备根据发票的适用范围正确开具和使用发票的能力
- 具备依据《征管法》区分不同的税款征收方式与措施；明确税务机关在税务检查中的职权和职责及被检查人的义务
- 具备依照《税务行政复议规则》对税务行政复议的范围、管辖规定提出税务行政复议申请，懂得税务行政复议的受理与审查程序

素质目标

- 具有立足岗位、爱岗敬业、遵纪守法、细心踏实、勇于创新的职业精神
- 具备良好的沟通交流能力，可以与海关保持良好的沟通合作关系
- 具有依法纳税的意识，坚持公平与法治

核心概念

税务管理、税款征收、税务检查、税务行政复议、税收法律责任

思政案例

湖南税务：深化征管改革以“变”绘就新蓝图

2018年机构改革以来，湖南税务部门严格按照党中央、国务院有关税收征管改革的部署，认真落实税务总局工作要求，在税收实践中探索，于纳税需求中转变，用办税缴费更便捷、执法服务更规范、服务发展更有效的方式，绘就出新发展阶段湖南税收征管新蓝图。

2021年6月，湖南在全国率先以省“两办”名义印发《关于进一步深化税收征管改革的实施方案》，明确全面改进办税缴费方式，深化“互联网+政务服务”，扩大“全程网办”事项范围，并积极推进电子化、要素化纳税申报模式，进一步减轻纳税人缴费人办税负担。

同时，2022年初针对税收征管方式进行系统性、整体性、重塑性改革，在全省范围内推进税收管理员制度改革，全省631个税源管理部门组建专业化管理团队2 416个，实现事前审核向事中事后监管、固定管户向分类分级管户、无差别管理向风险管理、经验管理向大数据管理的“四个转变”。

湖南税务部门主动回应纳税人缴费人征管需求，不断创新完善征管机制，逐步构建起优化高效统一的税费征管体系。接下来，将通过执法、服务、监管系统优化，推进业务流程、制度规范、信息技术、数据要素、岗责体系的融合升级，奋力谱写高质量推进新发展阶段税收现代化的湖南篇章。

背景资料

我国现行的税收征收管理法律制度的核心是1992年9月4日第七届全国人大常委会第二十七次会议通过、历经一次修订、三次修正的《中华人民共和国税收征收管理法》（以下简称《税收征管法》）。它是新中国成立后第一部税收程序法，也是我国税收征管的基本法。此外，国务院在2002年9月7日公布了《中华人民共和国税收征收管理法实施细则》，现已经进行了三次修订。2010年12月20日又公布了《中华人民共和国发票管理办法》。国家税务总局也发布了《税务登记管理办法》《中华人民共和国发票管理办法实施细则》《税务行政复议规则》《国家税务总局关于纳税人权利与义务的公告》等。这些法律规范构成了我国税收征收管理法律制度的主要内容。

值得一提的是，自2015年5月1日起，国家税务总局在全国范围内试行了《全国税收征管规范》（以下简称《税收征管规范》）。《税收征管规范》全面梳理了税收征管的所

有具体业务事项，对每一个业务事项的流程、环节、操作要求做出详细规定，明确税收管理行政行为标准，压缩自由裁量的空间，限定税收行政行为的随意性，切实规范税务人，更好地服务纳税人。

知识准备

税收征收管理法律制度，是指调整税收征收与管理过程中所发生的社会关系的法律规范的总称。包括国家权力机关制定的税收征管法律、国家权力机关授权行政机关制定的税收征管行政法规和有关税收征管的规章制度等。《税收征管法》属于税收程序法，它是以规定税收实体法中所确定的权利义务的履行程序为主要内容的法律规范，是税法的有机组成部分。《税收征管法》不仅是纳税人全面履行纳税义务必须遵守的法律准则，也是税务机关履行征税职责的法律依据。

8.1 税收征收管理法概述

引例

2023 年 4 月，某市税务机关在对甲公司 2022 年度的纳税情况依法进行税务检查时，发现甲公司有逃避纳税义务的行为，并有明显的转移、隐匿应纳税收入的迹象。税务机关责令甲公司于 2023 年 4 月 11 日—4 月 20 日限期补税，但甲公司在 4 月 20 日期限届满后，仍拒绝补税。经市税务局局长批准，税务机关决定对甲公司采取税收强制执行措施。请分析税务机关决定对甲公司采取税收强制执行措施是否符合法律规定？并说明理由。

【分析】符合规定。根据税收征收管理制度规定，从事生产、经营的纳税人、扣缴义务人未按照规定的期限缴纳或解缴税款，由税务机关责令限期缴纳，逾期仍未缴纳的，经县级以上税务局（分局）局长批准，税务机关可以采取强制执行措施。

8.1.1 税收征收管理法的概念

税收征收管理法，是指调整税收征收与管理过程中所发生的社会关系的法律规范的总称，包括国家权力机关制定的税收征管法律、国家权力机关授权行政机关制定的税收征管行政法规和有关税收征管的规章制度等。税收征收管理法属于税收程序法，它是以规定税收实体法中所确定的权利义务的履行程序为主要内容的法律规范，是税法的有机组成部分。税收征收管理法不仅是纳税人全面履行纳税义务必须遵守的法律准则，也是税务机关履行征税职责的法律依据。

我国现行的税收征收管理法律制度的核心是 1992 年 9 月 4 日第七届全国人大常委会

第二十七次会议通过的，现已历经一次修订、三次修正的《中华人民共和国税收征收管理法》（以下简称《征管法》）。它是中华人民共和国成立后的第一部税收程序法，也是我国税收征管的基本法。此外，还有国务院发布的《中华人民共和国税收征收管理法实施细则》，财政部发布的《中华人民共和国发票管理办法》，国家税务总局发布的《税务登记管理办法》《中华人民共和国发票管理办法实施细则》《税务行政复议规则》等。这些法律规范构成了我国税收征收管理法律制度的主要内容。

8.1.2 税收征收管理法的适用范围

凡依法由税务机关征收的各种税收的征收管理，均适用《征管法》。就现行有效税种而言，增值税、消费税、城市维护建设税、企业所得税、个人所得税、房产税、契税、土地增值税、城镇土地使用税、耕地占用税、车船税、车辆购置税、印花税、资源税、环境保护税、烟叶税等税种的征收管理适用《征管法》。

由海关负责征收的关税和船舶吨税以及海关代征的进口环节的增值税、消费税，依照法律、行政法规的有关规定执行。

我国同外国缔结的有关税收的条约、协定同《征管法》有不同规定的，依照条约、协定的规定办理。

8.1.3 税收征收管理法的适用对象

（一）税收征收管理主体

国务院税务主管部门主管全国税收征收管理工作。

税务机关是指各级税务局、税务分局、税务所和省以下税务局的稽查局。稽查局专司偷税（逃税）、逃避追缴欠税、骗税、抗税案件的查处。国家税务总局应当明确划分税务局和稽查局的职责，避免职责交叉。

税务机关依法执行职务，任何单位和个人不得阻挠。

（二）税收征收管理相对人

税收征收管理相对人包括纳税人和扣缴义务人。纳税人和扣缴义务人必须依照法律、行政法规的规定缴纳税款，代扣代缴、代收代缴税款。

（三）相关单位和部门

地方各级人民政府应当依法加强对本行政区域内税收征收管理工作的领导或者协调，支持税务机关依法执行职务，依照法定税率计算税额，依法征收税款。

各有关部门和单位应当支持、协助税务机关依法执行职务。

8.1.4 税收征纳主体的权利和义务

税收征纳主体双方在税收征收管理中既享有各自的权利，也须承担各自的义务，它们共同构成了税收法律关系的内容。

（一）征税主体的权利和义务

征税主体的权利与义务直接体现为税收征收管理中征税机关和税务人员的职权和职责。

1. 征税主体的职权

征税主体作为国家税收征收管理的职能部门，享有税务行政管理权。税务机关和税务人员的职权主要包括：

（1）税收立法权。税收立法权包括参与起草税收法律和法规草案，提出税收政策建议，在职权范围内制定、发布关于税收征管的部门规章等。

（2）税务管理权。税务管理权包括对纳税人进行税务登记管理、账簿和凭证管理、发票管理、纳税申报管理等。

（3）税款征收权。税款征收权是征税主体享有的最基本、最主要的职权。税款征收权包括依法计征权、核定税款权、税收保全和强制执行权、追征税款权等。

（4）税务检查权。税务检查权包括查账权、场地检查权、询问权、责成提供资料权、存款账户核查权等。

（5）税务行政处罚权。税务行政处罚权是对税收违法行为依照法定标准予以行政制裁的职权，如罚款等。

（6）其他职权。如在法律、行政法规规定的权限内，对纳税人的减、免、退、延期缴纳的申请予以审批的权利、阻止欠税纳税人离境的权利、委托代征权、估税权、代位权与撤销权、定期对纳税人欠缴税款情况予以公告的权利、上诉权等。

2. 征税主体的职责

征税机关和税务人员在行使职权时，也要履行相应的职责，主要包括：

（1）宣传税收法律、行政法规，普及纳税知识，无偿为纳税人提供纳税咨询服务。

（2）依法为纳税人、扣缴义务人的情况保守秘密，为检举违反税法行为者保密。纳税人、扣缴义务人的税收违法行为不属于保密范围。

（3）加强队伍建设，提高税务人员的政治业务素质。

（4）秉公执法，忠于职守，清正廉洁，礼貌待人，文明服务，尊重和保护纳税人、扣缴义务人的权利，依法接受监督。

（5）税务人员不得索贿受贿、徇私舞弊、玩忽职守、不征或者少征应征税款；不得滥用职权多征税款或者故意刁难纳税人和扣缴义务人。

（6）税务人员在核定应纳税额、调整税收定额、进行税务检查、实施税务行政处罚、办理税务行政复议时，与纳税人、扣缴义务人或者其法定代表人、直接责任人有利害关系，包括夫妻关系、直系血亲关系、三代以内旁系血亲关系、近姻亲关系、可能影响公正执法的其他利害关系的，应当回避。

（7）建立、健全内部制约和监督管理制度。上级税务机关应当对下级税务机关的执法活动依法进行监督。各级税务机关应当对其工作人员执行法律、行政法规和廉洁自律准则的情况进行监督检查。

（二）纳税主体的权利和义务

在税收法律关系中，纳税主体处于行政管理相对人的地位，须承担纳税义务，但也仍然享有相应的法定权利。

1. 纳税主体的权利

纳税主体的权利包括：

（1）知情权；

（2）要求保密权；

（3）依法享受税收优惠权；

（4）申请退还多缴税款权；

（5）申请延期申报权；

（6）纳税申报方式选择权；

（7）申请延期缴纳税款权；

（8）索取有关税收凭证权；

（9）委托税务代理权；

（10）陈述权、申辩权；

（11）对未出示税务检查证和税务检查通知书的拒绝检查权；

（12）依法要求听证权；

（13）税收法律救济权；

（14）税收监督权。

2. 纳税主体的义务

纳税主体的义务包括：

（1）按期办理税务登记，及时核定应纳税种、税目；

（2）依法设置账簿、保管账簿和有关资料以及依法开具、使用、取得和保管发票的义务；

（3）财务会计制度和会计核算软件备案的义务；

（4）按照规定安装、使用税控装置的义务；

（5）按期、如实办理纳税申报的义务；

（6）按期缴纳或解缴税款的义务；

（7）接受税务检查的义务；

（8）代扣、代收税款的义务；

（9）及时提供信息的义务，如纳税人有歇业、经营情况变化、遭受各种灾害等特殊情况的，应及时向征税机关说明等；

（10）报告其他涉税信息的义务，如企业合并、分立的报告义务等。

8.2 税务管理

引例

2023年3月，下岗职工赵某开办了一个商品经销部，按规定享受一定期限内的免税优惠。他认为既然免税就不需要办理税务登记。请分析赵某的观点是否正确。

【分析】赵某的观点不正确。根据我国税法的有关规定，凡是从事生产经营的单位和个体工商户均应当办理税务登记。

作为税款征收的前提和基础，税收征管的第一步是要做好税务登记管理、账簿和凭证管理、发票管理、纳税申报管理等工作。

8.2.1 税务管理的概念

税务管理，是指税收征收管理机关为了贯彻执行国家税收法律制度，加强税收工作，协调征税关系而对纳税人和扣缴义务人实施的基础性的管理制度和管理行为。税务管理是税收征收管理的重要内容，是税款征收的前提和基础。税务管理主要包括税务登记管理、账簿和凭证管理、发票管理、纳税申报管理等。

8.2.2 税务登记管理

税务登记，是税务机关对纳税人的基本情况及生产经营项目进行登记管理的一项基本制度，是税务机关对纳税人实施管理、了解掌握税源情况的基础，也是纳税人履行纳税义务就相关事宜依法向税务机关办理登记的一种法定手续。

税务登记是整个税收征收管理的起点。税务登记的作用在于掌握纳税人的基本情况和税源分布情况。从税务登记开始，纳税人的身份及征纳双方的法律关系即得到确认。

（一）税务登记申请人

企业，企业在外地设立的分支机构和从事生产、经营的场所，个体工商户和从事生产、经营的事业单位（以下统称从事生产、经营的纳税人），均应当办理税务登记。前述规定以外的纳税人，除国家机关、个人和无固定生产经营场所的流动性农村小商贩外（以下统称非从事生产经营但依照规定负有纳税义务的单位和个人），也应当办理税务登记。

根据税收法律、行政法规的规定负有扣缴税款义务的扣缴义务人（国家机关除外），应当办理扣缴税款登记。

（二）税务登记主管机关

县以上（含本级，下同）税务局（分局）是税务登记的主管税务机关，负责税务登记的设立登记、变更登记、注销登记和税务登记证验证、换证以及非正常户处理、报验登记等有关事项。

县以上税务局（分局）按照国务院规定的税收征收管理范围，实施属地管理，办理税务登记。在有条件的城市，可以按照“各区分散受理、全市集中处理”的原则办理税务登记。

（三）税务登记的内容

根据我国法律和行政法规的规定，我国现行税务登记包括设立（开业）税务登记、变更税务登记、注销税务登记、外出经营报验登记以及停业、复业登记等。

1. 设立（开业）税务登记

设立（开业）税务登记，是指纳税人依法成立并经工商行政管理登记后，为确认其纳税人的身份并纳入国家税管理体系而到税务机关进行的登记。

（1）办理税务登记的地点

从事生产、经营的纳税人，向生产、经营所在地税务机关办理税务登记。

非从事生产经营但依照规定负有纳税义务的其他纳税人，向纳税义务发生地税务机关办理税务登记。

税务机关对纳税人税务登记地点发生争议的，由其共同的上级税务机关指定管辖。

（2）申报办理税务登记的时限

①从事生产、经营的纳税人领取工商营业执照的，应当自领取工商营业执照之日起30日内申报办理税务登记，税务机关发放税务登记证及副本。

②从事生产、经营的纳税人未办理工商营业执照但经有关部门批准设立的，应当自有关部门批准设立之日起30日内申报办理税务登记，税务机关发放税务登记证及副本。

③从事生产、经营的纳税人未办理工商营业执照也未经有关部门批准设立的，应当自纳税义务发生之日起30日内申报办理税务登记，税务机关发放临时税务登记证及副本。

④有独立的生产经营权、在财务上独立核算并定期向发包人或者出租人上交承包费或租金的承包承租人，应当自承包承租合同签订之日起30日内，向其承包承租业务发生地税务机关申报办理税务登记，税务机关发放临时税务登记证及副本。

⑤境外企业在中国境内承包建筑、安装、装配、勘探工程和提供劳务的，应当自项目合同或协议签订之日起30日内，向项目所在地税务机关申报办理税务登记，税务机关发放临时税务登记证及副本。

⑥非从事生产经营但依照规定负有纳税义务的其他纳税人，除国家机关、个人和无固定生产、经营场所的流动性农村小商贩外，均应当自纳税义务发生之日起30日内，向纳税义务发生地税务机关申报办理税务登记，税务机关发放税务登记证及副本。

（3）办理税务登记的程序

①申请税务登记

纳税人应当在规定的时限内，向主管税务机关申报办理税务登记，并根据不同情况向主管税务机关如实提供以下证件和资料：工商营业执照或其他核准执业证件：有关合同、章程、协议书：组织机构统一代码证书：法定代表人或负责人或业主的居民身份证、护照或者其他合法证件。其他需要提供的有关证件、资料，由省、自治区、直辖市税务机关确定。

②填写税务登记表

纳税人在申报办理税务登记时，应当如实填写税务登记表。税务登记表的主要内容包括：单位名称，法定代表人或者业主姓名及其居民身份证、护照或者其他合法证件的号码，住所、经营地点，登记类型，核算方式，生产经营方式，生产经营范围，注册资金（资本），投资总额，生产经营期限，财务负责人，联系电话，国家税务总局确定的其他有关事项。

③税务登记证件的核发和管理

纳税人提交的证件和资料齐全且税务登记表的填写内容符合规定的，税务机关应当日办理并发放税务登记证件。纳税人提交的证件和资料不齐全或税务登记表的填写内容不符合规定的，税务机关应当场通知其补正或重新填报。

为提升政府行政服务效率，降低市场主体创设的制度性交易成本，激发市场活力和社会创新力，自 2015 年 10 月 1 日起，登记制度改革在全国推行。随着国务院简政放权、放管结合、优化服务的“放管服”改革不断深化，登记制度改革从“三证合一”推进为“五证合一”，又进一步推进为“多证合一、一照一码”。即在全面实施企业、农民专业合作社工商营业执照、组织机构代码证、税务登记证、社会保险登记证、统计登记证“五证合一、一照一码”登记制度改革和个体工商户工商营业执照、税务登记证“两证整合”的基础上，将涉及企业、个体工商户和农民专业合作社（统称企业）登记、备案等有关事项和各类证照进一步整合到营业执照上，实现“多证合一、一照一码”。使“一照一码”营业执照成为企业唯一的“身份证”，使统一社会信用代码成为企业唯一的身份代码，实现企业“一照一码”走天下。由此，纳税人以 18 位统一社会信用代码为其纳税人识别号，按照现行规定办理税务登记，发放税务登记证件。

纳税人应当将税务登记证件正本在其生产、经营场所或者办公场所公开悬挂，接受税务机关检查。

2. 变更税务登记

变更税务登记，是指纳税人办理设立税务登记后，因登记内容发生变化，需要对原有登记内容进行更改，而向主管税务机关申报办理的税务登记。

纳税人已在市场监管部门办理变更登记的，应当自变更登记之日起 30 日内，向原税务登记机关申报办理变更税务登记。

纳税人按照规定不需要在市场监管部门办理变更登记，或者其变更登记的内容与工商登记内容无关的，应当自税务登记内容实际发生变化之日起 30 日内，或者自有关机关批准或者宣布变更之日起 30 日内，到原税务登记机关申报办理变更税务登记。

纳税人提交的有关变更登记的证件，资料齐全的，应如实填写税务登记变更表，符合规定的，税务机关应当日办理；不符合规定的，税务机关应通知其补正。

税务机关应当于受理当日办理变更税务登记。纳税人税务登记表和税务登记证中的内容都发生变更的，税务机关按变更后的内容重新发放税务登记证件；纳税人税务登记表的内容发生变更而税务登记证中的内容未发生变更的，税务机关不重新发放税务登记证件。

3. 停业、复业登记

停业、复业登记，是指实行定期定额征收方式的纳税人，因自身经营的需要暂停经营或者恢复经营而向主管税务机关申请办理的税务登记手续。

（1）停业登记

实行定期定额征收方式的个体工商户需要停业的，应当在停业前向税务机关申报办理停业登记。纳税人的停业期限不得超过 1 年。

纳税人在申报办理停业登记时，应如实填写停业复业报告书，说明停业理由、停业期限、停业前的纳税情况和发票的领、用、存情况，并结清应纳税款、滞纳金、罚款。税务机关应收存其税务登记证件及副本、发票领购簿、未使用完的发票和其他税务证件。

纳税人在停业期间发生纳税义务的，应当按照税收法律、行政法规的规定申报缴纳税款。

（2）复业登记

纳税人应当于恢复生产经营之前，向税务机关申报办理复业登记，如实填写停业复业报告书，领回并启用税务登记证件、发票领购簿及其停业前领购的发票。

纳税人停业期满不能及时恢复生产经营的，应当在停业期满前到税务机关办理延长停业登记，并如实填写停业复业报告书。

4. 外出经营报验登记

外出经营报验登记是指从事生产经营的纳税人到外县（市）进行临时性的生产经营活动时，按规定申报办理的税务登记手续。

纳税人跨省税务机关管辖区域（以下简称跨省）经营的，应当在外出生产经营以前，持税务登记证到主管税务机关开具《外出经营活动税收管理证明》（以下简称《外管证》）。纳税人在省税务机关管辖区域内跨县（市）经营的，是否开具《外管证》由省税务机关自行确定。

税务机关按照“一地一证”的原则，发放《外管证》，《外管证》的有效期限一般为 30 日，最长不得超过 180 日，但建筑安装行业纳税人项目合同期限超过 180 日的，按照合同期限确定有效期限。

5. 注销税务登记

注销税务登记，是指纳税人由于出现法定情形终止纳税义务时，向原税务机关申请办理取消税务登记的手续。办理注销税务登记后，该当事人不再接受原税务机关的管理。

（1）办理注销税务登记的原因

纳税人发生以下情形的，向主管税务机关申报办理注销税务登记：

①纳税人发生解散、破产、撤销以及其他情形，依法终止纳税义务的。

②纳税人被市场监管部门吊销营业执照或者被其他机关予以撤销登记的。

③纳税人因住所、经营地点变动，涉及变更税务登记机关的。

④境外企业在中国境内承包建筑、安装、装配、勘探工程和提供劳务的，项目完工、离开中国的。

（2）申报办理注销税务登记的时限

①纳税人发生解散、破产、撤销以及其他情形，依法终止纳税义务的，应当在向市场监管部门或者其他机关办理注销登记前，持有关证件和资料向原税务登记机关申报办理注销税务登记：按规定不需要在市场监管部门或者其他机关办理注册登记的，应当自有关机关批准或者宣告终止之日起 15 日内，持有关证件和资料向原税务登记机关申报办理注销税务登记。

②纳税人被市场监管部门吊销营业执照或者被其他机关予以撤销登记的，应当自营业执照被吊销或者被撤销登记之日起 15 日内，向原税务登记机关申报办理注销税务登记。

③纳税人因住所、经营地点变动，涉及改变税务登记机关的，应当在向市场监管部门或者其他机关申请办理变更、注销登记前，或者住所、经营地点变动前，持有关证件和资料，向原税务登记机关申报办理税务登记。

④境外企业在中国境内承包建筑、安装、装配、勘探工程和提供劳务的，应当在项目完工、离开中国前 15 日内，持有关证件和资料，向原税务登记机关申报办理注销税务登记。

（3）清税证明的出具

①已实行“多证合一、一照一码”登记模式的企业办理注销登记，须先向主管税务机关申报清税，填写清税申报表。清税完毕后，受理税务机关根据清税结果向纳税人统一出具清税证明。

②清税证明免办

向市场监管部门申请简易注销的纳税人，未办理过涉税事宜或办理过涉税事宜但未领用发票、无欠税（滞纳金）及罚款的，可免予到税务机关办理清税证明，直接向市场监管部门申请办理注销登记。

③清税证明即办

向市场监管部门申请简易注销的纳税人，未办理过涉税事宜且主动到税务机关办理清税的，税务机关可根据纳税人提供的营业执照即时出具清税文书。

（4）优化税务注销登记程序的其他规定

纳税人办理注销税务登记前，应当向税务机关提交相关证明文件和资料，结清应纳税款、多追（免）税款、纳全罚款，缴销发票、服务登记证件和其他税务证件，经税务机关核准后，办理注销税务登记手续。

6. 临时税务登记

从事生产、经营的个人应办而未办营业执照，但发生纳税义务的，可以按规定申请办理临时税务登记。

7. 非正常户的认定与解除

已办理税务登记的纳税人未按照规定的期限进行纳税申报，税务机关依法责令其限期改正。纳税人逾期不改正的，税务机关可以收缴其发票或者停止向其发售发票。

纳税人负有纳税申报义务，但连续3个月所有税种均未进行纳税申报的，税收征管系统自动将其认定为非正常户，并停止其发票领购簿和发票的使用。

对欠税的非正常户，税务机关依照《征管法》的规定追征税款及滞纳金。

已认定为非正常户的纳税人，就其逾期未申报行为接受处罚、缴纳罚款，并补办纳税申报的，税收征管系统自动解除非正常状态，无须纳税人专门申请解除。

8. 扣缴税款登记

根据税收法律、行政法规的规定，负有扣缴税款义务的扣缴义务人（国家机关除外），应当办理扣缴税款登记。

已办理税务登记的扣缴义务人应当自扣缴义务发生之日起30日内，向税务登记地税务机关申报办理扣缴税款登记。税务机关在其税务登记证件上登记扣缴税款事项，税务机关不再发放扣缴税款登记证件。

根据税收法律、行政法规的规定可不办理税务登记的扣缴义务人，应当自扣缴义务发生之日起30日内，向机构所在地税务机关申报办理扣缴税款登记，并由税务机关发放扣缴税款登记证件。

8.2.3 账簿和凭证管理

账簿和凭证是纳税人进行生产经营活动和核算财务收支的重要资料，也是税务机关对纳税人进行征税、管理、核查的重要依据。纳税人所使用的凭证、登记的账簿、编制的报表及其所反映的内容是否真实可靠，直接关系到计征税款依据的真实性，从而影响应纳税款及时足额入库。账簿、凭证管理是税收管理的基础性工作。

（一）账簿的设置

纳税人、扣缴义务人应按照有关法律、行政法规和国务院财政、税务主管部门的规定设置账簿，根据合法、有效凭证记账，进行核算。

1. 从事生产、经营的纳税人应当自领取营业执照或者发生纳税义务之日起 15 日内，按照国家有关规定设置账簿。

2. 生产、经营规模小又确实无建账能力的纳税人，可以聘请经批准从事会计代理记账业务的专业机构或者经税务机关认可的财会人员代为建账和办理账务。聘请上述机构或者人员有实际困难的，经县以上税务机关批准，可以按照税务机关的规定，建立收支凭证粘贴簿、进货销货登记簿或者使用税控装置。

3. 扣缴义务人应当自税收法律、行政法规规定的扣缴义务发生之日起 10 日内，按照所代扣、代收的税种，分别设置代扣代缴、代收代缴税款账簿。

纳税人、扣缴义务人会计制度健全，能够通过计算机正确、完整计算其收入和所得或者代扣代缴、代收代缴税款情况的，其计算机输出的完整的书面会计记录，可视同会计账簿。

纳税人、扣缴义务人会计制度不健全，不能通过计算机正确、完整计算其收入和所得或者代扣代缴、代收代缴税款情况的，应当建立总账及与纳税或者代扣代缴、代收代缴税款有关的其他账簿。

（二） 对纳税人财务会计制度及其处理办法的管理

纳税人的财务、会计制度及其处理办法，是其进行会计核算的依据，直接关系到计税依据是否真实合理。

1. 备案制度

从事生产、经营的纳税人应当自领取税务登记证件之日起 15 日内，将其财务、会计制度或者财务、会计处理办法报送主管税务机关备案。

纳税人使用计算机记账的，应当在使用前将会计电算化系统的会计核算软件、使用说明书及有关资料报送主管税务机关备案。

2. 税法规定优先

从事生产、经营的纳税人、扣缴义务人的财务、会计制度或者财务、会计处理办法与国务院或者国务院财政、税务主管部门有关税收的规定抵触的，依照国务院或者国务院财政、税务主管部门有关税收的规定计算应纳税款、代扣代缴和代收代缴税款。

3. 使用计算机记账

纳税人建立的会计电算化系统应当符合国家有关规定，并能正确、完整核算其收入或者所得。

（三） 账簿、 凭证等涉税资料的保存和管理

从事生产、经营的纳税人、扣缴义务人必须按照国务院财政、税务主管部门规定的保管期限保管账簿、记账凭证、完税凭证及其他有关资料。除法律、行政法规另有规定外，账簿、记账凭证、报表、完税凭证、发票、出口凭证以及其他有关涉税资料应当保存 10 年。上述资料应当合法、真实、完整，不得伪造、变造或者擅自损毁。

8.2.4 发票管理

发票，是指在购销商品、提供或者接受服务以及从事其他经营活动中，开具、收取的收付款凭证。它是确定经济收支行为发生的法定凭证，是会计核算的原始依据。

（一）发票管理机关

税务机关是发票的主管机关，负责发票印制、领购、开具、取得、保管、缴销的管理和监督。国家税务总局统一负责全国发票管理工作。省、自治区、直辖市税务机关依据各自的职责，共同做好本行政区域内的发票管理工作。财政、审计、市场监督管理、公安等有关部门在各自职责范围内，配合税务机关做好发票管理工作。

在全国范围内统一式样的发票，由国家税务总局确定。在省、自治区、直辖市范围内统一式样的发票，由省、自治区、直辖市税务机关确定。

增值税专用发票由国家税务总局确定的企业印制；其他发票，按照国家税务总局的规定，由省、自治区、直辖市税务机关确定的企业印制。禁止私自印制、伪造、变造发票。

（二）发票的种类、联次和内容

发票的种类、联次和内容以及使用范围由国家税务总局规定。

1. 发票种类

全国范围内全面推行“营改增”试点后，发票的类型主要是增值税专用发票和增值税普通发票，还有特定范围继续使用的其他发票。

（1）增值税专用发票，包括增值税专用发票（折叠票）、增值税电子专用发票和机动车销售统一发票。

（2）增值税普通发票，包括增值税普通发票（折叠票）、增值税电子普通发票和增值税普通发票（卷票）。

（3）其他发票，包括农产品收购发票、农产品销售发票、门票、过路（过桥）费发票、定额发票、客运发票和二手车销售统一发票等。

2. 发票的联次和内容

发票的基本联次包括存根联、发票联、记账联。存根联由收款方或开票方留存备查；发票联由付款方或受票方作为付款原始凭证；记账联由收款方或开票方作为记账原始凭证。省以上税务机关可根据发票管理情况以及纳税人经营业务需要，增减除发票联以外的其他联次，并确定其用途。

发票的基本内容包括发票的名称、代码和号码、联次及用途、客户名称、开户银行及账号、商品名称或经营项目、计量单位、数量、单价、大小写金额、开票人、开票日期、开票单位（个人）名称（章）等。省以上税务机关可根据经济活动以及发票管理需要，确定发票的具体内容。

用票单位可以书面向税务机关要求使用印有本单位名称的发票，税务机关依法确认印有该单位名称发票的种类和数量。

（三）发票的领购

1. 领购发票的程序

需要领购发票的单位和个人，应当持税务登记证件、经办人身份证明，按照国务院税务主管部门规定式样制作的发票专用章的印模，向主管税务机关办理发票领购手续。主管税务机关根据领购单位和个人的经营范围和规模，确认领购发票的种类、数量以及领购方式，在5个工作日内发给发票领购簿。

2. 代开发票

需要临时使用发票的单位和个人，可以凭购销商品，提供或者接受服务以及从事其他经营活动的书面证明、经办人身份证明，直接向经营地税务机关申请代开发票。依照税收法律、行政法规规定应当缴纳税款的，税务机关应当先征收税款，再开具发票。税务机关根据发票管理的需要，可以按照国务院税务主管部门的规定委托其他单位代开发票。禁止非法代开发票。

3. 外地经营领购发票

临时到本省、自治区、直辖市以外从事经营活动的单位和个人，应当凭所在地税务机关的证明，向经营地税务机关领购经营地的发票。临时在本省、自治区、直辖市以内跨市、县从事经营活动领购发票的方法，由省、自治区、直辖市税务机关规定。

税务机关对省、自治区、直辖市来本辖区从事临时经营活动的单位和个人领购发票的，可以要求其提供保证人或者根据所领购发票的票面限额以及数量交纳不超过1万元的保证金，并按期缴销发票的。按期缴销发票的，解除保证人的担保义务或者退还保证金；未按期缴纳发票的，由保证人或者以保证金承担法律责任。税务机关收取保证金应当开具资金往来结算票据。

（四）发票的开具和使用

1. 发票的开具

销售商品、提供服务以及从事其他经营活动的单位和个人，对外发生经营业务收取款项，收款方应当向付款方开具发票；特殊情况下，由付款方向收款方开具发票。特殊情况，是指收购单位和扣缴义务人支付个人款项时，国家税务总局认为其他需要由付款方向收款方开具发票的。

所有单位和从事生产、经营活动的个人在购买商品、接受服务以及从事其他经营活动支付款项，应当向收款方取得发票。取得发票时，不得要求变更品名和金额。

开具发票应当按照规定的时限、顺序、栏目，全部联次一次性如实开具，并加盖发票专用章。不符合规定的发票，不得作为财务报销凭证，任何单位和个人有权拒收。

任何单位和个人不得有下列虚开发票行为：

（1）为他人、为自己开具与实际经营业务情况不符的发票。

（2）让他人为自己开具与实际经营业务情况不符的发票。

（3）介绍他人开具与实际经营业务情况不符的发票。

2. 发票的使用和保管

任何单位和个人应当按照发票管理规定使用发票，不得有下列行为：

（1）转借、转让、介绍他人转让发票、发票监制章和发票防伪专用品。

（2）知道或者应当知道是私自印制、伪造、变造、非法取得或者废止的发票而受让、开具、存放、携带、邮寄、运输。

（3）拆本使用发票。

（4）扩大发票使用范围。

（5）以其他凭证代替发票使用。

除国家税务总局规定的特殊情形外，发票限于领购单位和个人在本省、自治区、直辖市内开具。省、自治区、直辖市税务机关可以规定跨市、县开具发票的办法。除国家税务总局规定的特殊情形外，任何单位和个人不得跨规定地使用区域携带、邮寄、运输空白发票。禁止携带、邮寄或者运输空白发票出入境。

开具发票的单位和个人应当建立发票使用登记制度，设置发票登记簿，并定期向主管税务机关报告发票使用情况。开具发票的单位和个人应当在办理变更或者注销税务登记的同时，办理发票和发票领购簿的变更、缴销手续。开具发票的单位和个人应当按照税务机关的规定存放和保管发票，不得擅自损毁。已经开具的发票存根联和发票登记簿，应当保存5年。保存期满，报经税务机关查验后销毁。

【提示】账簿、记账凭证、报表、完税凭证、发票、出口凭证以及其他有关涉税资料应当保存10年；但是法律、行政法规另有规定的除外。

（五）发票的检查

税务机关在发票管理中有权进行下列检查：

（1）检查印制、领购、开具、取得、保管和缴销发票的情况；

（2）调出发票查验；

（3）查阅、复制与发票有关的凭证、资料；

（4）向当事各方询问与发票有关的问题和情况；

（5）在查处发票案件时，对与案件有关的情况和资料，可以记录、录音、录像、照相和复制。

印制、使用发票的单位和个人，必须接受税务机关依法检查，如实反映情况，提供有关资料，不得拒绝、隐瞒。税务人员进行检查时，应当出示税务检查证。

税务机关需要将已开具的发票调出查验时，应当向被查验的单位和个人开具发票换票证。发票换票证与所调出查验的发票有同等的效力。被调出查验发票的单位和个人不得拒绝接受。税务机关需要将空白发票调出查验时，应当开具收据；经查无问题的，应当及时返还。

（六）网络发票

网络发票是指符合国家税务总局统一标准并通过国家税务总局及省、自治区、直辖市税务局公布的网络发票管理系统开具的发票。

开具发票的单位和个人开具网络发票应登录网络发票管理系统，如实完整填写发票的相关内容及数据，确认保存后打印发票。开具发票的单位和个人在线开具的网络发票，经系统自动保存数据后即完成开票信息的确认、查验。

税务机关根据开具发票的单位和个人的经营情况，核定其在线开具网络发票的种类、行业类别、开票限额等内容。开具发票的单位和个人需要变更网络发票核定内容的，可向税务机关提出书面申请，经税务机关确认，予以变更。

单位和个人取得网络发票时，应及时查询验证网络发票信息的真实性、完整性，对不符合规定的发票，不得作为财务报销凭证，任何单位和个人有权拒收。

开具发票的单位和个人需要开具红字发票的，必须收回原网络发票全部联次或取得受票方出具的有效证明，通过网络发票管理系统开具金额为负数的红字网络发票。开具发票的单位和个人作废开具的网络发票，应收回原网络发票全部联次，注明“作废”，并在网络发票管理系统中进行发票作废处理。开具发票的单位和个人应当在办理变更或者注销税务登记的同时，办理网络发票管理系统的用户变更、注销手续并缴销空白发票。

税务机关根据发票管理的需要，可以按照国家税务总局的规定委托其他单位通过网络发票管理系统代开网络发票。税务机关应当与受托代开发票的单位签订协议，明确代开网络发票的种类、对象、内容和相关责任等内容。

开具发票的单位和个人必须如实在线开具网络发票，不得利用网络发票进行转借、转让、虚开发票及其他违法活动。开具发票的单位和个人在网络出现故障，无法在线开具发票时，可离线开具发票。开具发票后，不得改动开票信息，并于48小时内上传开票信息。

8.2.5 纳税申报管理

纳税申报，是指纳税人按照税法规定，定期就计算缴纳税款的有关事项向税务机关提交书面报告的一种法定手续。纳税申报是确定纳税人是否履行纳税义务、界定法律责任的主要依据。

纳税人必须依照法律、行政法规规定确定的申报期限、申报内容如实办理纳税申报，报送纳税申报表、财务会计报表或者代扣代缴、代收代缴税款报告表以及税务机关根据实际需要要求纳税人报送的其他纳税资料。

（一）纳税申报的内容

纳税人、扣缴义务人的纳税申报或者代扣代缴、代收代缴税款报告表的主要内容包括：税种、税目；应纳税项目或者应代扣代缴、代收代缴税款项目；计税依据；扣除项目及标准；适用税率或者单位税额；应退税项目及税额、应减免税项目及税额；应纳税额或者应代扣代缴、代收代缴税额；税款所属期限、延期缴纳税款、欠税、滞纳金等。

（二）纳税申报的方式

纳税申报方式是指纳税人和扣缴义务人在纳税申报期限内，依照规定到指定税务机关进行申报纳税的形式。纳税申报的方式主要有以下几种：

1. 自行申报

自行申报也称直接申报，是指纳税人、扣缴义务人在规定的申报期限内，自行直接到主管税务机关指定的办税服务场所办理纳税申报手续。这是一种传统的申报方式。

2. 邮寄申报

邮寄申报，是指经税务机关批准，纳税人、扣缴义务人使用统一规定的纳税申报专用信封，通过邮政部门办理交寄手续，并以邮政部门收据作为申报凭据的纳税申报方式。邮寄申报以寄出的邮戳日期为实际申报日期。

3. 数据电文申报

数据电文申报，是指经税务机关批准，纳税人、扣缴义务人以税务机关确定的电话语音、电子数据交换和网络传输等电子方式进行纳税申报。这种方式运用了新的电子信息技术，代表着纳税申报方式的发展方向，使用范围逐渐扩大。纳税人、扣缴义务人采取数据电文方式办理纳税申报的，其申报日期以税务机关计算机网络系统收到该数据电文的时间为准，与数据电文相对应的纸质申报资料的报送期限由税务机关确定。

4. 其他方式

实行定期定额缴纳税款的纳税人，可以实行简易申报、简并征期等方式申报纳税。

（三）纳税申报的要求

1. 纳税申报的基本要求

纳税人办理纳税申报时，应当如实填写纳税申报表，并根据不同的情况相应报送下列有关证件、资料：

（1）财务会计报表及其说明材料。

（2）与纳税有关的合同、协议书及凭证。

（3）税控装置的电子报税资料。

（4）外出经营活动税收管理证明和异地完税凭证。

（5）境内或者境外公证机构出具的有关证明文件。

（6）税务机关规定应当报送的其他有关证件、资料。

2. 无税及减免税期间的纳税申报

纳税人在纳税期内没有应纳税款的，也应当按照规定办理纳税申报。

纳税人享受减税、免税待遇的，在减税、免税期间应当按照规定办理纳税申报。

3. 破产期间的纳税申报

在人民法院裁定受理破产申请之日至企业注销之日期间，企业应当接受税务机关的税务管理，履行税法规定的相关义务。破产程序中如发生应税情形，应按规定申报纳税。从人民法院指定管理人之日起，管理人可以按照《中华人民共和国企业破产法》第二十五条规定，以企业名义办理纳税申报等涉税事宜。

4. 简并税费申报

自2021年5月1日起，海南、陕西、大连和厦门开展增值税、消费税分别与城市维护建设税、教育费附加、地方教育附加申报表整合试点。

自2021年6月1日起，纳税人申报缴纳城镇土地使用税、房产税、车船税、印花税、耕地占用税、资源税、土地增值税、契税、环境保护税、烟叶税中一个或多个税种时，使用《财产和行为税纳税申报表》。纳税人新增税源或税源变化时，需先填报《财产和行为税税源明细表》。

自2021年8月1日起，增值税、消费税分别与城市维护建设税、教育费附加、地方教育附加申报表整合，启用《增值税及附加税申报表（一般纳税人适用）》《增值税及附加税费申报表（小规模纳税人适用）》《增值税及附加税费预缴表》及其附列资料和《消费税及附加税费申报表》。

（四）纳税申报的延期办理

纳税人、扣缴义务人按照规定的期限办理纳税申报或者报送代扣代缴、代收代缴税款报告表确有困难，需要延期的，应当在规定的期限内向税务机关提出书面延期申请，经税务机关核准，在核准的期限内办理。

纳税人、扣缴义务人因不可抗力，不能按期办理纳税申报或者报送代扣代缴、代收代缴税款报告表的，可以延期办理。但是，应当在不可抗力情形消除后立即向税务机关报告。税务机关应当查明事实，予以核准。

经核准延期办理纳税申报、报送事项的，应当在纳税期内按照上期实际缴纳的税额或者税务机关核定的税额预缴税款，并在核准的延期内办理税款结算。

勤思考8-1

甲企业按照国家规定享受3年内免缴企业所得税的优惠待遇，甲企业在这3年内是否需要办理企业所得税的纳税申报？

【解析】 根据税收征管法律制度的规定，纳税人享受减税、免税待遇的，在减税、免税期间仍应当按照规定办理纳税申报，这样的法律规定，既有助于提高国民的纳税意识，也有利于税务机关及时掌握、分析税源情况。

8.3 税款征收

引例

某公司按照规定，最晚应于2023年1月15日缴纳应纳税款30万元，该公司迟迟未缴。主管税务机关责令其在当年2月28日前缴纳，并加收滞纳金。但直到3月15日，该公司才缴纳税款。该公司应缴纳的滞纳金金额为多少元？

【解析】 该企业应缴纳税款期限是1月15日，即从1月16日滞纳税款，从1月16日—3月15日，共计16+28+15=59（天）。根据税收征收管理法律制度的规定，纳税人未按照规定期限缴纳税款的，扣缴义务人未按照规定期限解缴税款的，税务机关可从滞纳税款之日起，按日加收滞纳税款万分之五的滞纳金。

8.3.1 税款征收法定原则

（一）税款征收主体法定

税务机关是征税的法定主体。除税务机关、税务人员以及经税务机关依照法律、行政法规委托的单位和人员外，任何单位和个人不得进行税款征收活动。

（二）税款征收依据法定

税务机关依照法律、行政法规的规定征收税款，不得违反法律、行政法规的规定开征、停征、多征、少征、提前征收、延缓征收或者摊派税款。

（三）税款征收权限和征收程序法定

税务机关征收税款时，必须给纳税人开具完税凭证。税务机关扣押商品、货物或者其他财产时，必须开付收据；查封商品、货物或者其他财产时，必须开付清单。

税务机关应当将各种税收的税款、滞纳金、罚款，按照国家规定的预算科目和预算级次及时缴入国库，税务机关不得占压、挪用、截留，不得缴入国库以外或者国家规定的税款账户以外的任何账户。

8.3.2 税款征收的方式

税款征收方式，是指税务机关根据各税种的不同特点和纳税人的具体情况而确定的计算、征收税款的形式和方法，包括确定征收方式和缴纳方式。

由于纳税人的情况千差万别，税款征收方式也不可能统一固定，必须根据不同的情况，采取相应的征收方式。我国现行《税收征管法》及其实施细则未对税款征收方式做具体规定，只是明确税务机关要根据保证国家税款及时足额入库、方便纳税人、降低税收成本的原则，确定税款征收方式。

（一）查账征收

查账征收，是指针对财务会计制度健全的纳税人，税务机关依据其报送的纳税申报表、财务会计报表和其他有关纳税资料，依照适用税率，计算其应缴纳税款的税款征收方式。这种征收方式较为规范，符合税收法定的基本原则，适用于财务会计制度健全，能够如实核算和提供生产经营情况，并能正确计算应纳税款和如实履行纳税义务的纳税人。扩大查账征收纳税人的范围，一直是税务管理的努力方向。

（二）查定征收

查定征收，是指对账务不全，但能控制其材料、产量或进销货物的纳税单位或个人，税务机关依据正常条件下的生产能力对其生产的应税产品查定产量、销售额并据以征收税款的征收方式。这种征收方式适用于生产经营规模较小、产品零星、税源分散、会计账册不健全，但能控制原材料或进销货的小型厂矿和作坊。

（三）查验征收

查验征收，是指税务机关对纳税人的应税商品、产品，通过查验数量，按市场一般销售单价计算其销售收入，并据以计算其应缴纳税款的税款征收方式。这种征收方式适用于纳税人财务制度不健全，生产经营不固定，零星分散、流动性大的税源。

（四）定期定额征收

定期定额征收，是指税务机关对小型个体工商户在一定经营地点、一定经营时期、一定经营范围内的应纳税经营额（包括经营数量）或所得额进行核定，并以此为计税依据，确定其应缴纳税额的一种税款征收方式。这种征收方式适用于经主管税务机关认定和县以上税务机关（含县级）批准的生产、经营规模小，达不到《个体工商户建账管理暂行办法》规定的设置账簿标准，难以查账征收，不能准确计算计税依据的个体工商户（包括个人独资企业）。

（五）扣缴征收

扣缴征收包括代扣代缴和代收代缴两种征收方式。扣缴义务人依照法律、行政法规的规定履行代扣、代收税款的义务。税务机关按照规定付给扣缴义务人代扣、代收手续费。对法律、行政法规没有规定负有代扣、代收税款义务的单位和个人，税务机关不得要求其履行代扣、代收税款义务。扣缴义务人依法履行代扣、代收税款义务时，纳税人不得拒绝；纳税人拒绝的，扣缴义务人应当及时报告税务机关处理。

（六）委托征收

委托代征税款，是指税务机关根据有利于税收控管和方便纳税的原则，按照国家有关规定，通过委托形式将税款委托给代征单位或个人以税务机关的名义代为征收，并将税款缴入国库的一种税款征收方式。税务机关向代征单位或个人发给委托代征证书，受托代征单位或个人按照代征证书的要求，以税务机关的名义依法征收税款，纳税人不得拒绝；纳税人拒绝的，受托代征单位或个人应当及时报告税务机关处理。这种征收方式适用于零星分散和异地缴纳的税收。

勤思考 8－2

税务机关针对纳税人的不同情况可以采取不同的税款征收方式。对于账册不健全，但能控制原材料、产量或进销货物的单位，适用哪种税款征收方式？

【解析】根据税收征管法律制度的规定，对账务不全，但能控制其材料、产量或进销货物的纳税单位或个人，税务机关可依据正常条件下的生产能力对其生产的应税产品查定产量、销售额并据以征收税款。

8.3.3 应纳税额的核定与调整

（一）应纳税额的核定

1. 核定应纳税额的情形

纳税人有下列情形之一的，税务机关有权核定其应纳税额：

（1）依照法律、行政法规的规定可以不设置账簿的。

（2）依照法律、行政法规的规定应当设置但未设置账簿的。

（3）擅自销毁账簿或者拒不提供纳税资料的。

（4）虽设置账簿，但账目混乱或者成本资料、收入凭证、费用凭证残缺不全，难以查账的。

（5）发生纳税义务，未按照规定的期限办理纳税申报，经税务机关责令限期申报，逾期仍不申报的。

（6）纳税人申报的计税依据明显偏低，又无正当理由的。

2. 核定应纳税额的方法

为了减少核定应纳税额的随意性，使核定的税额更接近纳税人实际情况和法定负担水平，税务机关有权采用下列任何一种方法核定应纳税额：

（1）参照当地同类行业或者类似行业中经营规模和收入水平相近的纳税人的税负水平核定。

（2）按照营业收入或者成本加合理的费用和利润的方法核定。

（3）按照耗用的原材料、燃料、动力等推算或者测算核定。

（4）按照其他合理方法核定。

当其中一种方法不足以正确核定应纳税额时，可以同时采用两种以上的方法核定。纳税人对税务机关采取上述方法核定的应纳税额有异议的，应当提供相关证据，经税务机关认定后，调整应纳税额。

（二）应纳税额的调整

1. 应纳税额调整的含义

企业或者外国企业在中国境内设立的从事生产、经营的机构、场所与其关联企业之间的业务往来，应当按照独立企业之间的业务往来收取或者支付价款、费用。关联企业，是指有下列关系之一的公司、企业和其他经济组织：在资金、经营、购销等方面，存在直接或者间接的拥有或者控制关系；直接或者间接地同为第三者所拥有或者控制；在利益上具有相关联的其他关系。独立企业之间的业务往来，是指没有关联关系的企业之间按照公平成交价格和营业常规所进行的业务往来。

纳税人可以向主管税务机关提出与其关联企业之间业务往来的定价原则和计算方法，主管税务机关审核、批准后，与纳税人预先约定有关定价事项，监督纳税人执行。

不按照独立企业之间的业务往来收取或者支付价款、费用，而减少其应纳税的收入或者所得额的，税务机关有权进行合理调整。

2. 应纳税额调整的情形

纳税人与其关联企业之间的业务往来有下列情形之一的，税务机关可以调整其应纳税额：

（1）购销业务未按照独立企业之间的业务往来作价；

（2）融通资金所支付或者收取的利息超过或者低于没有关联关系的企业之间所能同意的数额，或者利率超过或者低于同类业务的正常利率；

（3）提供劳务，未按照独立企业之间业务往来收取或者支付劳务费用；

（4）转让财产、提供财产使用权等业务往来，未按照独立企业之间业务往来作价或者收取、支付费用；

（5）未按照独立企业之间业务往来作价的其他情形。

3. 应纳税额调整的方法

纳税人发生上述情形的，税务机关可以按照下列方法调整计税收入额或者所得额：

（1）按照独立企业之间进行的相同或者类似业务活动的价格；

（2）按照再销售给无关联关系的第三者的价格所应取得的收入和利润水平；

（3）按照成本加合理的费用和利润；

（4）按照其他合理的方法。

4. 应纳税额调整的期限

纳税人与其关联企业未按照独立企业之间的业务往来支付价款、费用的，税务机关自该业务往来发生的纳税年度起 3 年内进行调整；有特殊情况的，可以自该业务往来发生的纳税年度起 10 年内进行调整。

8.3.4 应纳税款的缴纳

（一）应纳税款的当期缴纳

应纳税款的当期缴纳是指纳税人、扣缴义务人按照法律、行政法规规定或者税务机关依照法律、行政法规的规定确定的期限缴纳或者解缴税款。

税务机关收到税款后，应当向纳税人开具完税凭证。扣缴义务人代扣、代收税款时，纳税人要求扣缴义务人开具代扣、代收税款凭证的，扣缴义务人应当开具。纳税人通过银行缴纳税款的，税务机关可以委托银行开具完税凭证。完税凭证，是指各种完税证、缴款书、印花税票、扣（收）税凭证以及其他完税证明。完税凭证不得转借、倒卖、变造或者伪造。

（二）应纳税款的延期缴纳

纳税人因有特殊困难，不能按期缴纳税款的，经省、自治区、直辖市税务局批准，可以延期缴纳税款，但是最长不得超过3个月。特殊困难是指因不可抗力，导致纳税人发生较大损失，正常生产经营活动受到较大影响的；当期货币资金在扣除应付职工工资、社会保险费后，不足以缴纳税款的。

纳税人需要延期缴纳税款的，应当在缴纳税款期限届满前提出申请，并报送下列材料：申请延期缴纳税款报告，当期货币资金余额情况及所有银行存款账户的对账单，资产负债表，应付职工工资和社会保险费等税务机关要求提供的支出预算。

税务机关应当自收到申请延期缴纳税款报告之日起20日内做出批准或者不予批准的决定；不予批准的，从缴纳税款期限届满之日起加收滞纳金。

8.3.5 税款征收的保障措施

为了保证税款征收的顺利进行，《征管法》赋予了税务机关在税款征收过程中针对不同情况可以采取相应征收措施的职权。

（一）责令缴纳

1. 纳税人未按照规定期限缴纳税款的，扣缴义务人未按照规定期限解缴税款的，税务机关可责令限期缴纳，并从滞纳税款之日起，按日加收滞纳税款万分之五的滞纳金。逾期仍未缴纳的，税务机关可以采取税收强制执行措施。

【提示】 加收滞纳金的起止时间，为税款法定缴纳期限届满次日起至纳税人、扣缴义务人实际缴纳或者解缴税款之日止（算尾不算头）。

2. 对未按照规定办理税务登记的从事生产、经营的纳税人，以及临时从事经营的纳税人，税务机关核定其应纳税额，责令其缴纳应纳税款。

纳税人不缴纳的，税务机关可以扣押其价值相当于应纳税款的商品、货物。扣押后缴纳应纳税款的，税务机关必须立即解除扣押，并归还所扣押的商品、货物；扣押后仍不缴纳应纳税款的，经县以上税务局（分局）局长批准，依法拍卖或者变卖所扣押的商品、货物，以拍卖或者变卖所得抵缴税款。

对未按照规定办理税务登记的从事生产、经营的纳税人（包括到外县（市）从事生产、经营而未向营业地税务机关报验登记的纳税人）以及临时从事经营的纳税人，由税务机关核定其应纳税额，责令缴纳；不缴纳的，税务机关可以扣押其价值相当于应纳税款的商品、货物。扣押后缴纳应纳税款的，税务机关必须立即解除扣押，并归还所扣押的商品、货物；扣押后仍不缴纳应纳税款的，经县以上税务局（分局）局长批准，依法拍卖或者变卖所扣押的商品、货物，以拍卖或者变卖所得抵缴税款。

3. 税务机关有根据认为从事生产、经营的纳税人有逃避纳税义务行为，可在规定的纳税期之前责令其限期缴纳应纳税款。逾期仍未缴纳的，税务机关有权采取其他税款征收措施。

4. 纳税担保人未按照规定的期限缴纳所担保的税款，税务机关可责令其限期缴纳应纳税款。逾期仍未缴纳的，税务机关有权采取其他税款征收措施。

（二）责令提供纳税担保

纳税担保，是指经税务机关同意或确认，纳税人或其他自然人、法人、经济组织以保证、抵押、质押的方式，为纳税人应当缴纳的税款及滞纳金提供担保的行为。包括经税务机关认可的有纳税担保能力的保证人为纳税人提供的纳税保证，以及纳税人或者第三人以其未设置或者未全部设置担保物权的财产提供的担保。

1. 适用纳税担保的情形

①税务机关有根据认为从事生产、经营的纳税人有逃避纳税义务行为，在规定的纳税期之前经责令其限期缴纳应纳税款，在限期内发现纳税人有明显的转移、隐匿其应纳税的商品、货物，以及其他财产或者应纳税收入的迹象，责成纳税人提供纳税担保。

②欠缴税款、滞纳金的纳税人或者其法定代表人需要出境的。

③纳税人同税务机关在纳税上发生争议而未缴清税款，需要申请行政复议的。

④税收法律、行政法规规定可以提供纳税担保的其他情形。

2. 纳税担保的范围

纳税担保范围包括税款、滞纳金和实现税款、滞纳金的费用。费用包括抵押、质押登记费用，质押保管费用，以及保管、拍卖、变卖担保财产等相关费用支出。

用于纳税担保的财产、权利的价值不得低于应当缴纳的税款、滞纳金，并考虑相关的费用。纳税担保的财产价值不足以抵缴税款、滞纳金的，税务机关应当向提供担保的纳税人或纳税担保人继续追缴。用于纳税担保的财产、权利的价格估算，除法律、行政法规另有规定外，参照同类商品的市场价、出厂价或者评估价估算。

3. 纳税担保的方式

纳税担保方式主要有纳税保证、纳税抵押和纳税质押。

（1）纳税保证

纳税保证是指纳税保证人向税务机关保证，当纳税人未按照税收法律、行政法规规定或者税务机关确定的期限缴清税款、滞纳金时，由纳税保证人按照约定履行缴纳税款及滞纳金的行为。纳税保证须经税务机关认可，税务机关不认可的，保证不成立。

（2）纳税抵押

纳税抵押是指纳税人或纳税担保人不转移对可抵押财产的占有，将该财产作为税款及滞纳金的担保。纳税人逾期未缴清税款及滞纳金的，税务机关有权依法处置该财产以抵缴税款及滞纳金。

（3）纳税质押

纳税质押是指经税务机关同意，纳税人或纳税担保人将其动产或权利凭证移交税务机关占有，将该动产或权利凭证作为税款及滞纳金的担保。纳税人逾期未缴清税款及滞纳金的，税务机关有权依法处置该动产或权利凭证以抵缴税款及滞纳金。纳税质押分为动产质押和权利质押。

（三）采取税收保全措施

税务机关认为有逃避纳税义务行为的纳税人具有税法规定的情形，责令其提供纳税担保而纳税人不能提供纳税担保的，经县以上税务局（分局）局长批准，税务机关可以采取税收保全措施。

1. 适用税收保全的前提条件

（1）税务机关有根据认为从事生产、经营的纳税人有逃避纳税义务行为。

（2）纳税人逃避纳税义务的行为发生在规定的纳税期之前，以及在责令限期缴纳应纳税款的限期内。

（3）税务机关责成纳税人提供纳税担保后，纳税人不能提供纳税担保。

（4）经县以上税务局（分局）局长批准。

2. 税收保全的措施

①书面通知纳税人开户银行或者其他金融机构冻结纳税人的金额相当于应纳税款的存款。

②扣押、查封纳税人的价值相当于应纳税款的商品、货物或者其他财产。其他财产包括纳税人的房地产、现金、有价证券等不动产和动产。

3. 不适用税收保全的财产

个人及其所扶养家属维持生活必需的住房和用品，不在税收保全措施的范围之内。需要注意的是，个人及其所扶养家属维持生活必需的住房和用品不包括机动车辆、金银饰品、古玩字画、豪华住宅或者一处以外的住房。个人所扶养家属，是指与纳税人共同居住生活的配偶、直系亲属以及无生活来源并由纳税人扶养的其他亲属。

税务机关对单价 5 000 元以下的其他生活用品，不采取税收保全措施。

4. 税收保全措施的期限

税务机关采取税收保全措施的期限一般不得超过 6 个月；重大案件需要延长的，应当报国家税务总局批准。

5. 税收保全措施的解除

（1）纳税人在规定期限内缴纳了应纳税款的，税务机关必须立即解除税收保全措施。

（2）纳税人在规定的限期期满仍未缴纳税款的，经县以上税务局（分局）局长批准，终止保全措施，转入强制执行措施。

勤思考 8-3

根据税收征收管理法律制度的规定，税收保全措施有哪些？

【解析】税务机关可以采取以下税收保全措施：①书面通知纳税人开户银行或者其他金融机构冻结纳税人的金额相当于应纳税款的存款。②扣押、查封纳税人的价值相当于应纳税款的商品、货物或者其他财产。其他财产是指纳税人的房地产、现金、有价证券等不动产和动产。

（四）采取强制执行措施

从事生产、经营的纳税人、扣缴义务人未按照规定的期限缴纳或者解缴税款，纳税担保人未按照规定的期限缴纳所担保的税款，由税务机关责令限期缴纳，逾期仍未缴纳的，经县以上税务局（分局）局长批准，税务机关可以采取下列强制执行措施。

1. 采取强制执行措施的对象

（1）未按照规定的期限缴纳或者解缴税款，经税务机关责令限期缴纳，逾期仍未缴纳税款的从事生产、经营的纳税人、扣缴义务人。

（2）未按照规定的期限缴纳所担保的税款，经税务机关责令限期缴纳，逾期仍未缴纳税款的纳税担保人。

2. 强制执行的措施

经县以上税务局（分局）局长批准，税务机关可以采取下列强制执行措施：

①强制扣款，即书面通知其开户银行或者其他金融机构从其存款中扣缴税款。

②拍卖变卖，即扣押、查封、依法拍卖或者变卖其价值相当于应纳税款的商品、货物或者其他财产，以拍卖或者变卖所得抵缴税款。

个人及其所扶养家属维持生活必需的住房和用品，不在强制执行措施的范围之内。税务机关对单价 5 000 元以下的其他生活用品，不采取强制执行措施。

3. 滞纳金的执行

税务机关采取强制执行措施时，对纳税人、扣缴义务人、纳税担保人未缴纳的滞纳金同时强制执行。对纳税人已缴纳税款，但拒不缴纳滞纳金的，税务机关可以单独对纳税人应缴未缴的滞纳金采取强制措施。

4. 抵税财物的拍卖与变卖

抵税财物，是指被税务机关依法实施税收强制执行而扣押、查封或者按照规定应强制执行的已设置纳税担保物权的商品、货物、其他财产或者财产权利。拍卖，是指税务机关将抵税财物依法委托拍卖机构，以公开竞价的形式，将特定财物转让给最高应价者的买卖方式。变卖，是指税务机关将抵税财物委托商业企业代为销售，责令纳税人限期处理或由税务机关变价处理的买卖方式。国家税务总局发布的《抵税财物拍卖、变卖试行办法》对抵税财物的拍卖与变卖行为进行规范，以保障国家税收收入并保护纳税人的合法权益。

（五）欠税清缴

1. 离境清缴

欠缴税款的纳税人或者他的法定代表人需要出境的，应当在出境前向税务机关结清应纳税款、滞纳金或者提供担保。

2. 税收代位权和撤销权

欠缴税款的纳税人因怠于行使到期债权，或者放弃到期债权，或者无偿转让财产，或者以明显不合理的低价转让财产而受让人知道该情形，对国家税收造成损害的，税务机关可以依法行使代位权、撤销权。税务机关依法行使代位权、撤销权的，不免除欠缴税款的纳税人尚未履行的纳税义务和应承担的法律责任。

3. 欠税报告

纳税人有欠税情形而以其财产设定抵押、质押的，应当向抵押权人、质权人说明其欠税情况。抵押权人、质权人可以请求税务机关提供有关的欠税情况。

纳税人有解散、撤销、破产情形的，在清算前应当向其主管税务机关报告；未结清税款的，由其主管税务机关参加清算。

纳税人有合并、分立情形的，应当向税务机关报告，并依法缴清税款。纳税人合并时未缴清税款的，应当由合并后的纳税人继续履行未履行的纳税义务；纳税人分立时未缴清税款的，分立后的纳税人对未履行的纳税义务应当承担连带责任。

欠缴税款5万元以上的纳税人在处分其不动产或者大额资产之前，应当向税务机关报告。

4. 欠税公告

县级以上各级税务机关应当定期在办税场所或者广播、电视、报纸、期刊、网络等新闻媒体上公告纳税人的欠税情况。对纳税人欠缴税款的情况实行定期公告的办法，由国家税务总局制定。

（六）税收优先权

税务机关征收税款，税收优先于无担保债权，法律另有规定的除外。纳税人欠缴的税款发生在纳税人以其财产设定抵押、质押或者纳税人的财产被留置之前的，税收应当先于抵押权、质权、留置权执行。

纳税人欠缴税款，同时又被行政机关决定处以罚款、没收违法所得的，税收优先于罚款、没收违法所得。

（七）阻止出境

欠缴税款的纳税人或者其法定代表人在出境前未按规定结清应纳税款、滞纳金或者提供纳税担保的，税务机关可以通知出入境管理机关阻止其出境。

8.4 税务检查

引例

智慧农业公司2021年度纳税信用等级被直接判定为D级。这不仅导致公司不能享受税务部门的一系列便利服务，而且在贷款融资、竞争谈判等经营活动中都受到限制。经过税务服务专家团队梳理，原来是企业法定代表人名下其他关联企业的纳税信用等级为D级，波及了该公司。按照现行规定，D级纳税人直接责任人员注册登记或负责经营的其他纳税人，将直接被判定为D级。请问智慧农业公司申请纳税信用修复的路径有哪些？

【分析】 对于因集团内其他成员企业纳税信用降为D级而被关联评定为D级的纳税人（以下简称“被关联企业”）来说，其申请纳税信用修复的路径有两种：第一种是通过“源企业”修复，即纳税信用等级被评定为D级的关联企业，完成纳税信用修复，纳税信用等级不再为D级后，由被关联企业向主管税务机关提出申请解除纳税信用D级关联；第二种是自行直接修复，即如果被关联企业在申请前连续6个月没有新增纳税信用失信行为记录，可以自行申请纳税信用修复。

税务检查，又称纳税检查，是指税务机关根据税收法律、行政法规的规定，对纳税人、扣缴义务人履行纳税义务、扣缴义务及其他有关税务事项进行审查、核实、监督活动的总称。它是税收征收管理工作的一项重要内容，是确保国家财政收入和税收法律法规贯彻落实的重要手段。

8.4.1 税务机关在税务检查中的职权和职责

（一）税务机关有权进行下列税务检查

1. 检查纳税人的账簿、记账凭证、报表和有关资料，检查扣缴义务人代扣代缴、代收代缴税款账簿、记账凭证和有关资料。

2. 到纳税人的生产、经营场所和货物存放地检查纳税人应纳税的商品、货物或者其他财产，检查扣缴义务人与代扣代缴、代收代缴税款有关的经营情况。

3. 责成纳税人、扣缴义务人提供与纳税或者代扣代缴、代收代缴税款有关的文件、证明材料和有关资料。

4. 询问纳税人、扣缴义务人与纳税或者代扣代缴、代收代缴税款有关的问题和情况。

5. 到车站、码头、机场、邮政企业及其分支机构检查纳税人托运、邮寄应纳税商品、货物或者其他财产的有关单据、凭证和有关资料。

6. 经县以上税务局（分局）局长批准，指定专人负责，凭全国统一格式的检查存款账户许可证明，查询从事生产、经营的纳税人、扣缴义务人在银行或者其他金融机构的存款账户，并有责任为被检查人保守秘密。税务机关在调查税收违法案件时，经设区的市、自治州以上税务局（分局）局长批准，可以查询案件涉嫌人员的储蓄存款。税务机关查询所获得的资料，不得用于税收以外的用途。

（二）税务检查的措施与手段

税务机关对从事生产、经营的纳税人以前纳税期的纳税情况依法进行税务检查时，发现纳税人有逃避纳税义务行为，并有明显的转移、隐匿其应纳税的商品、货物以及其他财产或者应纳税的收入的迹象的，可以按照《税收征管法》规定的批准权限采取税收保全措施或者强制执行措施。

税务机关调查税务违法案件时，对与案件有关的情况和资料，可以记录、录音、录像、照相和复制。税务机关依法进行税务检查时，有权向有关单位和个人调查纳税人、扣缴义务人和其他当事人与纳税或者代扣代缴、代收代缴税款有关的情况。

（三）税务检查应遵守的义务

税务机关派出的人员进行税务检查时，应当出示税务检查证和税务检查通知书，并有责任为被检查人保守秘密；未出示税务检查证和税务检查通知书的，被检查人有权拒绝检查。

8.4.2 被检查人的义务

纳税人、扣缴义务人必须接受税务机关依法进行的税务检查，如实反映情况，提供有关资料，不得拒绝、隐瞒。

税务机关依法进行税务检查，向有关单位和个人调查纳税人、扣缴义务人和其他当事人与纳税或者代扣代缴、代收代缴税款有关的情况时，有关单位和个人有义务向税务机关如实提供有关资料及证明材料。

勤思考8－4

根据税收征收管理法律制度的规定，税务机关在实施税务检查时，是否可以到车站检查旅客自带物品？

【解析】 不可以。税务机关有权到车站、码头、机场、邮政企业及其分支机构检查纳税人托运、邮寄应纳税商品、货物或者其他财产的有关单据、凭证和有关资料（不包括自带物品）。

8.4.3 纳税信用管理

纳税信用管理，是指税务机关对纳税人的纳税信用信息开展的采集、评价、确定、发布和应用等活动，有利于促进纳税人诚信自律，提高税法遵从度，推进社会信用体系建设。

（一）纳税信用管理的主体

国家税务总局主管全国纳税信用管理工作，省以下税务机关负责所辖地区纳税信用管理工作的组织和实施。

下列企业参与纳税信用评价：

1. 已办理税务登记，从事生产、经营并适用查账征收的独立核算企业纳税人（以下简称纳税人）。

2. 从首次在税务机关办理涉税事宜之日起时间不满一个评价年度的企业（以下简称新设立企业）。评价年度是指公历年度，即 1 月 1 日至 12 月 31 日。

3. 评价年度内无生产经营业务收入的企业。

4. 适用企业所得税核定征收办法的企业。

非独立核算分支机构可自愿参与纳税信用评价。非独立核算分支机构是指由企业纳税人设立，已在税务机关完成登记信息确认且核算方式为非独立核算的分支机构。非独立核算分支机构参评后，2019 年度之前的纳税信用级别不再评价，在机构存续期间适用国家税务总局纳税信用管理相关规定。

（二）纳税信用信息采集

纳税信用信息采集是指税务机关对纳税人纳税信用信息的记录和收集。

1. 纳税信用信息的范围

纳税信用信息包括纳税人信用历史信息、税务内部信息、外部信息。

纳税人信用历史信息包括基本信息和评价年度之前的纳税信用记录，以及相关部门评定的优良信用记录和不良信用记录。

税务内部信息包括经常性指标信息和非经常性指标信息。经常性指标信息是指涉税申报信息、税（费）款缴纳信息、发票与税控器具信息、登记与账簿信息等纳税人在评价年度内经常产生的指标信息；非经常性指标信息是指税务检查信息等纳税人在评价年度内不经常产生的指标信息。

外部信息包括外部参考信息和外部评价信息。外部参考信息包括评价年度相关部门评定的优良信用记录和不良信用记录；外部评价信息是指从相关部门取得的影响纳税人纳税信用评价的指标信息。

2. 纳税信用信息采集的实施

纳税信用信息采集工作由国家税务总局和省税务机关组织实施，按月采集。

纳税人信用历史信息中的基本信息由税务机关从税务管理系统中采集，税务管理系统中暂缺的信息由税务机关通过纳税人申报采集；评价年度之前的纳税信用记录，以及相关部门评定的优良信用记录和不良信用记录，从税收管理记录、国家统一信用信息平台等渠道采集。税务内部信息从税务管理系统中采集，采集的信息记录截止时间为评价年度 12

月31日（含本日）。外部信息主要通过税务管理系统、国家统一信用信息平台、相关部门官方网站、新闻媒体或者媒介等渠道采集。通过新闻媒体或者媒介采集的信息应核实后使用。

（三）纳税信用评价

1. 纳税信用评价的方式

纳税信用评价采取年度评价指标得分和直接判级方式。评价指标包括税务内部信息和外部评价信息。

年度评价指标得分采取扣分方式。近三个评价年度内存在非经常性指标信息的，从100分起评；近三个评价年度内没有非经常性指标信息的，从90分起评。

直接判级适用于有严重失信行为的纳税人。外部参考信息在年度纳税信用评价结果中记录，与纳税信用评价信息形成联动机制。

2. 纳税信用评价周期

纳税信用评价周期为一个纳税年度，有下列情形之一的纳税人，不参加本期的评价：

（1）纳入纳税信用管理时间不满一个评价年度的；

（2）因涉嫌税收违法被立案查处尚未结案的；

（3）被审计、财政部门依法查出税收违法行为，税务机关正在依法处理，尚未办结的；

（4）已申请税务行政复议、提起行政诉讼尚未结案的；

（5）其他不应参加本期评价的情形。

3. 纳税信用级别

纳税信用级别设A、B、M、C、D五级。

（1）A级纳税信用为年度评价指标得分90分以上的。

有下列情形之一的纳税人，本评价年度不能评为A级：

①实际生产经营期不满3年的；

②上一评价年度纳税信用评价结果为D级的；

③非正常原因一个评价年度内增值税连续3个月或者累计6个月零申报、负申报的；

④不能按照国家统一的会计制度规定设置账簿，并根据合法、有效凭证核算，向税务机关提供准确税务资料的。

（2）B级纳税信用为年度评价指标得分70分以上不满90分的。

（3）M级纳税信用为评价年度未被直接判为D级的新设立企业和评价年度内无生产经营业务收入且年度评价指标得分70分以上的企业。

（4）C级纳税信用为年度评价指标得分40分以上不满70分的。

（5）D级纳税信用为年度评价指标得分不满40分或者直接判级确定的。

有下列情形之一的纳税人，本评价年度直接判为D级：

①存在偷税（逃税）、逃避追缴欠税、骗取出口退税、虚开增值税专用发票等行为，经判决构成涉税犯罪的；

②存在前项所列行为，未构成犯罪，但偷税（逃税）金额 10 万元以上且占各税种应纳税总额 10% 以上，或者存在逃避追缴欠税、骗取出口退税、虚开增值税专用发票等税收违法行为，已缴纳税款、滞纳金、罚款的；

③在规定期限内未按税务机关处理结论缴纳或者足额缴纳税款、滞纳金和罚款的；

④以暴力、威胁方法拒不缴纳税款或者拒绝、阻挠税务机关依法实施税务稽查执法行为的；

⑤存在违反增值税发票管理规定或者违反其他发票管理规定的行为，导致其他单位或者个人未缴、少缴或者骗取税款的；

⑥提供虚假申报材料享受税收优惠政策的；

⑦骗取国家出口退税款，被停止出口退（免）税资格未到期的；

⑧有非正常户记录或者由非正常户直接责任人员注册登记或者负责经营的；

⑨由 D 级纳税人的直接责任人员注册登记或者负责经营的；

⑩存在税务机关依法认定的其他严重失信情形的。

（6）纳税人有下列情形的，不影响其纳税信用评价：

①由于税务机关原因或者不可抗力，造成纳税人未能及时履行纳税义务的；

②非主观故意的计算公式运用错误以及明显的笔误造成未缴或者少缴税款的；

③国家税务总局认定的其他不影响纳税信用评价的情形。

4. 纳税信用评价结果

（1）纳税信用评价结果的确定和发布

纳税信用评价结果的确定和发布遵循谁评价、谁确定、谁发布的原则。税务机关每年 4 月确定上一年度纳税信用评价结果，并为纳税人提供自我查询服务。纳税人对纳税信用评价结果有异议的，可以书面向做出评价的税务机关申请复评。做出评价的税务机关应按规定进行复核。

税务机关对纳税人的纳税信用级别实行动态调整。纳税人信用评价状态变化时，税务机关可采取适当方式通知、提醒纳税人。

税务机关对纳税信用评价结果，按分级分类原则，依法有序开放：主动公开 A 级纳税人名单及相关信息；根据社会信用体系建设需要，以及与相关部门信用信息共建共享合作备忘录、协议等规定，逐步开放 B、M、C、D 级纳税人名单及相关信息；定期或者不定期公布重大税收违法案件信息。

（2）纳税信用评价结果的应用

税务机关按照守信激励、失信惩戒的原则，对不同信用级别的纳税人实施分类服务和管理。

对纳税信用评价为A级的纳税人，税务机关予以下列激励措施：①主动向社会公告年度A级纳税人名单。②一般纳税人可单次领取3个月的增值税发票用量，需要调整增值税发票用量时即时办理。③普通发票按需领用。④连续3年被评为A级信用级别（简称3连A）的纳税人，除享受以上措施外，还可以由税务机关提供绿色通道或专门人员帮助办理涉税事项。⑤税务机关与相关部门实施的联合激励措施，以及结合当地实际情况采取的其他激励措施。

对纳税信用评价为B级的纳税人，税务机关实施正常管理，适时进行税收政策和管理规定的辅导，并视信用评价状态变化趋势选择性地提供上述激励措施。

对纳税信用评价为M级的企业，税务机关适时进行税收政策和管理规定的辅导。

对纳税信用评价为C级的纳税人，税务机关应依法从严管理，并视信用评价状态变化趋势选择性地采取上述管理措施。

对纳税信用评价为D级的纳税人，税务机关应采取以下措施：①公开D级纳税人及其直接责任人员名单，对直接责任人员注册登记或者负责经营的其他纳税人纳税信用直接判为D级。②增值税专用发票领用按辅导期一般纳税人政策办理，普通发票的领用实行交（验）旧供新、严格限量供应。③加强出口退税审核。④加强纳税评估，严格审核其报送的各种资料。⑤列入重点监控对象，提高监督检查频次，发现税收违法违规行为的，不得适用规定处罚幅度内的最低标准。⑥将纳税信用评价结果通报相关部门，建议在经营、投融资、取得政府供应土地、进出口、出入境、注册新公司、工程招投标、政府采购、获得荣誉、安全许可、生产许可、从业任职资格、资质审核等方面予以限制或禁止。⑦对于因评价指标得分评为D级的纳税人，次年由直接保留D级评价调整为评价时加扣11分；对于因直接判级评为D级的纳税人，维持D级评价保留两年、第三年纳税信用不得评价为A级。⑧税务机关与相关部门实施的联合惩戒措施，以及结合实际情况依法采取的其他严格管理措施。

（四）纳税信用修复

1. 纳税信用修复申请人

纳入纳税信用管理的企业纳税人，符合下列条件之一的，可在规定期限内向主管税务机关申请纳税信用修复。

（1）纳税人发生未按法定期限办理纳税申报、税款缴纳、资料备案等事项且已补办的。

（2）未按税务机关处理结论缴纳或者足额缴纳税款、滞纳金和罚款，未构成犯罪，纳税信用级别被直接判为D级的纳税人，在税务机关处理结论明确的期限期满后60日内足额缴纳、补缴的。

（3）纳税人履行相应法律义务并由税务机关依法解除非正常户状态的。

2. 纳税信用修复程序

符合前述第（1）项所列条件的，如失信行为已纳入纳税信用评价，纳税人可在失信行为被税务机关列入失信记录的次年年底前向主管税务机关提出信用修复申请，税务机关按照《纳税信用修复范围及标准》调整该项纳税信用评价指标分值，重新评价纳税人的纳税信用级别；如失信行为尚未纳入纳税信用评价，纳税人无须提出申请，税务机关按照《纳税信用修复范围及标准》调整纳税人该项纳税信用评价指标分值并进行纳税信用评价。

符合前述第（2）项和第（3）项所列条件的，纳税人可在纳税信用被直接判为D级的次年年底前向主管税务机关提出申请，税务机关根据纳税人失信行为纠正情况调整该项纳税信用评价指标的状态，重新评价纳税人的纳税信用级别，但不得评价为A级。

非正常户失信行为纳税信用修复一个纳税年度内只能申请一次。纳税年度自公历1月1日起至12月31日止。

纳税信用修复后纳税信用级别不再为D级的纳税人，其直接责任人注册登记或者负责经营的其他纳税人之前被关联为D级的，可向主管税务机关申请解除纳税信用D级关联。

须向主管税务机关提出纳税信用修复申请的纳税人应填报纳税信用修复申请表，并对纠正失信行为的真实性做出承诺。税务机关发现纳税人虚假承诺的，撤销相应的纳税信用修复，并按照《纳税信用评价指标和评价方式（试行）调整表》予以扣分。

主管税务机关自受理纳税信用修复申请之日起15个工作日内完成审核，并向纳税人反馈信用修复结果。

纳税信用修复完成后，纳税人按照修复后的纳税信用级别适用相应的税收政策和管理服务措施，之前已适用的税收政策和管理服务措施不做追溯调整。

8.5 税务行政复议

引例

小李在学习税法时了解到，纳税人对税务机关征税等具体行政行为不服的，可以申请行政复议。小李认为法律这样规定，保护了纳税人的合法权益，的确很有必要，但有一点不明白——既然如此，为什么必须先缴纳税款及滞纳金或者提供相应的担保，才能申请行政复议？

【分析】 实行税务行政复议制度，有利于保护纳税人的合法权益不受侵害。但是，为了防止有些纳税人借行政复议之机，迟迟不缴纳税款，使国家权益受损，税法规定纳税人应当先缴纳税款及滞纳金或者提供相应的担保，再申请行政复议。只有符合几种法定情形之一时，才可以停止执行具体行政行为。这样规定，兼顾了纳税人与国家的合法权益。

8.5.1 税务行政复议概述

税务行政复议，是指纳税人和其他税务当事人对税务机关的税务行政行为不服，依法向上级税务机关提出申诉，请求上一级税务机关对原具体行政行为的合理性、合法性做出审议，复议机关依法对原行政行为的合理性、合法性做出裁决的行政司法活动。实行税务行政复议制度的目的是维护和监督税务机关依法行使税收执法权，防止和纠正违法或者不当的税务具体行政行为，保护纳税人和其他当事人的合法权益。

为进一步发挥行政复议解决税务行政争议的作用，2010 年 2 月 10 日国家税务总局令第 21 号公布了《税务行政复议规则》，有效防止和纠正了违法的或者不当的行政行为，监督和保障税务机关依法行使职权，保护公民、法人和其他组织的合法权益。该规则自 2010 年 4 月 1 日起施行，2015 年进行了第一次修正。

8.5.2 税务行政复议范围

纳税人及其他当事人（简称申请人）认为税务机关（简称被申请人）的具体行政行为侵犯其合法权益，可依法向税务行政复议机关申请行政复议。税务行政复议机关（简称复议机关），是指依法受理税务行政复议申请，对具体行政行为进行审查并作出行政复议决定的税务机关。

申请人对下列具体行政行为不服，可以提出行政复议申请：

1. 税务机关做出的征税行为，包括确认纳税主体、征税对象、征税范围、减税、免税、退税、抵扣税款、适用税率、计税依据、纳税环节、纳税期限、纳税地点和税款征收方式等具体行政行为，征收税款、加收滞纳金，扣缴义务人、受税务机关委托的单位和个人做出的代扣代缴、代收代缴、代征行为等。

2. 行政许可、行政审批行为。

3. 发票管理行为，包括发售、收缴、代开发票等。

4. 税收保全措施、强制执行措施。

5. 税务机关做出的行政处罚行为：（1）罚款；（2）没收财物和违法所得；（3）停止出口退税权。

6. 税务机关不依法履行下列职责的行为：（1）颁发税务登记证；（2）开具、出具完税凭证、外出经营活动税收管理证明；（3）行政赔偿；（4）行政奖励；（5）其他不依法履行职责的行为。

7. 资格认定行为。

8. 不依法确认纳税担保行为。

9. 政府公开信息工作中的具体行政行为。

10. 纳税信用等级评定行为。

11. 税务机关通知出入境管理机关阻止出境行为。

12. 税务机关做出的其他具体行政行为。

申请人认为税务机关的具体行政行为所依据的下列规定不合法，对具体行政行为申请行政复议时，可以一并向复议机关提出对该规定（不含规章）的审查申请：（1）国家税务总局和国务院其他部门的规定；（2）其他各级税务机关的规定；（3）地方各级人民政府的规定；（4）地方人民政府工作部门的规定。

申请人对具体行政行为提出行政复议申请时不知道该具体行政行为所依据的规定的，可以在行政复议机关做出行政复议决定以前提出对该规定的审查申请。

8.5.3 税务行政复议管辖

（一）复议管辖的一般规定

1. 对各级税务局的具体行政行为不服的，向其上一级国家税务局申请行政复议。

2. 对计划单列市税务局的具体行政行为不服的，可以选择向国家税务总局申请行政复议。

3. 对税务所（分局）、各级税务局的稽查局的具体行政行为不服的，向其所属税务局申请行政复议。

4. 对国家税务总局的具体行政行为不服的，向国家税务总局申请行政复议。对行政复议决定不服，申请人可以向人民法院提起行政诉讼，也可以向国务院申请裁决。国务院的裁决为最终裁决。

（二）复议管辖的特殊规定

1. 对两个以上税务机关以共同的名义做出的具体行政行为不服的，向共同上一级税务机关申请行政复议；对税务机关与其他行政机关以共同的名义做出的具体行政行为不服的，向其共同上一级行政机关申请行政复议。

2. 对被撤销的税务机关在撤销以前所做出的具体行政行为不服的，向继续行使其职权的税务机关的上一级税务机关申请行政复议。

3. 对税务机关做出逾期不缴纳罚款加处罚款的决定不服的，向做出行政处罚决定的税务机关申请行政复议。但是对已处罚款和加处罚款都不服的，一并向做出行政处罚决定的税务机关的上一级税务机关申请行政复议。

有前款第1、2、3项所列情形之一的，申请人也可以向具体行政行为发生地的县级地方人民政府提交行政复议申请，由接受申请的县级地方人民政府依法转送。

8.5.4 税务行政复议申请与受理

（一）税务行政复议申请

申请人可以在知道税务机关做出具体行政行为之日起60日内提出行政复议申请。因不可抗力或者被申请人设置障碍等原因耽误法定申请期限的，申请期限的计算应当扣除被耽误时间。

申请人对复议范围中征税行为不服的，应当先向复议机关申请行政复议，对行政复议决定不服的，可以再向人民法院提起行政诉讼。

申请人按前述规定申请行政复议的，必须依照税务机关根据法律、行政法规确定的税额、期限，先缴纳或者解缴税款及滞纳金，或者提供相应的担保，方可在实际缴清税款和滞纳金后或者所提供的担保得到做出具体行政行为的税务机关确认之日起60日内提出行政复议申请。

申请人对复议范围中税务机关做出的征税行为以外的其他具体行政行为不服的，可以申请行政复议，也可以直接向人民法院提起行政诉讼。

申请人对税务机关做出逾期不缴纳罚款加处罚款的决定不服的，应当先缴纳罚款和加处罚款，再申请行政复议。

申请人申请行政复议，可以书面申请，也可以口头申请。书面申请的，可以采取当面递交、邮寄、传真或者电子邮件等方式提出行政复议申请。口头申请的，复议机关应当当场制作行政复议申请笔录，交申请人核对或者向申请人宣读，并由申请人确认。

（二）税务行政复议受理

复议机关收到行政复议申请后，应当在5日内进行审查，决定是否受理。对符合规定的行政复议申请，自行政复议机构收到之日起即为受理，应当书面告知申请人。对不符合规定的行政复议申请，决定不予受理，并书面告知申请人；对不属于本机关受理的行政复议申请，应当告知申请人向有关行政复议机关提出。行政复议机关收到行政复议申请以后未按照规定期限审查并做出不予受理决定的，视为受理。

对应当先向行政复议机关申请行政复议，对行政复议决定不服再向人民法院提起行政诉讼的具体行政行为，行政复议机关决定不予受理或者受理以后超过行政复议期限不作答复的，申请人可以自收到不予受理决定书之日起或者行政复议期满之日起15日内，依法向人民法院提起行政诉讼。

申请人向复议机关申请行政复议，复议机关已经受理的，在法定行政复议期限内申请人不得向人民法院提起行政诉讼；申请人向人民法院提起行政诉讼，人民法院已经依法受理的，不得申请行政复议。

行政复议期间具体行政行为不停止执行。但有下列情形之一的，可以停止执行：

（1）被申请人认为需要停止执行的。

（2）行政复议机关认为需要停止执行的。

（3）申请人申请停止执行，复议机关认为其要求合理，决定停止执行的。

（4）法律规定停止执行的。

勤思考8－5

纳税人对税务机关的税收保全措施、停止出口退税权等行政行为不服时，是否可以申请行政复议？是否也可以直接向人民法院提起行政诉讼？

【解析】可以。根据税务行政复议规则的规定，税务机关做出征税行为以外的其他具体行政行为，申请人可以申请行政复议，也可以直接向人民法院提起行政诉讼。

8.5.5 税务行政复议审查和决定

（一）税务行政复议审查

行政复议机构应当自受理行政复议申请之日起7日内，将行政复议申请书副本或者行政复议申请笔录复印件发送被申请人。被申请人应当自收到申请书副本或者申请笔录复印件之日起10日内提出书面答复，并提交当初做出具体行政行为的证据、依据和其他有关材料。

对国家税务总局的具体行政行为不服申请行政复议的案件，由原承办具体行政行为的相关机构向行政复议机构提出书面答复，并提交当初做出具体行政行为的证据、依据和其他有关材料。

行政复议机构审理行政复议案件，应当由2名以上行政复议工作人员参加。行政复议工作人员应当具备与履行行政复议职责相适应的品行、专业知识和业务能力。税务机关中初次从事行政复议的人员，应当通过国家统一法律职业资格考试取得法律职业资格。

行政复议原则上采用书面审查的办法，但是申请人提出要求或者行政复议机构认为有必要时，应当听取申请人、被申请人和第三人的意见，并可以向有关组织和人员调查了解情况。

对重大、复杂的案件，申请人提出要求或者行政复议机构认为必要时，可以采取听证的方式审理。听证应当公开举行，但是涉及国家秘密、商业秘密或者个人隐私的除外。行政复议听证人员不得少于2人，听证主持人由行政复议机构指定。听证应当制作笔录，申请人、被申请人和第三人应当确认听证笔录内容。第三人能参加听证的，不影响听证的举行。

行政复议机关应当全面审查被申请人的具体行政行为所依据的事实证据、法律程序、法律依据和设定的权利义务内容的合法性、适当性。

申请人在行政复议决定做出以前撤回行政复议申请的，经行政复议机构同意，可以撤回。申请人撤回行政复议申请的，不得再以同一事实和理由提出行政复议申请。但是，申请人能够证明撤回行政复议申请违背其真实意思表示的除外。

行政复议期间被申请人改变原具体行政行为的，不影响行政复议案件的审理。但是，申请人依法撤回行政复议申请的除外。

申请人在申请行政复议时，依据《税务行政复议规则》第十五条规定一并提出对有关规定的审查申请的，行政复议机关对该规定有权处理的，应当在30日内依法处理；无权处理的，应当在7日内按照法定程序逐级转送有权处理的行政机关依法处理，有权处理的行政机关应当在60日内依法处理。处理期间，中止对具体行政行为的审查。

行政复议机关审查被申请人的具体行政行为时，认为其依据不合法，该机关有权处理的，应当在30日内依法处理；无权处理的，应当在7日内按照法定程序逐级转送有权处理的国家机关依法处理。处理期间，中止对具体行政行为的审查。

（二）税务行政复议决定

行政复议机构应当对被申请人的具体行政行为提出审查意见，经行政复议机关负责人批准，按照下列规定做出行政复议决定：

1. 具体行政行为认定事实清楚，证据确凿，适用依据正确，程序合法，内容适当的，决定维持。

2. 被申请人不履行法定职责的，决定其在一定期限内履行。

3. 具体行政行为有下列情形之一的，决定撤销、变更或者确认该具体行政行为违法：

（1）主要事实不清、证据不足的。

（2）适用依据错误的。

（3）违反法定程序的。

（4）超越或者滥用职权的。

（5）具体行政行为明显不当的。

决定撤销或者确认该具体行政行为违法的，可以责令被申请人在一定期限内重新做出具体行政行为。复议机关责令被申请人重新做出具体行政行为的，被申请人不得以同一事实和理由做出与原具体行政行为相同或者基本相同的具体行政行为；但复议机关以原具体行政行为违反法定程序而决定撤销的，被申请人重新做出具体行政行为的，不受前述限制。

复议机关责令被申请人重新做出具体行政行为的，被申请人不得做出对申请人更为不利的决定；但是复议机关以原具体行为主要事实不清、证据不足或适用依据错误决定撤销的，被申请人重新做出具体行政行为的除外。

复议机关责令被申请人重新做出具体行政行为的，被申请人应当在60天内做出具体行政行为；情况复杂、不能在规定期限内重新做出具体行政行为的，经复议机关批准，可以适当延期，但是延期不得超过30日。

申请人对被申请人重新做出的具体行政行为不服的，可以依法申请行政复议，或者提起行政诉讼。

4. 被申请人不按照规定提出书面答复，提交当初做出具体行政行为的证据、依据和其他有关材料的，视为该具体行政行为没有证据、依据，决定撤销该具体行政行为。

申请人在申请行政复议时可以一并提出行政赔偿请求，复议机关对符合国家赔偿法的有关规定应当给予赔偿的，在决定撤销、变更具体行政行为或者确认具体行政行为违法时，应当同时决定被申请人依法给予赔偿。申请人没有提出行政赔偿请求的，复议机关在依法决定撤销或者变更原具体行政行为确定的税款、滞纳金、罚款以及对财产的扣押、查封等强制措施时，应当同时责令被申请人退还税款、滞纳金和罚款，解除对财产的扣押、查封等强制措施，或者赔偿相应的价款。

复议机关应当自受理申请之日起60日内做出行政复议决定。情况复杂，不能在规定期限内做出行政复议决定的，经复议机关负责人批准，可以适当延长，并告知申请人和被申请人；但延长期限最多不超过30日。

复议机关做出行政复议决定，应当制作行政复议决定书，并加盖印章。行政复议书一经送达，即发生法律效力。

8.6 税收法律责任

引例

根据工作计划，2023年4月，A县税务局开展了房地产行业税收专项检查工作。4月10日，县稽查局按规定向兴兴房地产开发公司下达了检查通知书，并取得送达回证，定于4月15日派人对其实施检查。4月15日，稽查员发现该单位负责人及财务人员已逃避，后经几次联系，该单位总以各种借口拒绝检查。根据《税收征管法》规定，对房地产开发公司以上行为税务机关应如何处理？

【分析】根据《税收征管法》规定，纳税人、扣缴义务人逃避、拒绝或者以其他方式阻挠税务机关检查的，由税务机关责令改正，可以处1万元以下的罚款；情节严重的，处1万元以上5万元以下的罚款。

8.6.1 税务管理相对人税收违法行为的法律责任

（一）违反税务管理规定的法律责任

1. 纳税人有下列行为之一的，由税务机关责令限期改正，可以处2 000元以下的罚款；情节严重的，处2 000元以上1万元以下的罚款：

①未按照规定设置、保管账簿或者保管记账凭证和有关资料的。

②未按照规定将财务、会计制度或者财务、会计处理办法和会计核算软件报送税务机关备查的。

③未按照规定将其全部银行账号向税务机关报告的。

④未按照规定安装、使用税控装置，或者损毁、擅自改动税控装置的。

2. 扣缴义务人未按照规定设置、保管代扣代缴、代收代缴税款账簿或者保管代扣代缴、代收代缴税款记账凭证及有关资料的，由税务机关责令限期改正，可以处2 000元以下的罚款；情节严重的，处2 000元以上5 000元以下的罚款。

3. 纳税人未按照规定的期限办理纳税申报和报送纳税资料的，或者扣缴义务人未按照规定的期限向税务机关报送代扣代缴、代收代缴税款报告表和有关资料的，由税务机关责令限期改正，可以处2 000元以下的罚款；情节严重的，处2 000元以上1万元以下的罚款。

4. 纳税人、扣缴义务人编造虚假计税依据的，由税务机关责令限期改正，并处5万元以下的罚款。

5. 非法印制、转借、倒卖、变造或者伪造完税凭证的，由税务机关责令改正，处2 000元以上1万元以下的罚款；情节严重的，处1万元以上5万元以下的罚款；构成犯罪的，依法追究刑事责任。

6. 银行和其他金融机构未依照税收征管法的规定在从事生产、经营的纳税人的账户中登录税务登记证件号码，或者未按规定在税务登记证件中登录从事生产、经营的纳税人的账户账号的，由税务机关责令其限期改正，处2 000元以上2万元以下的罚款；情节严重的，处2万元以上5万元以下的罚款。

7. 扣缴义务人应扣未扣、应收而不收税款的，由税务机关向纳税人追缴税款，对扣缴义务人处应扣未扣、应收未收税款50%以上3倍以下的罚款。

8. 税务代理人违反税收法律、行政法规，造成纳税人未缴或者少缴税款的，除由纳税人缴纳或者补缴应纳税款、滞纳金外，对税务代理人处纳税人未缴或者少缴税款50%以上3倍以下的罚款。

（二）首违不罚制度

首违不罚是行政处罚法上的一项制度，依据《行政处罚法》第三十三条第一款，初次违法且危害后果轻微并及时纠正的，可以不予行政处罚。为了进一步推进税务领域“放管服”改革，更好地服务市场主体，根据《行政处罚法》《征管法》等法律法规，国家税务总局推广“首违不罚”清单制度，制定并发布全国统一的“税务行政处罚‘首违不罚’事项清单”（见表8－1）。

表8－1　税务行政处罚“首违不罚”事项清单

序号	事　项
1	纳税人未按照《征管法》等有关规定将其全部银行账号向税务机关报送
2	纳税人未按照《征管法》等有关规定设置、保管账簿或者保管记账凭证和有关资料
3	纳税人未按照《征管法》等有关规定的期限办理纳税申报和报送纳税资料
4	纳税人使用税控装置开具发票，未按照《征管法》《发票管理办法》等有关规定的期限向主管税务机关报送开具发票的数据且没有违法所得
5	纳税人未按照《征管法》《发票管理办法》等有关规定取得发票，以其他凭证代替发票使用且没有违法所得
6	纳税人未按照《征管法》《发票管理办法》等有关规定缴销发票且没有违法所得

续表

序号	事项
7	扣缴义务人未按照《征管法》等有关规定设置、保管代扣代缴，代收代缴税款账簿或者保管代扣代缴、代收代缴税款记账凭证及有关资料
8	扣缴义务人未按照《征管法》等有关规定的期限报送代扣代缴、代收代缴税款有关资料
9	扣缴义务人未按照《税收票证管理办法》的规定开具税收票证
10	境内机构或个人向非居民发包工程作业或劳务项目，未按照《非居民承包工程作业和提供劳务税收管理暂行办法》的规定向主管税务机关报告有关事项
11	纳税人使用非税控电子器具开具发票，未按照《征管法》《发票管理办法》等有关规定将非税控电子器具使用的软件程序说明资料报主管税务机关备案且没有违法所得
12	纳税人未按照《征管法》《税务登记管理办法》等有关规定办理税务登记证件验证或者换证手续
13	纳税人未按照《征管法》《发票管理办法》等有关规定加盖发票专用章且没有违法所得
14	纳税人未按照《征管法》等有关规定将财务、会计制度或者财务会计处理办法和会计核算软件报送

自2021年4月1日起，对当事人首次发生清单中所列事项且危害后果轻微，在税务机关发现前主动改正或者在税务机关责令限期改正的期限内改正的，不予行政处罚。税务违法行为造成不可挽回的税费损失或者较大社会影响的，不能认定为“危害后果轻微”。

适用税务行政处罚“首违不罚”的，主管税务机关应及时做出不予行政处罚决定，充分保障当事人合法权益。对适用税务行政处罚“首违不罚”的当事人，主管税务机关应采取签订承诺书等方式教育、引导、督促其自觉守法，对再次违反的当事人应严格按照规定予以行政处罚。税务机关应将税务行政处罚“首违不罚”风险防范措施嵌入信息系统，依托信息系统开展“首违不罚”预警提醒、违法阻止和分析评估，定期对“首违不罚”施行情况进行总结，取得“事前放、事中管、事后评”效果。

（三）偷税（逃税）行为的法律责任

偷税（逃税）行为，是指纳税人采取欺骗、隐瞒手段进行虚假纳税申报或者不申报，逃避缴纳税款的行为。

纳税人采取伪造、变造、隐藏、擅自销毁账簿、记账凭证，或者在账簿上多列支出或者不列、少列收入，或者经税务机关通知申报而拒不申报或者进行虚假的纳税申报的手段，不缴或者少缴应纳税款的，由税务机关追缴其不缴或者少缴的税款、滞纳金，并处不缴或者少缴的税款50%以上5倍以下的罚款。

纳税人采取欺骗、隐瞒手段进行虚假纳税申报或者不申报，逃避缴纳税款数额较大并且占应纳税额10%以上的，处3年以下有期徒刑或者拘役，并处罚金；数额巨大并且占应纳税额30%以上的，处3年以上7年以下有期徒刑，并处罚金。对多次实施前述行为，未经处理的，按照累计数额计算。

有逃税行为，经税务机关依法下达追缴通知后，补缴应纳税款，缴纳滞纳金，已受行政处罚的，不予追究刑事责任；但是，五年内因逃避缴纳税款受过刑事处罚或者被税务机关给予两次以上行政处罚的除外。

扣缴义务人采取上述手段，不缴或者少缴已扣、已收税款，由税务机关追缴其不缴或者少缴的税款、滞纳金，并处不缴或者少缴的税款50%以上5倍以下的罚款；构成犯罪的，依法追究刑事责任。

（四）欠税行为的法律责任

欠税行为，是指纳税人欠缴应纳税款，采取转移或者隐匿财产的手段，妨碍税务机关追缴欠缴的税款的行为。

纳税人欠税的，由税务机关追缴欠缴的税款、滞纳金，并处欠缴税款50%以上5倍以下的罚款；构成犯罪的，依法追究刑事责任。

（五）抗税行为的法律责任

抗税行为，是指纳税人、扣缴义务人以暴力、威胁方法拒不缴纳税款的行为。

对抗税行为，除由税务机关追缴其拒缴的税款、滞纳金外，依法追究刑事责任。情节轻微，未构成犯罪的，由税务机关追缴其拒缴的税款、滞纳金，并处拒缴税款1倍以上5倍以下的罚款。

（六）骗税行为的法律责任

骗税行为，是指纳税人以假报出口或者其他欺骗手段，骗取国家出口退税款的行为。

纳税人有骗税行为，由税务机关追缴其骗取的退税款，并处骗取税款1倍以上5倍以下的罚款；构成犯罪的，依法追究刑事责任。

对骗取国家出口退税款的，税务机关可以在规定的期间内停止为其办理出口退税。

为纳税人、扣缴义务人非法提供银行账户、发票、证明或者其他方便，骗取国家出口退税款的，税务机关除没收其违法所得外，可以处未缴、少缴或者骗取的税款1倍以下的罚款。

（七）纳税人、扣缴义务人不配合税务检查的法律责任

税务检查期间，纳税人、扣缴义务人发生不配合税务机关进行税务检查的下列行为，由税务机关责令改正，可以处1万元以下的罚款；情节严重的，处1万元以上5万元以下的罚款。

1. 逃避、拒绝或者以其他方式阻挠税务机关检查的；

2. 提供虚假资料，不如实反映情况，或者拒绝提供有关资料的；

3. 拒绝或者阻止税务机关记录、录音、录像、照相和复制与案件有关的情况和资料的；

4. 转移、隐匿、销毁有关资料的；

5. 有不依法接受税务检查的其他情形的。

（八）重大税收违法失信案件信息公布

税务机关依照规定，向社会公布重大税收违法失信案件信息，并将信息通报相关部

门，共同实施严格监管和惩戒。

1. 公布信息的案件范围

重大税收违法失信案件是指符合下列标准之一的案件：

①纳税人伪造、变造、隐匿、擅自销毁账簿上多列支出或不列、少列收入，或者经税务机关通知申报而拒不申报或者进行虚假的纳税申报，不缴或者少缴应纳税额 100 万元以上，且任一年度不缴或少缴应纳税额占当年各税种应纳税总额 10% 以上的；

②骗取国家出口退税款的；

③纳税人欠缴应纳税款，采取转移或者隐匿财产的手段，妨碍税务机关追缴欠缴的税款，欠缴税款金额 10 万元以上的；

④以暴力、威胁方法拒不缴纳税款的；

⑤虚开增值税专用发票或者虚开用于骗取出口退税、抵扣税款的其他发票的；

⑥虚开普通发票 100 份或者金额 40 万元以上的；

⑦私自印制、伪造、变造发票，非法制造发票防伪专用品，伪造发票监制章的；

⑧具有偷税、逃避追缴欠税、骗取出口退税、抗税、虚开发票等行为，经税务机关检查确认走逃（失联）的；

⑨其他违法情节严重、有较大社会影响的。

2. 公布的案件信息内容

公布重大税收违法失信案件信息，应当主要包括以下内容：

①对法人或者其他组织，公布其名称，统一社会信用代码或者纳税人识别号，注册地址，法定代表人、负责人或者经法院裁判确定的实际责任人的姓名、性别、身份证号码（隐去出生年、月、日号码段，下同），经法院裁判确定的负有直接责任的财务人员、团伙成员的姓名、性别及身份证号码；

②对自然人，公布其姓名、性别、身份证号码；

③主要违法事实；

④走逃（失联）情况；

⑤适用的相关法律依据；

⑥税务处理、税务行政处罚等情况；

⑦实施检查的单位；

⑧对公布的重大税收违法失信案件负有直接责任的涉税专业服务机构及从业人员，税务机关可以依法一并公布其名称、统一社会信用代码或者纳税人识别号、注册地址，以及直接责任人的姓名、性别、身份证号码、职业资格证书编号等。

其中，法人或者其他组织的法定代表人、负责人与违法事实发生时的法定代表人、负责人不一致的，应一并公布，并对违法事实发生时的法定代表人、负责人进行标注。经法院裁判确定的实际责任人，与法定代表人或者负责人不一致的，除有证据证明法定代表人或者负责人有涉案行为外，只公布实际责任人信息。

3. 案例信息公布程序

认定为重大税收违法失信案件，税务局稽查局依法做出《税务处理决定书》或者《税务行政处罚决定书》的，当事人在法定期间内没有申请行政复议或者提起行政诉讼，或者经行政复议或者法院裁判对此案件最终确定效力后，依法向社会公布；未做出《税务处理决定书》《税务行政处罚决定书》的走逃（失联）案件，经税务机关查证处理，进行公告30日后，依法向社会公布。

符合前面标准①②的重大税收违法失信案件当事人，在公布前能按照《税务处理决定书》《税务行政处罚决定书》缴清税款、滞纳金和罚款的，经实施检查的税务机关确认，只将案件信息录入相关税务信息管理系统，不向社会公布该案件信息；在公布后能按照《税务处理决定书》《税务行政处罚决定书》缴清税款、滞纳金和罚款的，经实施检查的税务机关确认，停止公布并从公告栏中撤出，并将缴清税款、滞纳金和罚款的情况通知实施联合惩戒和管理的部门。

4. 案件信息公布管理

省以下税务机关应及时将符合公布标准的案件信息录入相关税务信息管理系统，通过省税务机关门户网站向社会公布，同时可以根据本地区实际情况，通过本级税务机关公告栏、报纸、广播、电视、网络媒体等途径以及新闻发布会等形式向社会公布。国家税务总局门户网站设立专栏链接省税务机关门户网站的公布内容。

案件信息一经录入相关税务信息管理系统，作为当事人的税收信用记录永久保存。

重大税收违法失信案件自公布之日起满3年的，停止公布并从公告栏中撤出。

重大税收违法失信案件信息实行动态管理，案件信息撤出或者发生变化的，税务机关应当及时向同级参与联合惩戒和管理的部门提供更新信息。

【经典考题】纳税人发生逃税行为时，税务机关可以行使的权力有（　　）。

A. 追缴税款　　B. 加收滞纳金

C. 处以罚款　　D. 处以罚金

【解析】答案为ABC

根据税收征收管理法律制度的规定，对于逃税行为，税务机关可以追缴税款和滞纳金，并处以罚款；但不能处以罚金，因为罚金是刑事责任形式。

8.6.2 税务行政主体税收违法行为的法律责任

（一）渎职行为的法律责任

1. 税务人员徇私舞弊，对依法应当移交司法机关追究刑事责任的不移交，情节严重的，依法追究刑事责任。

2. 税务人员利用职务上的便利，收受或者索取纳税人、扣缴义务人财物或者牟取其他不正当利益，构成犯罪的，依法追究刑事责任；未构成犯罪的，依法给予行政处分。

3. 税务人员徇私舞弊或者玩忽职守，不征或者少征应征税款，致使国家税收遭受重大损失，构成犯罪的，依法追究刑事责任；未构成犯罪的，依法给予行政处分。

4. 税务人员滥用职权，故意刁难纳税人、扣缴义务人的，调离税收工作岗位，并依法给予行政处分。

5. 税务人员对控告、检举税收违法行为的纳税人、扣缴义务人以及其他检举人进行打击报复的，依法给予行政处分；构成犯罪的，依法追究刑事责任。

（二）其他违法行为的法律责任

1. 税务机关违反规定擅自改变税收征收管理范围和税款入库预算级次的，责令限期改正，对直接负责的主管人员和其他直接责任人员依法给予降级或者撤职的行政处分。

2. 税务人员在征收税款或者查处税收违法案件时，未按照《税收征管法》的规定进行回避的，对直接负责的主管人员和其他直接责任人员，依法给予行政处分。未按照《税收征管法》的规定为纳税人、扣缴义务人、检举人保密的，对直接负责的主管人员和其他直接责任人员，由所在单位或者有关单位依法给予行政处分。

3. 税务人员与纳税人、扣缴义务人勾结，唆使或者协助纳税人、扣缴义务人实施税收违法行为，构成犯罪的，依法追究刑事责任；未构成犯罪的，依法给予行政处分。

4. 税务人员私分扣押、查封的商品、货物或者其他财产，情节严重，构成犯罪的，依法追究刑事责任；未构成犯罪的，依法给予行政处分。

5. 违反法律、行政法规的规定提前征收、延缓征收或者摊派税款的，由其上级机关或者行政监察机关责令改正，对直接负责的主管人员和其他直接责任人员依法给予行政处分。

6. 违反法律、行政法规的规定，擅自做出税收的开征、停征或者减税、免税、退税、补税以及其他同税收法律、行政法规相抵触的决定的，除按《税收征管法》的规定撤销其擅自做出的决定外，还应补征应征未征税款，退还不应征收而征收的税款，并由上级机关追究直接负责的主管人员和其他直接责任人员的行政责任；构成犯罪的，依法追究刑事责任。

职业道德与素质

【案例背景】

税务机关在税务检查时，发现个体工商户李伟涉嫌少缴税款6 000元，经查其中3 000元是因为李伟自己故意少报造成的，另外以3 000元是由于税务机关错算造成的。税务机关立即扣押了李伟妻子上下班用的价值2 000元的电动车，要求李伟在10日内到税务机关补缴税款和滞纳金，但3天后发现李伟有转移、隐匿其应纳税商品的行为，于是又查封了李伟价值6 000元的商品。

（1）发现李伟涉嫌少缴纳税款时税务机关采取扣押电动车的措施是否合理？

（2）发现李伟有转移、隐匿其应纳税商品的行为时税务机关应采取什么措施？

【分析】

（1）不合理。税务机关不应扣押电动车：一是还没到保全措施；二是电动车不属于税收保全的财产。

（2）税务机关责令李伟10日内补缴税款和滞纳金，如果在期限内有转移、隐匿其应纳税商品的行为，税务机关可以责成纳税人提供纳税担保。如果纳税人不能提供纳税担保的，经县以上税务局局长批准，税务机关可以采取税收保全措施。

项目小结

任务	学习目标	重难点
税收征收管理法概述	了解税收征收管理法的概念，熟悉税收征纳主体的权利和义务	税收征纳主体的权利和义务
税务管理	掌握税务登记管理、账簿和凭证管理、发票管理、纳税申报管理	发票管理、纳税申报管理
税款征收	熟悉税款征收方式、税收减免和税款退还、补缴税款和税款追缴，掌握应纳税额的核定调整和缴纳、税款征收的保障措施	应纳税额的核定调整和缴纳、税款征收的保障措施
税务检查	熟悉纳税信用管理、税收违法行为检举管理，掌握税务机关在税务检查中的职权和职责	税务机关在税务检查中的职权和职责
税务行政复议	熟悉税务行政复议申请与受理、税务行政复议审查和决定，掌握税务行政复议的范围及管辖	税务行政复议的范围及管辖
税收法律责任	熟悉重大税收违法失信案件信息公布、税收法律责任	重大税收违法失信案件信息公布

学习评价

评价内容	权重	考核点	考核评分		
			小组评价	教师评价	综合得分
职业素养（20分）	10分	熟悉税收征收管理法			
	10分	在税收筹划过程中，采用合理、合法的途径进行筹划			
案例分析（80分）	80分	熟悉税收征管的具体规定，能充分利用税收法律法规所提供的优惠政策，对涉税案例进行分析			
组长签字：		教师签字：		年 月 日	

职业能力训练

（一）单项选择题

1. 根据发票管理的相关规定，下列表述正确的是（　　）。

A. 发票的种类、联次和内容以及使用范围由国家税务总局规定

B. 发票的基本联次包括存根联、发票联和抵扣联

C. 增值税专用发票由国家税务总局确定的印制企业印制

D. 发票实行定期换版制度

2. 下列对于发票管理的说法中，不正确的是（　　）。

A. 主管税务机关在纳税人办理发票领购手续的 5 个工作日内发给发票领购簿

B. 临时到本省、自治区、直辖市以外从事经营活动的单位或者个人，须自行携带发票到实际经营地，不得向经营地主管税务机关申请代开发票

C. 依照规定应当缴纳税款的，税务机关应当先征收税款，再开具发票

D. 税务机关对外省、自治区、直辖市来本辖区从事临时经营活动的单位和个人领购发票的，可以要求其提供保证人或根据所领购发票的票面限额以及数量交纳不超过 1 万元的保证金，并限期缴销发票

3. 根据税收征收管理法律制度的规定，下列关于发票开具和保管的表述中，不正确的是（　　）。

A. 不得为他人开具与实际经营业务不符的发票

B. 已经开具的发票存根联和发票登记簿应当保存 3 年

C. 取得发票时，不得要求变更品名和金额

D. 开具发票的单位和个人应当建立发票使用登记制度，设置发票登记簿

4. 根据税收征收管理法律制度的规定，下列关于调出发票查验的说法，不正确的是（　　）。

A. 税务机关需要将已开具的发票调出查验时，应当向被查验的单位和个人开具发票换票证

B. 发票换票证与所调出查验的发票有同等的效力，被调出查验发票的单位和个人不得拒绝接受

C. 税务机关不得将空白发票调出查验

D. 查无问题的已开具的发票，税务机关应当及时返还

5. 下列税款征收方式中，适用于纳税人财务制度不健全，生产经营不固定，零星分散、流动性大的税源的征收方式是（　　）。

A. 查账征收　　　　B. 查定征收

C. 查验征收　　D. 定期定额征收

6. 某公司将税务机关确定的应于2023年3月15日前缴纳的税款200 000元拖延至3月25日缴纳，则该公司应依法向税务机关缴纳滞纳金为（　　）元。

A. 100　　B. 1 000

C. 10 000　　D. 4 000

7. 税务机关采取税收保全和税收强制执行措施需要经（　　）批准。

A. 国家税务局　　B. 财政部

C. 省级人民政府　　D. 县级以上税务局（分局）局长

8. 根据税收征收管理法律制度的规定，下列各项中，不属于纳税担保方式的是（　　）。

A. 质押　　B. 扣押

C. 保证　　D. 抵押

9. 税务机关采取税收保全措施的期限一般不得超过（　　）；重大案件需要延长的，应当报国家税务总局批准。

A. 3个月　　B. 6个月

C. 1年　　D. 3年

10. 下列各项中不属于税务机关做出的行政处罚行为的是（　　）。

A. 罚款　　B. 没收财物和违法所得

C. 行政赔偿　　D. 停止出口退税权

11. 税务行政复议申请人对税务机关做出的下列行为不服的，应当先向复议机关申请行政复议，对行政复议决定不服的，可以再向人民法院提起行政诉讼的是（　　）。

A. 行政许可行为　　B. 税收强制执行措施

C. 确认征税范围　　D. 纳税信用等级评定行为

12. 下列关于税务行政复议管辖的说法中，不正确的是（　　）。

A. 对各级国家税务局的具体行政行为不服的，向其上一级国家税务局申请行政复议

B. 对各级税务局的稽查局的具体行政行为不服的，向稽查局的上一级税务局申请行政复议

C. 对税务机关与其他行政机关共同做出的具体行政行为不服的，向其共同上一级行政机关申请行政复议

D. 对各级地方税务局做出的具体行政行为不服的，可以向该税务局的本级人民政府申请行政复议

13. 税务行政复议申请人可以在知道税务机关做出具体行政行为之日起（　　）内提出行政复议申请。

A. 90日　　B. 60日

C. 30 日　　D. 20 日

14. 根据税收征收管理法律制度的规定，下列说法正确的是（　　）。

A. 纳税人在账簿上虚列支出，不缴或少缴应纳税款的行为，属于骗税

B. 纳税人经税务机关通知申报而拒不申报，不缴或者少缴应纳税款的行为，属于抗税

C. 纳税人以暴力、威胁办法拒不缴纳税款的行为，属于抗税

D. 纳税人以假报出口手段骗取国家出口退税款的行为，属于偷税

（二）多项选择题

1. 下列各项中，应当进行税务登记的有（　　）。

A. 企业在外地设立的分支机构

B. 从事生产、经营的事业单位

C. 国家机关

D. 无固定生产经营场所的流动性农村小商贩

2. 纳税人发生的下列行为中，由税务机关责令限期改正，可以处 2 000 元以下的罚款，情节严重的，处 2 000 元以上 1 万元以下罚款的有（　　）。

A. 纳税人未按照规定办理税务登记证件换证手续的

B. 纳税人未按照规定设置、保管账簿的

C. 纳税人伪造税务登记证件的

D. 纳税人未按照规定的期限办理纳税申报和报送纳税资料

3. 纳税人在办理注销税务登记前，应当向税务机关（　　）。

A. 结清应纳税款、多退（免）税款、滞纳金和罚款

B. 提供清缴欠税的纳税担保

C. 缴纳不超过 10 000 元的保证金

D. 缴销发票、税务登记证件和其他税务证件

4. 根据税收征管法的相关规定，下列关于非正常户处理的说法，正确的有（　　）。

A. 纳税人被列入非正常户超过三个月的，税务机关可以宣布其税务登记证件失效

B. 税务机关应在非正常户认定的次月，在办税场所或广播、电视、报纸、期刊、网络等媒体上公告非正常户

C. 对没有欠税且没有未缴销发票的纳税人，认定为非正常户超过两年的，税务机关可以注销其税务登记证件

D. 被认定为非正常户的纳税人，可继续其发票领购簿和发票的使用

5. 根据发票管理的有关规定，下列说法不正确的有（　　）。

A. 不符合规定的发票，不得作为财务报销凭证，但单位和个人不得拒收

B. 已经开具的发票存根联和发票登记簿保存期满后可自行销毁

C. 在查处发票案件时，对与案件有关的情况和资料，可以记录、录音、录像、照相，并可以复制

D. 除国家税务总局规定的特殊情形外，单位和个人是可以跨规定使用区域携带空白发票的

6. 根据税收征收管理法律制度的规定，税务机关在发票管理中有权（　　）。

A. 检查缴销发票的情况

B. 调出发票查验

C. 向当事各方询问与发票有关的问题与情况

D. 查阅与发票有关的凭证、资料，并有权复制

7. 根据税收征收管理法律制度的规定，下列对于纳税申报的表述中正确的有（　　）。

A. 邮寄申报以税务机关收到的邮戳日期为实际申报日期

B. 实行定期定额缴纳税款的纳税人，可以实行简易申报、简并征期等方式申报纳税

C. 纳税人享受免税待遇的，在免税期间不需要办理纳税申报

D. 纳税人在纳税期内没有应纳税款的，也应当按照规定办理纳税申报

8. 根据税收征收管理法律制度的规定，下列情形中，税务机关有权责令纳税人提供纳税担保的有（　　）。

A. 税务机关有根据认为从事生产、经营的纳税人有逃避纳税义务行为的

B. 欠缴税款、滞纳金的纳税人或者其法定代表人需要出境的

C. 纳税人同税务机关在纳税上发生争议而未缴清税款，需要申请行政复议的

D. 纳税人发生纳税义务，未按照规定的期限办理纳税申报，经税务机关责令限期申报，逾期仍不申报的

9. 根据税收征收管理法律制度的规定，纳税担保的范围包括（　　）。

A. 税款　　B. 罚款

C. 滞纳金　　D. 实现税款、滞纳金的费用

10. 下列各项中，属于税收保全措施的有（　　）。

A. 书面通知纳税人开户银行冻结纳税人的金额相当于应纳税款的存款

B. 书面通知纳税人开户银行从纳税人的存款中扣缴税款

C. 扣押、查封纳税人的价值相当于应纳税款的财产

D. 拍卖所扣押、查封纳税人的价值相当于应纳税款的财产，以拍卖所得抵缴税款

11. 下列关于税收保全措施和税收强制执行措施的说法中，不正确的有（　　）。

A. 纳税人妻子作为唯一代步工具的一辆小汽车在税收保全措施的范围之内

B. 税务机关对单价 4 000 元的沙发，不采取税收强制执行措施

C. 税务机关采取税收保全和强制执行措施时，对纳税人未缴纳的滞纳金也同时采取保全和强制执行措施

D. 税收保全措施是强制执行措施的必经前置程序

12. 下列各项适用拍卖、变卖情形的有（　　）。

A. 采取税收保全措施后，限期期满仍未缴纳税款的

B. 设置纳税担保后，限期期满仍未缴纳所担保税款的

C. 逾期不按规定履行复议决定的

D. 逾期不按规定履行税务行政处罚决定的

13. 税务机关进行的下列各项税务检查中，说法不正确的有（　　）。

A. 税务机关有权到车站检查纳税人托运的应纳税商品

B. 税务机关在调查税收违法案件时，经县以上税务局（分局）局长批准，可以查询案件涉嫌人员的储蓄存款

C. 税务机关对从事生产、经营的纳税人以前纳税期的纳税情况依法进行税务检查时，发现纳税人有逃避纳税义务行为，并有明显的转移、隐匿其应纳税的商品、货物以及其他财产或者应纳税收入迹象的，经县以上税务局（分局）局长批准，可以采取税收保全措施和强制执行措施

D. 税务机关调查税务违法案件时，对与案件有关的情况和资料，可以记录、录音、录像、照相，并可以复制

14. 税务机关派出的人员进行税务检查时，应当出示（　　）。

A. 税务检查证件　　B. 税务调查报告

C. 税务检查通知书　　D. 税务事项通知书

15. 申请人对税务机关做出的下列具体行政行为中，可以申请行政复议，也可以直接向人民法院提起行政诉讼的有（　　）。

A. 确认征税范围　　B. 停止发售发票

C. 税收强制执行措施　　D. 不依法确认纳税担保行为

16. 行政复议期间发生下列（　　）情形的，可以停止执行具体行政行为。

A. 申请人提出并经行政复议机关认为确有必要停止执行的

B. 被申请人认为需要停止执行的

C. 行政复议机关认为需要停止执行的

D. 法律规定停止执行的

17. 根据税收征收管理法律制度的规定，下列关于税务行政复议申请与受理的表述中，说法正确的有（　　）。

A. 申请人对税务机关做出逾期不缴纳罚款加处罚款的决定不服的，应当先缴纳罚款和加处罚款，再申请行政复议

B. 申请人申请行政复议，必须采取书面申请，不能口头申请

C. 行政复议机关收到行政复议申请以后未按照规定期限审查并做出不予受理决定的，

视为受理

D. 对符合规定的行政复议申请，自复议机关收到之日起即为受理

（三）判断题

1. 已办理税务登记的扣缴义务人应当自扣缴义务发生之日起15日内，向税务登记地税务机关申报办理扣缴税款登记。（ ）

2. 账簿、会计凭证和报表，应当使用中文，外商投资企业和外国企业同时可以使用一种外国文字。（ ）

3. 按期缴销发票的，解除保证人的担保义务或者退还保证金；未按期缴销发票的，由保证人或者以保证金承担法律责任。（ ）

4. 税务机关在发票检查中需要核对发票存根联与发票联填写情况时，可以向持有发票或发票存根联的单位发出“发票填写情况核对卡”，有关单位应当如实填写，按期报回。（ ）

5. 经核准延期办理纳税申报的，纳税人在纳税期内无须缴纳税款，只需要在核准的延期内办理税款结算即可。（ ）

6. 适用于生产经营规模较小、产品零星、税源分散、会计账册不健全，但能控制原材料或进销货的小型厂矿和作坊的征收方式是查定征收。（ ）

7. 纳税人申报的计税依据明显偏低，但有正当理由的，税务机关有权核定其应纳税额。（ ）

8. 纳税担保的财产价值不足以抵缴税款、滞纳金的，税务机关应当向提供担保的纳税人或纳税担保人继续追缴。（ ）

9. 欠缴税款的纳税人或者其法定代表人在出境前未按规定结清应纳税款、滞纳金或者提供纳税担保的，税务机关可以通知出境管理机关阻止其出境。（ ）

10. 对国家税务总局的具体行政行为不服的，向国务院申请行政复议。（ ）

11. 行政复议决定书在复议机关制作行政复议决定书并加盖印章之日起，发生法律效力。（ ）

12. 纳税人有骗税行为，由税务机关追缴其骗取的退税款，并处骗取税款50%以上3倍以下的罚款，构成犯罪的，依法追究刑事责任。（ ）

技能强化训练

某地板销售公司为一般计税纳税人，2023年已经缴纳增值税100万元，消费税200万元，城市维护建设税21万元，企业所得税50万元。2024年税务机关发现该公司在2023年的账簿上虚列成本、费用100万元。不考虑除企业所得税以外的其他税费，试问税务机关对这种行为应如何处罚？